Die Dogmatik des gesetzlichen Änderungsrechts nach § 650b BGB

Schriften zum Deutschen und Internationalen Bau-, Umwelt- und Energierecht

Herausgegeben von Axel Wirth

Band 24

PETER LANG

Lukas Moritz Lindner

Die Dogmatik des gesetzlichen Änderungsrechts nach § 650b BGB

Zugleich eine praktische Kritik

PETER LANG

Bibliografische Information der Deutschen Nationalbibliothek
Die Deutsche Nationalbibliothek verzeichnet diese Publikation in der Deutschen Nationalbibliografie; detaillierte bibliografische Daten sind im Internet über http://dnb.d-nb.de abrufbar.

Zugl.: Passau, Univ., Diss., 2021

Gedruckt auf alterungsbeständigem, säurefreiem Papier.
Druck und Bindung: CPI books GmbH, Leck

D 739
ISSN 2197-0556
ISBN 978-3-631-85672-7 (Print)
E-ISBN 978-3-631-86212-4 (E-PDF)
E-ISBN 978-3-631-86213-1 (EPUB)
E-ISBN 978-3-631-86214-8 (MOBI)
DOI 10.3726/b18709

Peter Lang – Berlin · Bern · Bruxelles · New York · Oxford · Warszawa · Wien

Diese Publikation wurde begutachtet.

www.peterlang.com

Vorwort

Diese Arbeit wurde von der Juristischen Fakultät der Universität Passau im Dezember 2020 als Dissertation zur Erlangung des juristischen Doktorgrades angenommen.

Begonnen wurde sie zeitgleich mit Inkrafttreten des neuen Bauvertragsrechts und sie behandelt die darin enthaltene wichtige Vorschrift des § 650b BGB. Die Rechtsprechung und Literatur konnte bis April 2021 berücksichtigt werden.

Von ganzem Herzen danken will ich meinem verehrten akademischen Lehrer, Herrn Professor Dr. Thomas Riehm, der den Werdegang meines Studiums maßgeblich geprägt und gefördert hat und der im Hinblick auf juristisches Denken und Arbeiten immer Vorbild für mich bleibt. Durch die Mitarbeit an seinem Lehrstuhl bin ich mit fachlich höchster Qualität in Berührung gekommen, die auch weiterhin Maßstab meines Handelns bilden soll.

Herrn Professor Dr. Wolfgang Voit danke ich für die Erstattung des Zweitgutachtens, das mir im Nachhinein weitere und neue Perspektiven eröffnet hat.

Herrn Dr. Claus von Rintelen möchte ich herzlichen Dank sagen für die inspirierenden Gespräche sowie die Heranführung an das nicht immer eindeutige Bauvertragsrecht. Ohne die Ressourcen und Einblicke, die mir durch meine wissenschaftliche Mitarbeit in der Kanzlei Kapellmann und Partner ermöglicht wurden, hätte diese Arbeit nicht entstehen können.

Die Konrad-Adenauer-Stiftung, die mich bereits im Studium förderte, hat mir auch für die Promotion ihr Vertrauen geschenkt. Ihre vielfältigen Angebote und Leistungen waren eine wichtige Bereicherung und ich werde der Stiftung und ihren Zielen eng verbunden bleiben.

Frau Ruth Daglioglu hat mich in der (pandemischen) Zeit der Fertigstellung tatkräftig unterstützt. Gleiches gilt für Herrn Sylvan Gäbhard, der mir an schwierigen Stellen mit seiner Perspektive half.

Meinen Eltern zu danken erscheint mir zu wenig. Sie haben mich nicht nur während der Erstellung dieser Arbeit, sondern bei jeder Entscheidung in meinem Leben liebevoll unterstützt. Erst durch ihre uneingeschränkte Förderung wurde diese Arbeit ermöglicht. Sie soll ihnen daher gewidmet sein.

Abschließend danke ich Herrn Professor Dr. Axel Wirth, der einer Aufnahme der Arbeit in seine Reihe der Schriften zum Deutschen und Internationalen Bau-, Umwelt- und Energierecht zugestimmt hat.

Hamburg, im April 2021
Lukas Lindner

Inhaltsübersicht

Inhaltsverzeichnis

Abkürzungsverzeichnis

a.A.	andere Ansicht
AEUV	Vertrag über die Arbeitsweise der Europäischen Union
a.F.	alte Fassung
Abs.	Absatz
AGB	Allgemeine Geschäftsbedingungen
AGK	Allgemeine Geschäftskosten
allg. M.	allgemeine Meinung
allg.	allgemein
Alt.	Alternative
Anm. d. Verf.	Anmerkung des Verfassers
Art.	Artikel
ATV	Allgemeine Technische Vertragsbedingungen
Aufl.	Auflage
AVB	Allgemeine Versicherungsbedingungen
AVBEltV	Verordnung über Allgemeine Bedingungen für die Elektrizitätsversorgung von Tarifkunden
BAG	Bundesarbeitsgericht
BauNVO	Baunutzungsverordnung
BayOblG	Bayerisches Oberstes Landesgericht
BGB	Bürgerliches Gesetzbuch
BGBl.	Bundesgesetzblatt
BGH	Bundesgerichtshof
BGK	Baustellengemeinkosten
BOKraft	Verordnung über den Betrieb von Kraftfahrunternehmen im Personenverkehr
BR-Drs.	Drucksache des Bundesrats
BReg	Bundesregierung
BSG	Bundessozialgericht
BT-Drs.	Drucksache des Bundestags
BVerfG	Bundesverfassungsgericht
bzw.	beziehungsweise
DCFR	Draft Common Frame of Reference
Ders./Dies.	Derselbe/dieselbe
DIN	Deutsches Institut für Normung

DTV-Güter	Güterversicherungsbedingungen des Deutschen Transport Verbands
DVA	Deutscher Vergabe- und Vertragsausschuss für Bauleistungen
Ebd.	Ebenda
Ed.	Edition
Einl.	Einleitung
et al.	et alii, aliae, alia = und weitere
etc.	et cetera
EUR	Euro
f.	folgend
FeV	Fahrerlaubnisverordnung
ff.	folgende
Fn.	Fußnote
FS	Festschrift
GasGVV	Gasgrundversorgungsverordnung
GG	Grundgesetz
ggf.	gegebenenfalls
h.M.	herrschende Meinung
HGB	Handelsgesetzbuch
HOAI	Honorarordnung für Architekten und Ingenieure
Hrsg.	herausgegeben/Herausgeber
Hs.	Halbsatz
i. V. m.	in Verbindung mit
m.w.N.	mit weiteren Nachweisen
NAV	Niederspannungsanschlussverordnung
NDAV	Niederdruckanschlussverordnung
Nr.	Nummer
OLG	Oberlandesgericht
PBefG	Personenbeförderungsgesetz
Ref-E	Referentenentwurf
Rn.	Randnummer
S.	Seite / Satz
s.	siehe
SchwarzArbG	Schwarzarbeitsbekämpfungsgesetz
s.u.	siehe unten
SMG	Schuldrechtsmodernisierungsgesetz
st. Rspr.	ständige Rechtsprechung
StromGVV	Stromgrundversorgungsverordnung

TzBfG	Teilzeit- und Befristungsgesetz
u.a.	unter anderem/n
VAG	Versicherungsaufsichtsgesetz
Var.	Variante
Vgl.	Vergleiche
VOB/A	Vergabe- und Vertragsordnung für Bauleistungen Teil A
VOB/B	Vergabe- und Vertragsordnung für Bauleistungen Teil B
VOB/C	Vergabe- und Vertragsordnung für Bauleistungen Teil C
Vorb.	Vorbemerkung(en)
VVG	Versicherungsvertragsgesetz
z.B.	zum Beispiel
zit.	zitiert
ZPO	Zivilprozessordnung

Zeitschriften:

AcP	Archiv für die civilistische Praxis
BauR	Baurecht
BeckOK	Beck-Online-Kommentar
BeckRS	Beck Rechtsprechung
DB	Der Betrieb
DRiZ	Deutsche Richterzeitung
DStR	Deutsches Steuerrecht
DZWIR	Deutsche Zeitschrift für Wirtschafts- und Insolvenzrecht
IBR	Immobilien & Baurecht
JA	Juristische Arbeitsblätter
JherJB	Jherings Jahrbücher für die Dogmatik des bürgerlichen Rechts
jM	juris Monatsschrift
JR	Juristische Rundschau
JURA	Juristische Ausbildung
JuS	Juristische Schulung
JZ	Juristenzeitung
LMK	Kommentierte BGH-Rechtsprechung Lindenmaier-Möhring
NJW	Neue Juristische Wochenschrift
NZBau	Neue Zeitschrift für Baurecht
RabelsZ	Rabels Zeitschrift für ausländisches und internationales Privatrecht
RW	Rechtswissenschaft
VuR	Verbraucher und Recht

ZAP	Zeitschrift für die Anwaltspraxis
ZEuP	Zeitschrift für europäisches Privatrecht
ZfBR	Zeitschrift für Baurecht
ZfIR	Zeitschrift für Immobilienrecht
ZJS	Zeitschrift für das Juristische Studium
ZRP	Zeitschrift für Rechtspolitik
ZZP	Zeitschrift für Zivilprozess

§ 1 Einleitung

Auf den Tag 16 Jahre nach dem Inkrafttreten des Schuldrechtsmodernisierungsgesetzes,[1] das das deutsche Schuldrecht in wesentlichen Teilen verändert und erneuert hat, gilt ab dem 1. Januar 2018 das neue Bauvertragsrecht, das für das Bauwesen große Veränderungen und vor allem notwendige Kodifizierungen mit sich bringt.[2] Mit den §§ 650a bis 650o BGB, und in Erweiterung um spezielle Regelungen für Architekten-, Ingenieur- und Bauträgerverträge (§§ 650p bis 650v BGB), sind 22 neue Vorschriften entstanden, die als gesetzliches Bauvertragsrecht bezeichnet werden. Die wohl bedeutendste Norm dieser Novelle, das einseitige Änderungsrecht des Bestellers in § 650b BGB, wird Gegenstand dieser Arbeit sein.

Die Lage vor dem Jahr 2018 gestaltete sich so:[3] Die Parteien schließen einen Bauvertrag, durch den der Unternehmer verpflichtet wird, das versprochene Werk herzustellen. Der Besteller ist auch nach Vertragsschluss allerdings noch in der Lage, autonom zu bestimmen, ob das Bauwerk errichtet werden soll oder nicht. Ihm steht ein jederzeitiges Kündigungsrecht zu. Er kann das Werk stets als Ganzes kündigen. Eine Teilkündigung ist nur insoweit möglich, als dieser Teil vom Rest des Werks abgrenzbar ist.[4]

Der Besteller konnte also zwischen „Werk wie vereinbart“ und „Gesamtabbruch“ wählen. Einseitige Änderungen waren gesetzlich nicht erwähnt. Für eine Änderung bedurfte es einer zusätzlichen Vereinbarung. Der Unternehmer konnte daher entscheiden, ob er Änderungen ausführen wollte oder nicht. Für den Besteller bestand die Gefahr, dass weitere Störungen entstehen würden, wenn die Änderung nicht zügig erbracht würde. Der Unternehmer konnte diese Lage zu seinem Vorteil nutzen, indem er ein den objektiven Auftragswert übersteigendes Angebot zu einem Änderungsvertrag unterbreitete. Die Beauftragung eines Dritten mit den Arbeiten wäre für den Besteller womöglich noch umständlicher, teurer oder nicht möglich, sodass er das überhöhte Angebot annehmen musste. Und selbst, wenn das Angebot objektiv dem Wert der

1 Gesetz zur Modernisierung des Schuldrechts vom 26. November 2001, BGBl. I S. 3138.
2 Gesetz zur Reform des Bauvertragsrechts vom 28. April 2017, BGBl. I S. 969.
3 Ausführlich dazu S. 76 ff.
4 Die jetzt in § 648a Abs. 2 BGB explizite Teilkündigung galt und gilt nicht nur für die Kündigung aus wichtigem Grund, sondern der Rechtsgedanke ist auch auf die freie Kündigung übertragbar, nur BeckOK BGB/*Voit*, § 648a BGB Rn. 9.

Änderungsleistungen entsprach. Stets brauchte der Besteller die Zustimmung des Unternehmers, damit die Änderung wirksam wurde.

Diese Situation hat sich durch § 650b BGB geändert. Die trennscharfe Alternativität zwischen „Werk wie vereinbart“ und „Gesamtabbruch“ wurde aus gutem Grund um ein drittes erweitert. Zu häufig weicht die Planung des Bauwerks von den Gegebenheiten der Baustelle ab, zu schnell ändern sich die maßgeblichen Rechtsvorschriften und zwischen dem ersten Spatenstich und dem letzten Anstrich liegen nicht selten mehrere Jahre. Dazu bedarf es nicht der Kündigung des gesamten Werks, sondern oft nur einer Anpassung. § 650b BGB berechtigt den Besteller nun dazu, den Vertrag einseitig zu ändern.

Das einseitige Änderungsrecht des § 650b BGB ist in seiner Form für das Bürgerliche Recht ein Novum. Zwar sind dem Zivilrecht Änderungsrechte nicht fremd. Vor allem verbreitet ist etwa im Bauvertragsrecht das Anordnungsrecht des Auftraggebers gem. § 1 Abs. 3, 4 VOB/B oder das Wahlrecht findet in § 262 BGB gesetzliche Erwähnung. Diese Rechte aber müssen vertraglich vereinbart werden. Auch die Bestimmung einer noch ungestalten Leistung, angedeutet etwa in § 315 BGB oder § 611a BGB, ist nicht das Gleiche wie das Recht in § 650b BGB, das zur Änderung von Leistungen berechtigt, ohne dass die Parteien dies vorher vereinbart hätten.

Ziel dieser Arbeit ist, § 650b BGB auf seine Voraussetzungen und Rechtsfolgen zu überprüfen, die Rechtsnatur herauszuarbeiten, um schließlich dessen Einfügung in das System des Vertragsrechts zu analysieren.

Einleitend werden die rechtlichen Grundlagen und dogmatischen Ausgangspunkte dargelegt. Der Bauvertrag weist spezifische Besonderheiten auf, deren Kenntnis für das Verständnis des § 650b BGB Voraussetzung ist (§ 1 A.). Sodann werden die Grundsätze der Privatautonomie und der Vertragstreue vorgestellt, mit denen ein einseitiges Änderungsrecht natürlicherweise in Konflikt steht (§ 1 B.). Wichtig hierbei ist, die unterschiedlichen Interessen der Parteien herauszuarbeiten, da sich nur dann erklärt, weswegen der Gesetzgeber sich zur Einführung des § 650b BGB entschlossen hat (§ 1 C.).

Anschließend wird beleuchtet, welche Regelungen bisher zu bauvertragsrechtlichen Leistungsänderungen existierten (§ 2 A.). Hervorzuheben sind in diesem Zusammenhang die §§ 1, 2 VOB/B, die seit 1926 fast unverändert bestehen und für eine Vielzahl wissenschaftlicher Beiträge und Judikatur verantwortlich sind.[5] Eine genaue Darstellung dieser Vorschriften ist sinnvoll, um die gesetzgeberischen

5 § 1 Abs. 3 Hs. 2 VOB/B (1926): „Leistungen, die im Vertrage nicht vorgesehen sind, können dem Auftragnehmer nur mit seiner Zustimmung übertragen werden.“

Leitgedanken für die Schaffung der §§ 650b ff. BGB nachvollziehen zu können. Erwähnung soll aber auch die Frage finden, ob schon vor dem Jahr 2018 ein Änderungsinstrument in Bauverträgen existierte, auch wenn dies nicht vereinbart war.

Sodann werden die §§ 650b ff. BGB vorgestellt (§ 2 B.). Schwerpunkt der Betrachtung wird § 650b BGB sein. Es ist essentiell, § 650b BGB tatbestandlich zu erfassen und zu definieren, um die Norm später sinnvoll dogmatisch einordnen zu können. Daher werden neben einer Gesamtvorstellung der Norm und ihrer Modalitäten auch einige ausgewählte Probleme in Ausgestaltung und Handhabung besprochen. Die Vorschrift wird in diesem Rahmen auch auf ihre Verfassungsmäßigkeit überprüft, da die einseitige Anordnungsbefugnis in die unternehmerische Vertragsfreiheit eingreift (§ 2 C.).

Der zweite Hauptteil der Arbeit widmet sich dem Verhältnis des § 650b BGB zum Bürgerlichen Recht, insbesondere zu ähnlichen Instrumenten der Leistungsänderung. Eine gesetzliche Neuheit bringt nicht selten Probleme oder Friktionen für das bestehende Rechtsgefüge. § 650b BGB wird daher einer grundlegenden Analyse unterzogen, um herauszufinden, welchen Rechtscharakter die Vorschrift aufweist und welche Erkenntnisse sich daraus und aus dem Vergleich zu ähnlichen Instrumenten ergeben. Dazu wird § 650b BGB von ähnlichen Phänomenen abgegrenzt (§ 3 A.) und untersucht, ob die Norm als Gestaltungsrecht einzuordnen ist (§ 3 B.). Die Folgen und Ergebnisse dieser Analyse beinhalten Antworten auf die Fragen, ob § 650b BGB Vorbildcharakter für etwaige spätere Änderungsrechte im Bauvertrag oder in anderen Vertragstypen zukommen wird oder die Vorschrift womöglich schon jetzt analog oder ihrem Rechtsgedanken entsprechend an anderer Stelle anwendbar ist.

Mögliche Denkanstöße für die kautelarjuristischen Erwägungen finden sich in den Ausführungen, welche Komponenten des § 650b BGB wesentliche Grundgedanken der gesetzlichen Regelung sind, von denen mittels AGB nicht abgewichen werden kann (§ 3 C.).

Schließlich werden denkbare Konstruktionen angeführt, wie das Änderungsrecht alternativ hätte erlassen werden können und welche Vor- sowie Nachteile dies hätte (§ 3 D.).

A. Charakter des Bauvertrags

Um die Systematik des Änderungsrechts zu verstehen, ist wichtig zu wissen, in was für ein gesetzliches Vertragssystem § 650b BGB eingebettet ist.

§ 650b BGB ist in Buch 2, Abschnitt 8, Titel 9, Untertitel 1 (Werkvertrag), Kapitel 2 (Bauvertrag) geregelt. Der Bauvertrag ist ein Unterfall des Werkvertrags.[6] Durch den Werkvertrag wird der Unternehmer zur Herstellung des versprochenen Werkes, der Besteller zur Vergütung des Werks verpflichtet, § 631 Abs. 1 BGB. Das Werkvertragsrecht (§§ 631–650 BGB) hat einen weiträumigen Anwendungsbereich und erfasst Verträge von der Aufführung eines Theaterstücks über die Reparatur des Game Boys bis hin zur Errichtung eines Krankenhauses.[7] Mit der Novelle 2018 sind mit den §§ 650a–h BGB nun spezifische Vorschriften zum Bauvertrag erlassen worden.[8] Ein Bauvertrag ist ein Vertrag über die Herstellung, die Wiederherstellung, die Beseitigung oder den Umbau eines Bauwerks, einer Außenanlage oder eines Teils davon sowie über die Instandhaltung eines Bauwerks, wenn das Werk für die Konstruktion, den Bestand oder den bestimmungsgemäßen Gebrauch von wesentlicher Bedeutung ist, § 650a Abs. 1 S. 1, Abs. 2 BGB. Neben dem Normenkomplex über das Änderungsrecht (§§ 650b-d BGB) sind auch Vorschriften über Sicherheiten für den Bauunternehmer (§§ 650e, f BGB) und Besonderheiten hinsichtlich der Beendigung und Vergütung (§§ 650g, h BGB) kodifiziert worden. Gesetzliche Ausführungen über das Zustandekommen und die Hauptleistungspflichten des Vertrags finden sich hingegen nicht, sondern sind im Allgemeinen Teil des BGB und im Recht der Schuldverhältnisse zu finden. *E contrario* § 650a Abs. 1 S. 2 BGB findet das allgemeine Werkvertragsrecht auf den Bauvertrag subsidiär Anwendung.

I. Zustandekommen

Der Bauvertrag kommt wie jedes vertragliche Schuldverhältnis durch zwei übereinstimmende und aufeinander bezogene Willenserklärungen (§§ 145 ff. BGB) zustande. Die verpflichteten Parteien im gesetzlichen Bauvertragsrecht heißen *Unternehmer* und *Besteller*. Der Unternehmer verpflichtet sich zur Erbringung der oben genannten Leistungen (siehe auch § 631 Abs. 1 Alt. 1 BGB), der

---

6 Ebenso *Wellensiek*, BauR 2018, 314, 315 f.; für eine Konturierung des Bauvertrags *vor* der Novelle: *Voit*, FS Ganten, 2007, S. 261, 267 ff.

7 *Weyers*, AcP 182 (1982), 60, 61 f. sprach schon 1982 von über 100 Werkverträgen unterschiedlichen Inhalts.

8 In 650i-v BGB sind noch weitere Unterfälle oder ähnliche Vertragstypen gesetzlich genannt und teilweise geregelt, die mit dem Bauwesen zusammenhängen.

Besteller zur Vergütung der abgenommenen und vertragsgerechten Leistungen (§ 631 Abs. 1 Alt. 2 BGB). Die Pflichten stehen sich im Sinne von §§ 320 ff. BGB synallagmatisch gegenüber.[9] Der Bauvertrag bedarf keiner besonderen Form.[10] Aus Beweisgründen wird er in aller Regel aber schriftlich geschlossen. Es gelten die üblichen Regelungen der Stellvertretung, so kann etwa auch ein bevollmächtigter Architekt des Bestellers das Werk mit dem Unternehmer vereinbaren. Die Ausführungen zum Zustandekommen gelten gleichermaßen für den Zuschlag (§ 18 VOB/A) von Auftraggebern der öffentlichen Hand auf das im Vergabeverfahren eingereichte Angebot; der Zuschlag stellt in der Regel die Annahmeerklärung des Angebotsempfängers dar.[11] Auch diese Bauverträge unterliegen als fiskalisches Handeln dem Zivilrecht.[12]

II. Erfolgsbezogenheit des Bauvertrags

Der Bauvertrag ist *erfolgsbezogen*, das bedeutet, dass der Unternehmer die Herbeiführung eines bauwerklichen Erfolgs in Form einer der in § 650a Abs. 1 S. 1, Abs. 2 BGB genannten Varianten schuldet. Die Erfüllung tritt mit Abschluss der letzten das Werk fertigstellenden Handlung und der Abnahme des erschaffenen Werks ein, § 362 Abs. 1 BGB. Diese Erfolgsbezogenheit unterscheidet den Bau- und Werkvertrag vom Dienstleistungsvertrag, bei dem lediglich die Erbringung der vereinbarten Tätigkeit geschuldet ist.

Die Ausführung der Bauleistungen ist oft für einen längeren Zeitraum vorgesehen. Zwischen Baubeginn und Fertigstellung des Bauwerks liegen teilweise Wochen oder Monate, in denen der Unternehmer nach der gesetzlichen Systematik vorleistungspflichtig ist (vgl. § 641 Abs. 1 S. 1 BGB, wonach die Vergütung erst mit Abnahme fällig wird und die Abnahme erst bei vertragsgemäßer Fertigstellung des Werks erfolgt, § 640 Abs. 1 S. 1 BGB). Gleichwohl kommt es beim Bauvertrag nur auf den Zeitpunkt der Fertigstellung und der darauffolgenden Abnahme an.[13] Die bis zur Fertigstellung angefallenen Arbeiten sind jedoch keine vom bauvertraglichen Schuldverhältnis losgelösten Sonderhandlungen, sondern gehören zum Pflichtenkatalog, auch wenn am Ende nur das *fertige* Bauwerk, nicht die bis dahin erfolgten Arbeiten geschuldet sind.[14] Das

9 Vgl. statt vieler Jauernig/*Mansel*, § 631 BGB Rn. 1.

10 Ausnahme: Verbraucherbauvertrag, § 650i Abs. 2 BGB = Textform, § 126b BGB.

11 Vgl. dazu Beck'scher Vergaberechtskommentar/*Diehr/Reidt*, § 18 VOB/A Rn. 6.

12 Beck'scher Vergaberechtskommentar/*Diehr/Reidt*, § 18 VOB/A Rn. 7.

13 Vgl. BGH, VII ZR 159/96 = NJW-RR 1997, 1376 [1377].

14 *Oetker/Maultzsch*, Vertragliche Schuldverhältnisse, [5]2018, § 8 Rn. 259.

lässt sich beispielsweise an § 641 Abs. 1 S. 2 BGB erkennen, wo von der Abnahme einzelner Leistungsteile die Rede ist, oder an § 648a Abs. 5 BGB, demgemäß die Vergütung nach Kündigung aus wichtigem Grund nur für den bis zur Kündigung erbrachten Teil des Werks entrichtet werden muss.

III. Wesentliche Elemente des Bauvertrags

Im Bauvertrag bestehen folgende Hauptleistungspflichten:

Der *Unternehmer* ist verpflichtet, das versprochene Werk herzustellen (§ 631 Abs. 1 Alt. 1 BGB) und es dem Besteller zu verschaffen.[15] Der *Besteller* ist verpflichtet, das vertragsgemäße Werk abzunehmen (§ 640 Abs. 1 S. 1 BGB) und die vereinbarte Vergütung zu entrichten (§ 631 Abs. 1 Alt. 2 BGB). Auch die Abnahme ist eine Hauptleistungspflicht,[16] weil mit ihr das Erfüllungsstadium endet und das Gewährleistungsstadium beginnt, das sich auf die Rechte des Unternehmers auswirkt.[17] Unter anderem ist nämlich die *unternehmer*seitige Hauptleistungspflicht der Werkherstellung erst dann erfüllt, wenn die Leistungen abgenommen sind oder ein Abnahmesurrogat die gleiche Wirkung hat.[18] Mit der bloßen Fertigstellung des Werks allein ist die Schuld des Unternehmers noch nicht erloschen im Sinne von § 362 Abs. 1 BGB.[19] Diese Entscheidung des Gesetzgebers zu einer im Grundsatz dialogorientierten Abnahme zeigt bereits, dass Kommunikation und Kooperation im Bauvertrag eine besondere Rolle spielen.

1. Phänomenologie des Bauvertrags als Langzeitvertrag

Für das bessere Verständnis des Bauvertrags ist dessen Einordnung hilfreich. Das BGB geht bei der Erfüllung von Verträgen zum einen von einem *punktuellen Leistungsaustausch* der Hauptleistungen aus, wie etwa beim Kauf-, Tausch- oder Schenkungsvertrag.[20] Die Hauptleistungen werden unmittelbar und zeitgleich

15 Messerschmidt/Voit/*von Rintelen*, § 631 BGB Rn. 77, 82.

16 BGH, VII ZR 89/87 = NJW 1989, 1602 [1603].

17 Vgl. *Hartung*, NJW 2007, 1099, 1102; *Thode*, ZfBR 1999, 116, 116 f.

18 Vgl. *Jurgeleit*, Kompendium Baurecht, ^{5}2020, 3. Teil, Rn. 3; *Mugdan*, Motive II, S. 2218 (S. 924 im Dokument).

19 Vgl. *Thode*, ZfBR 1999, 116; schon *von Gierke*, JherJB 64 (1914), 355, 396.

20 Vgl. schon *von Gierke*, JherJB 64 (1914), 355, 406 ff.; ferner *Nicklisch*, Langzeitvertrag, 1987, 365; *ders.*, JZ 1984, 757 f.; *Schanze*, Franchising Law, 1991, S. 67, 77 ff.; *Stoffels*, Ungeregelte Schuldverträge, 2001, S. 248.

oder zeitnah miteinander *ausgetauscht*, wobei der Austausch die wechselseitige Erfüllung der synallagmatischen Hauptleistungspflichten beschreibt. Ausnahmen bilden allenfalls die Stundung oder Ratenzahlung des Kaufpreises.

Zum anderen bestehen die Dauerschuldverhältnisse wie der Miet- oder Arbeitsvertrag, die eine Art Rahmenvertrag bilden, in dem die Hauptleistungspflichten ständig und wiederkehrend entstehen bzw. fällig werden und nach § 362 Abs. 1 BGB jeweils einzeln zu erfüllen sind.

Des Weiteren finden sich in Literatur und Rechtsprechung Ausführungen über den sogenannten *komplexen Langzeitvertrag*. Zu dieser Form werden der Werk- und vor allem der Bauvertrag gezählt.[21] Auch wenn keine abschließende Definition besteht, lässt sich eine Summe von Mindestanforderungen und Gemeinsamkeiten erkennen:[22]

1. Strukturell kennzeichnet den komplexen Langzeitvertrag aus, dass er auf eine *längere Zeitspanne* ausgerichtet ist, ohne Dauerschuldverhältnis zu sein.[23]
2. Der komplexe Langzeitvertrag wird unter Berücksichtigung etwaiger *Ungewissheiten* geschlossen. So kann etwa die vereinbarte Mangelfreiheit bei Vertrags*ende* die Verwendung anderer Bauteile erfordern als noch zu Vertrags*beginn* geplant (z.B. durch Änderung der allgemein anerkannten Regeln der Technik).[24]
3. Nicht nur dadurch ist der komplexe Langzeitvertrag *störanfälliger* als ein reiner punktueller Leistungsaustauschvertrag.[25] Auch das Verhalten Dritter, etwa von Behörden, Subunternehmern oder Finanzierern, kann die vertragliche Abwicklung beeinträchtigen. Ebenso sind die einzelnen Gewerke eines Bauwerks, die nach der Relativität der Schuldverhältnisse voneinander unabhängig bestehen, oft faktisch miteinander verzahnt oder interdependent, sodass Abstimmungen untereinander erforderlich sind.[26]

---

21 Für die Literatur etwa *Nicklisch*, Langzeitvertrag, 1987, S. 17 et passim; *Schlotke*, Langzeitvertrag, 1987, S. 377; Messerschmidt/Voit/*von Rintelen*, § 631 BGB Rn. 114 ff.; *Fuchs*, NZBau 2004, 65, 65 ff.; für die Rspr. u.a. BGH, VII ZR 245/94 = NJW 1996, 2158; a.A. *von Gierke*, JherJB 64 (1914), 355, 395 ff., der durch inkorporierte arbeitsvertragliche Elemente den Werkvertrag als Dauerschuldverhältnis einordnen wollte; dies findet sich jedoch im Gesetz nicht wieder, diese Ansicht daher ablehnend *Beitzke*, Nichtigkeit, 1948, S. 36.

22 *Jickeli*, Langfristiger Vertrag, 1996, S. 20.

23 S. dazu ausführlicher unten S. 32 ff.

24 Vertiefend dazu: BGH, VII ZR 65/14 = NJW 2018, 391 [392 f.].

25 Vgl. *Nicklisch*, NJW 1985, 2361, 2363.

26 *Schlotke*, Langzeitvertrag, 1987, S. 377, 381.

4. Auch deswegen sind die Parteien darauf angewiesen und sogar verpflichtet, *kooperativ* miteinander und mit einbezogenen Dritten zusammenzuarbeiten im Sinne *ständiger Absprache.*[27]

Diese Struktur ist paradigmatisch für den Bauvertrag. Sie findet sich aber auch in Verträgen über Technologie-Transfer, Raumfahrtprojekte oder größere Softwareprogrammentwicklung, die ebenfalls als komplexe Langzeitverträge eingeordnet werden.[28]

Diese charakteristischen Merkmale führen zu Besonderheiten bei der Vertragsdurchführung: So bestehen gewisse rahmenvertragliche Elemente, der längere Erfüllungszeitraum erfordert ein flexibles Instrumentarium zur Reaktion auf veränderte Begebenheiten und es besteht ein Bedürfnis nach kontinuierlicher Absprache und Kooperation.

Und doch ist der komplexe Langzeitvertrag, jedenfalls in der Form des Werk- und Bauvertrags, trotz der sonstigen Unterschiede in seinem Leistungsmoment *punktuell.*[29]

An den erbrachten Arbeiten am Bauwerk oder den Abschlagszahlungen zeigt sich zwar regelmäßig, dass schon vor diesem Zeitpunkt wirtschaftliche Werte fließen. Vertrags*erfüllende* Wirkung haben sie aber nicht.[30] Man kann eher von einem „zieldeterminierten Zeitverhältnis mit wachsender Erfüllungsnähe" sprechen.[31] Denn die Werkleistung ist erst im Zeitpunkt der (vertragsgemäßen) Fertigstellung und Abnahme und das „einmal" erbracht, die Gegenleistung bei Entrichtung der vollständigen Vergütung ebenfalls.[32]

Daher ist der komplexe Langzeitvertrag in Bezug auf den Erfüllungszeitpunkt keine eigenständige Form, sondern als Unterfall des punktuellen

---

27 Zu alldem *Nicklisch*, Langzeitvertrag, 1987, S. 17, 19 ff.

28 *Nicklisch*, Langzeitvertrag, 1987, S. 105 ff.

29 Anders wohl *Nicklisch*, Langzeitvertrag, 1987, S. 17, 20, der den Langzeitvertrag als eine dritte Form zwischen Punktvertrag und Dauerschuldverhältnis einordnet, indem er davon ausgeht, dass an die Stelle des einfachen Austauschs eine Kooperation trete, in die dann häufig eine stufenweise Vergütung je nach Projektfortschritt eingebaut sei. Das berücksichtigt aber nicht die *Vorläufigkeit* der bis zur Erfüllung erfolgten Arbeiten.

30 So wird die Abschlagszahlung stets nur als vorläufige Zahlung beschrieben, BGH, VII ZR 399–97 = NJW, 1999, 1867 [1869]; MüKoBGB/*Busche*, § 632a BGB Rn. 4.

31 So *Schlotke*, Langzeitvertrag, 1987, S. 377, 387.

32 Vgl. nur *Thode*, ZfBR, 1999, 116 f., 124; MüKoBGB/*Busche*, § 650a BGB Rn. 15; eine Ausnahme stellt die Teilabnahme dar, die in § 641 Abs. 1 S. 2 BGB angedeutet ist und gesonderter Vereinbarung bedarf, Jauernig/*Mansel*, § 640 BGB Rn. 6.

Leistungsaustauschs anzusehen, dem allerdings die oben genannten Voraussetzungen und Rechtsfolgen zukommen.

2. *Rahmenvertragscharakter*

Die internen Gegebenheiten und externen Umstände, die während der Vertragsausführung be- und entstehen, sind trotz bestmöglicher Planung und Vorbereitung zum Zeitpunkt des Vertragsschlusses nicht vorherzusehen. Der Bauvertrag ist kein vollständiger Vertrag, in dem von vornherein alle denkbaren möglichen Risiken erkannt, rational gewichtet und verteilt werden.[33]

Das gilt zum einen für die Wetterbedingungen: Starke Regenfälle, Schneestürme oder intensive Hitzewellen können Bauvorhaben unter freiem Himmel verzögern. Zum anderen weisen auch die Bodenverhältnisse trotz sachverständiger Überprüfung oftmals eine andere als die vertraglich zugrundeliegende Beschaffenheit auf.[34] Auch die Über- und Unterdimensionierung von Maschinen und Arbeitskräften sowie der unvorhergesehene Verbrauch und Verschleiß von Werkzeugen beeinflussen die Vertragsabwicklung. Bei größeren Vorhaben wird die Planung späterer Leistungsabschnitte oftmals erst durchgeführt, wenn erste Bauarbeiten schon erledigt sind (etwa Gleichzeitigkeit der Bauausführung Rohbau und Planung des Interieurs der oberen Stockwerke). Die Parallelplanung führt dazu, dass das Gesamtbauwerk bei Vertragsbeginn noch bewusst unvollständig ist.[35]

Später auftretende Abweichungen von der vertraglichen Ausschreibung bergen ein hohes Konfliktpotenzial, das zum Stillstand, schlimmstenfalls zum Abbruch des Gesamtvorhabens führen kann. Durch Gesetze und Musterverträge wie die VOB/B fließen einseitige Änderungsrechte in den Vertrag ein, um den Parteien flexible Reaktionen zu ermöglichen. Diese nachträglichen Anpassungsmechanismen verleihen dem Bauvertrag ein rahmenvertragliches Gepräge.[36]

Des Weiteren prägend ist die vertragliche Festschreibung der einzelnen Leistungspositionen. Wird nämlich – so die regelmäßige Pflicht, vgl. § 4 Abs. 1 Nr. 1 VOB/A – ein Einheitspreisvertrag geschlossen, stehen zwar Art und Preis der einzelnen Materialeinheiten unveränderlich fest, nicht jedoch die tatsächlich

33 Vgl. *Kern*, JuS 1992, 13, 15.

34 Dazu nur *Peters*, NJW 2008, 2949.

35 Vgl. *Berner/Kochendörfer/Schach*, Baubetriebslehre, ^{2}2013, S. 56.

36 *Glöckner*, VuR 2016, 123, 129 f.; *Jickeli*, Langfristiger Vertrag, 1996, S. 30; *Nicklisch*, FS Habscheid, 1989, S. 217, 222; *Nicklisch*, FS Lukes, 1989, S. 143, 144 f.; *Quack*, FS Ganten, 2007, S. 211.

verbaute Menge. Der sogenannte *Vordersatz* im Leistungsverzeichnis ermöglicht nur eine (meist) tragfähige Einschätzung darüber, welche Mengen für das Vorhaben erforderlich werden. Die exakte Vergütungshöhe hingegen wird erst bei der Fertigstellung des Werks anhand der tatsächlich verbauten Einheiten berechnet. Die Parteien lassen sich bewusst auf diese Unsicherheit der Mengenabweichung vom Vordersatz ein, da bei Vertragsschluss in der Regel unmöglich zu ermitteln ist, welche Materialmengen notwendig sind.

3. Langzeitcharakter

Der Bauvertrag ist *kein* Dauerschuldverhältnis.[37] Das Dauerschuldverhältnis wird im BGB lediglich erwähnt, nicht jedoch konkret definiert.[38] Alle Dauerschuldverhältnisse weisen allerdings drei Elemente auf, die sie prägen: eine längere Laufzeit, die ständige Pflichtenanspannung und die Möglichkeit der Beendigung aufgrund zeitlicher Begrenzung oder Kündigung.[39]

Der komplexe Langzeitvertrag unterscheidet sich vom Dauerschuldverhältnis (zumindest) hinsichtlich der ständigen Pflichtenanspannung.[40] Die Hauptleistungspflicht im Bauvertrag besteht von Anfang an, ist einmalig und wird auch nur einmal erfüllt, nämlich dann, wenn „der letzte Stein" verbaut ist. Die aus der Hauptleistungspflicht eines Dauerschuldverhältnisses abzuleitenden Ansprüche entstehen – jedenfalls für die Zwecke des Verjährungsbeginns – regelmäßig erst mit Fälligkeit.[41] Der Anspruch auf die Miete für den Monat Mai kann im April noch nicht gerichtlich erstritten werden und ebenso wenig kann der Mieter die Benutzung der Wohnung für das nächste Jahr schon jetzt beanspruchen. Diese Ansprüche sind zwar im Schuldverhältnis angelegt, nicht aber bereits klagbar.[42]

Am klarsten tritt der Unterschied der Hauptleistungspflichten zutage, stellt man den Bauvertrag dem *unbefristeten* Dauerschuldverhältnis gegenüber. Denn bei letzterem ist die Entstehung von Ansprüchen *ad infinitum* denkbar. Bei einem *befristeten* Dauerschuldverhältnis ist der letzte pflichtenanspannende Zeitpunkt

---

37 Allg. M., vgl. *Gauch*, Werkvertrag, [5]2011, Rn. 9; *Oetker*, Dauerschuldverhältnis, 1994, S. 156; zur Abgrenzung *Nicklisch*, JZ 1984, 757, 761.

38 Etwa in §§ 308 Nr. 3, 309 Nr. 1 BGB, ausführlicher *Medicus/Lorenz*, Schuldrecht I, [21]2015, § 2 Rn. 5 ff.

39 *Schneider*, Dauerschuldverhältnis, 2016, S. 31.

40 Weitere (feinere) Unterschiede bei *Jickeli*, Langfristiger Vertrag, 1996, S. 24.

41 Vgl. *Riehm*, FS Canaris II, 2017, S. 345, 363; MüKoBGB/*Grothe*, § 199 BGB Rn. 4.

42 Vgl. die Besonderheiten der §§ 257–259 ZPO; auch dort kann die materielle Rechtsposition jedoch erst nach Fälligkeit gerichtlich erzwungen werden.

hingegen bereits bei Vertragsschluss bekannt. Dort ist deshalb die ordentliche („freie") Kündigung ausgeschlossen, da das Schuldverhältnis durch Zeitablauf endet.[43] Die Lösung vom Vertrag innerhalb der Laufzeit ist daher nur bei Pflichtverletzungen oder erheblichen Unregelmäßigkeiten im Sinne des § 314 BGB aus wichtigem Grund möglich.

Betrachtet man also die grundsätzliche Unkündbarkeit des befristeten Dauerschuldverhältnisses, ist die freie Kündigung beim Bauvertrag *prima facie* systemwidrig. Denn auch hier ist die Dauer des Vertrags ohne Eingreifen des Bestellers endlich, das Schuldverhältnis im engeren Sinne endet nämlich, wenn das Werk errichtet ist. Es bedarf keiner weiteren vertraglichen Lösungsmöglichkeit. Doch rechtfertigt eine andere Erwägung das Zugeständnis der freien Kündigung. Das Werk entsteht nämlich vornehmlich im Interesse des Bestellers, es wird *für ihn* und *auf seine Kosten* hergestellt.[44] Zwar kann auch der Unternehmer oder Architekt aus Prestigegründen ein (immaterielles) Interesse an der Errichtung haben, vor allem bei öffentlichkeitswirksamen Großprojekten. Doch bleibt ihm meist unbenommen, das Bauwerk auch auf eigene Kosten zu errichten.[45] Finanziell jedenfalls wird der Unternehmer bei der Kündigung ausreichend kompensiert, denn ihm steht grundsätzlich die volle Vergütung zu, § 648 S. 2 BGB.[46]

Da dieses Interesse an der tatsächlichen Fertigstellung weit überwiegend im Bereich des Bestellers liegt, ist sein freies Kündigungsrecht sachgerecht. Insbesondere weil die Errichtung eines Bauwerks über längere Zeit verläuft, ist folgerichtig, dass der Besteller den Vertrag in diesem Zeitraum jederzeit beenden kann, wenn wirtschaftliche,[47] persönliche oder – bei Projekten öffentlichrechtlicher Dimension – politische Gründe ihn dazu bewegen. Denn erst am Ende erhält er *das* Werk; an den vorgeschalteten Leistungsteilen hat er in der Regel kein Interesse.

---

43 Allg. Meinung, vgl. für das Dienstvertragsrecht nur MüKoBGB/*Hesse*, § 620 BGB Rn. 11.

44 MüKoBGB/*Busche*, § 649 BGB Rn. 2; AG Köln, 28 C 633/06 = NJW-RR 2008, 214 [215]; *van Venrooy*, JR 1991, 492, 495 ff. kommt zum gleichen Ergebnis mit anderer Begründung.

45 Denkt man das meist für derlei Projekte exponierte Grundstück und dessen Lage hinweg.

46 So begründen auch die Verfasser des BGB das freie Kündigungsrecht, *Mugdan*, Motive II, S. 503 (S. 281 im Dokument).

47 Auch wenn er grundsätzlich voll vergütungspflichtig ist, kann der Besteller durch anderweitige Erwerbstätigkeit des Unternehmers oder deren böswilliges Unterlassen Kosten einsparen, § 648 S. 2, 3 BGB.

Der Fertigstellungstermin und die bis dahin vergangene Zeit spielen beim Bauvertrag eine wichtige Rolle.[48] Die Vorhaltekosten für Maschinen und Werkzeug, die Verschiebung von Terminen und alle davon abhängenden Faktoren (z.B. behördliche Genehmigung für Großraum- und Schwertransporte, § 70 StVZO, § 29 Abs. 3 StVO oder die Stornierung von Drittaufträgen) sind für gewöhnlich finanziell nicht unerheblich. Von kleineren Bauarbeiten und dem Ausbau der Eigentumswohnung abgesehen haben die Bauvertragsparteien mit Investitionsvolumen zu tun, die sie nicht ohne Weiteres abschreiben könnten. Daher sind flexible Mechanismen zur jederzeitigen Anpassung notwendig, etwa die hier besprochene Kündigung als *ultima ratio*, aber auch das einseitige Änderungsrecht.

4. *Kooperationscharakter*

In einem Grundsatzurteil definiert der BGH erstmals den speziellen Kooperationscharakter des Bauvertrags.[49] Aus dem Kooperationsverhältnis ergeben sich Obliegenheiten und Pflichten zur Mitwirkung und gegenseitigen Information. Diese Pflichten sollen unter anderem gewährleisten, dass in Fällen, in denen nach der Vorstellung der Parteien der vertragliche Inhalt an die geänderten Umstände angepasst werden muss, die entstandenen Meinungsverschiedenheiten nach Möglichkeit einvernehmlich beigelegt werden.[50] Konkret bestehen für die Parteien gegenseitige Pflichten und Obliegenheiten zur Mitteilung von Informationen, etwa wenn unvorhergesehene Umstände auftreten oder ein erhöhter (Kosten-)Aufwand entsteht. Aber auch Mitwirkungspflichten vor allem des Bestellers sind Ausdruck der Kooperationspflicht, etwa die Bereitstellung des Baugrundstücks oder die zeitgerechte Übergabe von Ausführungsunterlagen und -plänen. Überdies haben die Parteien Rüge- und Anzeigepflichten, etwa die Behinderungsanzeige durch den Unternehmer, wenn dieser infolge einer dem Besteller zurechenbaren Störung an der Leistungserbringung gehindert ist, oder in Form der Bedenkenanzeige, wenn der Unternehmer Einwände gegen die Art oder den Inhalt der geplanten Leistungen hat.[51] Die Literatur und die

48 *Weyers*, AcP 182 (1982), 60, 66.

49 BGH, VII ZR 393/98 = NJW 2000, 807 [808]; bereits erwähnt BGH, VII ZR 245/94 = NJW 1996, 2158 [2158 f.]; für BGB-Vertrag explizit OLG Düsseldorf, 5 U 184/99 = NZBau 2000, 427 [428].

50 BGH, VII ZR 393/98 = NJW 2000, 807 [808, II.2.b)(1)].

51 Umfassend m.w.N. Messerschmidt/Voit/*von Rintelen*, § 631 BGB Rn. 114 ff.

Rechtsprechung haben sich im Anschluss an die Urteile des BGH umfassend mit den Kooperationspflichten befasst und deren Ausgestaltung weiter präzisiert.[52]

Der Kooperationscharakter findet aber nicht nur in Rechtsprechung und Gesetz seine Erwähnung. Auch die VOB/B ist durchwirkt mit den Pflichten zu Kooperation und Kommunikation. *Pars pro toto* seien nur die bereits erörterte Klausel des § 2 Abs. 5, 6 VOB/B zu nennen, die eine Vergütungs*vereinbarung* für den betreffenden Nachtrag vorschreibt, oder § 4 Abs. 3 VOB/B, der die *Bedenkenanzeige*pflicht des Unternehmers statuiert. Diese auf Kommunikation ausgerichteten Instrumente sollen Konflikte bestenfalls verhindern, jedenfalls aber dafür sorgen, dass die Parteien miteinander „im Gespräch bleiben".

Obgleich stets frei gekündigt werden kann, ist die gesetzliche Intention, den Vertrag unter allen Umständen zu erhalten, nicht zu übersehen. Schon allein aus wirtschaftlichen Gründen ist eine Kündigung für beide Seiten oft unerfreulich: Der Unternehmer verliert in diesem Fall die Möglichkeit, seine Arbeiten auszuführen, kann die freigewordenen Kapazitäten möglicherweise nicht anderweitig einsetzen und begibt sich bei öffentlichkeitswirksamen Projekten reputationsstärkender Referenzen.[53] Der Besteller muss die vereinbarte Vergütung grundsätzlich voll bezahlen, § 648 S. 1 BGB. Ihm kommen zwar häufig die Regelungen des § 648 S. 2, 3 BGB zugute, wonach ersparte Aufwendungen, anderweitige Verwendung der Arbeitskraft oder deren böswilliges Unterlassen anspruchsmindernd wirken. In einigen Branchen wie dem Spezialtiefbau ist ein anderweitiger Erwerb aber oftmals nicht ohne Weiteres möglich und der Besteller zahlt letztlich fast die gleiche Summe wie im Falle erbrachter Werkleistung.

5. Besonderheit des Bauvertrags: Der funktionale Mangelbegriff

a. Inhalt und Bedeutung

Im Bauvertragsrecht besteht mit der jahrzehntelangen ständigen Rechtsprechung des BGH zum funktionalen Mangelbegriff und deren Adaption in der Baupraxis eine wichtige Besonderheit für die Mangelfreiheit eines Bauwerks.[54] Danach bestimmt sich der vertraglich geschuldete Werkerfolg „nicht allein nach der zu seiner Erreichung vereinbarten Leistung oder Ausführungsart, sondern

52 Vgl. *Fuchs*, Kooperationspflichten, 2004, S. 1; zur Darstellung der Rspr., *ders.* S. 3–33.

53 *Schlotke*, Langzeitvertrag, 1987, S. 377, 386.

54 St. Rspr., angeklungen schon bei BGH, VII ZR 169/82 = NJW 1984, 2457 [2458 f.]; nach dem SMG bestätigt: BGH, VII ZR 183/05 = NJW 2008, 511 [512 ff.]; ausführlich *Lederer*, Funktionaler Werkerfolg, 2016, S. 15 ff.; zu § 650b BGB nur *Markus*, NZBau 2016, 601, 602; *Hödl*, Bauvertragsrecht, 2018, Rn. 144.

auch danach, welche *Funktion* das Werk *nach dem Willen der Parteien* erfüllen soll. Der BGH hat deshalb eine Abweichung von der vereinbarten Beschaffenheit und damit einen Mangel i.S. des § 633 Abs. 1 BGB a.F. angenommen, wenn der mit dem Vertrag verfolgte *Zweck* der Herstellung eines Werks *nicht erreicht* wird und das Werk seine vereinbarte oder nach dem Vertrag vorausgesetzte Funktion nicht erfüllt. [...] Das gilt unabhängig davon, ob die Parteien eine bestimmte Ausführungsart vereinbart haben oder die anerkannten Regeln der Technik eingehalten worden sind. Ist die Funktionstauglichkeit für den vertraglich vorausgesetzten oder gewöhnlichen Gebrauch vereinbart und ist dieser Erfolg mit der vertraglich vereinbarten Leistung oder Ausführungsart oder den anerkannten Regeln der Technik nicht zu erreichen, schuldet der Unternehmer die vereinbarte Funktionstauglichkeit" (Hervorhebungen durch *Verf.*).[55]

Um dies fassbar zu machen, kann man zwischen *Bausoll* und *Erfolgssoll* trennen.[56] Das Bausoll ist die Summe der Vereinbarungen – der (schriftliche) Bauvertrag. Es beschreibt die nach Bauinhalt und Bauumständen näher bestimmte und bezeichnete Leistung des Unternehmers.[57] Das Erfolgssoll hingegen ist die mangelfreie und *funktionstüchtige* Leistung, der Werk*erfolg*. Die Unterscheidung von Bausoll und Erfolgssoll ist wesentlich für die Einordnung, ob die Leistung erbracht worden ist oder nicht. Denn nur bei Erreichen des *Erfolgs*solls hat der Unternehmer erfüllungstauglich gem. § 362 Abs. 1 BGB, d.h. mangelfrei, geleistet. Mit anderen Worten ist für die Leistungsseite unbedeutend, was als *Bausoll* zwischen den Parteien vereinbart wurde. Der Unternehmer hat die Leistung nämlich zur Zeit des Gefahrübergangs (im Werkvertragsrecht: die [Fiktion der] Abnahme) so zu erbringen,[58] dass sie funktionstüchtig ist. Daneben muss er aber grundsätzlich den Vorgaben der Leistungsbeschreibung entsprechen.

Durch Auslegung und unter Berücksichtigung aller maßgebenden Umstände wird klar, welche Funktion die Parteien nach dem Vertrag vorausgesetzt haben oder dem Werk zukommen lassen wollen.[59] Oftmals ist selbsterklärend, welche Funktion die Leistung erfüllen soll.[60] Für die Bewertung der Funktionalität ist

---

55 BGH, VII ZR 183/05 = NJW 2008, 511 [512, Rn. 15].

56 Grundlegend zu beiden Begriffen: *Motzke*, NZBau 2002, 641 ff.; differenzierend *Voit*, ZfIR 2007, 157, 159.

57 *Motzke*, NZBau 2002, 641; Kapellmann/Messerschmidt/*Kapellmann*, § 2 VOB/B Rn. 31 ff.

58 Palandt/*Sprau*, § 633 BGB Rn. 3.

59 *Jurgeleit*, Kompendium Baurecht, ^{5}2020, 5. Teil Rn. 28.

60 Etwa BGH, VII ZR 403/98 = NJW-RR 2000, 465 [466]: Ein Dach muss dicht sein.

unerheblich, ob die anerkannten Regeln der Technik eingehalten werden,[61] die Leistungen also so erbracht wurden, wie es der Richtigkeitsüberzeugung der vorherrschenden Ansicht der technischen Fachleute entspricht und in der Praxis erprobt und bewährt ist.[62] Regelmäßig aber ist die Einhaltung der anerkannten Regeln der Technik ein Indiz für die Funktionalität. Allerdings kommt es auch bei einer Funktionsbeeinträchtigung darauf an, inwieweit diese unter Berücksichtigung der Verkehrssitte (§ 157 BGB) hinzunehmen ist.[63] Nicht alles, was die Funktionalität beeinträchtigt, ist ein Mangel gem. § 633 BGB.

Aufgrund des funktionalen Mangelbegriffs ist sichergestellt, dass der Besteller ein Werk beanspruchen kann, das auch funktionstüchtig ist. Das reicht so weit, dass der Unternehmer sogar die Mitwirkungshandlungen des Bestellers dahingehend überprüfen muss, ob der funktionale Erfolg erreicht werden kann. Das gilt jedoch nicht uferlos. Erstellt der Besteller die Planung und/oder Leistungsbeschreibung, stellt er sie dem Unternehmer für die Bauleistung zur Verfügung. Ist diese mangelhaft und der Unternehmer erkennt dies, muss er seine Bedenken (schriftlich) anzeigen. Die Bedenkenanzeige ist eine Kooperationspflicht, in § 4 Abs. 3 VOB/B sogar explizit erwähnt. Die Verletzung dieser Pflicht führt zu Schadensersatzansprüchen des Auftraggebers, § 13 Abs. 3 VOB/B.[64] Der Unternehmer muss also prüfen, ob er mit den zur Verfügung gestellten Unterlagen eine funktionstüchtige Leistung erbringen kann.[65] Kann der Unternehmer allerdings *nicht* erkennen, dass die bereitgestellte Planung sich nicht eignet, die vereinbarte Funktion zu erfüllen, kann ihm dies nicht zum Nachteil gereichen.[66] Er muss dann nicht für die Fehler einstehen.

Erstellt der Unternehmer hingegen die Planung und Leistungsbeschreibung *selbst*, hat er auch das Planungsrisiko übernommen und muss, wenn er die drohende Funktions*un*tüchtigkeit erkennt, entsprechend umplanen. Gleiches gilt bei funktionaler Ausschreibung des Bauwerks durch den Besteller. Hier äußert der Besteller nämlich explizit den Willen, ein funktionstüchtiges Bauwerk zu erhalten. Wie der Unternehmer diesen Erfolg erreicht, ist seine Sache. Einer

61 Vgl. BGH, VII ZR 169/82 = NJW 1984, 2457 [2459].

62 Vgl. auch *Seibel*, NJW 2013, 3000, 3000 f.

63 *Jurgeleit*, Kompendium Baurecht, ^{5}2020, 5. Teil Rn. 28.

64 Das gilt auch für nicht der VOB/B unterliegende Verträge, vgl. nur BGH, VII ZR 48/85 = NJW 1987, 643 [I.a)].

65 S. nur *Jurgeleit*, Kompendium Baurecht, ^{5}2020, 5. Teil Rn. 38.

66 Vgl. BGH, VII ZR 183/05 = NJW 2008, 511 [512, Rn. 38]; *Jurgeleit*, Kompendium Baurecht, ^{5}2020, 5. Teil Rn. 35.

Pflicht zur Bedenkenanzeige bedarf es nicht, weil die Mitwirkung des Bestellers nicht erforderlich ist, um die Funktionalität herstellen zu können.[67]

Eine Anzeige an den Besteller bei Bedenken ist oftmals jedoch allein schon aus wirtschaftlichen Gründen sinnvoll.[68] Auch wenn der Unternehmer die Funktions-, weil Planungsverantwortung trägt, will der Besteller im Fall der notwendigen Umplanung daran mitwirken, denn der Ablauf des Baufertigstellungsverfahrens verändert sich. Durch koordiniertes Verfahren können womöglich drohende Störungen verhindert und Nachtragsstreitigkeiten vermieden werden. In einem „gesunden" Bauprojekt kommt es zu ständigen Absprachen und die rechtlichen Probleme werden oft auf wirtschaftliche Weise gelöst, schon allein wegen der andernfalls drohenden Verzögerungen und Kosten.

b. Der funktionale Mangelbegriff: Eine dogmatische Fehlkonstruktion?

So unumstößlich der funktionale Mangelbegriff in der Rechtsprechung des BGH auch ist, so stark umstritten ist er in der Literatur.[69]

aa. Die Zuordnung des Funktionalitätsrisikos

Nach *Kapellmann* handele sich etwa bei der Vereinbarung der Funktionalität um eine Fiktion. Der Unternehmer wolle sich *mitnichten* neben der tatsächlichen Herstellung des Werks zusätzlich dazu verpflichten, die Funktionalität zu ermöglichen. Fragt man ihn, so würde er eine derart weitgehende Verantwortung von sich weisen, denn sonst träfe ihn und nicht den Besteller das Risiko, ob mit der bereitgestellten Leistungsbeschreibung geleistet werden könne oder diese der Umplanung bedarf.[70] Daher wolle und würde der Unternehmer nur ein „Abarbeiten der Planung"[71] schulden, also den nach dem Vertrag „herbeizuführenden Erfolg", der konkret und detailliert zwischen den Parteien vereinbart wurde.[72] Der rechtsgeschäftliche Wille des Unternehmers erstrecke sich regelmäßig nicht

---

67 Vgl. *Sass*, NZBau 2013, 132, 137 f.

68 Der Unternehmer muss allerdings nicht auf bloße Optimierungen hinweisen, solange mit den vereinbarten Leistungen der Werkerfolg erreicht werden kann, OLG Karlsruhe, 14 U 108/15 = IBRRS 2019, 0954 (BGH, VII ZR 116/17, Nichtzulassungsbeschwerde zurückgewiesen).

69 Dagegen etwa *Engbers*, NZBau 2016, 34; Kapellmann/Messerschmidt/*Kapellmann*, § 2 VOB/B Rn. 38; *Markus*, NZBau 2010, 604; *Motzke*, NZBau 2011, 705; *Peters*, NZBau 2010, 211, 212 f.; *Pioch*, AcP 109 (2019), 703; *Popescu*, NZBau 2012, 137.

70 Kapellmann/Messerschmidt/*Kapellmann*, § 2 VOB/B Rn. 38.

71 *Peters*, NZBau 2008, 609, 610, 612.

72 *Pioch*, AcP 219 (2019), 703, 715 f.

auf die Herstellung eines funktionstauglichen Bauwerks, vor allem wenn er nur einen Teilbeitrag zur Errichtung eines größeren Gesamtwerks erbringe oder der Besteller einzelne Komponenten zum Verbauen zur Verfügung stelle.[73]

Dem ist entgegenzuhalten, dass, befragte man den Unternehmer, ob er für die Bearbeitung des vom Besteller aufgestellten Leistungsprogramms oder zusätzlich auch für die Funktionalität einstehen wolle, dieser zwar sicherlich Ersteres wählen würde. Wird aber umgekehrt dem Besteller dieselbe Frage gestellt, würde dieser die Bearbeitung der Planung inklusive der Funktionalität wählen. Das zeigt den Interessenkonflikt, der die Frage aufwirft, wem das Risiko der Funktionalität zugeordnet werden soll. Die Antwort darauf ergibt sich aus der Auslegung aller der auf den Vertragsschluss zielenden Willenserklärungen. Eine Leistungspflicht kann nur entstehen, wenn sie ihre Grundlage in diesen Erklärungen hat. Ein Schuldner muss also einen dementsprechenden Willen zur Übernahme der Verantwortlichkeit für ein funktionstüchtiges Bauwerk in den Vertrag einfließen lassen. Denn jede Leistungspflicht beschränkt den Freiheitsraum des Schuldners und führt spiegelbildlich zu einer Erweiterung der Freiheiten des Gläubigers.[74] Daher muss sie, wenn sie nicht durch heteronome Einflüsse wie Gesetze entsteht, aus der privatautonomen Entscheidung des Schuldners, hier des Unternehmers, folgen, die die Freiheitseinschränkung legitimiert.[75] Gleichwohl ist stets das wohlverstandene Interesse zweier redlich handelnder Parteien maßgeblich.

In der bestellerseitigen Planung findet sich wohl stets (neben einer etwa umfassenden Auflistung der einzelnen Teilleistungen) mindestens eine Bezeichnung für das konkrete Bauprojekt. Lautet diese „Einfamilienhaus“ oder „Flachdach“, so ist das allgemeine Verständnis dieser Begrifflichkeiten heranzuziehen. Selbstverständlich soll ein Einfamilienhaus bewohnbar sein und damit alle Eigenschaften mitbringen, die die Bewohnbarkeit ermöglichen. Das gleiche gilt für das Flachdach: Nur ganz ausnahmsweise soll es nicht vor der typischen Witterung schützen. Nach dem allgemeinen Wortsinn ist ein Haus stets bewohnbar und ein Dach stets dicht. Wäre ein bauvertraglich geschuldetes Einfamilienhaus, das nicht bezogen werden kann, überhaupt als solches zu bezeichnen oder müsste man nicht wohl eher ein „unbewohnbares Haus“ vereinbaren? Würde man ein undichtes Dach wollen, müsste man wohl – so verstünde es jedenfalls der objektive Dritte – die Undichtigkeit gesondert anmerken, da gewöhnlich

73 *Pioch*, AcP 219 (2019), 703, 715 f.
74 *Hoffmann*, Rechtszuweisung, 2012, S. 98; *Pioch*, AcP 109 (2019), 703, 723.
75 Vgl. *Lobinger*, Autonome Bindung, 1999, S. 94.

vom Gegenteil ausgegangen wird. Aufgrund dieses beschriebenen Verständnisses der einzelnen Leistungen ist also bei Vereinbarung eines „Flachdachs“ stets ein dichtes Dach gemeint. Grundsätzlich ist das Risiko, ein solches funktional zu errichten, also dem Unternehmer zuzuweisen. Nur das entspricht dem wohlverstandenen Interesse der Parteien. Das ist auch deshalb angemessen, weil der Unternehmer regelmäßig die größere Sachkunde bezüglich seines Gewerks besitzt.

Sollte dies einmal nicht der Fall sein, weil der Besteller mit dem von ihm verfolgten Zweck des Bauwerks aufgrund der spezifischen Begebenheiten den Unternehmer im Dunkeln lässt (z.B. neuartiger Maschinenraum für noch nicht patentierte Produktionsverfahren) oder weil der Unternehmer weniger Sachverhaltskenntnis über das Gewerk hat als der Besteller (z.B. eintretende Feuchtigkeit im Gebäude, weil eine weiße Wanne zur Isolierung hätte errichtet werden müssen, dem Unternehmer aber kein Bodengutachten überreicht oder die Grundwasserverhältnisse anderweitig mitgeteilt wurden und für eine weitere Nachprüfung kein Grund bestand), kehrt sich das Verhältnis um. Im ersten Fall ist die Funktionsvereinbarung schon nicht Teil des Vertrags geworden, weil der Besteller dazu geschwiegen hat und der Unternehmer sich diese nicht aus den Umständen herleiten kann. Im Fall der unvollständigen Sachverhaltskenntnis kann der Unternehmer auch bei aller gebotenen Sorgfalt nicht erkennen, dass eine besondere Feuchtigkeitsisolierung notwendig wird, wenn keinerlei Anzeichen dafür bestehen und der Besteller auf seinen Hinweis keine Nachforschungen anstellt.

Gegen die Aufnahme der vereinbarten Funktionalität in den Bauvertrag wird weiter angeführt, dass dies nur die Herleitung aus dem unterstellten Interesse (des Bestellers) an der Funktionalität sei und weniger eine echte Erklärung. Die Vereinbarung einer konkreten Leistungs- und Ausführungsart konfligiere mit dem Erfolg der Funktionstauglichkeit, wenn beides parallel ausgeführt nicht zum Ziel führen könne. Es bestünden zwei verschiedene und sich widersprechende Vereinbarungen, die eine explizit, die andere konkludent, die formal auf gleicher Rangstufe stünden und mit den Regeln der Auslegung zu lösen seien. Tendenziell sei dies zugunsten des ausdrücklichen und detaillierten Vereinbarungsinhalts zu lösen.[76] Die Rechtsprechung aber verstoße gegen das innere System der Rechtsordnung, indem sie in den vereinbarten Werkerfolg immer und implizit die Funktionstüchtigkeit des Bauwerks aufnimmt, ohne den wirklichen Willen der Parteien, hier vor allem des Unternehmers, zu achten.[77]

---

76 *Sass*, NZBau 2013, 132, 135.

77 *Pioch*, AcP 109 (2019), 703, 725.

Der Bauerfolg hängt aber entscheidend davon ab, wie sorgfältig und kooperativ die Parteien bei der Gestaltung des Vertrags zusammenarbeiten. Das betrifft im Gegensatz zu den meisten anderen Vertragstypen nicht in erster Linie die Ausarbeitung der vertraglichen Bedingungen, sondern die Bestimmung der einzelnen Leistungspflichten. Denn es liegt in der Natur des Bauens, dass regelmäßig schon die Ausgestaltung des Ziels eine detaillierte Planung voraussetzt und bei Vertragsschluss nur schwer erkennbar ist, welche Bauleistungen im Einzelnen erforderlich werden, um den Plan umzusetzen. Die Parteien müssen also definieren und festschreiben, welche Leistungen der Unternehmer erbringen und wofür er die Vergütung bekommen soll.[78]

Die konkrete Leistungsvereinbarung wird dabei nach der Lehre vom funktionalen Mangelbegriff überlagert von der Herstellungsverpflichtung, ein nach den Vertragsumständen zweckentsprechendes, funktionstaugliches Bauwerk zu errichten. Denn die vereinbarte oder nach dem Vertrag vorausgesetzte Funktion ist das Ziel des Vertrags, die vereinbarte Ausführungsart (nur) der Weg dorthin. Ist der Weg falsch, muss ein anderer eingeschlagen werden. Das Ziel jedoch muss erreicht werden.[79] Die Funktionalitätserwartung des Bestellers wird nicht dadurch außer Kraft gesetzt, dass er die Bauplanung an sich zieht und dem Unternehmer durch die Leistungsbeschreibung vorgibt, welche Leistungen er konkret für die Verwirklichung des Bauerfolgs erbringen soll. Anlass der bestellerseitigen Übernahme ist regelmäßig das verständliche Anliegen des Bestellers, die Beschaffenheit des Bauwerks seinen individuellen Bedürfnissen entsprechend bestmöglich vorzugeben und schon im Vertrag festzulegen, welche (Teil-)Leistungen zum vereinbarten Preis erbracht werden sollen. Deshalb liegt der Ausschreibung durch den Besteller grundsätzlich kein Verzicht auf die spätere Funktionstüchtigkeit des Bauwerks, sondern vielmehr – im Gegenteil – seine vom Unternehmer akzeptierte Vorstellung zugrunde, dass gerade die Abarbeitung der vertraglichen Leistungsvorgaben zu einem funktionstauglichen Bauwerk führen wird.[80]

Daraus folgt in aller Konsequenz, dass die Verletzung der Bedenkenhinweispflicht nicht Haftungsgrund des Unternehmers ist, sondern die Verletzung nur verhindert, dass er von seiner Mängelhaftung frei wird. Anders gewendet: durch einen Bedenkenhinweis wird der Unternehmer von seiner Haftung frei.[81] Würde

78 *Leupertz*, BauR 2010, 273, 273 f.

79 Ibr-Baurecht/*Kniffka*, § 633 BGB Rn. 45.

80 *Leupertz*, BauR 2010, 273, 276 f.

81 So auch BGH, VII ZR 210/13 = NJW 2016, 2183 [2184, Rn. 16 ff.].

man diese Systematik aufgeben, führte dies nicht zu einer Entlastung des Unternehmers. Er würde wegen der schuldhaften Verletzung seiner Bedenkenhinweispflicht dann nach §§ 241 Abs. 2, 282 BGB auf Geldersatz haften, ohne die Möglichkeit einer Nacherfüllung zu besitzen.[82]

bb. Unbekannte erforderliche Leistung?

Weiter wird eingewandt, dass die Leistung, die zur Erreichung der Funktionstüchtigkeit erforderlich ist, dem Unternehmer unbekannt sei. Der Besteller müsse nach Auftreten des Mangels entscheiden, *ob* und *wie* der funktionale Erfolg erreicht werden soll, vor allem wenn er die Planung beisteuere.[83] Der Unternehmer könne und dürfe dies nicht entscheiden; dadurch würde er den Vertrag eigenmächtig ändern.[84]

Auch dieser Einwand überzeugt nicht. Denn er gibt die Ausführungen zum funktionalen Mangelbegriff nur teilweise wieder. In Konsequenz des funktionalen Mangelbegriffs ist gerade dem Unternehmer bei Abweichen von Bau- zu Erfolgssoll die Freiheit gegeben, auf *jede taugliche Art und Weise* die Funktionstüchtigkeit herzustellen. Es besteht gerade keine Abhängigkeit zum Besteller, weil der Unternehmer nach fachlichen Gesichtspunkten viel eher dazu qualifiziert ist, das vordem mangelhafte Bausoll nun verbessert auszuführen. Daher ist dem Unternehmer möglich, mithilfe aller denkbaren Mittel den funktionalen Erfolg zu erreichen. Gerade weil er für die Funktionalität einsteht, muss er das konkrete Mittel wählen dürfen, etwa weil es ihm am sichersten erscheint oder weil er die von ihm gewählte Art und Weise am besten beherrscht.

In praxi trifft den Unternehmer sowieso die Bedenkenhinweispflicht, den Besteller auf die fehlerhafte Planung hinzuweisen, sodass dieser bei der Zielfindung mitwirken wird. Mit Änderungsvertrag können sich die Parteien auch einigen, wie genau die Funktionalität erreicht werden soll oder – und das ist der Hauptanwendungsfall von § 650b Abs. 1 S. 1 Nr. 2 BGB, § 1 Abs. 4 VOB/B –[85] der Besteller ordnet die *von ihm gewünschte* Alternative einseitig an.

cc. Missachtung der gesetzlichen Hierarchie?

Außerdem missachte die Rechtsprechung die Hierarchie der Regelung des § 633 Abs. 2 BGB.[86] Nach § 633 Abs. 2 S. 1 BGB sei zunächst die vereinbarte

82 Ibr-Baurecht/*Kniffka*, § 633 BGB Rn. 48; *Leupertz*, BauR 2010, 273, 276.
83 Kapellmann/Messerschmidt/*Kapellmann*, § 2 VOB/B Rn. 33.
84 *Motzke*, NZBau 2011, 705, 709.
85 Dazu S. 113.
86 *Engbers*, NZBau 2016, 34; *Sass*, NZBau 2013, 132, 134.

Beschaffenheit maßgeblich. Erst bei deren Fehlen sei auf die vorausgesetzte oder gewöhnliche Verwendung abzustellen, § 633 Abs. 2 S. 2 Nr. 1, 2 BGB. So würde – regelmäßig durch ein detailliertes Leistungsverzeichnis – meist eine detaillierte Beschaffenheit vereinbart; diese enthalte für gewöhnlich aber keine Angaben über die Funktionalität.[87] Auch bei einer detaillierten Beschreibung bestünde ein Restrisiko der Funktions*un*tüchtigkeit, das aber der Ausschreibende und Besteller tragen müsse.

Voraussetzung für den objektiven Mangel nach § 633 Abs. 2 S. 2 BGB aber ist, dass die Beschaffenheit in dieser Frage („soweit") nicht vereinbart ist. Vorrangig ist also die Beschaffenheitsvereinbarung der Parteien. Der Ansatzpunkt der Rechtsprechung ist, dass die Funktionstüchtigkeit des Bauwerks eben gerade als Beschaffenheit, aber eben implizit oder konkludent, sozusagen als Grundlage für den gesamten Vertrag, vereinbart worden ist („welche Funktion das Werk nach dem Willen der Parteien erfüllen soll"[88]). Damit ist sie Teil der vereinbarten Beschaffenheit im Sinne von § 633 Abs. 2 S. 1 BGB und kein systematischer Fremdkörper.

dd. Vergütung der erforderlichen Mehrleistung

Schließlich zeige sich auf der Ebene der Vergütung die Konsequenz der Anwendung des funktionalen Mangelbegriffs. Dort würden sich zusätzliche für die Funktionstüchtigkeit erforderliche Leistungen des Unternehmers nicht widerspiegeln.[89] Das Problem würde allerdings nur bei detaillierter Ausschreibung durch den Besteller auftreten, da bei einer funktionalen Ausschreibung ohnehin alle zur Funktionalität erforderlichen Leistungsteile geschuldet und nur der Gesamterfolg pauschal bepreist wird. Bei einer detaillierten Ausschreibung müsse dann aber die Vergütung richterrechtlich angepasst werden, um eine Störung des Äquivalenzinteresses zu verhindern, die durch Mehranstrengungen des Unternehmers auf der Bauleistungsseite auf der Vergütungsseite begründet würde.[90]

Aus § 632 BGB ergibt sich jedoch, dass im Rahmen des Werkvertragsrechts die Vergütung nicht in dem Maße im Vordergrund steht wie das herzustellende Werk, wenngleich stets berücksichtigt wird, dass der Unternehmer wenigstens kostendeckend arbeitet. Gerade wegen der veränderlichen Gegebenheiten

87 *Markus*, NZBau 2010, 604, 608 f.; *Sass*, NZBau 2013, 132, 134 f.

88 BGH, VII ZR 183/05 = NJW 2008, 511 [512, Rn. 15].

89 Vgl. *Leupertz*, BauR 2010, 273, 280 f.

90 *Pioch*, AcP 219 (2019), 703, 722.

während der Vertragsdurchführung ist für die Vergütung eine Norm geschaffen worden, die die Vergütung sichert und auch hier Maßgabe für die Berechnung der Nachtragsvergütung ist.

Für die nachträgliche Funktionserreichung durch Zusatzleistungen des Unternehmers gilt Folgendes: Der Besteller hat einen Anspruch auf ein mangelfreies Werk. All das, was der Unternehmer schuldhaft unterlassen hat zu tun, um die jetzige Mangelhaftigkeit zu verhindern, ist nicht zu vergüten. All das, was bei von Anfang an mangelfreier, weil auf andere Art und Weise erfolgter Leistung hätte erfolgen müssen, kann dem Besteller nicht kostenfrei zugutekommen, sondern ist als Sowieso-Kosten zu bezahlen. Als Sowieso-Kosten sind also diejenigen Mehrkosten zu berücksichtigen, um die das Werk bei ordnungsgemäßer Ausführung von vornherein teurer geworden wäre.[91] Bei einem eventuellen Mitverschulden wegen der fehlerhaften Leistungsbeschreibung muss der Besteller sich an den Mängelbeseitigungskosten beteiligen.[92]

c. Eigene Ansicht

Das Problem der unterschiedlichen Auslegungsmöglichkeiten wird überhaupt nur durch die im Bauwesen übliche und teils verpflichtende Leistungsbeschreibung und ihre Bestandteile verursacht. Denn im Bauvertragsrecht bestehen für einige Fälle detaillierte Vertragsformulare, in denen jedes Einzelteil in Anzahl, Art und Preis genau erfasst ist.[93] Diese Detailtiefe aber verstellt den Blick auf das implizit stets Miterklärte: dass, unabhängig davon, ob dem Leistungsverzeichnis entsprechend geleistet wird, das Bauwerk *stets auch funktionstüchtig* sein soll. Die Befolgung des Leistungsverzeichnisses ist kein Selbstzweck.[94] Diese Besonderheiten des Leistungsverzeichnisses und der Gefahr ihrer Fehldeutung sind also zu berücksichtigen.

Zur Veranschaulichung ist ein ähnliches Mangelregime zu betrachten: Im Kaufrecht besteht mit § 434 Abs. 1 BGB ein dem § 633 Abs. 2 BGB sehr ähnlicher Mangelbegriff.[95] Der funktionale Mangelbegriff existiert dort jedoch nicht. Zwar genießt auch dort der subjektive Mangel (§ 434 Abs. 1 S. 1, Abs. 1 S. 2 Nr. 1 BGB) Vorrang vor dem objektiven (Absatz 1 S. 2 Nr. 2). Die Kaufsache wird

91 Zuletzt BGH, VII ZR 65/14 = NJW 2018, 391 [394, Rn. 37].
92 Ibr-Baurecht/*Kniffka*, § 633 BGB Rn. 46.
93 Was bei öffentlichen Aufträgen notwendig für eine faire und sichere Vergabe ist, vgl. § 7b EU VOB/A.
94 So auch *Voit*, FS Beuthien, 2009, S. 65, 67.
95 Darauf weist auch die Gesetzesbegründung zum SMG hin: BT-Drs. 14/6040, 261.

jedoch in den meisten Fällen wegen eines objektiven Mangels beanstandet. Das liegt daran, dass die überwiegende Anzahl der Käufe ohne konkrete Beschaffenheitsvereinbarung erfolgt und auch ein besonderer Vertragszweck nur selten festgehalten wird (§ 434 Abs. 1 S. 2 Nr. 1 BGB). Der objektive Fehlerbegriff, der als Auffangtatbestand („sonst") konzipiert ist, ist schnell zum Regelfall avanciert.

Im Bauvertragsrecht legt oft der Besteller durch die Leistungsbeschreibung die Beschaffenheit und Zusammensetzung des Werks fest. Übertrüge man diese Praxis auf das Kaufrecht, wäre dem so, dass der Interessent, der einen Tisch kaufen will, dessen Einzelteile genau beschriebe. Das ist aber im Rahmen von § 433 BGB nicht vergleichbar möglich, da der Käufer nicht die Herstellung einer Sache beauftragt, sondern einen bereits hergestellten Gegenstand erwirbt.

„Bestellt" der Käufer einen *rechteckigen* Tisch und fügt als Zusatz ein „mit Platte, *drei* Tischfüßen und den passenden Schrauben und Holzdübeln", ist anzunehmen, dass der Tisch funktionstüchtig sein soll, also eigenständig stehen kann (und nicht nur, weil es dreibeinige Tische gibt!). Dieses – noch platte – Beispiel wird für den handwerklichen Laien in der Variante anspruchsvoll, wenn zwar die Anzahl der Tischfüße richtig angegeben ist, aber die Angabe einer notwendigen tragenden Unterplatte oder eines Sets Holzdübel fehlt. Man mag stutzig werden, warum der Käufer den Tisch derart detailliert beschreibt. Man wird aber wohl nicht davon ausgehen, dass er einen Tisch kaufen will, der nicht stehen kann.

Bei Bauverträgen ist es jedoch üblich, dass der Besteller mittels Leistungsbeschreibung die Bauleistung detailliert beschreibt. Zum einen bleibt ihm oft keine andere Wahl, vgl. nur § 7b EU VOB/A bei öffentlichen Aufträgen, wonach der Besteller eine Baubeschreibung und ein in Teilleistungen gegliedertes Leistungsverzeichnis erstellen muss. Zum anderen ist in Fällen paralleler oder abwechselnder Arbeit verschiedener eigenständiger Gewerke (Rohbau, Dach, Fenster usw.) sinnvoll, die Gesamtplanung, insbesondere das Ineinandergreifen der einzelnen Gewerke in zeitlicher Hinsicht, in eine Hand zu legen.

Drittens wäre für die Beteiligten unrentabel, erstellte der Unternehmer die detaillierten Baupläne. Denn er würde möglicherweise Positionen einfügen, derer das Bauwerk nicht bedürfte, die aber für ihn lukrativ wären. Damit wiederum würde ein Besteller rechnen und nicht nur ein einziges Angebot einholen. Die daneben angefragten Unternehmer würden die Angebote aufgrund des hohen Aufwands nicht (mehr) unentgeltlich erstellen, sondern bei Nichtbeauftragung eine Vergütung für die Angebotserstellung verlangen. Aufgrund dessen liegt nahe, dass der Bauherr das Werk finanziell (fast) unbefangen und vor allem auch in zeitlicher Hinsicht koordiniert durch einen Dritten, den Architekten oder Projektsteuerer, planen lässt.[96]

Während der Vertragsdurchführung kommt es regelmäßig dazu, dass nicht vorhersehbare Probleme entstehen oder die Bauplanung sich als unkonkret oder unzureichend herausstellt. Unwahrscheinlich ist, dass der Besteller ein funktionsuntüchtiges Werk planen wollte. Vielmehr sind ihm wohl bei der Planung schlicht Fehler unterlaufen. Das ist auch nicht sonderlich überraschend, da der Besteller und der Architekt in der Regel weniger Fachkenntnis über das konkrete Gewerk besitzen als der qualifizierte Unternehmer. Würde man den Besteller fragen, ob er ein der Planung entsprechendes, aber funktions*un*tüchtiges oder eher ein „verändertes", ertüchtigtes Bauwerk errichten will, ist die Antwort meist klar. Das aber weiß auch der Unternehmer. Als Quintessenz gilt also: Die Leistungsbeschreibung – wie konkret sie auch ausgestaltet sein mag – darf dem Besteller grundsätzlich nicht schaden.

Auch historisch lässt sich ein Argument finden, dass der funktionale Mangelbegriff ein rechtmäßiges Instrument in der Auslegung von Bauverträgen ist: So wendet die höchstrichterliche Rechtsprechung den funktionalen Mangelbegriff seit 1984 ausnahmslos an.[97] Abweichungen in der Judikatur waren bis zur Schuldrechtsmodernisierung im Jahre 2002 nicht erkennbar. Zwar kennt das deutsche Rechtssystem die Doktrin der *ratio decidendi* im Rahmen eines *precedent-judgments* (*stare decisis*) nicht, dass also die Entscheidung einer höheren Instanz in der gleichen Rechtsfrage Bindungswirkung für hierarchisch untergeordnete Gerichte entfaltet, wie dies im anglo-amerikanischen Recht gilt. Das aber darf nicht zu der Annahme verleiten, dass deutsche Gerichte ohne Ansehung der höchstrichterlichen Judikatur entscheiden würden. Vielmehr wird ein Gericht einer unteren Instanz stets die höchstrichterliche und vor allem gefestigte Rechtsprechung berücksichtigen, allein schon, damit die Entscheidung nicht durch Rechtsmittel aufgehoben wird. Nach Etablierung des funktionalen Mangelbegriffs war also auch für den Gesetzgeber seit den 1980er-Jahren erkennbar, dass dieser im Bauvertragsrecht zentraler Maßstab für Gerichtsentscheidungen gewesen ist und sein wird. Dass sich dies ändern würde, davon ging niemand aus. Wäre der Gesetzgeber mit dieser Auslegung nicht einverstanden gewesen, hätte er schon im Rahmen des Schuldrechtsmodernisierungsgesetzes[98]

96 Die Vergütung des Architekten bemisst sich an der Bauauftragssumme, daher hat der Architekt auch ein gewisses finanzielles Interesse an einem hochpreisigen Bauwerk, vgl. §§ 33 ff. HOAI.

97 BGH, VII ZR 169/82 = NJW 1984, 2457 [2458 f.; II.2.a)aa)].

98 Gesetz zur Modernisierung des Schuldrechts vom 26. November 2001, BGBl. I S. 3138.

dieser ständigen Auslegungspraxis explizit entgegentreten können. Das ist nicht erfolgt, weil auch der Gesetzgeber mit dem funktionalen Mangelbegriff einverstanden ist, wie der Bundesgerichtshof überzeugend dargelegt hat.[99] Nicht anders ist das gesetzgeberische (Nicht-)Verhalten zu verstehen.[100]

Der Rechtsprechung ist daher zuzustimmen.[101] Die Auslegung des Bauvertrags wird in aller Regel Folgendes ergeben: Die Leistungsbeschreibung inklusive des detaillierten Leistungsverzeichnisses ist dem Unternehmer zur Verfügung gestellt worden. Diese Vorgaben sind zunächst handlungsleitend. Implizit ist stets aber *auch* die Funktionalität vereinbart. Denn der Besteller will sein Werk zweckentsprechend nutzen und der Unternehmer weiß dies und nimmt es in seinen Entschluss zum Vertragsschluss mit auf.

B. Grundsatz der Privatautonomie

Für alle zwischen Privaten geschlossenen Verträge gilt der Grundsatz der Privatautonomie. Ein Unterfall davon, der oft als synonym beschrieben wird,[102] ist die Vertragsfreiheit. Dem rechtsfähigen Individuum wird in der Rechtsordnung ein Freiraum an Rechtsgestaltung gewährt, der gesetzlich in den ihm gesetzten Grenzen geschützt ist.[103]

Die Privatautonomie ist im Grundgesetz nicht explizit genannt, über ihren verfassungsrechtlichen Rang besteht jedoch Einigkeit. Sie wird entweder in Art. 2 Abs. 1 GG oder in den speziellen Grundrechten der Art. 6 Abs. 1, Art. 9 Abs. 1, 3, Art. 12 Abs. 1 und Art. 14 Abs. 1 GG verortet.[104] Im Bereich der beruflichen

---

99 Vgl. BGH, VII ZR 183/05 = NJW 2008, 511 [513, Rn. 18].

100 Zum Verhältnis von funktionalem Mangelbegriff und notwendigem Leistungsänderungsrecht siehe S. 120 ff.

101 Ebenso *Abel/Schönfeld*, BauR 2017, 2047, 2049; *Fuchs*, BauR 2009, 404, 407 f.; ibr-Baurecht/*Kniffka*, § 633 Rn. 45 ff.; Kapellmann/Messerschmidt/*Langen*, § 13 VOB/B, Rn. 33 ff.; *Leupertz*, BauR 2010, 273, 276 f.; *Mundt*, NZBau 2003, 73, 77; *Oberhauser*, Bauvertragsrecht, 2017, § 2 Rn. 31; *Thode*, NZBau 2002, 297, 304; Messerschmidt/Voit/*von Rintelen*, I. Teil H Rn. 2.

102 Vgl. *Busche*, Kontrahierungszwang, 1999, S. 13; *Lorenz*, Unerwünschter Vertrag, 1997, S. 17; a.A. Maunz/Dürig/*Di Fabio*, Art. 2 GG Rn. 101, der den Begriff der Privatautonomie als umfassender betrachtet.

103 Vgl. *Lorenz*, Unerwünschter Vertrag, 1997, S. 16, 33.

104 Für Art. 2 Abs. 1 GG, h.M., etwa BVerfG, 2 BvL 1/57 = BeckRS 1958, 00236 Rn. 212 ff.; BVerfG, 1 BvR 567/89 = NJW 1994, 36 [38]; Maunz/Dürig/*Di Fabio*, Art. 2 GG Rn. 101 m.w.N., 103; für letzteres *Höfling*, Vertragsfreiheit, 1991, S. 16 ff.; näher dazu *Schneider*, Vertragsanpassung im Dauerschuldverhältnis, 2016, S. 35 ff.

Betätigung gilt der spezielle Schutz des Art. 12 Abs. 1 GG. Reichweite und Eingriffe sind am Grundrecht der Berufsfreiheit zu messen.[105] § 650b BGB ist daher auf seine Verfassungsmäßigkeit mit der Vertragsfreiheit des Art. 12 Abs. 1 GG zu überprüfen.[106]

Die Vertragsfreiheit lässt sich in die negative und positive Vertragsabschlussfreiheit sowie die Vertragsinhaltsfreiheit unterteilen. Die *negative Vertragsabschlussfreiheit* beschreibt die Freiheit, Verträge nicht zu schließen oder nicht schließen zu müssen.[107] Ohne den bewussten Willen zur Rechtsgestaltung und eine entsprechende Handlung kann ein Rechtsgeschäft für und gegen den Betroffenen in der Regel nicht verbindlich begründet werden. Andernfalls träte an die Stelle der Selbstbestimmung die Fremdbestimmung.[108] Ausnahme ist hier der Kontrahierungszwang, wenngleich auch hier ein Wille und eine Handlung rechtstechnisch notwendig sind. Die *positive Vertragsabschlussfreiheit* demgegenüber ist die Freiheit zu entscheiden, *dass* ein Vertrag geschlossen werden soll und wer Vertragspartner wird.[109] Letztlich können die Rechtssubjekte auch wählen, *mit welchem Inhalt* ein Vertrag geschlossen werden soll. Das ist die *Vertragsinhaltsfreiheit*. Diese umfasst auch, den Inhalt eines bereits geschlossenen Vertrags nachträglich einvernehmlich zu ändern.[110]

Im Rahmen des einseitigen Änderungsrechts gem. § 650b Abs. 2 BGB werden die *negative* Vertragsabschlussfreiheit und die Vertrags*inhalts*freiheit berührt. Durch eine Anordnung wird der Unternehmer in seinem Recht, keine Vertragsänderung ohne seinen Willen hinnehmen zu müssen, beeinträchtigt.[111] Denn durch die Änderung erfolgt eine Modifikation des ursprünglichen Vertragsinhalts und daraus ergibt sich eine neu entstandene Leistungspflicht für den Bauunternehmer.

---

105 St. Rspr. des BVerfG, nur 1 BvR 1015/15 = NJW-RR 2016, 1349 [1350, Rn. 49 m.w.N.]; Maunz/Dürig/*di Fabio*, Art. 2 GG Rn. 80; BeckOK GG/*Lang*, Art. 2 GG Rn. 5a.

106 Vgl. dazu ausführlich S. 140 ff.

107 Staudinger/*Bork*, 2015, Vorb. §§ 145 ff. BGB Rn. 14; *Heinrich*, Formale Freiheit, 2000, S. 55.

108 *Flume*, Rechtsgeschäft, ^{4}1992, S. 609.

109 Auch Abschluss- und Kontrahentenwahlfreiheit, vgl. MüKoBGB/*Busche*, Vor § 145 BGB Rn. 10.

110 *Hau*, Vertragsanpassung, 2003, S. 52.

111 Warnend die Stellungnahme des Deutschen Richterbundes zum Referentenentwurf eines Gesetzes zur Reform des Bauvertragsrechts, November 2015, Zu §§ 650c, 650d E-BGB.

Nur auf den ersten Blick scheint auch die *positive* Vertragsabschlussfreiheit berührt, da der Unternehmer nicht mehr wählen kann, dass und mit wem er einen Vertrag schließt. Tatsächlich aber war dem Unternehmer die Identität des Bestellers schon bei Vertragsschluss bekannt und er wollte auch mit diesem den Bauvertrag schließen. Dass der Vertrag gewissen Änderungen unterliegt, ist angesichts der Natur des Bauvertrags als teilweiser Rahmenvertrag und der sich ändernden Gegebenheiten während der Bauausführung zumindest erwartbar.

I. Vertragstreue

Aus der Privatautonomie folgt die Vertragstreue (auch: *pacta sunt servanda*) und wäre ohne diese nicht denkbar.[112] Sie konstituiert, dass das zwischen den Vertragsparteien Vereinbarte auch verbindlich und von Dauer ist. Jedoch besteht anders als in Art. II.-1:103 (1) DCFR und weiteren Rechtsordnungen im deutschen Recht kein expliziter Hinweis auf die Bindungswirkung von Vereinbarungen.[113]

Eine Partei kann sich vom Vertrag grundsätzlich nicht einseitig lösen.[114] Das ergibt sich schon *e contrario* daraus, dass der Gesetzgeber besondere mit Voraussetzungen verbundene Rechtsinstrumente für die Vertragsstornierung geschaffen hat (Rücktritt, Anfechtung usw.).[115] Würde ein Vertrag keine Bindungswirkung besitzen, bedürfte es dieser Instrumente nicht. Dogmatisch wird die Vertragsbindung in § 241 Abs. 1 BGB verortet.[116]

Die Vertragstreue ist notwendiges Prinzip für eine funktionierende Gesellschaft und ein intaktes Rechtssystem.[117] Zum einen trägt sie der Zukunftsdimension des Schuldverhältnisses Rechnung.[118] Für jedermann besteht jederzeit die Möglichkeit, am Rechtsverkehr teilzunehmen. Selbst wenn die Leistung zur Zeit des Vertragsschlusses nicht erbracht werden kann, ist durch Vertrag möglich,

---

112 Vgl. *Stathopoulos*, AcP 194 (1994), 543, 552.

113 Dazu sowie zu Beispielen anderer Rechtsordnungen bei *Weller*, Vertragstreue, 2009, S. 274.

114 Vgl. nur *Flume*, Rechtsgeschäft, ^{4}1992, S. 605; *Lorenz*, Unerwünschter Vertrag, 1997, S. 41.

115 *Weller*, Vertragstreue, 2009, S. 276.

116 BGH, I ZR 198/54 = NJW 1956, 1313; II ZR 41/62 = NJW 1964, 648 [649]; VIII ZR 203 /88 = NJW-RR 1990, 270 [271]; der dortige Rekurs auf § 241 BGB bezieht sich auf den heutigen Absatz 1. Absatz 2 wurde erst durch das SMG 2001 eingefügt.

117 *Jhering*, Der Zweck im Recht, 1877, S. 264; für den Werkvertrag konkret *Keldungs/Leinemann/Messerschmidt*, BauR 2008, 1699, 1706 f.

118 Dazu und zu den folgenden Gründen *Weller*, Vertragstreue, 2009, S. 277 ff.

sich für die Zukunft zur Leistungserbringung zu verpflichten. Nur wenn diese Verpflichtung die Parteien auch bindet und bei Nichtleistung zu gerichtlicher Durchsetzung berechtigt, entsteht Vertrauen auf die spätere Erfüllung. Dies ist das Fundament für die Bereitschaft der Handelnden, Güter und finanzielle Mittel zu allozieren, und damit Voraussetzung für eine funktionierende Wirtschaftsgesellschaft.[119]

Zum anderen dient die Vertragstreue der Rechtssicherheit. Wäre ein Vertrag unverbindlich, würde jede wirtschaftlich denkende Partei entweder auf den – oft ungünstigen – Leistungsaustausch Zug um Zug bestehen oder aber Maßnahmen zur Sicherung der späteren Erfüllung verlangen. Da aber auch *rechtliche* Sicherungsmittel mangels Vertragsbindung dann keinen Bestand hätten, wäre die Verpfändung oder die Ingewahrsamnahme von Gegenständen die einzig wirksame Maßnahme zur Kreditsicherung. Dies würde angesichts entstehender Transaktionskosten (z.B. Aufwand der Verbringung von Maschinen oder anderen Vermögenswerten) oder Weggabe von und Verzicht auf notwendige Produktionsmittel (Baumaschinen als Sicherung) zum Erlahmen der Realwirtschaft führen.

Schließlich soll die Vertragsbindung auch Gleichwertigkeit und Selbstbestimmung herstellen. Denn nur wenn das Versprechen für beide Parteien gleichwertig und bindend ist, kann ein Gleichgewicht unter den Vertragspartnern entstehen. Man denke an den Monopolisten, der sich kraft seiner Marktstellung und Wirtschaftsmacht wirtschaftlich leisten kann, auf eingegangene Verpflichtungen einfach nicht zu leisten, um seine Vertragspartner zu schädigen, die auf die Leistung angewiesen sind. Bei Vertragsbindung und deren rechtsstaatlicher Klagbarkeit haben diese die Möglichkeit, die Leistung oder zumindest Wertersatz einzufordern.

Der Grundsatz der Vertragsbindung weist Schnittmengen mit dem dezidierten Fehlen eines *allgemeinen* und *voraussetzungslosen* Reuerechts auf. Die Vertragsbindung bezeichnet das anfängliche Gebundensein an die abgegebene Erklärung, während das Reuerecht ermöglicht, sich von der (bindenden) Erklärung nachträglich zu lösen. Damit also die Vertragsbindung bis zur Erfüllung erst möglich und effektiv wird, besteht ab dem Zeitpunkt des Verpflichtetseins kein allgemeines Reuerecht mehr.[120] Sehr wohl hingegen ist gerade im Bereich des Bauvertragsrechts mit der freien Kündigung (§ 648 BGB) ein spezielles

119 Vgl. *Lorenz*, Unerwünschter Vertrag, 1997, S. 29.

120 Nur *Mankowski*, Beseitigungsrechte, 2003, S. 21, im Rahmen der Vertragslösungsrechte.

Reuerecht vorhanden, das auf Tatbestandsseite voraussetzungslos ausgeübt werden kann, aber die Vollkompensation der Interessen des Unternehmers vorsieht.

II. Beendigung des bestehenden Vertrags

Das Gegenteil vom Grundsatz der Vertragsbindung ist die *Beendigungsfreiheit.*[121] Auch sie ist eine Ausprägung der Privatautonomie. Die Parteien können entweder einvernehmlich entscheiden, vom Vertrag Abstand zu nehmen, oder eine der Parteien löst sich einseitig. Für Letzteres bedarf es besonderer Legitimation.[122] Im Folgenden werden die einzelnen gängigen Möglichkeiten zur Beendigung eines Bauvertrags vorgestellt:

Jeder Vertrag kann bis zum Zeitpunkt der Erfüllung im Sinne von § 362 Abs. 1 BGB auch durch einen *Aufhebungsvertrag* (*contrarius consensus*) beseitigt werden, § 311 Abs. 1 BGB. Ist die Aufhebung wirksam vereinbart, gelten die ursprünglichen Pflichten nicht mehr.

Daneben hat der Besteller im Bauvertrag ein jederzeitiges freies *Kündigung*srecht, vgl. § 648 S. 1 BGB. Das unterstreicht die Besonderheit des Werkvertrags, dass der Unternehmer grundsätzlich keinen Anspruch auf die Erstellung des Werks hat.[123] Der Unternehmer hingegen kann nicht frei kündigen. Für beide Seiten besteht jedoch die Möglichkeit der Kündigung aus wichtigem Grund, § 648a BGB.

Der Besteller kann den Vertrag auch im Wege des *Rücktritts* rückabwickeln, wie sich aus § 634 Nr. 3 BGB ergibt. Der Rücktritt spielt jedoch in der Praxis keine große Rolle.[124] Daneben kann als *ultima ratio* im Rahmen der Störung der Geschäftsgrundlage (§ 313 BGB) auch dort ein Rücktrittsrecht entstehen, vgl. Absatz 3.

Die Parteien können *vertragliche Rücktritts-* oder *Kündigung*srechte (etwa § 8 VOB/B) vereinbaren, die sie individualvertraglich nach freiem Belieben gestalten dürfen.

Seit der Bauvertragsrechtsnovelle ist für den Verbraucherbauvertrag (§ 650i BGB) ein *Widerrufsrecht* vorgesehen, § 650l BGB. Dieses Recht gilt in allen Fällen des Verbraucherbauvertrags mit Ausnahme der notariell beurkundeten Verträge und ist nicht abdingbar, vgl. § 650o S. 1 BGB.

---

121 *Schneider*, Dauerschuldverhältnis, 2016, S. 84.

122 Zu den folgenden Ausnahmetatbeständen im Allgemeinen: *Weller*, Vertragstreue, 2009, S. 287 f.

123 *Lorenz*, Unerwünschter Vertrag, S. 60.

124 *Vygen/Joussen/Lang/Rasch*, Bauverzögerung, ^{7}2015, Rn. 16.

Schließlich ist die Beendigung nach den allgemeinen Vorschriften möglich. Dazu zählt die Anfechtung der eigenen Erklärung wegen Mängeln in der Willensbildung (§ 142 BGB). In Ausnahmefällen kommt auch ein Anspruch aus *culpa in contrahendo* auf Aufhebung des Vertrags infrage.[125] Diese beiden Rechtsinstrumente beziehen sich regelmäßig auf vorvertragliche Störungen, die sich erst nach Vertragsschluss auswirken.

Es zeigt sich: Bis auf die freie Kündigung gelten für alle Lösungsrechte vom Vertrag unterschiedlich hohe Voraussetzungen. Bei der freien Kündigung muss der Besteller jedoch grundsätzlich seine (Gegen-)Leistung, die Vergütung, voll erbringen. Auch im Bauvertrag geht der Gesetzgeber also von der dauerhaften Bindung der Parteien an ihre Erklärungen aus. Eine willkürliche Abkehr ist nur gegen Zahlung eines hohen Preises möglich. Wie aber ist im Lichte von *pacta sunt servanda* damit umzugehen, wenn der Besteller sich nicht gleich vom gesamten Vertrag lösen, sondern nur einen Teil der Leistungen ändern will?

C. Interessen der Parteien an der Änderung

Dazu ist ein Blick hilfreich, welche Interessen die Vertragsparteien an der Änderung, aber auch an der Beibehaltung der anfänglich versprochenen Leistungen haben.

I. Interessen des Bestellers:

Grundsätzlich haben die Vertragsparteien ein Interesse am Erhalt der vereinbarten Leistungen.[126] Denn die Vertragsbindung ist aus den oben genannten Gründen der Rechtssicherheit und Klagbarkeit für beide Parteien vorteilhaft.[127] Dass sie jedoch kein Selbstzweck ist, zeigt sich schon an den zahlreichen Ausnahmen. So berechtigt schon ein Irrtum die Partei, den gesamten Vertrag durch Anfechtung (§§ 119 ff. BGB) aufzulösen.

1. Notwendige Änderungen

Gründe, die eine Änderung der ursprünglich *vereinbarten* Leistungen erforderlich machen, sind im Bauwesen nicht selten. Es handelt sich hierbei zum einen um *gegenwärtige* Änderungsnotwendigkeiten, wenn während der Bauausführung

---

125 Vgl. BGH, V ZR 29/96 = NJW 1998, 302 [303].
126 *Eckelt*, Vertragsanpassungsrecht, 2008, S. 45 ff.
127 S. 49 ff.

ersichtlich wird, dass die zu erbringenden Teilleistungen nicht zum Erfolg führen und geändert werden müssen. Zum anderen sind Fälle denkbar, in denen Mängel noch nicht zutage getreten sind, aber schon absehbar ist, dass der Plan nicht auf diese Weise ausgeführt werden kann oder die Verwendung der vereinbarten Baustoffe nicht zu einem funktionstüchtigen Bauwerk führen. In beiden Fällen zeigt sich, dass die Planung zur Zeit des Vertragsschlusses und damit der *verhandelte* Werkerfolg (Bausoll) nicht mit dem vereinbarten (Erfolgssoll) übereinstimmt, das Werk also bei Befolgung des vereinbarten Leistungsprogramms mangelhaft zu werden droht. Der Unternehmer ist in diesen Fällen infolge des funktionalen Mangelbegriffs ohnehin dazu verpflichtet, auf andere mögliche Weise ein funktionstüchtiges Werk zu errichten.[128] Daher hat ein Festhalten am *vereinbarten* Leistungsprogramm für ihn keinen Sinn und keinen Wert, wenn er seinen Vertragspflichten gerecht werden will. Er muss seine Leistung irgendwie vertragsgerecht erbringen; schon das begrenzt seine Freiheit.

Der Besteller hingegen hat infolge des funktionalen Mangelbegriffs einen Anspruch auf ein zweckgerechtes Bauwerk, wenngleich das ursprüngliche Leistungsprogramm insoweit fehlerhaft war oder geworden ist.[129] Die Freiheit des Unternehmers wird in diesen Fällen nicht noch nennenswert weiter beeinträchtigt, verleiht man dem Besteller die Befugnis einseitig zu entscheiden, mit welcher von mehreren Änderungsleistungen das Bauwerk funktionstüchtig und zweckgerecht errichtet werden soll. Für den Besteller kann indessen eine erhebliche Rolle spielen, auf welche Art und Weise änderungsweise vertragsgerecht erbracht wird. Und auf der Vergütungsebene hat der Besteller den unternehmerseitigen Mehraufwand ohnehin zu kompensieren, soweit der für die Änderung ursächliche Umstand aus seiner Risikosphäre stammt.

Zum anderen besteht für die Möglichkeit einseitig notwendiger Änderungen oftmals der Vorteil, dass der Besteller sich kooperativer verhält. Hätte er kein Mitspracherecht, könnte er seinen Anspruch auf ein funktionales Werk nur nachträglich durchsetzen, entweder, indem er die Abnahme verweigert und das entsprechende Druckpotential, etwa den Druckzuschlag aus § 641 Abs. 3 BGB, nutzt oder später Gewährleistungsansprüche nach §§ 634 ff. BGB geltend macht. Wird er jedoch in die Modalitäten der Änderungsleistung einbezogen, wird er sich in der Durchführung und späteren Abnahme der notwendigen Leistungen nicht selten kooperativer zeigen, allein schon aus dem psychologischen Grund,

128 Dazu sowie zu den Begriffen Bau- und Erfolgssoll S. 35 ff.

129 Vgl. nur BGH, VII ZR 131/93 = NJW-RR 1995, 472 [II.2.].

dass der Unternehmer die Änderungen wunschgemäß so erbracht hat, wie er, der Besteller, dies angeordnet hatte.

2. *Gewillkürte Änderungen*

Infrage kommen auch Änderungen anderer Art. Diese entspringen etwa ästhetischen Bedenken, weil die ursprüngliche Leistung dem Besteller nicht mehr gefällt, oder haben wirtschaftliche Gründe, wenn die Finanzierung der Bauleistung nicht mehr möglich ist. Die Umstände dieser *gewillkürten Änderungen* entstammen allein der Sphäre des Bestellers, sind also sein mit in den Vertrag genommenes Risiko.

Und doch ist ihm der Grund, weswegen er die Änderung wünscht, nicht immer vorwerfbar. Denn den Besteller trifft stets ein Prognoserisiko.[130] Zu trennen ist zwischen der zweckgerechten Nutzung des Bauwerks, also der mangelfreien Errichtung im Sinne der Funktionalität, und der subjektiv-gewinnbringenden. Will der Besteller etwa ein Einkaufszentrum errichten und stellt sich im Laufe der mehrere Jahre dauernden Bauarbeiten heraus, dass die Bevölkerungsdichte sich deutlich verringert und die infrastrukturelle Erreichbarkeit des Stadtteils sich verschlechtert hat, so sind dies Umstände, die er nicht beeinflussen kann. Das Einkaufszentrum ist zwar zweckgerecht gebaut worden, ohne Kundschaft für ihn jedoch nutzlos.

Der Besteller besitzt also über das Ausführungsinteresse hinaus auch ein Verwendungsinteresse, das sich über den Zeitraum der Bauausführung verändern kann.[131] Je länger der Leistungszeitraum bemessen ist, desto höher ist die Wahrscheinlichkeit, dass sich die Plandaten ändern.[132] Er verfolgt mit der grundsätzlichen Entscheidung zur Bauausführung einen privaten oder gewerblichen Zweck. Dieser Verwendungszweck ist zwar nicht immer Teil des Bauvertrags, aber oftmals für den Unternehmer erkennbar. Lässt etwa eine Gemeinde in den Jahren nach 2015 eine größere Anzahl provisorischer Gemeinschaftsunterkünfte errichten und entfällt noch während der Bauerrichtung die Notwendigkeit dafür, weil sich der Zuzug reduziert hat, entfällt auch der ursprüngliche Verwendungszweck. Eine andersartige Nutzung der Gebäude, etwa als Jugendherberge, strebt ein betriebswirtschaftlich handelnder Besteller in diesen Fällen „als Rettung des Vorhabens" regelmäßig an.

---

130 Vgl. *Peters*, NZBau 2012, 615, 618.

131 So auch *Voit*, FS Beuthien, 2009, S. 65, 68 f.

132 *Eckelt*, Vertragsanpassungsrecht, 2008, S. 50.

Das Risiko der nutzbringenden Verwendung ist zwar dem Besteller zuzuordnen, da dieser allein auch die Früchte daraus zieht. Jedoch ist der erkennbare Verwendungszweck auch für die Interessenlagen zu berücksichtigen.

Und auch wenn Vorstellungen und Umstände sich nachträglich *nicht* ändern, kann die Ausführung von der Planung *realiter* abweichen. So kann passieren, dass sich das Bauwerk anders und schlechter in die Umgebung einfügt als in der graphischen Darstellung und das tatsächliche Bauwerk in dieser Form schlicht unansehnlich wäre.

In all diesen Fällen ist festzuhalten: Das Prognoserisiko ist nicht immer als eigenverschuldete Planverfehlung des Bestellers in der Interessenabwägung geringzuschätzen, sondern durchaus differenziert zu betrachten. Und doch hat der Besteller bei der Möglichkeit gewillkürter Änderungen eine gewisse Flexibilität, derer es streng genommen nicht bedürfte. Denn ihm ist auch möglich, auf vertragliche Weise eine Änderung herbeizuführen.

II. Interessen des Unternehmers

Die Interessen des Unternehmers stehen denen des Bestellers diametral gegenüber. Der Unternehmer will für eine möglichst hohe Vergütung seine Leistung mit dem geringsten Aufwand erbringen. Sein Interesse ist hauptsächlich finanzieller Natur. Daher ist dem Unternehmer meist gleichgültig, ob das Werk errichtet wird oder nicht.[133] Das zeigt auch § 648 BGB, wonach der Unternehmer bei Kündigung durch den Besteller grundsätzlich die vereinbarte (volle) Vergütung beanspruchen kann.[134] Solange die Vergütung erhalten bleibt, stört ihn meist nicht, wenn sich das Soll auf der Leistungsseite reduziert oder modifiziert. Ausnahmen sind hier prestigeträchtige Gebäude, die der Unternehmer als Referenzobjekt für andere Vergabeverfahren oder allgemein für seine Reputation in der Branche nutzen möchte, und an deren tatsächlicher Errichtung er aus diesen Gründen ein besonderes Interesse hat. Auch umgekehrt kann es sein, dass die Errichtung für den Unternehmer deswegen von Bedeutung ist, wenn etwa der Bauabbruch oder die erhebliche Verzögerung des Projekts für „schlechte Presse" sorgen und er einen Ansehensverlust fürchten müsste (Stichwort: Flughafen Berlin Brandenburg).

Es bestehen gegenüber einer *gewillkürten* Änderung überdies zwei Gründe, weshalb der Unternehmer an einer unveränderten Ausführung festhalten will: Zum einen verunmöglicht eine einseitige Änderungsbefugnis ihm die Möglichkeit, die

133 *Peters*, NZBau 2012, 615, 616.

134 Vgl. auch Staudinger/*Peters*, 2019, § 650b BGB Rn. 2.

Änderungen bilateral zu einem lukrativen und frei ausgehandelten Preis zu vereinbaren. Nicht selten ist der Besteller auf die Ausführung gerade durch den Unternehmer angewiesen oder muss ansonsten erhebliche Nachteile fürchten; wenn es etwa um Spezialbauleistungen geht oder die Einschaltung eines Dritten Transaktions- und Fixkosten verursachen würde, die außer Verhältnis zum Wert der Änderungsleistung in Bezug auf das gesamte Projekt stehen. Bei einseitiger Änderung kann der Unternehmer nicht frei verhandeln, sondern muss die Änderung ausführen und kann seinen Mehraufwand nur über die bisherigen Vergütungsvorschriften (§ 1 Abs. 4 VOB/B, §§ 632, 650c BGB) beanspruchen. Insbesondere schmerzlich ist das, wenn für den Besteller anstelle der Änderung nur eine freie Kündigung infrage käme und die ersparten Aufwendungen und Füllaufträge finanziell gering ausfallen würden, sodass der Unternehmer im Kündigungsfall ohne Arbeitsaufwand nahezu vollständig zu vergüten wäre.

Zum anderen kann es vorkommen, dass der Unternehmer zu Änderungen verpflichtet würde, die er zwar technisch erbringen kann, die aber nicht in seinem üblichen Leistungsprogramm enthalten sind, oder die aufgrund ihrer Natur riskanter sind im Hinblick auf die Zielerreichung. Weil er die Änderung nicht in der Qualität erbringen kann wie die ursprüngliche Leistung, würde er sie auf dem freien Markt nicht anbieten, vor allem weil er dafür gewährleistungspflichtig wäre.[135] Er hat daher trotz der technischen Möglichkeit ein Interesse daran, diese Leistungen nicht auszuführen. Auch wenn er die Änderungen nicht höchstpersönlich erbringen müsste und diese an einen Nachunternehmer vergeben könnte, so hätte er doch für die Leistungen des Nachunternehmers gegenüber dem Besteller einzustehen.[136] Das würde für ihn bedeuten, dass er für fremde Leistungen wie für eigene einzustehen hätte und zwar solche Leistungen, die er bei Festhalten am ursprünglichen Leistungsprogramm nie geschuldet hätte. Schützen würden den Unternehmer in diesen Fällen lediglich Vorschriften, die die vertragliche Reichweite einschränkten, etwa die Unzumutbarkeit (§ 1 Abs. 3, 4 VOB/B, § 650b Abs. 1 S. 2, 3 BGB) oder die Unbilligkeit (§ 315 Abs. 1, 3 BGB).

In einigen Fällen kann eine einseitige Anordnung für den Unternehmer aber auch vorteilhaft sein. Ohne klar umgrenzte Anordnung kann schnell ein Streit darüber entstehen, wer für welche Leistung verantwortlich ist. Ist eine Anordnung „in der Welt", besteht jedenfalls Klarheit, dass die Leistung ausgeführt

---

135 Darauf weist auch *Peters*, NZBau 2012, 615, 617 hin.

136 Und in diesen Fällen kann der Besteller auch keine Rechte gegenüber dem Nachunternehmer geltend machen, vgl. Kapellmann/Messerschmidt/*Merkens*, § 4 VOB/B, Rn. 218.

werden muss, möglicherweise nur noch nicht, wer die Kosten trägt. Während der Bauausführung einer Einschätzung des eigenen Rechtsberaters folgen und die Fertigstellung verzögern oder verhindern, kann sich später als rechtlich wie wirtschaftlich fatal herausstellen. Ist aber die Anordnung erfolgt und die Änderung ausgeführt, verlagert sich der Streit auf die Vergütungsebene, der für beide Parteien meist „angenehmer" ist, da das Bauwerk schon errichtet ist.

Und auch wenn Unsicherheit und Zweifel bestehen, dass mit der Art und Weise der Bauausführung oder dem Material mangelfrei geleistet werden kann, begünstigt das Vorliegen einer Anordnung den Unternehmer. Wenn er Bedenken gegen das Vorhaben hat,[137] muss er diese anzeigen und bei Unterlassen für die Mängel einstehen; das ergibt sich schon aus dem funktionalen Mangelbegriff. Besteht der Besteller allerdings auf der Ausführung einer angeordneten Änderung, obwohl der Unternehmer Bedenken anzeigt, wird jener von der Haftung frei, vgl. § 13 Abs. 3 VOB/B.[138] In diesen Fällen steht eindeutig fest, wessen Verantwortungsbereich die gewünschte Änderung zuzuordnen ist und wer das Risiko des Misserfolgs trägt.

In Bezug auf die Gegenleistung ist der Unternehmer daran interessiert, wenigstens in voller Höhe vergütet zu werden. Das gilt für die Kündigung und die Vergütung der dadurch wegfallenden Leistungen gleichermaßen wie für Änderungen, die zu Mehraufwand führen. Auch können Änderungen zu Mehrbedarf einzelner Leistungspositionen führen. Hier stellt sich die Frage, wie der Mehrbedarf zu vergüten ist – nach den Positionspreisen im Leistungsverzeichnis, nach den tatsächlichen Kosten oder auf andere Weise? § 2 Abs. 5, 6 VOB/B und § 650c BGB treffen hier differenzierte Regelungen. Der Unternehmer hat demungeachtet das Interesse, stets so hoch wie möglich vergütet zu werden.

Selten wohl steht für die Parteien im Vordergrund, dass die Pauschalvergütung im Laufe einer mehrere Jahre dauernden Bauausführung infolge Inflation an Wert verliert. Das ist eine allgegenwärtige Gefahr für den gesamten Wirtschaftsverkehr, wird aber aufgrund einseitiger Änderungen, die zu mittelbaren Verzögerungen führen, erhöht. Denkbar ist allerdings, dass infolge von Änderungen die Abschlags- und Teilzahlungsgutschriften in andere Bilanz- und Steuerzeiträume fallen, sodass dem Unternehmer ein betriebswirtschaftlicher Nachteil entsteht. Auch hier hat der Unternehmer ein Interesse an einer zügigen und klar vorbeschriebenen Umsetzung des vereinbarten Bauprojekts.

137 Allg. M., nur BGH, VII ZR 48/85 = NJW 1987, 643 [II.a)].
138 S. dazu auch *Peters*, NZBau 2012, 615, 619.

§ 2 Die einseitige Änderung in Vertrag und Gesetz

Auf der Baustelle kommt es oft zu nachträglichen Änderungen, sei es hinsichtlich der Leistung an sich, sei es bezüglich der Art der Ausführung oder der Bauzeit. Die Rechtsposition des Bestellers, einseitige Änderungen durchzusetzen, variiert je nach Zeitpunkt des Vertragsschlusses und dem Inhalt der Vereinbarungen. Im Folgenden werden die vertraglichen (A.I.) und gesetzlichen (A.II.) Regelungen zur einseitigen Änderung bis zur Bauvertragsreform vorgestellt. Im Anschluss wird das im Jahr 2018 eingeführte Instrumentarium der §§ 650b ff. BGB erläutert (B.). Schließlich wird § 650b BGB auf seine Verfassungsmäßigkeit überprüft (C.).

A. Einseitiges Änderungsrecht vor 2018

Erst seit dem 1. Januar 2018 besteht mit § 650a BGB eine Definition, was ein Bauvertrag ist. Davor war der Bauvertrag rechtlich ein unselbständiger Unterfall des allgemeinen Werkvertrags.[139] Weitere gesetzliche Regelungen zu Bauverträgen existierten nur vereinzelt, etwa ein besonderes Verjährungsregime in § 634a Abs. 1 Nr. 2 BGB. Dieses Flickwerk wurde jedoch der Komplexität und wirtschaftlichen Bedeutung des Bauwesens nicht gerecht.[140]

Schon 1921 beschloss daher der Reichstag, einen Sachverständigenausschuss damit zu betrauen, eine reichseinheitliche Verdingungsordnung zu entwerfen. Der Reichsverdingungsausschuss (RVA), bestehend aus Vertretern der öffentlichen Hand, der Bauindustrie, des Handwerks, der Gewerkschaften und der Architekten- und Ingenieurverbände, erarbeitete die Vergabe- und Vertragsordnung für Bauleistungen (VOB), die 1926 als Dienstvorschrift für die jeweiligen Bereiche eingeführt wurde.[141] Auch heute noch wird die VOB in unregelmäßigen Abständen überarbeitet, dies geschieht nunmehr durch den Deutschen Vergabe- und Vertragsausschuss für Bauleistungen (DVA), der aus derzeit 87

---

139 Ibr-Baurecht/*von Rintelen*, § 650b BGB Rn. 6.

140 Die meisten Landgerichte haben Baukammern eingerichtet, um mithilfe richterlicher Spezialisierung angemessen auf die Komplexität der Verfahren zu reagieren, vgl. jetzt auch verpflichtend in § 72a S. 1 Nr. 2 GVG.

141 Zu allem ausführlich Kapellmann/Messerschmidt/*von Rintelen*, Einl. Rn. 1 ff.

Mitgliedern besteht, die hauptsächlich dem Bereich der öffentlichen Auftraggeber zuzuordnen sind.[142]

Die VOB besteht aus den drei Teilen A bis C. Die VOB/A regelt die Ausschreibung und Vergabe öffentlicher Bauleistungen. Die VOB/C enthält allgemeine technische Vertragsbedingungen und gewerkespezifische Vorschriften und enthält gleichzeitig die DIN-Vorschrift 18 299.[143] Sie wird gem. § 1 Abs. 1 S. 2 VOB/B Bestandteil eines jeden VOB/B-Vertrags, sofern die allgemeinen AGB-Vorschriften über die wirksame Einbeziehung beachtet werden.

Die VOB/B schließlich trifft vertragliche Bestimmungen von Änderungsrechten über Zahlungsmodalitäten hin zu Sicherungs- und Mängelrechten. Voraussetzung der Anwendbarkeit der VOB/B ist die privatvertragliche Einbeziehung in den Vertrag, sei es in Teilen oder insgesamt. Die VOB/B sind anders als die VOB/A in ihrer Rechtsnatur AGB und anhand der §§ 305 ff. BGB zu bewerten.[144] Ist die VOB/B als Ganzes vereinbart, ist sie durch § 310 Abs. 1 S. 3 BGB privilegiert. Die Klauseln der VOB/B sind dann in einem Vertrag zwischen Unternehmern nicht mehr einzeln überprüfbar, die VOB/B gilt im Rahmen einer AGB-Prüfung insgesamt als wirksam, unabhängig davon, wer Verwender ist im Sinne von § 305 Abs. 1 S. 1 BGB. Die gesetzliche Privilegierung rechtfertigt sich damit, dass die VOB/B durch den DVA in der Absicht weiterentwickelt wird, einen ausgewogenen Ausgleich der beteiligten Interessen zu schaffen,[145] auch wenn dies seit Einführung des „neuen" Bauvertragsrechts im Jahr 2018 noch nicht wieder erfolgt ist.[146]

Mit der VOB/B kommt auch ein prototypisches Änderungsrecht in den Bauvertrag. Die Änderungsrechte nach § 1 Abs. 3, 4 VOB/B werden daher im Folgenden umrissen, denn die Kenntnis ihrer Wirkung ist Voraussetzung für das Verständnis des § 650b BGB, da dieser wesentlich unter dem Eindruck der VOB/B entstanden ist.[147]

---

142 https://www.bmi.bund.de/DE/themen/bauen-wohnen/bauen/bauwesen/bauauftragsvergabe/bauauftragsvergabe-artikel.html (Mitglieder des DVA, abgerufen am: 19.04.2021).

143 Detaillierter s. S. 50.

144 Ganz h.M., Kapellmann/Messerschmidt/*von Rintelen*, Einl. Rn. 44 mit Verweis auf die abweichenden Stimmen.

145 Vgl. BeckOK BGB/*Becker*, § 310 Rn. 6, vgl. auch § 2 der Satzung des DVA.

146 Vgl. auch den entsprechenden Beschluss des Hauptausschusses Allgemeines des DVA vom 18. Januar 2018, vor einer Weiterentwicklung der VOB/B zunächst die Diskussion zum BGB-Bauvertrag zu beobachten.

147 Gesetzentwurf BR-Drs. 123/16, S. 56.

Auch die vor 2018 geschlossenen Bauverträge sahen mitunter eine einseitige Änderung vor, wenn die VOB/B oder ähnliche Klauseln nicht vereinbart worden waren. Diese waren und sind für die Verallgemeinerung jedoch ungeeignet. Die gerichtlich zugesprochenen Befugnisse bemaßen sich bezüglich ihrer Voraussetzungen und ihres Umfangs stets am Einzelfall.[148]

I. Das einseitige Änderungsrecht in der VOB/B

In der VOB/B existieren zwei Varianten eines Änderungsrechts: In § 1 Abs. 3 VOB/B ist die Bauentwurfsänderung enthalten, in § 1 Abs. 4 S. 1 VOB/B die Anordnung von Zusatzleistungen. Die Existenz dieses Anordnungsrechts offenbart, dass die Verfasser der VOB/B davon ausgingen, dass nachträgliche Änderungen häufig auftreten und daher eine klare vertragliche Fundierung vonnöten ist. Auch besteht das Anordnungsrecht schon so lange wie die VOB/B selbst, in der Urfassung von 1926 war es in § 1 Abs. 3 VOB/B noch einheitlich gefasst.

Die Anordnungsrechte nach § 1 VOB/B sind keine Leistungsbestimmungsrechte im Sinne von § 315 BGB, sondern vereinbarte Änderungsvorbehalte.[149] Die Parteien, die in der VOB/B Auftraggeber und Auftragnehmer heißen, einigen sich auf eine bestimmte Leistung, dem Auftraggeber ist aber von Anfang an vertraglich zugesichert, dass er den ursprünglichen Leistungsinhalt unter bestimmten Voraussetzungen ändern oder erweitern kann. Bei dem Vergaberecht unterliegenden öffentlichen Aufträgen ist allerdings § 132 Abs. 1 GWB zu beachten, wonach wesentliche Änderungen während der Vertragslaufzeit, die dazu führen, dass der geänderte Auftrag sich erheblich von dem ursprünglichen unterscheidet, ein neues Vergabeverfahren erfordern.

Die Parteien können sich oftmals frei dazu entscheiden, nur einzelne Teile der VOB/B zu vereinbaren oder § 1 Abs. 3, 4 VOB/B abzubedingen. Ausnahmen gelten für öffentliche Auftraggeber, für die die Vereinbarung der VOB/B grundsätzlich verpflichtend ist, wie sich § 8a VOB/A, § 8a EU VOB/A entnehmen lässt.

Weisungen, deren Inhalt den Umfang der § 1 Abs. 3 und 4 VOB/B überschreiten oder die nicht auf Grundlage der VOB/B erfolgen, waren bis zum 1. Januar 2018 grundsätzlich unwirksam.[150] Das verwundert nicht, denn es fehlte an einer vertraglichen oder gesetzlichen Befugnis des Auftraggebers. Und nicht einmal

148 Dazu näher S. 76 ff.

149 BGH, VII ZR 186/93 = NJW-RR 1995, 80 [81]; VII ZR 53/03 = NJW 2004, 502 [504]; *Thode*, ZfBR 2004, 214, 215; zu abweichenden Meinungen ausführlicher *Quack*, ZfBR 2004, 107, passim.

150 *Otto*, Vertragsbuch Baurecht, ^{2}2011, 85.

der seit Einführung inhaltlich kaum veränderte § 1 Abs. 3, 4 VOB/B wurde einheitlich als wirksam angesehen. Zwar nahm die wohl herrschende Meinung an, dass das VOB/B-Leistungsänderungsprogramm mit dem AGB-Recht vereinbar war.[151] Nicht wenige aber hielten die Vorschrift bei isolierter Kontrolle aus verschiedenen Gründen für AGB-widrig.[152]

Ein über den Umfang von § 1 Abs. 3, 4 VOB/B hinausgehendes Änderungsrecht kann neben oder statt der VOB/B vereinbart werden. Dies ist jedoch nur individualvertraglich möglich, angesichts der Maßstäbe der §§ 307 ff. BGB mittels AGB-Vereinbarung nicht.[153] Ob und wie sich die Wirksamkeit der § 1 Abs. 3, 4 VOB/B nach der Einführung des § 650b BGB ändert, ist schon jetzt Gegenstand eifriger Auseinandersetzung.[154]

Gegen eine unwirksame, weil vom vertraglichen Vorbehalt nicht mehr gedeckte, Änderung steht dem Auftragnehmer nach überwiegender Ansicht ein Leistungsverweigerungsrecht zu.[155] Dogmatisch richtig ist das nicht, da dieser juristische Terminus etwas anderes beschreibt. § 273 BGB und § 320 BGB etwa berechtigen, die „geschuldete" bzw. „obliegende" „Leistung [zu] verweigern", wenn die Voraussetzungen vorliegen. Die amtlichen Überschriften von § 7 EFZG und § 14 AGG lauten sogar „Leistungsverweigerungsrecht". Auch für den BGH

---

151 Vgl. Graf von Westfalen/Thüsing/*Hänsel*, Bauvertrag Rn. 18; Beck'scher VOB-Komm/*Jansen*, § 1 Abs. 3 VOB/B Rn. 109 ff.; *Kapellmann/Langen*, Einführung VOB/B, [27]2018, Rn. 51; *Quack*, FS Ganten, 2007, S. 211; *Voit*, FS Ganten, 2007, S. 261; für beides nach neuem Recht *Markus/Kapellmann/Pioch*, Bauvertragsklauseln, [5]2018, Rn. 70 f., für **§ 1 Abs. 4 VOB/B** BGH, VII ZR 233/94 = NJW 1996, 1346 [1347, V.2.a)].

152 **§ 1 Abs. 3 und 4 VOB/B** waren unwirksam für *Anker/Klingenfuß*, BauR 2005, 1377, 1381 ff.; *von Minckwitz*, BrBp 2005, 170, 174 f. und *Schulze-Hagen*, FS Soergel, 266 f., 272; **§ 1 Abs. 3 VOB/B** war jedenfalls unwirksam für *Bruns*, ZfBR 2005, 525, 528; *Hödl*, Bauvertragsrecht, 2018, Rn. 130; *Kaufmann*, BauR 2005, 1806, 1809; *ders.*, Jahrbuch Baurecht 2006, S. 35, 55; *Markus/Kaiser/Kapellmann*, Bauvertragsklauseln, [4]2014, Rn. 69; *Oberhauser*, FS Ganten, 2007, S. 189, 198 f.; *Reichert*, BauR 2015, 1549; *Rehbein*, Auftraggeberanordnung, 2007, S. 61; *Ulbrich/Ulbrich*, FS Ganten, 2007, S. 227, 234 ff.

153 *Otto*, Vertragsbuch Baurecht, [2]2011, 86.

154 Dazu Ausblicke und Analysen etwa von *Kapellmann*, NZBau 2017, 635, 635 ff.; *Kniffka/Retzlaff*, BauR 2017, 1747, 1809 ff.; *von Rintelen*, NZBau 2017, 315, 315 ff.; zu den wesentlichen Grundgedanken des § 650b BGB und der damit verbundenen Konfliktlage zu § 1 Abs. 3, 4 VOB/B näher S. 226 ff.

155 Vgl. etwa Ingenstau/Korbion/*Keldungs*, § 1 Abs. 3 VOB/B Rn. 16; Beck'scher VOB-Komm/*Jansen*, § 1 Abs. 3 VOB/B Rn. 94; zusammenfassend m.w.N. *Pause*, BauR 2018, 882, 884 f.

sind § 320 BGB und § 273 BGB so bezeichnete Leistungsverweigerungsrechte.[156] Diese alle setzen aber voraus, dass eine Leistung überhaupt „geschuldet" ist. Bei Überschreitung der Grenzen des Änderungsrechts ist die Leistung aber gerade *nicht geschuldet*. Der Auftragnehmer kann zwar auf seine Nichtschuld hinweisen und die scheinbare Leistung verweigern.[157] Ein Leistungsverweigerungsrecht im Rechtssinne ist das aber nicht.[158]

Insgesamt sind die Vorschriften der VOB/B zur Leistungsänderung missglückt und reformbedürftig.[159] Auch die Abgrenzung der Varianten untereinander ist problematisch.[160] Die erwogene Zusammenlegung der Klauseln im Jahr 2013 unterblieb letztlich. Es ist wünschenswert, die VOB/B im Hinblick auf das neue Bauvertragsrecht zu reformieren und auf die §§ 650a ff. BGB abzustimmen.[161]

1. Bauentwurfsänderung, § 1 Abs. 3 VOB/B

„Änderungen des Bauentwurfs anzuordnen, bleibt dem Auftraggeber vorbehalten." So kurz lautet § 1 Abs. 3 VOB/B, der das *gewillkürte Änderungsrecht* regelt. Die Anordnung nach § 1 Abs. 3 VOB/B ist eine einseitige empfangsbedürftige Willenserklärung,[162] die auf die Änderung des Vertrags gerichtet ist. Da immer wieder problematisch wird, was unter dem Begriff des Bauentwurfs zu verstehen ist, soll dieser Frage im Folgenden nachgegangen werden.

a. Bauentwurf

Der Bauentwurf kann als die „Gesamtheit aller Vorgaben für die bautechnische Leistung des Auftragnehmers, und zwar unabhängig von der Art der Verkörperung" gesehen werden.[163] Dabei werden unter einer Änderung des Bauentwurfs

---

156 BGH, VII ZR 243/69 = NJW 1971, 838 [839]; BGH, IV ZR 149/02 = NJW 2003, 1463 [1464].

157 So ist wohl auch BGH, VII ZR 194/06 = NJW 2008, 2106 [2010] zu verstehen, obgleich dort – ein wenig verwirrend – auf § 320 Abs. 2 BGB hingewiesen wird.

158 So auch Kapellmann/Messerschmidt/*von Rintelen*, § 1 VOB/B Rn. 117.

159 Kapellmann/Messerschmidt/*von Rintelen*, § 1 VOB/B Rn. 60; Beck'scher VOB-Komm/*Jansen*, § 1 Abs. 3 VOB/B Rn. 3; *von Rintelen*, NZBau 2019, 696, 699 et passim.

160 Kapellmann/Messerschmidt/*von Rintelen*, § 1 VOB/B Rn. 80 ff. mit Beispielen und weiteren Nachweisen.

161 Vgl. aus baubetrieblicher und ökonomischer Sicht: *Sundermeier*, Neue Vertragsordnung, 2009, S. 72 ff.; für Vorschläge zu Leistungsänderungen: S. 563 ff.

162 BGH, VII ZR 346/01 = NZBau 2004, 207, 208.

163 *Oberhauser*, FS Ganten, 2007, S. 189, 191; Kapellmann/Messerschmidt/*von Rintelen*, § 1 VOB/B Rn. 62; ebenso Vergabe- und Vertragshandbuch für die Baumaßnahmen

nicht nur die rein planerischen Änderungen verstanden, sondern auch Änderungen der Leistungsinhalte, wie sie sich in der Leistungsbeschreibung, dem Leistungsverzeichnis oder sonstigen Unterlagen finden.[164] Solche Änderungen sind etwa die Verwendung anderer als der im Leistungsverzeichnis ausgewiesenen Schrauben. Insgesamt kann die Reichweite des Bauentwurfs anhand der einzelnen Elemente abgesteckt werden:

aa. Parteien und Leistungsort

Die Vertragsparteien und der Leistungsort ergeben sich aus dem Vertrag selbst: Der Unternehmer hat selbst oder durch genehmigte Dritte (vgl. § 4 Abs. 8 Nr. 1 VOB/B) auf dem vertragsgegenständlichen Grundstück die Bauarbeiten zu erbringen.

bb. Leistungsinhalt

Zum Bauentwurf gehört der konkrete Leistungsinhalt. Das kann etwa ein Vertrag über ein schlüsselfertiges Haus sein. Zugrunde zu legen sind stets alle auf das konkrete Vorhaben bezugnehmenden Willensäußerungen, vor allem die Leistungsbeschreibung, das Leistungsverzeichnis, die Pläne und Zeichnungen, die einschlägigen technischen Regelwerke, aber auch weitere Vereinbarungen, wie etwa vor Vertragsschluss entstandene Verhandlungsprotokolle oder eine gutachterliche Bodenprobe.[165] Bei inhaltlichen Widersprüchen der Vertragsdokumente gilt für den VOB-Vertrag § 1 Abs. 2 VOB/B: die Vereinbarungen gelten nach der dortigen Rangfolge, beginnend mit der Leistungsbeschreibung. Die Leistungsbeschreibung kann funktional oder detailliert formuliert sein sowie detaillierte Pläne und Skizzen beinhalten, vgl. § 7b Abs. 1, 2 VOB/A. Schrift und Bild sind gegenüber der Leistungsbeschreibung grundsätzlich gleichrangig.[166] Der Bauvertrag ist als sinnvolles Ganzes auszulegen.[167] Bei Widersprüchen oder Unklarheiten gilt regelmäßig dasjenige, was dem Parteiwillen im Einzelfall

---

des Bundes – Leitfaden zur Vergütung bei Nachträgen, 510 Nr. 1.3.1; nicht unumstritten, vgl. *Thode*, BauR 2008, 155, 156, a.A., bedeutend enger Althaus/Heindl/*Althaus*, 5. Bauleistung Rn. 156.

164 OLG Hamm, 12 U 67/15 = IBRRS 2016, 2836.

165 F/K/Z/G/*Kemper*, § 1 VOB/B Rn. 29; Beck'scher VOB-Komm/*Jansen*, § 1 Abs. 3 VOB/B Rn. 23.

166 OLG Bremen, 1 U 51/08 = BeckRS 2012, 16483 (BGH, VII ZR 28/11, Nichtzulassungsbeschwerde zurückgewiesen).

167 BGH, VII ZR 342/01 = NJW 2003, 743.

entspricht, sei es in Form der detaillierteren Regelung oder der jüngsten Fassung der Vereinbarung.[168]

Die Leistungsbeschreibung kann unterschiedlich detailliert erfolgen. Handelt es sich um einen *Einheitspreisvertrag* gem. § 4 Abs. 1 Nr. 1 VOB/A, sind die technischen Teilleistungen (*Positionen*) detailliert in einem Leistungsverzeichnis beschrieben, § 7b Abs. 1 VOB/A. Der *Vordersatz* gibt die voraussichtliche Menge (50 Stück) der nachstehend beschriebenen Einzelteile (Schrauben) wieder, deren Einzelstücke mit einem Einheitspreis versehen werden (0,30 EUR), aus dem sich der Gesamtbetrag der Position ergibt (50 Stück x 0,30 EUR = 15 EUR). Die Detaillierung dient der konkreten Zuteilung der Preise zu einzelnen Positionen. So besteht einerseits Transparenz, andererseits bietet das Preis- und Leistungsverzeichnis eine tragfähige Grundlage für die Vergütungsfortschreibung bei Nachträgen, also die Berechnung der preislichen Andersvergütung infolge Änderungen oder sich ändernder Mengen der zu verbauenden Materialien. Aus der Beschreibung der Einzelteile ist oft auch das konkrete Material und seine Beschaffenheit ersichtlich, etwa Messingschrauben der Marke ABC.[169]

Bei einem *Detailpauschalvertrag* (§ 4 Abs. 1 Nr. 2 VOB/A) wird die Leistungsseite umfassend in allen Einzelpositionen abgebildet.[170] Der Werklohn ist aber nicht nach den Einzeleinheiten aufgeschlüsselt, sondern schlicht pauschaliert. Bausoll ist deshalb nur das, was im Leistungsverzeichnis aufgeführt wird, nicht weniger, aber auch nicht mehr.[171] Insbesondere wird durch die Pauschalierung des Werklohns auf Vergütungsseite nicht zum Ausdruck gebracht, ein über dieses detaillierte Bausoll hinausgehendes Leistungsziel zu erreichen.

Drittens besteht der *Globalpauschalvertrag* (§ 4 Abs. 1 Nr. 2 VOB/A), bei dem das Leistungsprogramm und -ziel lediglich funktional beschrieben (§ 7c Abs. 1, 2 VOB/A) und der Preis pauschaliert wird (zweistöckiges Einfamilienhaus für 500.000 EUR).[172] Diese Vertragsgestaltung ist freier, weil dem Auftragnehmer die Modalitäten der Ausführung überlassen sind. Sie ist aber auch riskanter, weil ein funktionales Werk geschuldet wird und in den Grenzen der Geschäftsgrundlage (§ 313 BGB) alles Nötige dafür zu leisten ist.[173] Auch hier gelten Änderungen der Bauwerksplanung als Änderungen des Bauentwurfs im Sinne des § 1

---

168 Beck'scher VOB-Komm/*Jansen*, § 1 Abs. 3 VOB/B Rn. 26.

169 Regelfall des § 7b Abs. 4 S. 2 VOB/A.

170 Dazu *Kapellmann/Schiffers/Markus*, Band II, ^{6}2017, Rn. 2 ff.

171 Vgl. Kapellmann/Messerschmidt/*Kapellmann*, § 2 VOB/B Rn. 458.

172 Dazu *Kapellmann/Schiffers/Markus*, Band II, ^{6}2017, Rn. 6 ff.

173 *Drittler*, Nachträge, ^{3}2017, Rn. 67.

Abs. 3 VOB/B.[174] Und auch hier können § 1 Abs. 3, 4 VOB/B Anwendung finden und damit auch § 2 Abs. 5, 6 VOB/B, wie § 2 Abs. 7 Nr. 2 VOB/B impliziert.

Neben der Leistungsbeschreibung, dem Leistungsverzeichnis, den Plänen und Skizzen und ggf. einbezogenen Verhandlungsprotokollen gelten im Regelfall die Allgemeinen Technischen Vertragsbedingungen für Bauleistungen (ATV, VOB/C). Sie sind durch § 1 Abs. 1 S. 2 VOB/B automatisch in den Vertrag mit einbezogen. Die VOB/C enthalten mit der ATV DIN 18 299 allgemeine Regelungen für Bauarbeiten jeder Art. Dort werden viele Fragen zu „sonstigen" Aufwänden beantwortet, die bei der Bauwerkserrichtung regelmäßig auftreten. So besagt Ziffer 2.1.1 der DIN 18 299 der VOB/C etwa, dass die Leistungen des Auftragnehmers auch die Lieferung der dazugehörigen Stoffe und Bauteile inklusive Abladung und Lagerung auf der Baustelle umfassen. Die ATV DIN 18 300 bis ATV DIN 18 459 beschreiben typische vertragliche Eigenheiten spezifischer Gewerke und gelten für den konkreten Fall, etwa DIN 18 300 für „Erdarbeiten".

Bei komplexen vertraglichen Strukturen ist bisweilen schwierig einzugrenzen, was genau Teil des Bauentwurfs ist, was überhaupt die Schwelle zur Änderungsanordnung überschreitet und welche Anordnungen schließlich Neuleistungen betreffen.

Eine (zufällige) Mengenmehrung bei einem *Einheitspreis*vertrag ist nicht ohne Weiteres eine Änderung. Sie ergibt sich oft dadurch, dass der Vordersatz im Leistungsverzeichnis eine zu geringe Menge der Materialien ausweist. Daher ist der Vordersatz auch nur eine prognostische Variable, die einen meist realistischen Überblick über die zu erwartenden Kosten ermöglicht, aber keine Mengenvereinbarung darstellt. Verwendet der Auftragnehmer die notwendige Menge, so erhält er eine Vergütung, die sich an § 2 Abs. 3 VOB/B bemisst.

Regelmäßig ist eine funktionale Leistung geschuldet, die mangelfrei nur bei Erreichung des Werkerfolgs entsteht, unabhängig davon, was in der Leistungsbeschreibung beschrieben ist.[175]

Die Frage, ob es sich bei der Anordnung noch um eine zulässige Änderung des Bauentwurfs oder um eine unverbindliche Anordnung einer Neuleistung handelt, ist mitunter schwierig zu beantworten. Entscheidend ist das vertragliche Grundkonzept, also die Frage, was geschuldet wird und wie weit dies im Vertrag bereits präzisiert ist. Ist als Teilleistung des Auftragnehmers vereinbart, einen Wanddurchbruch für die Verlegung von Kabeln durchzuführen, und entscheidet sich der Auftraggeber dazu, eine größere als die ursprüngliche Menge

---

174 BGH, VII ZR 194/06 = BGHZ 176, 23 Rn. 33.

175 St. Rspr. des BGH, VII ZR 169/82 = NJW 1984, 2457 [2458 f.]; ausführlich S. 35 ff.

von Kabeln durch den Wanddurchbruch zu führen, dann ist die dafür erforderliche Vergrößerung des Durchbruchslochs auf 150 % des ursprünglichen Durchmessers als zulässige Änderung des Bauentwurfs nach § 1 Abs. 3 VOB/B anordnungsfähig. Denn es bliebe die gleiche Leistung, nur in anderem Umfang. Bedarf es aber für eine solche Änderung zusätzlicher oder anderer Werkzeuge und besonderer statischer Stützen, die der Auftragnehmer nicht ohne Weiteres vorhalten kann, weil der Durchmesser des geänderten Durchbruchs viermal so groß wie ursprünglich vereinbart ist, handelt es sich um eine völlig andere und neue Leistung.

cc. Bauumstände

Nicht Teil des Bauentwurfs sind für gewöhnlich die Bauumstände.[176] Darunter versteht man die methodische Herangehensweise des Auftragnehmers zur Erreichung des Werkerfolgs. Das sind etwa Zugangs- oder Zufahrtswege zur Baustelle, der vorgesehene Bauablauf oder die Frage, welches Personal in welcher Stärke mit welchen Geräten eingesetzt werden. Der Rückschluss, dass die Vergütungsregelung des § 2 Abs. 5 VOB/B Anordnungen über eine Änderung des Bauentwurfs und alternativ *andere Anordnungen* des Auftraggebers aufzählt und dementsprechend diese anderen Anordnungen die Bauumstände erfassen, überzeugt nicht.[177] Auch der Charakter der VOB/B als AGB versperrt ein derart weites Begriffsverständnis der Vorschrift. Vielmehr wird § 1 Abs. 3 VOB/B im Rahmen der Wirksamkeitsprüfung so kundenfeindlich wie möglich verstanden, um dann in kundenfreundlichster Auslegung zur Anwendung zu gelangen.[178]

Der Auftragnehmer kann im Rahmen von § 1 Abs. 3 VOB/B nicht auf die Art seiner Ausführung einseitig festgelegt werden. Das gilt allerdings nicht, wenn die Bauumstände selbst Teil des Bauentwurfs und die Ausführung auf diese Art und Weise gerade Vertragsinhalt geworden sind. Dies ist etwa beim Wasser- oder Spezialtiefbau gelegentlich der Fall, wenn aufgrund der Umgebung der Baustelle oder aus Rücksicht auf parallele Gewerke der Einsatz bestimmter Maschinen für

---

176 So z.B. *Thode*, ZfBR 2004, 214, 225; Kapellmann/Messerschmidt/*von Rintelen*, § 1 VOB/B Rn. 65 f.; Glöckner/v. Berg/*Rehbein*, § 1 VOB/B Rn. 22; **a.A.** aber z.B. OLG Hamm, 12 U 67/15 = IBRRS 2016, 2836; *Schulze-Hagen*, FS Soergel, 1993, S. 259, 264; Ingenstau/Korbion/*Keldungs*, § 1 Abs. 3 Rn. 7; Beck'scher VOB-Komm/*Jansen*, § 1 Abs. 3 VOB/B Rn. 32 ff.; *Zanner/Keller*, NZBau 2004, 353, 354.

177 Ingenstau/Korbion/*Keldungs*, § 1 Abs. 3 Rn. 5.

178 Nur BGH, XI ZR 140/03 = NJW 2004, 1588 [1589]; I ZR 75/03 = NJW 2006, 2976 [2978, Rn. 24], jedenfalls, wenn der Besteller die VOB/B stellt.

den Vertragsschluss vorausgesetzt wird. Diese Art der Ausführung ist dann Teil des Bauentwurfs und abänderbar.

dd. Ausführungszeit

Die Ausführungszeit und die einzelnen Fristen gehören nach wohl überwiegender und zustimmungswürdiger Meinung nicht zum Bauentwurf.[179] Der Bauentwurf umfasst schon sprachlich nicht die Ausführungszeit. Das Bauwerk ist auch dann dasselbe, wenn es mit Verspätung errichtet wurde. Die zeitliche Komponente ist grundsätzlich kein wesentlicher Teil des Werkerfolgs und daher auch kein Teil des Bauentwurfs.[180] Das gilt auch bei sogenannten *Beschleunigungsanordnungen*, mit denen der Fertigstellungszeitpunkt vorverlegt und die Bauzeit *unmittelbar* beeinflusst wird. Neben dem zentralen Argument der engen AGB-Auslegung wäre die Befugnis zur Beschleunigungsanordnung insoweit widersprüchlich, weil sie zur Entwertung der in vielen Änderungsfällen möglichen Fristverlängerung führen würde, die der Auftragnehmer verlangen kann, wenn er wegen einer Anordnung zur technischen Bauausführung zeitlichen Mehraufwand hat.[181]

Daneben sind aus den gleichen Gründen auch Anordnungen unzulässig, die die Verschiebung der Anfangs- oder Fertigstellungstermine sowie der Ausführungsfristen zum Gegenstand haben. § 1 Abs. 3, 4 VOB/B soll nur die Gestaltungsmöglichkeit verleihen, inhaltlich anders zu bauen, nicht jedoch den Terminplan zu ändern.[182]

Von den unmittelbaren sind die *mittelbaren* Bauzeitanordnungen abzugrenzen, die grundsätzlich zulässig sind.[183] Dies sind Änderungen des Bau*inhalts*,

---

179 OLG Köln, 24 U 179/11 = BeckRS 2015, 12505 [B.1.b.bb.(1.3.5)]; Althaus/Heindl/*Althaus*, 5. Bauleistung 152, 157; *Kapellmann*, NZBau 2009, 538, 539; *Kimmich*, BauR 2008, 263, 266; *Reiter*, JA 2018, 161, 166; Kapellmann/Messerschmidt/*Sacher*, § 5 VOB/B Rn. 41; Leinemann/*Schoofs*, § 1 VOB/B Rn. 54; *Thierau*, FS Quack, 2009, S. 247, 252 ff.; Kapellmann/Messerschmidt/*von Rintelen*, § 1 VOB/B Rn. 68, tendenziell auch *Rustmeier*, Bauvertrag, 2018, S. 23 **a.A.** etwa *Keldungs*, BauR 2013, 1917, 1919 ff. m.w.N.; § 1 VOB/B Rn. 41; *Vygen/Joussen*/Lang/Rasch, Bauverzögerung, ^{7}2015, Rn. 16.

180 Ebenso *Peters*, NZBau 2012, 615, 617; Kapellmann/Messerschmidt/*von Rintelen*, § 1 VOB/B Rn. 70.

181 *Leupertz/Jansen/Voit/Oppler/Schmitz*, BauR 2010, 1313, 1326.

182 *Kniffka*, Kompendium Baurecht, ^{5}2020, 4. Teil, Rn. 168.

183 Vgl. *Armbrüster/Bickert*, NZBau 2006, 153, 159; Kapellmann/Messerschmidt/*von Rintelen*, § 1 VOB/B Rn. 86.

die zur Folge haben, dass sich der Fertigstellungstermin nach hinten verschiebt, etwa weil andere Materialien, die für den Werkerfolg erforderlich sind, noch beschafft werden müssen. Ließe man diese Änderungen nicht zu, würde ein Großteil inhaltlicher Änderungen von vornherein ausgeschlossen. Auch belastet die mittelbare Bauzeitverlängerung den Auftragnehmer nicht über Gebühr, denn ihm steht auch hinsichtlich der veränderten Dauer des Gewerks der Einwand der Billigkeit zur Seite.[184] Sind etwa infolge der Änderung die Termine derart nach hinten verschoben, dass er bei Befolgung der Anordnung das bereits vereinbarte Anschlussprojekt nicht wahrnehmen kann, darf er die Ausführung verweigern.

ee. Fazit

Der Begriff des Bauentwurfs ist schwer greifbar und bei jedem Einzelfall unterschiedlich. Die Verfasser der VOB/B waren sich der Vielgestaltigkeit eines Bauentwurfs für die verschiedensten Gewerke bewusst und haben wohl deshalb den Begriff nicht weiter präzisiert. Alles andere würde angesichts der auch ansonsten knapp gehaltenen Form der VOB/B verwundern, die als Vertragsmuster für die meisten Bauverträge genutzt wird. Da es sich bei der VOB/B aber um AGB handelt, muss die Bedeutung und der Wortlaut in der Frage, wo die Grenze einer Änderung des Bauentwurfs verläuft, eng ausgelegt werden.[185] Zudem ist zu berücksichtigen, dass es sich um einen weitgreifenden, weil willkürlichen Änderungsvorbehalt handelt. Auch wenn vom Gesetz abweichende Vereinbarungen AGB-rechtlich zulässig sind, hat der Auftragnehmer ursprünglich einen Vertrag mit anderem Inhalt geschlossen – es ist daher angemessen, wenn im Zweifel Unklarheiten zu seinen Gunsten entschieden werden.[186]

b. Art und Weise, Grenzen und Rechtsfolgen der Änderung

Um § 1 Abs. 3 VOB/B besser zu verstehen ist förderlich, neben dem Begriff des Bauentwurfs kurz zu beschreiben, auf welche Art und Weise eine Anordnung erfolgen kann, welche Grenzen die Befugnis aufweist sowie die Frage, was die Rechtsfolge der Anordnung ist.

Die Änderung des Bauinhalts ist einseitig möglich. Das Begehren des Auftraggebers ist nach §§ 133, 157 BGB auszulegen sowohl hinsichtlich der Frage,

---

184 Vgl. Kapellmann/Messerschmidt/*von Rintelen*, § 1 VOB/B Rn. 140.
185 Vgl. zur engen Auslegung von AGB nur BGH, VII ZR 28/72 = NJW 1974, 551 [552].
186 Ähnlich Ingenstau/Korbion/*Keldungs*, § 1 Abs. 3 VOB/B Rn. 11.

ob eine rechtsgeschäftliche Anordnung erfolgt,[187] als auch, welchen Inhalt sie trägt. Die Anordnung nach § 1 Abs. 3 VOB/B ist formfrei und kann mündlich oder konkludent erfolgen.[188] Es handelt sich nicht um ein höchstpersönliches Rechtsgeschäft, daher können auch Dritte im Wege der Stellvertretung tätig werden.

Obgleich § 1 Abs. 3 VOB/B keine explizite Grenze vorsieht, gilt die gewillkürte Anordnung nicht uneingeschränkt. Zwar kann die Zumutbarkeit des § 1 Abs. 4 VOB/B („wenn sein Betrieb nicht auf derartige Leistungen eingerichtet ist") nicht übertragen werden, weil eine AGB-Klausel nicht geltungserhaltend reduziert bzw. geändert werden darf.[189] Die Grenze des Umfangs ergibt sich jedoch aus § 315 BGB, wonach nur die Bestimmung einer *billigen* Leistung wirksam ist.[190] § 315 BGB ist im Verhältnis des § 1 Abs. 3 VOB/B anwendbar, weil nicht nur erstmalige Leistungsbestimmungen, sondern auch vertragliche Anpassungsklauseln erfasst sind.[191]

In quantitativer Hinsicht bestehen grundsätzlich keine Grenzen. Die wiederholte Änderung desselben Sachverhalts ist zulässig und für jede einzelne Anordnung ist nach § 1 Abs. 3, § 2 Abs. 5 VOB/B zu verfahren.[192] So war *in casu* möglich, 60 Korrekturwünsche anzuordnen bezogen auf ein Projekt, das die Errichtung eines schlüsselfertigen Mietshauses und eines Zweifamilienhauses betraf.[193]

Wird der Bauentwurf in zulässiger Weise geändert, muss der Auftragnehmer die Anordnung befolgen. Das betrifft auch Leistungen, die bereits anteilig verbaut sind. Hier ist allerdings zu beachten: Durch den bereits erfolgten partiellen Verbau muss vom Umfang des Änderungsrechts auch der Aus- und Neueinbau der Änderungen erfasst sein. Dies ist für jede Anordnung einzeln zu bestimmen. So ist etwa der Ausbau von Beton nur unter Zuhilfenahme schwerer Geräte möglich, da das Bauprodukt nach Verarbeitung seinen Zustand verändert. Hier wäre die Wesensidentität zwischen der ursprünglichen und der geänderten Leistung durchbrochen und eine Anordnung meist unzulässig.[194] Von einem Fliesenleger

187 Vgl. nur Jauernig/*Mansel*, Vor §§ 116 ff. BGB Rn. 7.

188 BGH, VII ZR 23/84 = NJW 1985, 2475 [2476 f.]; OLG Brandenburg, 11 U 187/01 = BauR 2003, 716 [717 f.].

189 So aber *Schulze-Hagen*, FS Soergel, 1993, S. 259, 265; *Weyer*, BauR 1990, 138, 142.

190 Althaus/Heindl/*Althaus*, 5. Bauleistung Rn. 165; Messerschmidt/*Voit*, § 1 Abs. 3 VOB/B Rn. 4 m.w.N.

191 Kapellmann/Messerschmidt/*von Rintelen*, § 1 VOB/B Rn. 105.

192 *Anker/Klingenfuß*, BauR 2005, 1377, 1378; zweifelnd *Quack*, ZfBR 2004, 107, 108.

193 Vgl. BGH, VII ZR 101/95 = NJW-RR 1997, 403 [403 f.].

194 Vgl. bereits S. 64 ff.

hingegen kann erwartet werden, dass die bereits verbauten Fliesen abgeklopft und durch neue andere ersetzt werden.

c. *Vergütung nach § 2 Abs. 5 Alt. 1 VOB/B*

Die Anordnung löst die Kostenfolge des § 2 Abs. 5 Alt. 1 VOB/B aus. Danach ist ein neuer Preis unter Berücksichtigung der Mehr- oder Minderkosten zu vereinbaren und diese Vereinbarung soll vor der Ausführung getroffen werden. Der Auftragnehmer hat einen klagbaren Anspruch auf die Preisanpassung.[195] Die Parteien sind zur Kooperation bei der Preisfindung verpflichtet.[196] Die einzelnen Positionspreise müssen sich aus dem Leistungsverzeichnis ergeben, anderenfalls erfolgt die Preisfortschreibung über § 632 Abs. 2 BGB.[197]

Einigen sich die Parteien nicht auf einen neuen Preis, so wurde mithilfe der „*vorkalkulatorischen Preisfortschreibung*" an die Kostenelemente der Urkalkulation angeknüpft.[198] Rechengrundlage waren nicht die tatsächlichen Kosten, sondern – sofern und soweit vorhanden – die in der Urkalkulation enthaltenen Kostenelemente. Diese wurden fortgeschrieben, wobei das bisherige vertragliche Preisniveau in die Nachtragsberechnung übernommen worden ist. Vor allem in öffentlichen Ausschreibungen wird die Urkalkulation dem Auftraggeber in einem verschlossenen Umschlag überreicht, sodass die Parameter für Nachtragspositionen von vornherein feststehen.[199] Dadurch bleiben überhöhte Einzelpreise für den Auftragnehmer auch im Nachtragsverfahren lukrativ, während nicht auskömmlich bepreiste Einheiten im Änderungsfall mit dem „schlechten" Preis fortgeschrieben werden, wenn sich dazu Positionen in der Urkalkulation finden lassen.

Diese jahrzehntelange Praxis hat aller Voraussicht nach ein Ende gefunden.[200] Streitig war dort zwar § 2 *Abs. 3 Nr. 2* VOB/B, der die Vereinbarung eines neuen Preises bei einer Überschreitung von über 10 % des vertraglichen

195 OLG Zweibrücken, 8 U 214/93 = BauR 1995, 251.

196 BGH, VII ZR 34/18 = NZBau 2019, 706 [707, Rn. 18] zum wortgleichen § 2 Abs. 3 Nr. 2 VOB/B.

197 Ingenstau/Korbion/*Keldungs*, § 2 Abs. 5 VOB/B Rn. 3.

198 BGH, VII ZR 142/12 = NJW 2013, 2423 [2424], unter Heranziehung von Kapellmann/Messerschmidt/*Kapellmann*, § 2 Abs. 5 VOB/B Rn. 387 ff.

199 *Berner/Kochendörfer/Schach*, Baubetriebslehre, ^{2}2013, S. 131.

200 BGH, VII ZR 34/18 = NZBau 2019, 706; VII ZR 10/19 = NJW 2020, 468 [470 Rn. 20 ff.]; ihm folgend etwa: OLG Brandenburg, 11 U 153/18 = NZBau 2020, 639 [639 f., Rn. 16]; OLG Düsseldorf, I-5 U 52/19 = NZBau 2020, 509 [512, Rn. 46]; OLG Jena, 4 U 812/15 = BeckRS 2020, 26931 [Rn. 64 ff.].

Mengenansatzes behandelt. § 2 Abs. 3 Nr. 2 und Abs. 5 VOB/B sind aber in der Hinsicht wortgleich – in beiden Fällen ist „ein neuer Preis unter Berücksichtigung der Mehr- oder Minderkosten zu vereinbaren".[201] Einigen die Parteien sich nicht über einen neuen Einheitspreis, könne das angerufene Gericht über den Einheitspreis entscheiden.[202] Zunächst würden dann Verständigungen über einzelne Teilelemente der Preisbildung gelten, die sowohl bei Vertragsschluss für den ungewissen Fall, dass Mengenmehrungen im Sinne dieser Bestimmung eintreten, als auch nachträglich, sobald aufgrund konkret eingetretener Mehrmengen ein neuer Einheitspreis verlangt wird, getroffen wurden.[203] Bestünden solche Anhaltspunkte nicht, enthalte der Vertrag eine Lücke, die durch ergänzende Vertragsauslegung gem. §§ 133, 157 BGB zu schließen sei. Dabei seien unter Berücksichtigung der Redlichkeit und dem bestmöglichen Ausgleich der wechselseitigen Interessen für die Bemessung des neuen Einheitspreises die tatsächlich erforderlichen Kosten zuzüglich angemessener Zuschläge maßgeblich.[204]

Für den Fall, dass ursprüngliche, aber nun geänderte Leistungen bereits anteilig erbracht worden sind, kann wie bei einer freien Teilkündigung die anteilige Vergütung nach § 8 Abs. 1 Nr. 2 VOB/B verlangt werden.[205] Maßgeblicher Zeitpunkt für die Kostenberechnung ist der, zu dem die Änderungsleistung ausgeführt wird.[206]

Der Auftragnehmer muss über die Kostenfolge des § 2 Abs. 5 VOB/B nicht im Vorhinein aufklären.[207] Das verwundert allerdings nicht, weil der Auftraggeber damit rechnen muss, dass eine Änderungsleistung nicht kostenfrei sein wird.

2. *Ausführung nicht vereinbarter Leistungen, § 1 Abs. 4 VOB/B*

§ 1 Abs. 4 S. 1 VOB/B verleiht dem Auftraggeber ein weiteres Anordnungsrecht bezüglich Leistungen, die nicht vereinbart wurden, aber „zur Ausführung der vertraglichen Leistungen erforderlich werden". § 1 Abs. 4 S. 2 VOB/B stellt klar,

---

201 Ebenso KG, 21 U 160/18 = NZBau 2019, 771 [773 f., Rn. 36 ff.] und *von Rintelen*, NZBau 2019, 696.

202 BGH, VII ZR 34/18 = NZBau 2019, 706 [707, Rn. 19] m.w.N.

203 BGH, VII ZR 34/18 = NZBau 2019, 706 [707, Rn. 20].

204 BGH, VII ZR 34/18 = NZBau 2019, 706 [708, Rn. 27 ff.].

205 Vgl. OLG Celle, 22 U 223/01 = BeckRS 2005, 01247 [I.2.a)]; Ingenstau/Korbion/*Vygen*, § 8 Abs. 1 VOB/B Rn. 6.

206 Beck'scher VOB-Komm/*Jansen*, § 2 Abs. 5 VOB/B Rn. 89.

207 Ingenstau/Korbion/*Keldungs*, § 1 Abs. 3 VOB/B Rn. 10.

dass „andere Leistungen“ dem Auftragnehmer „nur mit seiner Zustimmung übertragen werden“ können.

a. Erforderliche Leistungen, § 1 Abs. 4 S. 1 VOB/B

Bei § 1 Abs. 4 VOB/B handelt es sich um ein vertragliches und einseitiges Leistungs*erweiterungs*recht, das § 315 BGB ähnelt.[208] Mithilfe von § 1 Abs. 4 VOB/B kann der Auftraggeber das Bausoll erweitern, sodass das Leistungsprogramm das Erfolgssoll, das für ein mangelfreies und funktionales Werk notwendig ist, widerspiegelt.[209]

Ein Unterschied zwischen § 1 Abs. 3 und 4 VOB/B ist, dass nach Absatz 3 eine bisherige Leistung geändert werden kann, während nach Absatz 4 die Anordnung einer zusätzlichen und nicht im Leistungsverzeichnis abgebildeten Leistung möglich ist. Die dort genannte „Erforderlichkeit“ beschränkt die zusätzlichen Leistungen auf solche, die für den Werkerfolg unentbehrlich sind.[210] Sie wird häufig eng im Sinne technischer Notwendigkeit verstanden.[211] Beispiele sind die sich nach Vertragsschluss ändernden anerkannten Regeln der Technik oder Verschärfungen des Bauordnungsrechts.[212] Aber auch infolge einer Änderung nach § 1 Abs. 3 VOB/B kann es nötig sein, den Bauentwurf auf die gewillkürte Änderung mit zusätzlichen erforderlichen Änderungen anzupassen. Um ein funktionales Werk zu erhalten, kann der Auftraggeber die Korrektur anordnen. Um die Funktionalität des Werks zu gewährleisten, wird man die Anordnungsbefugnis auch auf Leistungen erstrecken müssen, die nicht unmittelbar in das Gewerk des Auftragnehmers fallen, aber für die Vollständigkeit der Gesamtleistung erforderlich und nicht gleichzeitig unzumutbar sind. So werden Schnittstellenmängel verhindert.[213]

Stets ist der Inhalt *aller* vertraglichen Vereinbarungen wichtig, denn womöglich ist die Anordnung einer zusätzlichen Leistung gar nicht nötig. Oft trifft schon der Vertrag selbst wichtige Regelungen, etwa im Rahmen der über § 1 Abs. 1 S. 1 VOB/B einbezogenen ATV (VOB/C), was eine typische Nebenleistung ist und wem sie obliegt.[214]

---

208 BGH, VII ZR 233/94 = NJW 1996, 1346 [1347].

209 Vgl. zu den Begriffen und dem damit verbundenen funktionalen Mangelbegriff oben S. 35 ff.

210 Kapellmann/Messerschmidt/*von Rintelen*, § 1 VOB/B Rn. 140.

211 Kapellmann/Messerschmidt/ *von Rintelen*, § 1 VOB/B Rn. 145.

212 BeckOK VOB/B/*Wieseler*, § 1 Abs. 4 VOB/B Rn. 10.

213 Vgl. Kapellmann/Messerschmidt/*von Rintelen*, § 1 VOB/B Rn. 147 f.

214 *Fuchs*, Handbuch Bau- und Architektenrecht, [6]2019, Rn. 557, genauer S. 50.

Da sich das Erfolgssoll über den Zeitraum der Ausführung verändern kann, der Auftragnehmer aber stets verpflichtet ist, mangelfrei zu leisten und damit seine Tätigkeit ggf. anpassen muss, wird der Anwendungsbereich des § 1 Abs. 4 VOB/B von einigen als gering angesehen.[215] Sobald auffällt, dass mit dem bisherigen Leistungsverzeichnis eine mangelfreie Leistung nicht (mehr) möglich ist, wird der Auftragnehmer regelmäßig einen entsprechenden Hinweis erteilen.[216] Dazu ist er nach § 4 Abs. 3 VOB/B verpflichtet. Außerdem führt er die Leistung in eigener Verantwortung aus, § 4 Abs. 2 Nr. 1 S. 1 VOB/B. Daher muss er überprüfen, ob die vorgegebene Herangehensweise zum Erfolg führt.[217]

Auf die Bedenkenanzeige hin ordnet der Auftraggeber regelmäßig zusätzliche Leistungen im Sinne von § 1 Abs. 4 VOB/B an, sodass der Werkerfolg realisiert werden kann. Dies gilt jedenfalls beim Einheits- und Detailpauschalpreisvertrag. Bei Globalpauschalverträgen oder anderen Verträgen mit (teilweise) funktionaler Leistungsbeschreibung ist der Werkerfolg nur rein *funktional* beschrieben. Der Auftragnehmer muss (fast) alles Erdenkliche tun, um den Werkerfolg mangelfrei herbeizuführen, weil ein festes Leistungsprogramm gerade nicht vereinbart worden ist.[218] Das Risiko der Vollständigkeit trifft ihn, ohne dass es einer korrigierenden Anordnung bedürfte.[219]

Neben der Erforderlichkeit wird Absatz 4 durch die Einrichtung des Betriebs begrenzt. Ist der Auftragnehmer wegen personeller oder sächlicher Ausstattung seines Betriebs nicht in der Lage, dem Begehren nachzukommen, kann er die Zusatzleistung verweigern.[220]

Der Wortlaut des § 1 Abs. 4 S. 1 VOB/B ist ein wenig missverständlich. Die für ein funktionales Werk erforderlichen Leistungen sind nach der Lehre vom funktionalen Mangelbegriff ohnehin geschuldet. Es müsste daher präziser heißen: „Nicht *verpreiste* Leistungen, die zur Ausführung der vertraglichen Leistung erforderlich *sind oder* werden […]".[221]

---

215 Etwa Beck'scher VOB-Komm/*Jansen*, § 1 Abs. 4 VOB/B Rn. 11.

216 So auch *Althaus*, ZfBR 2007, 411, 415 Fn. 62.

217 Zur Prüfungspflicht BGH, VII ZR 48/85 = NJW 1987, 643.

218 Einschränkungen in BGH, VII ZR 47/93 = NJW 1994, 850 (Wasserhaltung II): Selbst bei funktionaler Ausschreibung ist die Art der Leistung von der Leistungsbeschreibung ausgenommen, die zum Zeitpunkt des Vertragsschlusses „nach der konkreten Sachlage völlig ungewöhnlich und von keiner Seite zu erwarten" war.

219 BeckOK VOB/B/*Wieseler*, § 1 Abs. 4 VOB/B Rn. 19.

220 Ingenstau/Korbion/*Keldungs*, § 1 Abs. 4 VOB/B Rn. 5.

221 Ebenso *Leupertz*, BauR 2008, 577 (Editorial); *ders.*, BauR 2010, 273, 283 f.

b. *Vergütung nach § 2 Abs. 6 VOB/B*

Nach § 2 Abs. 6 VOB/B entsteht für die nicht im Vertrag vorgesehene Leistung ein Anspruch auf besondere Vergütung, die sich nach den Grundlagen der Preisermittlung für die vertragliche Leistung und den besonderen Kosten der geforderten Leistung berechnet. Grundsätzlich ist die Vergütung zu vereinbaren, § 2 Abs. 6 Nr. 2 S. 2 VOB/B. Einigen sich die Parteien nicht, kann die gerichtliche Festsetzung nach dem Gedanken der §§ 315 ff. BGB erwirkt werden.[222] Wie bei §§ 315 ff. BGB kann der Klageantrag direkt auf Zahlung lauten.[223]

Der Anspruch auf die Vergütung muss vor Ausführungsbeginn angekündigt werden und ist eine Tatbestandsvoraussetzung, § 2 Abs. 6 Nr. 1 S. 2 VOB/B.[224] Unterbleibt die Ankündigung, ist *keine* Zusatzvergütung geschuldet und zwar weder vertraglich noch außervertraglich.[225] Grund des Ankündigungserfordernisses ist, dass der Auftraggeber über die drohenden Mehrkosten informiert werden soll, um sich rechtzeitig vorbereiten zu können.[226] Diese Begründung trifft ebenso für § 2 Abs. 5 VOB/B zu, doch ist die Ankündigung dort nur Soll-Vorschrift.[227] Daher ist das Ankündigungserfordernis auch rechtspolitisch umstritten.[228] Der BGH modifiziert es dahingehend, dass durch viele Einzelausnahmen das Regel-Ausnahme-Verhältnis quasi umgekehrt wird.[229] So kann von der Ankündigung abgesehen werden, wenn der Auftragnehmer von der Entgeltlichkeit der Zusatzleistung ausgehen musste oder zur sofortigen Leistung keine Alternative bestand.[230]

Die Höhe der Vergütung errechnete sich bis zum jüngsten Urteil des BGH ebenfalls aus der Fortschreibung der Urkalkulation.[231] Aller Voraussicht nach

---

222 OLG Celle, 14 U 44/80 = BauR 1982, 381 [382].

223 BGH, KZR 10/62 = NJW 1964, 1617 [1620].

224 BGH, VII ZR 245/94 = NJW 1996, 2158 [2158 f.]; Kapellmann/Messerschmidt/*Kapellmann*, § 2 VOB/B Rn. 320, 354; Ingenstau/Korbion/*Keldungs*, § 2 Abs. 6 VOB/B Rn. 17 f.

225 OLG Köln, 17 U 141/10 = BeckRS 2012, 25029; *Werner/Pastor*, Bauprozess, [16]2018, Rn. 1483.

226 BGH, VII ZR 245/94 = NJW 1996, 2158 [2158 f.].

227 Kritik bei Kapellmann/Messerschmidt/*Kapellmann*, § 2 VOB/B Rn. 320.

228 Nur Beck'scher VOB-Komm/*Jansen*, § 2 Abs. 6 VOB/B Rn. 46.

229 Anschauliche Übersicht bei Kapellmann/Messerschmidt/*Kapellmann*, § 2 VOB/B Rn. 360.

230 Zu ersterem: BGH, VII ZR 245/94 = NJW 1996, 2158 [2158].; zu letzterem: BGH, VII ZR 111/00 = NJW 2002, 750 [751].

231 Vgl. nur Kuffer/Wirth/*Schwartz*, § 2 VOB/B Rn. 278 f.

werden künftig auch hier die Maßgaben des BGH zur Vergütung von anderen als den ursprünglichen Mengen (dort: § 2 Abs. 3 Nr. 2 VOB/B) gelten, da § 2 Abs. 6 VOB/B genauso behandelt wurde wie § 2 Abs. 5 VOB/B und § 2 Abs. 5 VOB/B hinsichtlich der Vergütungsberechnung wortgleich ist zu § 2 Abs. 3 Nr. 2 VOB/B.[232] Der geänderte Einheitspreis ist fortan nicht mehr aus der Urkalkulation fortzuschreiben, sondern meistens anhand der tatsächlich erforderlichen Kosten zuzüglich angemessener Zuschläge zu berechnen.[233]

II. Das einseitige Änderungsrecht im BGB

1. Änderungsrecht aus Treu und Glauben – und aus Gesetz?

Vor 2018 bestand im BGB-Werkvertragsrecht keine explizite Regelung für ein Änderungsrecht des Bestellers. Es war aber anerkannt, dass sich aus der Auslegung des Vertrags und §§ 157, 242 BGB eine Befolgungspflicht jedenfalls für *notwendige* Änderungsleistungen ergeben konnte.[234] Es fanden sich indes keine detaillierten Ausführungen zu Reichweite und Voraussetzungen, sondern das Recht stützte sich auf Treu und Glauben und galt im Einzelfall.

Daneben gab es Stimmen, die sogar die *gewillkürte* Änderung für möglich hielten:

So führt *Enders* aus,[235] dass die Rechtsprechung schon vor Einführung der VOB/B ein Änderungsrecht im Ausnahmefall damit begründete, dass bei einem größeren Werk nachträgliche Änderungen des Leistungsinhalts nicht zu vermeiden seien.[236] Daher sei ein (fakultatives) Änderungsrecht schon *a priori* zum Vertragsinhalt geworden. Dieselbe Begründung, „nämlich, daß ein Bauvertrag von vornherein die Möglichkeit und Zulässigkeit von Änderungen in sich schließe",[237] sei auch für § 1 Abs. 3 VOB/B fruchtbar gemacht worden und könne auf den BGB-Bauvertrag übertragen werden.

---

232 Die seltsam anmutende „Akzessorietät" zeigt die unglückliche Systematik der VOB/B, vgl. auch oben S. 47.

233 Dazu oben S. 71 f.

234 Vgl. BGH, VII ZR 215/69 = BeckRS 1971, 31125430 (II.2.a., b.); VII ZR 233/94 = NJW 1996, 1346 [1347]; *Kniffka*, Kompendium Baurecht, [5]2020, 4. Teil Rn. 227; *Werner/ Pastor*, Bauprozess, [16]2018, Rn. 1455 sah ein Änderungsrecht auch bei der Änderung der Geschäftsgrundlage.

235 *Enders*, BauR 1982, 535, 537 f.

236 OLG Hamburg, Bf. IV 362/10 = Das Recht, 1911, Nr. 1537.

237 *Enders*, BauR 1982, 535, 538.

Dem ist zu entgegnen, dass § 1 Abs. 3 VOB/B gerade entwickelt wurde, um nachträgliche Änderungen zu ermöglichen. Würde die obige – nur scheinbar – gleichlautende Begründung zutreffen, bedürfte es keines konstitutiven Änderungsrechts vertraglicher Natur. Vielmehr könnten dann jederzeit Änderungen angeordnet werden und jede vertragliche Kodifizierung wäre lediglich konkretisierend oder abweichend. Auch ein weiteres Argument spricht dagegen: Hätte für das Bauvertragsrecht ein Änderungsrecht bestanden, wäre zu vermuten, dass die Gerichte zumindest konkretisierende Leitlinien als Voraussetzungen entwickelt hätten, allein schon um eine gewisse Klarheit zu schaffen. Das aber ist nicht erfolgt und lässt darauf schließen, dass (für die Gerichte) ein Änderungsrecht nicht existierte. Außerdem ist die Annahme methodisch unrichtig, dass eine nötige Regelung dann entsteht, wenn und weil die Begründung einer anderen Regelung auf diese Sachlage passt.[238]

Kapellmann/Schiffers schlugen vor, dem Besteller beim BGB-Vertrag das Recht einzuräumen, auf der Bauausführungsebene einseitig seine Änderungs- oder Zusatzwünsche durchsetzen zu können.[239] Das Änderungsrecht entstehe allein aus der Notwendigkeit seiner selbst, da die Natur des Bauvertrags mit sich bringe, dass im Laufe der Bauarbeiten Änderungsbedarf auftrete und diesen Gegebenheiten begegnet werden müsse. Konstruktiv erfolge dies durch ergänzende Gesetzes- oder Vertragsauslegung, §§ 157, 242 BGB.[240]

Ein solches Änderungsrecht würde viele Probleme bereiten, die zum Teil auch bei § 1 Abs. 3 VOB/B auftreten, etwa die Reichweite der Befugnis oder die Auflösung des Konflikts mit einer nicht nach § 310 Abs. 1 S. 3 BGB privilegierten, sondern nur teilweise vereinbarten VOB/B. Zudem stellte das Recht einen nicht unerheblichen Eingriff in die Berufs- und Vertragsfreiheit des Unternehmers dar. Dieser wäre dann verpflichtet, jeden Änderungswunsch zu befolgen. Das beträfe aber nicht nur die Leistungsseite. So gölte mangels besonderer Vergütungsregeln § 632 Abs. 2 BGB, sodass die übliche Vergütung geschuldet wäre. Dies aber würde den Unternehmer nicht nur in der Freiheit einschränken, zu entscheiden, ob und welche Leistungen er erbringt, sondern auch darin, welche Gegenleistung er dafür verlangen kann. Die Prinzipien von Angebot und Nachfrage würden damit ausgehebelt, weil der Besteller eine Leistung zu einem zwar marktüblichen Preis erhielte, dieser aber womöglich nicht dem konkreten Vertrag entspricht. So steht dem Marktführer für Stuckarbeiten aufgrund

238 So aber *Enders*, BauR 1982, 535, 538.
239 *Kapellmann/Schiffers*, Band II, ^{5}2011, Rn. 1004 ff.
240 *Kapellmann/Schiffers*, Band II, ^{5}2011, Rn. 1007.

seiner Reputation und Professionalisierung ein höherer als der übliche Preis zu, denn gerade deswegen wurde er ausgewählt. Dem Unternehmer wären die Hände sowohl in Bezug auf die Art der Leistung wie auch die Höhe der Vergütung gebunden. Ein solches gesetzliches Änderungsrecht anzunehmen mit dem pauschalen Hinweis auf die Natur des Bauvertrags reicht nicht aus, um diese Bedenken auszuräumen.

Glöckner nimmt die Änderungsbefugnis des Bestellers in der Konstruktion als Anpassungsanspruch des Bestellers aus Treu und Glauben, wenn es um geringfügige gewillkürte Änderungen geht. Daneben bestehe auch ein Änderungsrecht.[241] Das Änderungsrecht wird damit begründet, dass der Besteller jederzeit kündigen könne, solange die wirtschaftlichen Interessen des Unternehmers gewahrt blieben. Gleichermaßen solle auch ein Änderungsrecht bestehen.

Es wird allerdings nicht erkennbar, weswegen genau ein solcher Anpassungsanspruch bestehen muss. Bei notwendigen Änderungen besteht ohnehin ein solches Recht. Auch beim Kaufvertrag gibt es keinen Anpassungsanspruch aus Treu und Glauben. Der Käufer etwa, der zunächst nur zwei Stücke Torte gekauft hat und nun überraschend Besuch bekommt, kann in der Bäckerei nicht „Anpassung" verlangen, weil er zwei weitere Stücke braucht und auch noch genügend Stücke vorhanden sind. Vielmehr muss er sich mit dem Bäckereiinhaber einigen, um in den Genuss des gewünschten Mehrkuchens zu gelangen. In der Regel wird ihm dies gelingen, da der Bäcker stets ein Interesse am Verkauf an „wen auch immer" hat. So war und ist es auch beim Werkvertrag. Der Unternehmer ist zur Leistung imstande, allerdings darf ihm seine Vertragsfreiheit nicht insoweit beschränkt werden. Möglicherweise nimmt er für die Änderung, die nur mittels Neuverpflichtung zu erreichen ist, einen höheren Preis im Vergleich zur alten Leistung. Doch das ist sein gutes Recht, denn der Besteller hätte von Anfang an richtig planen können. Der Besteller könnte die nicht mehr gewollte ursprüngliche Leistung auch (teil-)kündigen und die gewünschte neu vergeben. Dass das aufwendig ist, weiß auch der Unternehmer und könnte es einpreisen. Auch das ist sein gutes Recht, denn er spielt nur nach den Regeln einer auf Gewinnmaximierung orientierten Marktwirtschaft. Nicht zuletzt wird der Besteller bei der Preisbildung hier durch die Grenzen der §§ 138, 242 BGB geschützt.

---

241 Zu beidem *Glöckner*, BauR 2008, 152, 154.

2. *Kein gesetzliches Änderungsrecht bis 2018*

Die herrschende Meinung ist der Ansicht, vor 2018 habe das BGB-Werkvertragsrecht ein gesetzliches Änderungsrecht *nicht* vorgesehen.[242] Änderungen könnten grundsätzlich nur einvernehmlich durch einen Änderungsvertrag erfolgen; auch die aus §§ 315 ff. BGB folgenden Bestimmungsrechte müssten vereinbart werden.[243] Daher beruhe ein Änderungsrecht stets auf der Betrachtung des Einzelfalls und war in seinen Voraussetzungen nicht verallgemeinerungsfähig,[244] da keine eindeutige Abgrenzung und kein klarer Anwendungsbereich bestand. Unabhängig davon konnten die Parteien ein Änderungsrecht individualvertraglich wie auch mittels AGB vereinbaren.[245]

3. *Stellungnahme*

Der Gesetzentwurf geht davon aus, dass vor der Novelle kein Anordnungsrecht bestand.[246] Bei der *notwendigen* Änderung galt unabhängig von der Annahme eines Änderungsrechts: Durch den *funktionalen Mangelbegriff* war der Besteller ausreichend geschützt, ein mangelfreies Werk beanspruchen zu können.[247] Wieso sollte der Besteller aber erst *nachträglich*, also nach Fertigstellung eines mangel*haften* Werks, für den vertragsgemäßen Zustand sorgen dürfen? Zumal im Bauvertragsrecht nicht nur nach bestem Können geleistet wird, sondern erfolgsbezogen. Demgemäß greifen die Sicherungsmechanismen bei Mängelerscheinungen auch schon während der Ausführung ein, etwa indem der Besteller die Abschlagszahlungen in regelmäßig doppelter Höhe der erforderlichen Mängelbeseitigungskosten einbehalten (§§ 632a Abs. 1 S. 3, 641 Abs. 3 Hs. 2 BGB a.F.), die Abnahme verweigern (§ 640 Abs. 1 S. 2 BGB a.F.) und Bürgschaften oder weitere Sicherungsmittel geltend machen kann.

Um diesen Katalog sinnvoll zu ergänzen und die Anwendung der nachträglichen und dadurch wenig effektiven Sicherungsmittel überflüssig zu machen, entstand der dogmatisch richtige Umkehrschluss aus §§ 157, 242 BGB, dass

242 Etwa *Kretschmann*, Vergütungsanspruch, 2005, S. 9 ff.; ibr-Baurecht/*von Rintelen*, § 650b BGB Rn. 1, OLG Frankfurt a.M., 29 U 146/19 = BeckRS 2020, 29650 Rn. 71.

243 ibr-Baurecht/*von Rintelen*, § 650b BGB Rn. 1.

244 Etwa OLG Hamburg, Bf. IV 362/10 = Das Recht, 1911, Nr. 1537; obiter dictum: BGH, VII ZR 233/94 = NJW 1996, 1346 [1347, V.2.b)].

245 *Armbrüster/Bickert*, NZBau 2006, 153, 160; *Miernik*, BauR 2011, 1, 11 ff.

246 Gesetzentwurf BReg, BT-Drs. 18/8486, S. 53, erster Abschnitt.

247 Hier nur BGH, VII ZR 206/04 = NJW 2006, 3413 [3414]; ausführlich S. 35 ff.

Änderungen während der Ausführung angeordnet werden können, wenn dies für den Werkerfolg notwendig ist.

Für das bisherige Fehlen eines *gewillkürten* Änderungsrechts spricht, dass es an keiner Stelle gesetzlich erwähnt wurde. Bei *systematischer* Betrachtung offenbart sich, dass eine solche Erwähnung auch nicht einfach vergessen worden ist. An § 651a Abs. 5 BGB a.F. zeigt sich, dass ein Änderungsrecht im Bereich der Werk- und ähnlicher Verträge sehr wohl benannt wird.[248] Die Vorschrift konstituierte zwar kein Leistungsänderungsrecht, sondern hatte konkretisierende Wirkung, ein Änderungsrecht bedurfte also der Vereinbarung.[249] Gleichwohl lässt sich der Norm entnehmen, dass Änderungsrechte auch im Rahmen der Werkverträge nicht völlig fremd waren und führt zu der Erkenntnis, dass für Bauverträge *bewusst* keine Vorschrift existierte. Daher gilt: Bis 2018 existierte kein *gewillkürtes* Änderungsrecht.

Um die Rechte vor 2018 damit zusammenzufassen:

> Ist die VOB/B vereinbart gewesen, so befugte § 1 Abs. 3 den Auftraggeber zu gewillkürten, § 1 Abs. 4 zu erforderlichen Anordnungen.
> Hatten die Parteien außerhalb der VOB/B ein Änderungsrecht vereinbart, so galt dieses im Rahmen der allgemeinen Grundsätze (§§ 138, 242, 275 BGB).
> Subsidiär, wenn die Parteien nichts vereinbart hatten, kam ein Änderungsrecht aus Treu und Glauben (§§ 157, 242 BGB) im Einzelfall infrage, soweit die Änderungen *conditio-sine-qua-non* für ein mangelfreies Werk waren.
> Einzig für die *gewünschte*, aber nicht zwingende Änderungsanordnung fand sich keine rechtliche Grundlage, weder gesetzlich noch durch ein „In-den-Bauvertrag-Hineinlesen".
> Mit der Schaffung der §§ 650b ff. BGB hat sich die Frage, ob vor der Novelle ein gewillkürtes Änderungsrecht bestand, erledigt. Die Vorschriften sind *leges speciales*, wenn es um einseitige Änderungen in Bauverträgen geht.[250]

III. Umgang mit unwirksamen gewillkürten Änderungen

Jede *gewillkürte* Anordnung in einem BGB-Vertrag konnte daher allenfalls als Antrag (§ 145 BGB) auf einen Änderungsvertrag verstanden werden. Fraglich blieb die rechtliche Erscheinung: Die „Anordnung" konnte entweder als Umdeutung (§ 140 BGB) verstanden oder als Antrag ausgelegt (§§ 133, 157

248 So auch ibr-Baurecht/*von Rintelen*, § 650b BGB Rn. 7 f.
249 BeckOK BGB/*Geib*, 47. Ed., 2018, § 651a BGB Rn. 42.
250 Zur Abgrenzung zu § 315 BGB s. S. 191 ff.; zum gesetzlichen Leitbild S. 226 ff.

BGB) werden, denn sie stellt ein einseitiges Rechtsgeschäft dar, das heißt eine „Privatwillenserklärung, gerichtet auf die Hervorbringung eines rechtlichen Erfolges, der nach der Rechtsordnung deswegen eintritt, weil er gewollt ist."[251]

Zur Umdeutung: Mangels gesetzlicher Legitimation konnte die Anordnung keine Rechtswirkung entfalten. Es ist unmöglich, einer anderen Partei durch einseitige Handlungen beliebige Pflichten zu oktroyieren. Die Handlung könnte daher nichtig sein. Dieses nichtige Rechtsgeschäft müsste gem. § 140 BGB den Erfordernissen eines anderen entsprechen und es müsste feststehen, dass dessen Geltung bei Kenntnis der Nichtigkeit gewollt wäre. Infrage könnte kommen, dass die nichtige Anordnung als tatbestandliches Minus eine Offerte auf Abschluss eines Änderungsvertrags enthält.

Gegen diese Konstellation sprechen allerdings folgende Punkte: Zum einen ist denkbar, dass der Besteller die Änderung unentgeltlich erwartet, die Anordnung also nicht gewollt ist, wenn Kosten anfallen. Gerade ein Verbraucher-Besteller (§ 13 BGB) hat oft keine Kenntnis über die Organisation und Materialwirtschaft des Unternehmers. Er geht etwa davon aus, dass, wenn er statt Biberschwanzziegel nun doch die bei Vertragsschluss in Material gleich bepreisten Kronen-Pfannen wünscht, der Dachdecker die Baustoffe allesamt vorrätig hat und diese nur einem anderen Regal entnehmen muss. Also ordnet er die – vermeintlich kostenfreie, weil preislich gleiche – Änderung an. Tatsächlich müssen die nicht vorrätigen Dachpfannen kostenpflichtig bestellt werden. Zusätzlich verursacht die Lagerung der nun überflüssigen Biberschwanzziegel Kosten. Der Besteller weiß das nicht und die Dachpfannen sind ihm nicht so wichtig, dass er bereit wäre, einen höheren Preis zu zahlen. Denkbar sind also Fälle, in denen die Anordnung einer Änderung einem Antrag auf Änderung mitnichten entspricht und damit die für § 140 BGB erforderliche Substituierbarkeit fehlt.

Zum anderen ist die Umdeutung nur zulässig, wenn überhaupt ein *nichtiges* Rechtsgeschäft vorliegt, das umzudeuten wäre. Von § 140 BGB, der subsidiären Charakter hat und das wirtschaftliche Ziel der Parteien rechtlich tragfähig zu erhalten versucht,[252] müsste kein Gebrauch gemacht werden, wenn in der Anordnung des Bestellers ein Antrag gem. § 145 BGB enthalten wäre. Die „Anordnung" ist nämlich schon nach §§ 133, 157 BGB in ein Angebot „umzudeuten", nur eben im Wege der Auslegung einer Willenserklärung, das heißt nach dem Willen des Erklärenden unter Berücksichtigung dessen, was der Erklärungsempfänger

---

251 *Mugdan*, Motive I, S. 126 (S. 421 im Dokument).
252 Vgl. nur zuletzt BGH, II ZR 96/75 = NJW 1977, 1233 [1234].

nach Treu und Glauben mit Rücksicht auf die Verkehrssitte verstehen darf.[253] Der Bauvertrag ist kein punktueller Austauschvertrag. Es handelt sich um einen Langzeitvertrag, der Kooperationspflichten enthält,[254] die wiederum Einfluss auf die Verkehrssitte haben. Sie enthalten etwa die Verpflichtung, Meinungsverschiedenheiten nach Möglichkeit einvernehmlich zu regeln.[255] Angesichts dieser Kooperationspflichten erscheint die „zu befolgende Anordnung" in einem anderen, milderen Licht: Eine Auslegung des Befehls „Bau anders und zwar so!" wird verstanden werden können als „Können wir uns einigen, dass anders gebaut wird?", anstatt den Befehl systematisch fremd für ungültig zu erklären und das rechtliche Nullum in ein Angebot umzudeuten. Das würde auch dem Einzelfall gerecht werden, wenn die Auslegung einmal ergab, dass die Änderung mit der Anordnung „stehen und fallen" sollte. Insofern waren der Großteil der unwirksamen „Anordnungen" als Angebot auf einen Änderungsvertrag zu verstehen.

Wenn der Unternehmer dem Änderungswunsch ohne Protest entsprach und eine Vergütung nicht vereinbart wurde, war der Änderungsvertrag nicht etwa infolge fehlender *essentialia negotii* nichtig. Denn gem. § 632 Abs. 1 BGB ergeben sich Anspruch und Höhe der Vergütung *ipso iure*. Nahm der Unternehmer das Angebot also an, entstand ein Anspruch auf Vergütung. Sofern und soweit die Parteien sich nicht über die Höhe einigten, galt § 632 BGB.[256] Nach § 632 BGB ist von der taxmäßigen Vergütung auszugehen, soweit eine Taxe besteht. Eine Taxe ist eine hoheitlich legitimierte Gebührenordnung wie etwa das RVG.[257] Für Baustoffe und -leistungen gibt es keine Taxen.[258] Daher war auf die übliche Vergütung abzustellen. Diese im Einzelfall zu ermitteln war teilweise schwierig. Das gleiche Problem stellte sich für den Vorschlag, die Vergütung durch ergänzende Vertragsauslegung zu bestimmen,[259] weil auf diese Weise das individuelle vertragliche Gleichgewicht besser berücksichtigt werden könnte. Daher tat allein schon aus Gründen der Vergütungssicherheit not, ein einseitiges Änderungsrecht im BGB-Bauvertragsrecht zu regeln.

---

253 Dazu *Neuner*, BGB AT, [12]2020, § 35 Rn. 11, 15.

254 Erstmals klarstellend BGH, VII ZR 245/94 = NJW 1996, 2158 [2158 f.].

255 BGH, VII ZR 393/98 = NJW 2000, 807 [808].

256 Vgl. OLG Koblenz, 10 U 652/07 = NJW-RR 2009, 163 [164].

257 Messerschmidt/Voit/*Boldt*, § 632 BGB Rn. 32.

258 Anders bei Architektenleistungen, für die die HOAI bis zum 4.7.2019 verbindlich galt, vgl. EuGH, C-377/17.

259 So *Kniffka*, Kompendium Baurecht, [5]2020, 4. Teil Rn. 220 f.; *Fuchs*, BauR 2009, 404, 411.

Auch nach der Reform hat die obige Auslegung für einseitige "Anordnungen" noch Relevanz; nämlich - wenn die Interessen dies gebieten - für all die Anordnungen, die den Tatbestand von § 650b BGB oder § 1 Abs. 3, 4 VOB/B verlassen.[260]

260 Dazu ibr-Baurecht/*von Rintelen*, § 650b BGB Rn. 122 ff.; differenzierend *Langen*, BauR 2019, 303, 304, 316.

B. Einseitiges Änderungsrecht seit 2018

Um auf Tatbestandsebene Rechtssicherheit für die Änderungsnöte und -wünsche zu schaffen, wurde mit § 650b BGB eine lange erwartete[261] Vorschrift eingeführt.

Zwar liegt der Mehrzahl der Bauverträge auch heute noch die VOB/B zugrunde, die ein eigenes Anordnungsrecht vorsieht. Aber die VOB/B gilt nur, wenn sie vereinbart ist. Das ist bei Verträgen, bei denen ein Verbraucher beteiligt ist, nicht immer der Fall. Und auch bei komplexen Global-Pauschalverträgen, z.B. bei der Projektentwicklung oder im Großanlagenbau wird die VOB/B oft nicht vereinbart, noch seltener bei Vorhaben mit internationalem Bezug.[262] Diese Fälle werden nunmehr grundsätzlich durch §§ 650b ff. BGB geregelt. Die gesetzliche Regelung ist aber vor Kritik nicht gefeit. Vor allem die 30-tägige Einvernehmensphase stößt auf Ablehnung.[263] Auch eine fehlende Klarstellung, ob die Bauzeit im Rahmen des Änderungsrechts erfasst ist, wird vermisst.[264] Anderen ging die Novelle nicht weit genug; sie hätten sich die Geltung auch für das allgemeine Werkvertragsrecht gewünscht.[265] Und dennoch: Allein durch Einführung der §§ 650b ff. BGB ist das Recht an die Wirklichkeit weitgehend angepasst worden, was als Fortschritt zu begrüßen ist.[266]

Um § 650b BGB dogmatisch einordnen zu können, werden zunächst die §§ 650b f. BGB vorgestellt. Betrachtet man die Systematik des § 650b BGB, ist zweierlei interessant: Zum einen ist § 650b BGB die prominente Vorschrift des Bauvertragsrechts, dessen Anwendungsbereich mit der Definition in § 650a BGB festgelegt ist. Zum anderen ist § 650b BGB hinsichtlich der Änderungen mit der Abfolge des § 1 VOB/B identisch. Erst in Nummer 2 wird die *notwendige* Änderung genannt. Das überrascht, denn die Existenz einer notwendigen Änderungsbefugnis bei andernfalls mangelhafter Leistung hat intuitiv oberste Priorität. Stattdessen wird zuerst mit Nummer 1 die *gewillkürte* Änderung genannt.

261 Vgl. *Drittler*, Nachträge, ^{3}2017, Rn. 125; *Eschenbruch*, FS Englert, 2014, S. 41, 44; *Leupertz/Jansen/Voit/Oppler/Schmitz*, BauR 2010, 1313, 1325; *Schmid*, Bauvertrag, 2010, S. 225.

262 Aufzählung bei *Kapellmann/Schiffers/Markus*, Band II, ^{6}2017, Rn. 1003; dort finden häufig internationale Vertragsmuster Anwendung, etwa die FIDIC-Regelungen.

263 Unter vielen *Schramke/Keilmann*, NZBau 2016, 333, 336; näher dazu S. 228 f.

264 *Oberhauser*, Bauvertragsrecht, 2017, § 2 Rn. 93, dazu s. unten S. 98 ff.

265 *Illmer*, ZRP 2017, 122; BeckOK BGB/*Voit*, § 631 BGB Rn. 52; schon jetzt will Staudinger/*Peters*, 2019, § 650b BGB Rn. 15 die Norm auf bewegliche Sachen entsprechend anwenden.

266 So auch *Leupertz*, DRiZ 2017, 244, 247; *Orlowski*, BauR 2017, 1427, 1441.

Bei der Rechtfertigung eines Änderungsrechts liegt es eigentlich nahe, zunächst den Grundsatz *pacta sunt servanda* zu betonen und mit einer Nummer 1 die für die Mangelfreiheit *notwendigen* Anpassungen anzuerkennen. Stattdessen „denkt" das Gesetz zuerst an die Wünsche des Bestellers. Daraus ist zu schließen, dass mit dem gewillkürten Änderungsrecht eine wahrhafte Nobilitierung der Interessen des Bestellers erfolgt. Die Interessen des Unternehmers an der Leistungserbringung mit dem ursprünglichen Inhalt treten demgegenüber in den Hintergrund. Die endgültige Werkleistung ist – wie es scheint – nur auf einer Seite fest vereinbart, während sie sich auf Bestellerseite als „fertige Skizze" präsentiert, die in den Grenzen von § 650b BGB geändert werden kann.

Betrachtet man die Konstruktion, so gestaltet sich § 650b BGB zweistufig und damit abweichend vom einstufigen Anordnungsrecht der VOB/B. Der Besteller muss zunächst eine Änderung begehren, worauf der Unternehmer ein Angebot über die Mehr- oder Mindervergütung erstellen muss. Erst wenn ein Angebot nach 30 Tagen nicht vorliegt, kann der Besteller die Änderung anordnen.

I. Gewillkürte Änderung, § 650b Abs. 1 S. 1 Nr. 1 BGB

§ 650b Abs. 1 S. 1 BGB sieht zwei Arten des Änderungs*begehrens* durch den Besteller vor. Nummer 1 erfasst die gewillkürte Änderung, wenn sich die Vorstellungen des Bestellers geändert haben oder bei der Planung gewisse Umstände nicht berücksichtigt wurden.[267] Die Variante entspricht gedanklich § 1 Abs. 3 VOB/B. Der Besteller kann die Änderung des vereinbarten Werkerfolgs begehren. Dies kann grundsätzlich jederzeit erfolgen und wird lediglich durch die allgemeinen Grundsätze von Treu und Glauben begrenzt. Der Besteller muss die Änderung nicht höchstpersönlich begehren. Es genügt eine durch wirksame Stellvertretung gedeckte Äußerung eines Bevollmächtigten.[268] Für die Stellvertretung ist allerdings Voraussetzung, dass es sich bei dem Begehren um eine Willenserklärung (§ 164 BGB) oder eine geschäftsähnliche Handlung handelt.[269]

1. *Das Änderungsbegehren*

Das Änderungsbegehren in § 650b Abs. 1 S. 1 BGB ist Grundlage und Ausgangspunkt jeder vertraglichen Umgestaltung, weil dadurch das Procedere der §§ 650b f. BGB in Gang gesetzt wird. Im Rahmen des Begehrens können sich

267 So der Gesetzentwurf BReg, BT-Drs. 18/8486, S. 53.
268 Zum Rechtscharakter des Änderungsbegehrens und dessen Folgen, s. S. 86.
269 Vgl. nur BGH, III ZR 92/81 = NJW 1983, 1542.

jedoch bereits einige Probleme ergeben. So ist die Rechtsnatur des Änderungsbegehrens nicht auf den ersten Blick kenntlich (a.). Fraglich ist auch, wie ein infolge des Begehrens geschlossener Vertrag zu vergüten ist (b.), sowie, ob der Unternehmer durch den Mechanismus von §§ 650b f. BGB nicht zur Spekulation motiviert wird (c.). Zuletzt werden mögliche Verhandlungspflichten untersucht (d.).

a. Rechtscharakter des Änderungsbegehrens

Die Anordnung nach § 650b Abs. 2 BGB ist zweifellos eine Willenserklärung, weil der Erklärende damit eine verbindliche Rechtsfolge einseitig herbeiführen kann. Wie aber ist das *Begehren* rechtlich zu qualifizieren? Nach dem Wortlaut des § 650b Abs. 1 S. 1 Nr. 1 BGB ist ein *Begehren* eine Aufforderung an jemanden oder auf etwas bezogen und müsste in wörtlicher Rede lauten:[270] *„Ich will anders bauen. Bau anders.“* Ausweislich des Wortlauts müsste die Änderung also Gegenstand des Begehrens sein und damit unbedingt gefordert werden mit dem Ziel, die Änderung zu erhalten, gleichgültig der weiteren Folgen. Die nachfolgenden Sätze des § 650b Abs. 1 BGB zeichnen aber einen anderen Weg vor, wörtlich etwa: *„Ich will etwas ändern; erstelle mir ein Angebot, über das wir ggf. verhandeln und das ich annehmen kann.“* Das Begehren richtet sich also auf das Änderungs*angebot* auf Kostenebene und ist eine einseitige Forderungserklärung. Diese ist auch formlos möglich. Fraglich ist indes, ob es sich bei dem Begehren um eine *invitatio ad offerendum*, eine Willenserklärung oder eine rechtsgeschäftsähnliche Handlung handelt.

Einer *invitatio ad offerendu*m fehlt der die Willenserklärung konstituierende Rechtsbindungswille aufseiten des subjektiven Tatbestands, da hierbei lediglich zur Angebotsabgabe aufgefordert wird.[271] Ein solcher Fall scheint auf den ersten Blick vorzuliegen, denn aufgrund des Begehrens legt der Unternehmer ein Angebot über die Mehr- oder Mindervergütung vor. Typischerweise ist die *invitatio ad offerendum* jedoch für beide Seiten unverbindlich.[272] Der „Einladende“ äußert keinen rechtsverbindlichen Antrag, sondern will sich vom Markt ein Angebot einholen. Dass er den Preis selbst festlegt, ist üblich, aber nicht Voraussetzung. Der „Eingeladene“ hingegen ist nicht verpflichtet, auf die *invitatio* zu reagieren. Das ist der Unterschied zwischen § 650b Abs. 1 S. 1, 2 BGB und einer

270 Vgl. Duden: begehren = wollen, zu tun wünschen; erbitten, bittend fordern.
271 MüKoBGB/*Busche*, § 145 BGB Rn. 9.
272 Nur *Flume*, Rechtsgeschäft, ^{4}1992, S. 636.

invitatio ad offerendum. Denn ausweislich Satz 2 ist der Unternehmer verpflichtet, ein Angebot zu erstellen.

Das qualifiziert das Begehren zumindest zu einer rechtserheblichen Erklärung. Allerdings ist das Änderungsbegehren meist darauf beschränkt, dem Unternehmer aufzuzeigen, dass der Besteller bestrebt ist, den Werkerfolg zu ändern. Ohne weiteres Dazutun des Bestellers muss der Unternehmer nun ein Angebot über die Andersvergütung erstellen. Diese Pflicht entsteht unabhängig vom Willen des Bestellers. Das unterfällt der Definition einer rechtsgeschäftsähnlichen Handlung, die zwar durch willentliches Verhalten ausgelöst wird, deren Rechtsfolge aber nicht notwendig vom Willen umfasst ist.[273] Das Änderungsbegehren des § 650b Abs. 1 S. 1 BGB ist also als *rechtsgeschäftsähnliche Handlung* zu qualifizieren.[274]

Größtenteils werden die Willenserklärung und rechtsgeschäftsähnliche Handlung gleichbehandelt, nämlich nach den §§ 116 ff. BGB, im letzteren Fall analog.[275] In der Baupraxis wird der Besteller wohl nur selten den oben beschriebenen Weg wählen („*Ich will etwas ändern; erstelle mir ein Angebot, über das wir ggf. verhandeln und das ich annehmen kann.*“). Er wird in vielen Fällen mit seiner Anfrage auf die zu erwartenden Mehrkosten bei Änderung zielen, da finanzielle Aspekte oft handlungsleitend sind. Er knüpft die *gewillkürte* Änderung also an den Preis. Will man dem praktischen Ablauf der Vorschrift gerecht werden, müsste § 650b Abs. 1 S. 1 Nr. 1 BGB eher lauten: *Wünscht der Besteller 1. […] und äußert diesen Wunsch gegenüber dem Unternehmer, so ist dieser verpflichtet, ein Angebot […] zu erstellen.*

b. Der Änderungsvertrag und seine Vergütung

Wenn der Besteller das Begehren (*Bau anders!*) ohne eine damit verbundene Preisanfrage äußert, weil er nicht von einer Kostensteigerung ausgeht oder diese für ihn unerheblich ist, dann ist die Äußerung auslegungsbedürftig. Denn einerseits kann sie im Sinne des § 650b BGB zu verstehen sein und auf die Erstellung eines Angebots durch den Unternehmer zielen. Andererseits könnte es sich bei der Äußerung gem. §§ 133, 157 BGB aber auch um ein konkludentes Angebot des Bestellers auf einen *Änderungsvertrag* außerhalb des Anwendungsbereichs von § 650b BGB handeln. Dies ist je nach Sachlage unterschiedlich zu behandeln:

273 Vgl. nur *Stadler*, BGB AT, [19]2017, § 16 Rn. 29.

274 A.A. *Abel/Schönfeld*, BauR 2018, 1; BeckOGK BGB/*Mundt*, § 650b BGB Rn. 26, die das Änderungsbegehren ohne nähere Begründung als Willenserklärung einordnen.

275 *Stadler*, BGB AT, [19]2017, § 16 Rn. 30; *Neuner*, BGB AT, [12]2020, § 28 Rn. 10 ff.

Ist die Äußerung *als Angebot auf einen Änderungsvertrag* auszulegen ist fraglich, wie jener zu vergüten wäre. Das Stillschweigen über die Vergütung ist für das Zustandekommen des Vertrags unerheblich, wie § 632 Abs. 1 BGB zeigt. In diesen Fällen wird grundsätzlich nach § 632 Abs. 2 BGB vergütet.[276] § 650c BGB regelt zwar die Vergütung für Mehr- oder Minderleistungen, ist aber keine umfassende Vergütungsordnung und auch keine Taxe. § 650c BGB analog anzuwenden bedarf es nicht,[277] denn es besteht keine Regelungslücke.[278] § 632 Abs. 2 BGB konstituiert als nachrangige Alternative die Vergütung, die für vergleichbare Fälle *üblich* ist. Üblich ist die Vergütung, die bei Vertragsschluss nach allgemeiner Auffassung der befassten Kreise für die Werkleistung gewährt wird.[279] Auch wenn hiermit grundsätzlich andere, nämlich durch den Markt bestimmte Preise gemeint sind, ist für die Vergütungsregel des § 650c BGB gleichwohl Raum. Denn zum einen ist in Fällen, in denen die Leistung gem. § 650b Abs. 2 BGB angeordnet wird, die Vergütung ohnehin anhand von § 650c BGB zu bestimmen. Daraus ergibt sich für die hier beschriebenen (Ausnahme-)Fälle ein übertragbarer Vergleichsmaßstab der Üblichkeit. Zum anderen erscheint § 650c BGB interessengerecht, da die Norm den Besteller vor überraschenden Mehrkosten bewahrt und den Unternehmer auskömmlich entschädigt. Denn er kann die tatsächlichen Kosten inklusive angemessener Zuschläge für Allgemeine Geschäftskosten, Wagnis und Gewinn geltend machen oder gemäß Absatz 2 die Urkalkulation fortschreiben. Dieses Wahlrecht sollte dem Unternehmer auch hier zustehen, da es Teil der von § 650c BGB geschaffenen Üblichkeit ist.

Schließlich nimmt die beschriebene Vorgehensweise dem Unternehmer jeglichen Anreiz, durch die wortlose Befolgung des Änderungsbegehrens das Regime des § 650b BGB zu konterkarieren. Denn er erhält letztlich eine gleichwertige Vergütung.

Beim *konkludenten Änderungsvertrag* ist daher für die Vergütung § 632 Abs. 2 BGB i. V. m. § 650c BGB anzuwenden.[280] Im Ergebnis besteht in den meisten Fällen kein Unterschied zu einer analogen Anwendung des § 650c BGB. Jedoch ist § 632 Abs. 2 BGB systematisch stimmig. Außerdem kann in den Fällen, in

---

276 MüKoBGB/*Busche*, § 632 BGB Rn. 19.

277 So tendenziell Messerschmidt/Voit/*Leupertz*, § 650c BGB Rn. 11.

278 Im Ergebnis ebenso ibr-Baurecht/*von Rintelen*, § 650c BGB Rn. 19, 138.

279 BGH, VII ZR 239/98 = NJW 2001, 151 [152].

280 Ebenso ibr-Baurecht/*von Rintelen*, § 650b BGB Rn. 138; im Ergebnis auch *Kniffka*, IBB Baubetrieb, 2018, S. 1, 13; verhaltener *Kniffka*, Kompendium Baurecht, ^{5}2020, 4. Teil, Rn. 285 f.

denen die übliche Vergütung nach § 632 Abs. 2 Alt. 2 BGB nicht den tatsächlichen Kosten inklusive der Zuschläge entspricht, die Vergütung abweichend von § 650c BGB berechnet werden.

Bei einem VOB/B-Vertrag behilft man sich im gleichgelagerten Fall (§ 1 Abs. 3 VOB/B) stattdessen mit einer analogen Anwendung von § 2 Abs. 5 VOB/B.[281] Dieses Vorgehen und nicht der Rückgriff auf § 632 Abs. 2 BGB ist jedoch auf die Rechtsfolge von § 2 Abs. 5 VOB/B zurückzuführen, dass „ein neuer Preis unter Berücksichtigung der Mehr- oder Minderkosten zu vereinbaren" ist. Das gilt für §§ 650b f. BGB nicht, denn im Zeitpunkt einer Anordnung sind die Parteien nicht mehr einigungsbereit. § 2 Abs. 5 VOB/B ist für Fälle der VOB/B also wirklich sachnäher. In den überwiegenden Fällen wird das Gericht aber wohl auch in diesen Fällen die Höhe der Nachtragsvergütung im Wege der Schätzung und unter Berücksichtigung des preislichen Gleichgewichts nach § 287 Abs. 2 ZPO festlegen.[282]

Anders sieht das Ergebnis über die Vergütung des Änderungsvertrags aus, wenn sich der Sachverhalt nur ein wenig ändert. Der obige Fall geht davon aus, dass der Besteller „*Bau anders!*" äußert und der Unternehmer daraufhin entsprechend leistet.

Spricht der Besteller aber „*Bau anders!*" aus und der Unternehmer erinnert sich der §§ 650b f. BGB, erstellt er ein Angebot über die Vergütung, das einen Antrag gem. § 145 BGB darstellt mit dem Inhalt, die Änderung zum angebotenen Preis zu erbringen. Durch die Erstellung dieses Angebots erklärt der Unternehmer gleichzeitig aber auch, dass er die möglicherweise als Antrag des Bestellers („*Bau anders!*") zu verstehende Äußerung ablehnt, § 150 Abs. 2 BGB. Nimmt der Besteller den Antrag nicht an und verfolgt das Entstehen seines Anordnungsrechts nicht weiter, besteht keine Pflicht zur Erbringung der Änderungsleistung. Leistet der Unternehmer gleichwohl, handelt es sich um eine *rechtsgrundlose Leistung*. Der Besteller ist dann gut beraten, die Leistung *nicht* abzunehmen. Denn die rechtsgrundlose Leistung des Unternehmers kann nur als Wiederholung von dessen Änderungsangebot verstanden werden (§§ 133, 157 BGB) und führt damit zu der unternehmerseits geforderten Vergütung, in die der Besteller durch Annahme der Leistung einwilligt. Ist der Besteller jedoch

281 Vgl. Kapellmann/Messerschmidt/*von Rintelen*, § 1 VOB/B Rn. 116; gemeint ist wohl keine Rechtsanalogie, da eine vertragliche Vorschrift nicht analog angewandt werden kann.

282 OLG Celle, 14 U 44/80 = BauR 1982, 381 [382]; OLG Düsseldorf, I-23 U 162/11 = BeckRS 2012, 212538; Ingenstau/Korbion/*Keldungs*, § 2 Abs. 5 VOB/B Rn. 48.

mit der Vergütung einverstanden, kann er die Leistung billigen oder spätestens mit Abnahme akzeptieren.

c. Die Ungerechtigkeit der §§ 650b f. BGB

Das Procedere der §§ 650b f. BGB zeigt, dass die bilaterale Lösung gegenüber der einseitigen Anordnung nach der gesetzlichen Intention bevorzugt wird. Erkennbar wird dies am vorgeschalteten Änderungsbegehren und der Pflicht zur Angebotserstellung durch den Unternehmer. Verbindliche Änderungen werden dadurch nicht geschaffen, sondern das Procedere soll den Parteien die Möglichkeit zu einer einvernehmlichen Lösung so lange wie möglich offenhalten.

Denkt man das Procedere jedoch zu Ende, ergeben sich Ungenauigkeiten. Befolgt der Unternehmer seine Pflicht, ein Angebot über die Kosten der Änderung zu erstellen, ist er in der Berechnung der Vergütung nicht an Vorgaben gebunden.[283] Lehnt der Besteller das Angebot ab und wartet die 30-Tages-Frist ab, um die Änderung anzuordnen, besteht für den Unternehmer ein Vergütungsanspruch in Höhe der tatsächlichen Kosten inklusive der angemessenen Zuschläge nach § 650c Abs. 1 BGB. Wahlweise kann er auch nach Absatz 2 die Urkalkulation fortschreiben. Wie auch immer die Verhandlungen über die Vergütung verlaufen – der Unternehmer erhält wenigstens eine auskömmliche Vergütung.[284]

Der Befund, dass er den Preis frei bestimmen kann und trotz allem stets wenigstens die angemessene Vergütung erhält, wird Grundlage und Ausgangspunkt des Angebots werden. Der Unternehmer wird Gewinnmaximierung anstreben – das ist Triebfeder jedes wirtschaftlichen Handelns und erfolgt notwendig auf Kosten des Bestellers. Daher besteht die Gefahr, dass das Angebot höher als nur angemessen bepreist wird.[285] Als Druckmittel für die Annahme des erhöhten Angebots fungiert die 30-Tage-Frist. Der Besteller muss mit der Anordnung 30 Tage zuwarten, beginnend mit dem Zugang des Begehrens. Erst dann kann er den Unternehmer einseitig verpflichten. Bei zeitkritischen Vorhaben, und das sind Baustellen aufgrund der Interdependenzen der Einzelgewerke oft, kann eine derartige Verzögerung erhebliche Nachteile bereiten, sodass der Besteller gezwungen sein kann, jedes nicht völlig ruinöse Angebot anzunehmen. Und selbst wenn die Drohung mit der 30-Tage-Frist rechtsmissbräuchlich ist

283 Vgl. zur Freiheit der Preisbildung die Ausführungen auf S. 123 ff., da dieses Problem v.a. bei notwendigen Änderungen i.S.v. Nr. 2 relevant wird.

284 Darauf Wert legend schon der Referentenentwurf vom 28.09.15, S. 33.

285 Zu der Gefahr des sittenwidrigen Angebots s. S. 125 ff.

und die Frist daher für den konkreten Fall entbehrlich wird, sodass die Anordnung sofort erfolgen kann – *in praxi* kann es schwerfallen, den gerichtsfesten Nachweis des unlauteren Verhaltens zu erbringen. Die gleichen Beweisschwierigkeiten bestehen, wenn der Besteller auf ein Drohverhältnis oder eine Zwangslage hinweisen will, §§ 123, 138 Abs. 2 BGB.[286]

Zusätzlich steht dem Unternehmer § 650c Abs. 3 BGB zur Seite. Einigen sich die Parteien nicht über die Höhe der Nachtragsvergütung oder wird diese nicht gerichtlich festgesetzt, kann der Unternehmer 80 % der in seinem Angebot genannten Mehrvergütung ansetzen und gerichtlich als Abschlagszahlung erzwingen oder die Arbeiten einstellen. Da er im Regelfall aber eine deutlich höhere Nachtragsvergütung als die auskömmliche in sein Angebot aufnimmt, drohen dem Besteller zusätzlich Abschlagszahlungsansprüche in – objektiv betrachtet – ungerechtfertigter Höhe. Der Unternehmer könnte etwa vorausschauend die Höhe der Nachtragsvergütung auf 125 % der tatsächlichen Kosten festlegen. 80 % von 125 % ergäben 100 % der tatsächlichen Kosten, sodass der Unternehmer sich schon vor Abnahme des Werks über die Abschlagsforderungen voll vergüten lassen könnte. Die Regelung des § 650c Abs. 3 S. 3, 4 BGB, die besagt, dass die überhöhte Mehrvergütung zuzüglich Zinsen zurückzuzahlen ist, stellt für den Unternehmer keine Gefahr dar. Er droht lediglich mit künftigen Abschlagszahlungen in dieser Höhe und beansprucht sie noch nicht als Schlussrechnungssumme. Davon unberührt bleibt § 632a Abs. 1 S. 1 BGB, dessen Abschlagsberechnung bei Nichteinigung zwischen den Parteien über die Nachtragsvergütung dem Unternehmer neben § 650c Abs. 3 BGB zur Wahl steht.

Der Druck auf den Besteller, das Angebot zum Änderungsvertrag anzunehmen, ist dadurch erhöht. Es stellt sich die Frage, ob die Abkehr von der vorkalkulatorischen Preisfortschreibung nicht etwas übereilt war und die jetzige Lösung wirklich besser ist.[287]

Im Ergebnis erhält der Unternehmer in allen Fällen eine angemessene Vergütung. Die Korbion'sche Formel „*Guter Preis bleibt gut, schlechter Preis bleibt schlecht.*" gilt hier nicht, denn der Unternehmer muss die Urkalkulation eben nicht fortschreiben, er hat ein Wahlrecht. Die Merkformel lautet nunmehr: „*Aus schlechtem Preis (Urkalkulation, § 650c Abs. 2 BGB) mach' guten Preis*

---

286 Gelingt der Beweis, wird der Änderungsvertrag für nichtig erklärt und der Wertausgleich richtet sich nach Bereicherungsrecht.

287 Heißt die vorkalkulatorische Preisfortschreibung im Hinblick auf die jetzigen Regelungen gut: *Eschenbruch*, FS Englert, 2014, S. 41, 45.

(angemessene Vergütung, Absatz 1), aus gutem Preis mach' einen noch besseren (Angebot, § 650b Abs. 1 S. 2 BGB)".

d. Verletzung einer Verhandlungspflicht?

Es stellt sich weiterhin die Frage, ob das Angebot und die darauf bezogenen Verhandlungen echte Vertragspflichten sind und welche Folgen ihre Nichtberücksichtigung hätte.

Die Erstellung eines *Angebots über die Mehr- oder Mindervergütung* (§ 650b Abs. 1 S. 2 BGB) ist eine Vertragspflicht; das beweist schon der Wortlaut.[288] Das Angebot ist formlos möglich und darauf gerichtet, die Änderungen zu den angebotenen Preisen zu erbringen.[289]

Reagiert der Unternehmer auf das Begehren nicht oder verweigert er die Angebotserstellung mit der Begründung, die Änderungen lägen außerhalb des Werkerfolgs,[290] verletzt er diese Pflicht vorausgesetzt, die Änderungen sind von § 650b BGB erfasst.

In praxi ist es jedoch schwierig, das Angebot als Anknüpfungspunkt für einen Schadensersatzanspruch zu verwenden, vor allem im Wege des Verzögerungsschadens. Denn die 30-Tage-Frist, die insoweit die einzige Voraussetzung der Anordnung ist, beginnt mit dem Zugang des Änderungsbegehrens und ist nicht mit dem Angebot verknüpft. Die Möglichkeit der Anordnung entsteht unabhängig davon, ob ein Angebot vorliegt. Auch bei einem vorliegenden Angebot, über das die Parteien sich nicht einigen, muss der Besteller bis zur Anordnung 30 Tage warten.

Wohl aber erfüllt das Angebot nach § 650b Abs. 1 S. 2 BGB die Aufgabe, den Besteller auf die ungefähre Größenordnung der erwartbaren Mehrkosten hinzuweisen. So kann vermieden werden, dass der Besteller eine Anordnung trifft, die für ihn unvorhergesehen zu erheblichen Kosten führt, über die das Angebot einen Hinweis gegeben hätte.[291] Außerdem kann bei Nichtvorlegung des Angebots in Einzelfällen ein *Kündigungsrecht aus wichtigem Grund* (§ 648a BGB) für das gesamte Werk entstehen.[292] Das ist der Fall, wenn das Vorhaben ein hohes

---

288 So auch *Langen*, BauR 2019, 303, 305; BeckOK BauvertragsR/*Leupertz*, § 650b BGB Rn. 55; *Oberhauser*, NZBau 2019, 3, 6; a.A. BeckOGK BGB/*Mundt*, § 650b BGB Rn. 107: Obliegenheit.

289 Juris PK-BGB/*Leicht*, § 650b BGB Rn. 52.

290 Zum Umfang des Werkerfolgs: S. 116 ff.

291 Ibr-Baurecht/*von Rintelen*, § 650b BGB Rn. 87.

292 BeckOK BauvertragsR/*Leupertz*, § 650b BGB Rn. 55; *Oberhauser*, Bauvertragsrecht, 2017, § 2 Rn. 81.

Maß an gegenseitigem Vertrauen erfordert und der Unternehmer keine Kooperationsbereitschaft zeigt. Hier aber gilt: Die Grenzen zu anderen außerordentlichen Kündigungsgründen sind meist fließend, etwa, wenn der Unternehmer die (Änderungs-)Leistung ernsthaft und endgültig verweigert und diese Weigerung auch nach ausgesprochener Anordnung aufrechterhält oder er wiederholt unzuverlässig ist und das Vertrauen in die Kooperation im Allgemeinen zerstört.[293]

Der Unternehmer schadet sich durch die Nichterstellung überdies selbst, weil er mangels Angebotspreises keine Berechnungsgrundlage für die Abschläge nach § 650c Abs. 3 BGB hat. Er wird die Abschläge dann nur nach § 632a BGB verlangen können und damit nach dem Wert der erbrachten und geschuldeten Leistungen.

Davon zu trennen ist die Frage, ob die Parteien *tatsächlich* zu *Verhandlungen* verpflichtet sind. Definiert werden könnte eine Verhandlungspflicht als Pflicht der Parteien, den Vertrag durch Vereinbarung an veränderte Umstände anzupassen und zu diesem Zweck Verhandlungen zu führen.[294] Sie wäre eine Rahmenpflicht, weil erst durch die Verhandlungen die Hauptleistung geändert werden soll; erst danach entsteht der Hauptleistungscharakter.[295] Gleichwohl bestünden Sanktionen: Bei Nicht- oder Schlechterfüllung wären Schadensersatzansprüche denkbar.[296] Dass man die Parteien nicht wortwörtlich „an einen Tisch zwingen" kann, leuchtet ein.[297] Wie weit aber die Verhandlungsbereitschaft geboten wäre, wird im Folgenden untersucht. Bieten sich nämlich angesichts des in § 650b BGB vorgeschriebenen Procederes schon jetzt interessengerechte Lösungen für die Behandlung der verschiedenen Sachverhalte, bedarf es nicht der Annahme einer Pflicht, mittels Verhandlungen zu einem Ergebnis zu gelangen. Die Untersuchung bezieht sich auf vier denkbare Sachverhalte:

aa. Sehr niedriges oder hohes Angebot

Ein Angebot über die Mehr- oder Minder*vergütung* gem. § 650b Abs. 1 S. 2 BGB wird infolge des Änderungsbegehrens vorgelegt, es ist aber im Verhältnis zum tatsächlichen Wert der Änderungsleistung sehr niedrig oder sehr hoch.

a) Bepreist der Unternehmer die Änderungsleistungen sehr niedrig, ist das sein eigenes Missgeschick und wirkt sich grundsätzlich nicht weiter aus. Der

293 Dazu ausführlicher BeckOK BGB/*Voit*, § 648a BGB Rn. 3.

294 *Horn*, AcP 1981 (181), 255, 256.

295 *Horn*, AcP 1981 (181), 255, 282.

296 So auch *Martinek*, AcP 198 (1998), 329, 335.

297 Ähnlich auch *Langen*, BauR 2019, 303, 306.

Besteller kann das Angebot annehmen und ein wirksamer Änderungsvertrag kommt zustande.

b) Bepreist der Unternehmer die Änderungsleistungen im Verhältnis zu deren Wert sehr hoch, so kann dies auf sittenwidrige Art und Weise erfolgen oder schlicht dem subjektiven wirtschaftlichen Empfinden des Bestellers widersprechen. Nimmt der Besteller das sittenwidrige Angebot an, ist der Vertrag gleichwohl nichtig.[298] Verweigert er die Annahme, kann er dennoch die Anordnung aussprechen und der Vertrag ändert sich. Widerstrebt dem Besteller das Angebot lediglich, ohne aber nichtig zu sein, kann er die Annahme ebenfalls verweigern, 30 Tage warten und dann die Änderung anordnen.

bb. Nicht verhandelbares Änderungsangebot

Hat der Unternehmer ein Angebot über die Mehr- oder Mindervergütung vorgelegt, ist aber in Bezug auf die vorgesehene Bepreisung oder die inhaltliche Ausgestaltung der Änderungsleistungen nicht verhandlungsbereit oder gar erreichbar, so gilt im Prinzip dasselbe. Der Besteller kann das Angebot annehmen oder 30 Tage zuwarten, bis er anordnen kann.

Hier zusätzliche Pflichten des Unternehmers anzunehmen, die die Einigung über die Änderung betreffen, ist nicht notwendig. Denn der Unternehmer hat (konkludent) klargestellt, dass er zu einer vertraglichen Lösung nur unter den vorgelegten Preisen und Umständen bereit ist. Ungeachtet dessen ist er auch während der laufenden 30-Tage-Frist zur Ausführung der *bisherigen* Leistungen verpflichtet. Diesbezüglich ist allerdings genau zu prüfen: Handelt es sich um die von der Änderung betroffenen Leistungen, kann der Unternehmer gehalten sein, diese nicht auszuführen, um nach erfolgter Anordnung nicht vollendete Tatsachen geschaffen zu haben bzw. durch deren Erbringung und Beseitigung infolge Änderung Mehrkosten zu verursachen.[299] Sind es jedoch *andere*, also nicht von der Änderung betroffene, Leistungen, hat der Unternehmer kein Leistungsverweigerungsrecht oder kann aus anderen Gründen die Arbeiten einstellen, sondern muss diese Leistungen erbringen.

298 Ausführlich zu den Folgen: S. 123 ff.

299 Der Besteller wird diese Mehrkosten wohl in den meisten Fällen nicht zu tragen haben, da es sich nicht um *tatsächlich erforderliche* Kosten im Sinne von § 650c Abs. 1 S. 1 BGB handelt.

cc. *Änderungsangebot ohne Hinweis auf drohenden Mangel*

Der Unternehmer erstellt zwar ein Angebot über die Änderungsvergütung, gibt aber keinen inhaltlichen Hinweis zur Änderung. Das wäre jedoch geboten, da die vom Besteller vorgeschlagene Änderung zu einem mangelhaften Gesamterfolg führen würde. Sodann schließen die Parteien entweder einen Änderungsvertrag über die mangelhafte Leistung oder aber diese wird im Wege der Anordnung durchgesetzt.

Bei Vereinbarung der VOB/B trifft den Unternehmer explizit eine Hinweispflicht nach § 4 Abs. 3 VOB/B, wenn er Bedenken „gegen die vorgesehene Art der Ausführung [...], gegen die Güte der vom Auftraggeber gelieferten Stoffe oder Bauteile oder gegen die Leistungen anderer Unternehmer" hat. Die Missachtung dieser Pflicht führt dazu, dass der Unternehmer für die entstandenen Schäden haftet, § 13 Abs. 3 VOB/B. Diese Hinweispflicht begründet keine Haftung bei Missachtung, sondern der erfolgte Hinweis wirkt vielmehr umgekehrt haftungsbefreiend.[300] Das liegt daran, dass der Unternehmer im Werkvertragsrecht grundsätzlich für das Gelingen des Werks einzustehen hat, selbst wenn er den Misserfolg nicht im verschuldenstechnischen Sinne zu vertreten hat.[301] Diese Regeln zur Bedenkenhinweispflicht gelten auch für den *gesetzlichen* Bauvertrag, also außerhalb der VOB/B,[302] und folgen aus Treu und Glauben.[303] Auch im BGB-Bauvertrag ist der Unternehmer verpflichtet, das Änderungsbegehren inhaltlich zu prüfen und ggf. Bedenken bezüglich der vom Besteller vorgesehenen Art und Materialien zu äußern.[304] Verletzt er diese Pflicht und leistet er in Erfüllung des Änderungsvertrags oder der Anordnung, dann ist er zur Gewährleistung verpflichtet.

dd. *Empfehlung einer mangelhaften Änderung*

Schließlich ist eine Pflichtverletzung durch den Unternehmer denkbar, wenn die Parteien nach erklärtem Änderungsbegehren des Bestellers in Gespräche eintreten, und der Unternehmer sorgfaltswidrig eine mangelhafte Änderungsleistung empfiehlt. Nach § 650b Abs. 1 S. 1 BGB „streben die Vertragsparteien [auch] Einvernehmen über die Änderung" an, sie haben sich also ebenso mit der Ausgestaltung der Änderungsleistung zu befassen. Berät der Unternehmer, der

---

300 BGH, VII ZR 183/05 = NJW 2008, 511 [513, Rn. 22].

301 Vgl. nur BGH, VII ZR 34/95 = NJW 1996, 2372 [2372, II.1.b.].

302 BGH, VII ZR 183/05 = NJW 2008, 511 [514, Rn. 22].

303 Kapellmann/Messerschmidt/*Langen*, § 13 VOB/B Rn. 134 m.w.N.

304 *Jurgeleit*, Kompendium Baurecht, ^{5}2020, 5. Teil Rn. 64 ff.

die technischen Gegebenheiten und Möglichkeiten seines Gewerks meist besser kennt als der Besteller oder dessen Planer, in Bezug auf die begehrte Änderung und empfiehlt eine zu Mängeln führende Änderungsleistung, so ist er für die entstehenden Schäden verantwortlich (§§ 280 Abs. 1, 241 Abs. 2 BGB). Denn er beeinflusst mit seiner Beratung die Entscheidung und schlägt gerade die zu Mängeln führende Lösung vor.

Von der oben genannten Variante[305] unterscheidet sich dieser Sachverhalt dadurch, dass der Unternehmer hier die konkrete mangelhafte Änderungsleistung *aktiv* durch seine Beratung in den Vertrag einführt, während er im anderen Fall lediglich die Bedenkenanzeige zu der vom Besteller vorgeschlagenen Änderungsleistung unterlässt, die Pflichtverletzung mithin *passiv* erfolgt.

Hier gelten die gleichen Rechtsfolgen wie oben: Der Unternehmer hat für einen falschen Vorschlag ebenso einzustehen wie für die unterlassene Warnung vor Mängeln. Der Besteller kann dementsprechend Mängelrechte geltend machen, grundsätzlich sogar unter Berücksichtigung eines geringeren oder keines Mitverschuldens, weil er einer vom Unternehmer vorgeschlagenen Lösung grundsätzlich Glauben schenken darf.

ee. Kein Bedürfnis für Neuverhandlungspflichten

Die Analyse zeigt, dass eine tiefergehende Auseinandersetzung mit möglichen Neuverhandlungspflichten nicht erforderlich ist.[306] Die Frage, ob ein Anspruch des Bestellers auf Verhandlungen bezüglich eines Änderungsvertrags besteht, stellt sich nicht, weil mit § 650b Abs. 2 BGB ein Instrumentarium zur Verfügung steht, das effektiv und zügig zu Ergebnissen gelangt. Zweck des Procederes und der Wunsch des Gesetzgebers ist zwar primär, dass die Parteien eine konsensuale Lösung finden; aber eben nicht um jeden Preis. Deswegen wird die Feststellung, dass keine Einigung zustande kommt, auch nicht zur Tatbestandsvoraussetzung für die Anordnung manifestiert.[307] Das Modell des § 650b BGB folgt vielmehr der Einsicht, dass es im Bauwesen zweckmäßiger ist, möglichst zuerst die Leistungen zu erbringen und im Anschluss die weiteren Fragen zu klären. Der faktische Fortschritt und die Fertigstellung des Vorhabens werden in dieser Hinsicht höher gewichtet als die Tatsache, dass dies letztlich in beiderseitigem Einvernehmen erfolgt. Diese Gewichtung ist dadurch gerechtfertigt, dass in vielen

---

305 S. 95.

306 Im Ergebnis auch *Fuchs*, IBB Baubetrieb, 2018, S. 37, 41.

307 Was sich auch am „Gezerre“ im Rahmen der Entstehung der 30-Tage-Frist erkennen lässt, dazu mehr S. 228.

Fällen ein zum Zwecke konsensualer Lösungsfindung einberufener Baustillstand erhebliche wirtschaftliche Schäden verursachen würde, die außer Verhältnis zu dem Wert stehen, dass die Parteien die Lösung *einvernehmlich* gefunden haben. Die Entscheidung zugunsten der faktischen und zulasten der konsensualen Fertigstellung erfolgt auch im wohlverstandenen Interesse der Parteien, da während der Ausführung nicht immer ersichtlich ist, wer die Stillstandkosten zu verantworten und letztlich finanziell zu tragen hat. Um das zu vermeiden, entstand die Zieldefinition, das Bauvorhaben zügig zu beenden, die Änderungswünsche des Bestellers einfließen zu lassen und die Gesamtvergütung nach Fertigstellung festzustellen. Durch die Anordnung nach Zeitablauf wird dafür eine klare Rechtsfolge geschaffen.

2. *Inhaltsumfang der Änderung*

Der Besteller kann eine Änderung des vereinbarten Werkerfolgs begehren, die das weitere Procedere des § 650b BGB in Gang setzt. Der Gesetzestext und auch der Gesetzentwurf geben allerdings wenig Aufschluss darüber, was alles erfasst ist vom Begriff des vereinbarten Werkerfolgs. Der leitende Gesichtspunkt ist wohl, dem Besteller die größtmögliche Freiheit zu gewähren, „sein" Werk auch noch während der Vertragsdurchführung umzugestalten. Schon die freie und subjektive Vorstellung des Bestellers genügt für die Möglichkeit der Änderung.[308] Daher gilt es, den Umfang des vereinbarten Werkerfolgs zu ermitteln, um § 650b BGB inhaltlich einzugrenzen. Das gelingt durch die Betrachtung der Anwendungsfälle und sonstigen Aspekte, etwa der Bauzeit, der Art der Ausführung, der Zumutbarkeit und der Möglichkeit. Dabei ist zu berücksichtigen, dass der *vereinbarte Werkerfolg* gedanklich vom *Bauentwurf* des § 1 Abs. 3 VOB/B geleitet ist. Gleichwohl nahm der Gesetzgeber vom dortigen Wortlaut Abstand und besann sich auf dasjenige, was geändert werden soll: die vertragliche Vereinbarung. Für die Ermittlung des inhaltlichen Umfangs ist förderlich, den Werkerfolg zunächst negativ abzugrenzen, um ihn dann positiv auszugestalten.

a. *Abgrenzung im Allgemeinen ex negativo*

§ 650b Abs. 1 S. 1 Nr. 1 BGB erfasst all die Fälle nicht, die Nummer 2 regelt. Insoweit ist Nummer 2 für alle mangelhaften Leistungen und deren Änderung *lex specialis*. Weiterhin sind die Sachverhalte nicht erfasst, in denen der Besteller lediglich eine Teilleistung ersatzlos „herausnimmt", ohne das Gepräge des

308 Gesetzentwurf BReg, BT-Drs. 18/8486, S. 53.

Werkerfolgs zu verändern.[309] Dabei handelt es sich um eine Teilkündigung, § 648 S. 1 BGB. Von § 650b BGB ist auch die Kündigung des Werks insgesamt nicht erfasst, da die Verpflichtung des Unternehmers insgesamt aufgehoben wird. Ebenfalls nicht unter § 650b BGB fallen schließlich Vertragsmodalitäten, die nicht den Werkerfolg im engeren Sinne betreffen. Dies sind etwa Regelungen zur Abrechnung, Zahlung, Gewährleistung, Vertragsstrafe und zu Sicherheiten.[310]

b. Bauzeit

Eine wichtige und viel diskutierte Frage ist, ob die Bauzeit als Teil des Werkerfolgs zu verstehen ist. Bei § 1 Abs. 3 VOB/B ist das nach wohl herrschender Meinung nicht der Fall.[311] Ob das bei § 650b BGB auch der Fall ist, bedarf der Auslegung. Die Auslegung des Gesetzes hat sich an Wortlaut, Systematik, Historie und Telos zu orientieren.

aa. Definition der Bauzeit

Ist von *Bauzeit* die Rede, wird diese oft als Unterfall der Bauumstände bezeichnet, ohne dass andere Bauumstände konkret benannt werden.[312] Der Begriff der Bauzeit jedenfalls umfasst die unmittelbare Verkürzung (*Beschleunigungsanordnung*) und die Verlängerung der Zeitspanne zwischen Baubeginn und dem Datum der Fertigstellung, also die Dauer der Bauwerkserrichtung, sowie die Verteilung der Bauzeiteinheiten. Als solche Einheiten kommen etwa Tage, Wochen oder generell die Verschiebung von Bauabschnitten infrage. So wäre eine Bauzeitanordnung, wenn der Besteller anordnete, das Bauwerk solle zwei Wochen früher oder später fertiggestellt werden oder der Unternehmer dürfe nur nachts arbeiten, der Bauabschnitt möge mit dem chronologisch nachfolgenden getauscht werden oder die Arbeiten seien nun für drei Wochen auszusetzen. Mit Bauzeit ist hier *nicht* gemeint, dass sich infolge einer zulässigen Änderung einer anderen Komponente des Werks als der Zeit – etwa das Material, die Art der Ausführung etc. – der Fertigstellungstermin nach hinten verschiebt, weil etwa die Bestellung neuen Materials zu einer Verzögerung führen. Diese Verschiebungen können als mittelbare Folge einer Anordnung zur Unzumutbarkeit oder Unmöglichkeit der Änderung führen.

---

309 Vgl. auch *Pause*, ZfBR 2018, 731.

310 Ibr-Baurecht/*von Rintelen*, § 650b BGB Rn. 70.

311 Vgl. oben S. 67 ff.

312 Etwa LBD-L, BauV/*Langen*, § 650b BGB Rn. 25 f.; ibr-Baurecht/*von Rintelen*, § 650b BGB Rn. 63.

bb. *Auslegung nach Wortlaut*

Der Begriff des Werkerfolgs bedeutet vom Wortlaut her nichts weiter als der „Erfolg des Werkes". Gemeint ist damit die Fertigstellung des Leistungsgegenstandes, wie dies vereinbart worden ist. Ist ein schlüsselfertiges Einfamilienhaus geschuldet, ist der Leistungsgegenstand ein solches. § 650a BGB gibt vor, was Gegenstand eines Erfolgs sein kann: die (Wieder-)Herstellung, Beseitigung oder der Umbau eines Bauwerks sowie die Instandhaltung eines solchen, wenn die Leistung für die Konstruktion, den Bestand oder den bestimmungsgemäßen Gebrauch von wesentlicher Bedeutung ist.

Der Zeitfaktor, also der *Fertigstellungstermin*, gehört regelmäßig nicht zum Erfolg des Werks. Er ist weder in § 650a BGB noch im sonstigen Werkvertragsrecht besonders erwähnt.[313] Ein geschuldeter Rohbau ist auch dann noch ein solcher und in der Regel gewünscht, wenn die Fertigstellung zwei Wochen später erfolgt.

Das gilt nicht ausnahmslos: Soll ein Fußballstadion für die bevorstehende Weltmeisterschaft zu einem bestimmten Zeitpunkt errichtet sein, so ist die zeitgerechte Fertigstellung Teil des Werkerfolgs. Hier ist für alle von Anfang an erkennbar, dass gerade auch das Zeitmoment von tragender Bedeutung ist. Das lässt sich dann auch dem Wortlaut entnehmen. Denn Werkerfolg ist die Errichtung eines Fußballstadions zum Zwecke der Austragung von Turnierspielen und damit ist die zeitgerechte Fertigstellung vor der Weltmeisterschaft wesentliches Element des Vertrags. Der Werkerfolg hat hier den Charakter einer absoluten Fixschuld; mit Ablauf der vereinbarten Frist ist die Leistungserbringung unmöglich.[314]

Weniger offensichtlich zeigt sich das, wenn obligatorische Zwischenleistungstermine vereinbart werden, weil das Vorhaben von vielen Unternehmern parallel bearbeitet wird und eine koordinierte Errichtung für das Gelingen des Projekts wesentlich ist. Das ist etwa der Fall bei einem Gewerk, das die Herstellung von tragenden Wänden oder Unterzügen zum Gegenstand hat, um den Beginn der Arbeiten am nächsten Geschoss zeitgerecht zu ermöglichen. Um keine Verzögerungen zu erzeugen, können *Meilensteine* vereinbart, bis wann ein bestimmter Leistungsabschnitt fertiggestellt sein muss.

---

313 So auch Kapellmann/Messerschmidt/*Sacher*, § 5 VOB/B Rn. 10.

314 Jedenfalls in der jüngeren Vergangenheit war dies vor allem im Ausland öfter zu sehen, wo eine anderweitige (kostendeckende) Verwendung der Stadien, etwa für die Landesliga, nicht infrage kommt.

Dem Wortlaut nach kann die Bauzeit also im „vereinbarten Werkerfolg" enthalten sein.[315]

cc. Systematische Auslegung

Systematisch findet sich ein Argument gegen die Möglichkeit der Beschleunigungsanordnungen. Es wäre widersprüchlich, einem zeitkritischen Vorhaben eine obligatorische Verhandlungsfrist von 30 Tagen vorzuschalten. Diese Frist nach Absatz 2 S. 1 war noch nicht im Gesetzentwurf enthalten. Der Referentenentwurf sah sogar vor, dass der Besteller ohne Abwarten einer Frist direkt anordnen konnte.[316] Der Gesetzentwurf hingegen erhob das Nicht-einigen-Können zur Tatbestandsvoraussetzung. Die genaue Frist kam erst im weiteren Verlauf des Gesetzgebungsverfahrens hinzu und sollte die Einigungsbemühungen verkürzen, was ihnen den Anschein eines Formelkompromisses gibt.[317] Ob diese „starre" Frist auch Bauzeitverkürzungen eine Absage erteilen soll, ist nach systematischer Betrachtung daher nicht eindeutig. Eingedenk des der *systematischen* Auslegung immanenten Postulats, dass ein Gesetz keine widersprüchlichen Regelungen enthält,[318] ist jedoch wohl davon auszugehen, dass die Beschleunigungsanordnung von § 650b BGB *nicht* erfasst ist.

dd. Historische Auslegung

Gesetzeshistorisch gestaltet sich die Lage wie folgt: Im Referentenentwurf bestimmte § 650b Abs. 2 S. 3 BGB-E, dass der Unternehmer Anordnungen zur Art der Ausführung und Bauzeit befolgen müsse. Bei solchen Änderungen handele es sich aber um besonders tiefe Eingriffe in die unternehmerische Freiheit, daher seien die Voraussetzungen besonders eng gefasst.[319] Eine solche Anordnung dürfte danach nur erfolgen, wenn „*schwerwiegende Gründe vorliegen und bei der Abwägung der beiderseitigen Interessen die Interessen des Bestellers an der Anordnung deutlich überwiegen.*"[320] Da sich Satz 3 in § 650b BGB *de lege lata* nicht mehr wiederfindet, könnte *erst recht* ein die Art und Zeit umfassendes

---

315 Hier noch a.A., i.E. auch gegen ein bauzeitliches Anordnungsrecht: *Pioch*, AcP 219 (2019), 703, 720.

316 Referentenentwurf vom 28.09.2015, S. 12.

317 Beschlussempfehlung und Bericht des Ausschusses für Recht und Verbraucherschutz, BT-Drs. 18/11437, S. 15.

318 Vgl. *Puppe*, Juristisches Denken, ^{3}2014, S. 124 f.

319 Referentenentwurf vom 28.09.2015, S. 57.

320 Referentenentwurf vom 28.09.2015, S. 12.

Recht direkt in den Begriff *Werkerfolg* interpretiert werden, das kraft seiner Selbstverständlichkeit derart umfassend gestaltet ist.[321]

Andere sehen darin hingegen einen Umkehrschluss. Der Gesetzgeber habe von einem Änderungsrecht mit diesem Umfang Abstand genommen und entsprechende Vorschläge daher nicht übernommen.[322]

Beides ist nur auf den ersten Blick überzeugend. Richtigerweise bringt die historische Auslegung *keine Erkenntnis*. Denn zu keinem Zeitpunkt war § 650b Abs. 2 S. 3 BGB-E Teil des Gesetzgebungsverfahrens. Die Regelung zur Art der Ausführung und Bauzeit war bereits im Gesetzentwurf nicht mehr vorhanden.[323] Hier davon zu sprechen, entsprechende Vorschläge seien nicht übernommen worden, kann vorschnell zur Annahme verleiten, dass der Referentenentwurf und das Gesetzgebungsverfahren zusammenhängen. Der Referentenentwurf stammt allerdings aus dem Bundesministerium für Justiz und Verbraucherschutz, das Teil der Exekutive ist. Ein Ministerium besitzt nicht die demokratische Legitimation, um im Rahmen historischer Auslegung als „Gesetzgeber" bezeichnet zu werden. Baut ein späterer „Gesetzgeber"[324] – wie in den überwiegenden Fällen – bei Gesetzentwürfen inhaltlich oder systematisch auf Referentenentwürfen auf, so macht er sich die übernommenen Ideen zwar zu eigen und erhebt sie erstmals zum möglichen „Willen des Gesetzgebers". Ideen jedoch, die ohne Begründung nicht übernommen werden, tauchen im „Willen des Gesetzgebers" nicht auf und lassen auch keine Rückschlüsse zu.

ee. *Teleologische Auslegung*

Das Telos des Änderungsrechts ist, das „Spannungsverhältnis zwischen Planung und Realität"[325] auszugleichen, denn die bisherigen Regelungen wurden dem „komplexen Baugeschehen häufig nicht gerecht"[326]. Die Kreativität des Bestellers soll auch während der Bauwerkserrichtung erhalten bleiben. Die Änderung ist kehrseitig ein Eingriff in die Freiheit des Unternehmers, der angesichts der Vergütungsanpassung aber bis zu einem gewissen Grad hinnehmbar ist.

---

321 So *Joussen*, BauR 2018, 151, 156.

322 Etwa LBD-L, BauV/*Langen*, § 650b BGB Rn. 25 f.; BeckOK BauvertragsR/*Leupertz*, § 650b BGB Rn. 48; ibr-Baurecht/*von Rintelen*, § 650b BGB Rn. 63.

323 Gesetzentwurf BReg, BR-Drs. 123/16, S. 9, 56 f.

324 Auch dieser Begriff ist nicht unproblematisch, dazu *Larenz/Canaris*, Methodenlehre, [3]1995, S. 149; *Puppe*, Juristisches Denken, [3]2014, S. 141 f.

325 BGH, VII ZR 233/94 = NJW 1996, 1346 [1347].

326 Gesetzentwurf BReg, BR-Drs. 123/16, S. 56.

Es ist wahrscheinlich, dass in vielen Fällen einer nur *inhaltlichen* Änderung – also der Änderung von Materialien oder Leistungsteilen – wenigstens die Bauzeit, wenn nicht sogar die Bauausführung betroffen ist, sodass dort ohnehin *mittelbare* Auswirkungen auftreten. Beispiel: Für Dämmarbeiten wird zunächst Dämmwolle der Wärmeleitstufe (WLS) 035 vereinbart. Der Besteller will stattdessen bessere Dämmwerte und ordnet die Verwendung von Dämmwolle der WLS 032 an. Dieses Material ist aber nicht vorrätig und muss erst bestellt werden. Dadurch verzögert sich die Ausführung des gesamten Werks um die Dauer der Bestellung. Das ist mit dem Begriff Bauzeitanordnung nicht gemeint, sondern beschreibt eine mittelbare Bauzeitverzögerung infolge inhaltlicher Änderungen.

Nun aber dem Unternehmer zusätzlich die Pflicht aufzubürden, *unmittelbare* zeitliche und modale Anordnungen auszuführen, wäre ein zusätzlicher schwerer Eingriff, vor allem da er sich nicht durch äußere Zwänge oder drohende Mangelhaftigkeit wie in § 650b Abs. 1 S. 1 Nr. 2 BGB rechtfertigte, sondern schlicht dem Wunsch des Bestellers entspränge. Schon grundsätzlich stellt das *gewillkürte* Änderungsrecht *ohne* zeitliche Befugnisse einen tiefen Eingriff in die unternehmerische Freiheit dar, der in dieser Form angesichts der Voraussetzungen und der Dogmatik bislang einzigartig ist.[327] Diese Eingriffsbefugnis auf die Leistungszeit zu erstrecken, wäre wohl verfassungsrechtlich bedenklich.[328] Zum ursprünglich vereinbarten Leistungsinhalt träte dann die Leistungszeit hinzu, die der Willkür und den Wünschen des Bestellers unterläge.

Ein Einfamilienhaus ist auch dann noch ein solches, wenn es später als zum vereinbarten Fertigstellungstermin errichtet wird.[329] Infolge der verspäteten Fertigstellung kann der Besteller zwar ggf. Schadensersatzansprüche wegen Verzögerung geltend machen, nicht aber den zur Werkleistung synallagmatischen Werklohn im Wege der Minderung (§ 638 BGB) kürzen, da das Werk zu spät und daher mangelhaft erbracht worden sei. Die Leistungszeit und deren Verletzung sind keine Hauptleistungspflicht und kein Mangel, wenn dies nicht – wie in Fällen des Fußballstadions – offen zutage tritt.

Auch die Erwägungen in § 650b Abs. 2 S. 3 BGB Ref-E zeigen („schwerwiegende Gründe" auf Bestellerseite, „deutlich überwiegende Interessen" des Bestellers), dass ein *gewillkürtes* Änderungsrecht, das die Bauzeit umfasste, nur unter engen Voraussetzungen eingeführt worden wäre. Vor Augen hatten die Arbeitsgruppe und der Referentenentwurf wohl komplexe oder kostensensible

327 Ausführlicher S. 216 ff.
328 Zur Verfassungsmäßigkeit des § 650b BGB ausführlich S. 140 ff.
329 Vgl. treffend *Peters*, NZBau 2012, 615, 617.

Projekte, bei denen sich Einzelgewerke etwa auf dem kritischen Pfad befinden und (kostenintensive) Folgegewerke für die Dauer der Verzögerung Stillstandkosten verursachen würden, die zu den wirtschaftlichen Folgen der Beschleunigungsanordnung außer Verhältnis stünden.[330]

Eine Folge der Befugnis zu bauzeitlichen Anordnungen wäre, dass der Besteller problemlos eigene Planungsrisiken auf den Unternehmer abwälzen könnte. Bestünde ein Projektstillstand und drohte infolgedessen eine Kostensteigerung, so könnte der Besteller sich dem entziehen, wenn er einen zeitlichen Verschub des Gewerks anordnete. Zweck der Einführung des Änderungsrechts ist jedoch nicht, die Risiken des Bestellers hinsichtlich der Koordination des Gesamtprojekts abzumildern. Der Gesetzentwurf spricht nur generell vom „komplexen Baugeschehen", dem das Werkvertragsrecht vor der Novelle „häufig nicht gerecht [wurde], insbesondere wenn während der Ausführung des Baus Veränderungen eintreten"[331]. Dass die durch Dritte oder äußere Umstände verursachten (drohenden) Verzögerungen durch das Änderungsrecht verhindert oder abgemildert werden sollen, findet sich gerade nicht deutlich genug im Gesetzentwurf wieder. Nicht einmal in der näheren Beschreibung vom gewillkürten Änderungsrecht ist darauf abgestellt worden. Neben den geänderten „Vorstellungen des Bestellers" ist zwar von nicht berücksichtigten Umständen bei der Planung die Rede; genannt sind allerdings nur etwa „unterzubringende Möbel oder sonstige Gegenstände".[332] Nicht aber erwähnt wird der Fall des parallel bearbeiteten Gewerks, der das streitgegenständliche Vorhaben beeinflussen kann. Der Gesetzgeber dachte bei Gesetzeserlass erkennbar bilateral. Fremdeinflüsse durch Dritte spielten wohl keine Rolle, da sie nicht einmal am Rande erwähnt werden.

Daher ist es nur richtig, die ursprüngliche Risikoverteilung zwischen Besteller und Unternehmer beizubehalten: Der Unternehmer hat also für sein Gewerk und dessen Gelingen in Gänze einzustehen, den Besteller trifft bei einem mehrstufigen Projekt das Risiko, dass alle Gewerke zeitgerecht koordiniert verlaufen und er seine Mitwirkungspflichten (§ 642 BGB) für das Gewerk erfüllen kann. Durch zeitliche Anordnungen würde dieses Risikoverhältnis erschüttert werden.

330 Der kritische Pfad ist eine Zeitspanne innerhalb der Projektrealisierung, während der jede Verzögerung des einzelnen Gewerks zwingend zu einer Verschiebung des Gesamtfertigstellungstermins führt und nicht durch koordinatorische Anpassung ausgeglichen werden kann.

331 Gesetzentwurf BReg, BR-Drs. 123/16, S. 56.

332 Gesetzentwurf BReg, BR-Drs. 123/16, S. 56.

Im Einzelfall kann aus Treu und Glauben (§§ 157, 242 BGB) eine zeitliche Anordnung möglich sein.[333] Solche Ausnahmen sind aber nicht wesensprägend für das Änderungsrecht, da sie sich auf die spezielle Situation beschränken und auch schon vor der Kodifikation bestanden haben. Die obigen Sachverhalte betreffend die Koordinationsprobleme auf Bestellerseite bei mehreren Einzelgewerken sind allerdings allenfalls unter engen Voraussetzungen und bei grobem Missverhältnis zwischen der Intensität der Anordnung und den wirtschaftlichen und rechtlichen Folgen bei Verzögerung ein solcher Einzelfall.

ff. Ergebnis

Nach alldem ist die Bauzeit *nicht* Teil des *vereinbarten Werkerfolgs* im Sinne von § 650b BGB.[334] Demungeachtet ist es den Parteien freigestellt, diese Umstände bilateral (jedenfalls individualvertraglich) zu Vertragsmerkmalen zu bestimmen.

c. Art der Ausführung

Der vorgesehene Geräte- und Personaleinsatz sowie das bestimmte Verfahren, mit dem die Leistung konkret erbracht werden soll, beschreibt die *Art der Ausführung*. Im Beispiel: Im Verhandlungsprotokoll (und damit Vertragsteil geworden) ist vereinbart, dass der Unternehmer die Betonierung mithilfe eines Betonkübels vornimmt, der durch einen Kran zu den betreffenden Stellen gefahren wird. Der Besteller hat bei Baubeginn allerdings Bedenken gegen den Einsatz eines Krans, weil dessen punktuelle Belastung womöglich den Boden beschädigen könnte und ordnet daher nachträglich für die Betonierung den Einsatz einer Betonpumpe an.

---

333 So zum alten Recht BGH, VII ZR 233/94 = NJW 1996, 1346 [1347, V.2.b)]; ibr-Baurecht/*von Rintelen*, § 650b BGB Rn. 68 f., allerdings als Anpassungsanspruch i.S.v. § 194 Abs. 1 BGB.

334 So auch *Abel/Schönfeld*, BauR 2017, 2047, 2066; *Glöckner*, VuR 2016, 123, 129; *Kniffka*, Kompendium Baurecht, [5]2020, 4. Teil, Rn. 245; *Langen*, FS Messerschmidt, S. 153 f.; juris PK-BGB/*Leicht*, § 650b BGB Rn. 28 ff.; BeckOGK BGB/*Mundt*, § 650b BGB Rn. 49 ff.; *Oberhauser*, Bauvertragsrecht, 2017, § 2 Rn. 35; Staudinger/*Peters*, 2019, § 650b BGB Rn. 14; *Pioch*, AcP 219 (2019), 703, 720; Palandt/*Sprau*, § 650b BGB Rn. 5; Prozesse in Bausachen/*Seewald*, § 5 A. Rn. 236; ibr-Baurecht/*von Rintelen*, § 650b BGB Rn. 64; **offen gelassen** *Franz*, IBR 2018, 4; *Orlowski*, ZfBR 2016, 419, 426; *Schramke/Keilmann*, NZBau 2016, 333, 337; BeckOK BGB/*Voit*, § 650b BGB Rn. 9 f.; KG, 7 W 32/19 = NZBau 2020, 783 [785, Rn. 18]; **a.A.**: MüKoBGB/*Busche*, § 650b BGB Rn. 4; *Joussen*, BauR 2018, 151, 153 ff.

Es kommt vor, dass sich dem Besteller bei der *nicht vereinbarten* (sonst ohnehin Teil des Werkerfolgs) Ausführungsart im Verlauf der Bauarbeiten die Möglichkeit bietet, dass Leistungsteile billiger, sicherer oder schneller erbracht werden können. Gleichwohl wäre eine Anordnung dieser Änderung nicht *notwendig* im Sinne von Nummer 2, weil der Werkerfolg erreicht würde, nur eben teurer, mit (geringfügig) höherem Risiko oder zu einem späteren Zeitpunkt.

Plant der Unternehmer etwa den Einsatz schweren Geräts und veranschlagt dies auch im Leistungsverzeichnis, leuchtet nicht ein, weswegen der Besteller dies dulden muss, wenn die Leistung sich auch durch eine Handmaschine erbringen lässt. Der Unternehmer hat in der Regel kein Interesse an der bestimmten Art der Ausführung.[335] Auch leiten ihn in der Regel trotz der Verteuerung keine wirtschaftlichen Erwägungen. Denn meistens ist der Einsatz teureren Geräts auch für den Unternehmer teurer, weil die Material-, Personal- oder Gerätekosten steigen; seine Gewinnmarge dürfte (oder sollte) bei beiden Varianten ähnlich sein.

Daher ist die Änderung der Art der Ausführung im Rahmen von § 650b Abs. 1 S. 1 Nr. 1 BGB möglich.[336] Der Unternehmer kann die Änderung natürlich verweigern, wenn sie ihm unzumutbar (oder unmöglich) ist. Hier gilt, die vorgebrachten Gründe für die Unzumutbarkeit genau zu untersuchen und nicht vorschnell zu verwerfen. Durch die Anordnung der Ausführungs*art* wird nämlich schwerwiegender in die Dispositionsfreiheit des Unternehmers eingegriffen als bei der Änderung des *Inhalts*. Denn ihm wird aufgetragen, *wie* er seine Arbeiten zu verrichten hat und nicht, *was* zu leisten ist. Er genießt höheren Schutz und eine Weigerung wird daher eher möglich sein. Wendet er etwa ein, seine Handwerker könnten nur mit schwerem Gerät einwandfrei leisten, die Handmaschine jedoch nicht oder nur unzureichend bedienen, ist ihm die Änderung womöglich unzumutbar.

Über diese Einschränkung der Zumutbarkeit, der im Rahmen der Anordnung in diesen Fällen eine besondere Rolle zukommt, ist es interessengerecht und angemessen, die Art der Ausführung als Teil des Werkerfolgs im Sinne von § 650b Abs. 1 S. 1 Nr. 1 BGB zu erfassen.

---

335 Ibr-Baurecht/*von Rintelen*, § 650b BGB Rn. 250.

336 Ebenso *Kniffka/Retzlaff*, BauR 2017, 1747, 1786; *Kniffka*, Kompendium Baurecht, [5]2020, 4. Teil, Rn. 244, ibr-Baurecht/*von Rintelen*, § 650b BGB Rn. 37.

d. Eingrenzung durch die Zumutbarkeit

Begrenzt wird das gewillkürte Änderungsrecht durch die *Zumutbarkeit*, § 650b Abs. 1 S. 2, Abs. 2 S. 2 BGB. Dies ist ein unbekannter normativer Rechtsbegriff,[337] der zwar sowohl durch § 650b Abs. 1 S. 3 BGB („betriebsinterne Vorgänge") als auch die Gesetzesbegründung konkretisiert wird, die die technischen Möglichkeiten, die Ausstattung und die Qualifikation des Bauunternehmers aufzählt.[338] Allerdings kann ein Einzelsachverhalt nicht ohne Weiteres unter den Rechtsbegriff subsumiert werden. Eine rechtliche Bewertung der Fakten ist erforderlich,[339] um festzustellen, wann eine Änderung „zumutbar" ist. Dazu ist eine Auswahl des Abwägungsmaterials zu treffen, aus denen eine Katalogisierung von typischen Fällen der Zumutbarkeit hervorgehen kann.[340]

aa. Die Zumutbarkeit im BGB

Der Begriff der Zumutbarkeit oder dessen Antonym („Unzumutbarkeit") finden sich vor allem in „jüngeren" Normen des BGB.[341] Dergleichen unbestimmte Rechtsbegriffe sind Nährboden für Kasuistik und damit Gerechtigkeit im Einzelfall, bergen aber die Gefahr unzulässiger Verallgemeinerung. Daher erfordert die *Zumutbarkeit* eine inhaltliche Ausgestaltung, um den seinerseits nicht abschließend konturierten Begriff des Werkerfolgs wirksam einzugrenzen.

Ein Vergleich mit einigen Vorschriften des BGB, die den Begriff der Un-/Zumutbarkeit enthalten, kann übertragbare Wertungen liefern, wenn insoweit eine ähnliche rechtliche wie wirtschaftliche Interessenlage besteht. Dabei konzentrieren sich die folgenden Ausführungen auf Normen des Schuldrechts.

aaa. § 308 Nr. 4 BGB

Für einen Vergleich könnte sich *prima facie* § 308 Nr. 4 BGB eignen, da die Norm den Vorbehalt nachträglicher Änderungen des Verwenders unter das Kriterium der Zumutbarkeit stellt. Allerdings zeigen sich für die Übertragung folgende Schwierigkeiten: Zum einen muss für die Änderung im Sinne des § 308 Nr. 4 BGB ein *schwerwiegender Grund* auftreten, zum anderen gleichzeitig das

---

337 An der Eignung der zahlreichen unbestimmten Begriffe zweifelnd, u.a. auch der Zumutbarkeit: *Langen*, NZBau 2015, 658, 663.

338 Gesetzentwurf BReg, BT-Drs. 18/8486, S. 53.

339 Vgl. *Riehm*, RW 2013, 1, 6.

340 Vgl. *Riehm*, RW 2013, 1, 12.

341 Neben den hier untersuchten Normen, s. Aufzählung bei *Englert/Englert*, NZBau 2017, 579, 580 Fn. 6, 7.

Äquivalenzgefüge des Vertrags *bestehen* bleiben.[342] Beide Voraussetzungen gelten für § 650b Abs. 1 S. 1 Nr. 1 BGB nicht. Dort bedarf es keines Grundes für das Änderungsbegehren und die vertragliche Äquivalenz wird durch die Anpassung der Vergütung gewahrt.[343] § 308 Nr. 4 BGB bietet daher keine Anleihe für übertragbare Wertungen.

bbb. §§ 440 S. 1, 636 BGB

Die Unzumutbarkeit in §§ 440 S. 1, 636 BGB ist im Lichte ihrer systematischen Stellung zu betrachten. Im Rahmen der Gewährleistung bei einer mangelhaften Sache ist der Rücktritt oder Schadensersatz ohne Fristsetzung möglich, wenn die Nacherfüllung unzumutbar ist. Das „Recht zur zweiten Andienung" ist von zentraler Bedeutung für das Gewährleistungsrecht. Nur unter engen Voraussetzungen soll ein Vertrag aufgelöst werden können.[344]

Die Unzumutbarkeit der §§ 440 S. 1, 636 BGB liegt nicht selten in der Person des Unternehmers bzw. Verkäufers begründet, etwa bei allgemeiner Unzuverlässigkeit oder konkret vertragswidrigem Verhalten.[345] Das sind personenbezogene Aspekte. Auch die Gesetzesbegründung zu § 650b Abs. 1 S. 2 BGB nennt die fehlende Qualifikation des Unternehmers und damit personenbezogene Aspekte als für die Zumutbarkeit relevant.[346] Dies gilt nicht nur für die Person des Unternehmers, sondern auch umgekehrt für die Person des Bestellers. Der Bauvertrag basiert auf Kooperation und einer Vertrauensgrundlage, die für das Gelingen Voraussetzung ist. Unzuverlässigkeit oder vertragswidriges Verhalten aufseiten des Bestellers oder bei dessen Erfüllungsgehilfen (§ 278 BGB) kann dieses Vertrauen erschüttern.[347] Ist der Besteller etwa mit den Abschlagszahlungen stets säumig,[348] ohne dass dies einen Kündigungsgrund schafft,[349] und der Besteller begehrt eine komplexe oder kostenintensive Änderung, kann die Ausführung für den Unternehmer unzumutbar sein, wenn die Aussicht auf fristgerechte Zahlungen auch weiterhin unbeständig ist.

---

342 BeckOK BGB/*Becker*, § 308 Nr. 4 BGB Rn. 15.
343 Ebenso LBD-L, BauV/*Langen*, § 650b BGB Rn. 58.
344 Jauernig/*Berger*, § 440 BGB Rn. 5.
345 Vgl. BeckOK BGB/*Voit*, § 636 BGB Rn. 22.
346 Gesetzentwurf BReg, BT-Drs. 18/8486, S. 53.
347 Anders BeckOGK BGB/*Mundt*, § 650b BGB Rn. 136, für den das Unzumutbarkeitskriterium nicht die Funktion hat, ein Fehlverhalten des Bestellers zu sanktionieren.
348 Dies berechtigt den Unternehmer zur zeitweiligen Leistungseinstellung, BeckOK BGB/*Voit*, § 632a Rn. 21.
349 Dazu BGH, VII ZR 212/07 = NJW 2009, 3717 [3719].

ccc. § 648a Abs. 1 BGB

§ 648a Abs. 1 BGB regelt die Kündigung aus wichtigem Grund, also die fristlose Lösung vom Vertrag. Ein Grund kann in der Person des Bestellers liegen, etwa dessen (drohende) Insolvenz.[350] Auch genügt, wenn der Unternehmer seinen Geschäftsbetrieb einstellt.[351]

Aus den obigen Gründen ist auch bei der Änderung das Parteiverhalten relevant. Die Wertungen des § 648a Abs. 1 BGB sind daher im Grunde auf § 650b BGB übertragbar. Die Einstellung des Geschäftsbetriebs kann hier etwa beim Besteller auftreten, wenn die auftraggebende Immobiliengesellschaft noch während der Bauausführung liquidiert wird. Besteht erkennbar kein Fertigstellungswille hinsichtlich des Werks oder keine Zahlungsbereitschaft oder -möglichkeit, muss der Unternehmer die Änderung als unzumutbar ablehnen können. Denn regelmäßig kann er dann auch keine Vergütung erwarten.

ddd. §§ 324, 282 BGB

Bei §§ 324, 282 BGB spielt die Zumutbarkeit im Rahmen der Verletzung von Nebenpflichten gem. § 241 Abs. 2 BGB eine Rolle.[352] Schadensersatz oder die Vertragsauflösung können nur gefordert oder bewirkt werden, wenn die Nebenpflichtverletzung derart schwer wiegt, dass ein Festhalten am Vertrag für den Geschädigten unzumutbar ist.

Das Verhalten des Bestellers neben der Hauptleistungspflicht kann auch für Änderungen bedeutend sein. Verzögert der Besteller das Procedere in schikanöser Absicht, indem er etwa die Änderung zu einem ungünstigen Zeitpunkt (mögliche, aber schwierigere Außenarbeiten in den Herbstmonaten, obgleich diese ohne Not im Sommer hätten angeordnet werden können), kann die Befolgung unzumutbar sein. Hier wird aber eine gewisse Erheblichkeit erforderlich sein (etwa Schikane gem. § 226 BGB, weil die Arbeiten für den Unternehmer gefährlicher werden), da finanziell darstellbarer Mehraufwand des Unternehmers über § 650c BGB kompensiert wird.

eee. § 275 Abs. 2, 3 BGB

Die Einrederechte des § 275 Abs. 2, 3 BGB beinhalten die Zumutbarkeit explizit.[353] Zwar gilt § 275 Abs. 2, 3 BGB schon unmittelbar. Dies versperrt jedoch

---

350 Gesetzentwurf BReg, BT-Drs. 18/8486, S. 50, allerdings offengelassen.
351 Gesetzentwurf BReg, BT-Drs. 18/8486, S. 50.
352 Für § 324 BGB klarstellend: BeckOK BGB/*H. Schmidt*, § 324 BGB Rn. 7.
353 § 275 Abs. 2 S. 2 BGB „zuzumutenden"; § 275 Abs. 3 „zugemutet".

die Übertragbarkeit von dortigen Fallgruppen nicht *a priori*. Das wäre auch nicht praxisgerecht, da Zweck des Zumutbarkeitskriteriums in § 650b BGB ist, die Änderungsleistung schon unterhalb von § 275 Abs. 2, 3 BGB verweigern zu können.[354]

Für § 275 Abs. 2 BGB bedarf es eines groben Missverhältnisses zwischen Leistungsinteresse des Gläubigers (Bestellers) und Aufwand des Schuldners (Unternehmer). Ein solches Missverhältnis wird es bei § 650b Abs. 1 S. 1 Nr. 1 BGB regelmäßig nicht geben, da die Vergütung dem Aufwand der Änderungsleistung folgt (§ 650c BGB), sodass *ipso iure* ein finanziell ausgewogenes Verhältnis entsteht. Fälle des § 275 Abs. 2 BGB sind daher nicht übertragbar.

§ 275 Abs. 3 BGB setzt voraus, dass der Schuldner die Leistung persönlich zu erbringen hat. Die Leistung muss zwar nicht wie beim Dienstvertrag im Zweifel *höchst*persönlich (§ 613 S. 1 BGB) ausgeführt werden. Allerdings könnte § 4 Abs. 8 Nr. 1 S. 1 VOB/B in den Vertrag miteinbezogen worden sein oder aber die Leistung ist so spezifisch, dass sie nur durch den Unternehmer selbst erbracht werden kann und nicht durch Nachunternehmer. Zu denken ist an einen Spezialtiefbauer, der wegen seiner exklusiven Expertise ausgewählt wurde und bereits einen nicht abtrennbaren Leistungsteil erbracht hat.[355] Der Besteller plant nun weiträumig um und begehrt Änderungen. Deren Ausführung würde zu einer späteren Fertigstellung führen. Der Unternehmer hingegen hat schon einen Drittauftrag für die Anschlusszeit vereinbart. Für diesen Fall wäre zwar keine subjektive Unmöglichkeit (§ 275 Abs. 1 Alt. 1 BGB) gegeben, da dem Unternehmer nicht tatsächlich „die Hände gebunden" sind, anstatt des Drittgeschäfts vielmehr die Änderung zu erbringen (was freilich einen Vertragsbruch gegenüber dem Dritten darstellte).[356] Er kann aber die Änderung verweigern. Dies ergibt sich aus einer Gesamtschau von § 275 Abs. 2 und 3 BGB.[357]

Für die Unzumutbarkeit ist an einen ähnlichen Fall zu denken: Der Unternehmer befindet sich bislang lediglich in Verhandlungen über einen Drittauftrag, der in den durch die Änderung betroffenen Zeitraum fällt. Die Ausführung der Änderung könnte daher für ihn unzumutbar sein, weil er anderenfalls einen konkreten (ggf. lukrativen) Drittauftrag nicht wahrnehmen kann. Hier ist eine Interessenabwägung erforderlich: Der Besteller hat das Interesse, Änderungen,

354 Ausdrücklich auch der Gesetzentwurf BReg, BT-Drs. 18/8486, S. 53 f.

355 Sonst Teilerfolg und Zusatzleistung nach § 650b Abs. 1 S. 1 Nr. 2 BGB.

356 Vgl. BeckOK BGB/*Lorenz*, § 275 BGB Rn. 49.

357 Vgl. BGH, VII ZR 146/11 = NJW 2013, 152 [154] zur (vorwerfbaren) Doppelverpflichtung.

die nicht nötig, aber gewünscht sind, am Bauwerk flexibel anordnen können. Das Interesse des Unternehmers besteht, sich dem Besteller nicht länger als nötig zur Verfügung zu stehen, sondern andere – konkrete – Erwerbschancen realisieren zu können. Dieses Interesse ist jedenfalls beim Alleinunternehmer, der sein Werk im eigenen Betrieb erbringt, höher zu gewichten. Diesem ist nicht zuzumuten, für einen der beiden Aufträge einen Nachunternehmer zu suchen, da er sich von vornherein nur für die Leistung im eigenen Betrieb verpflichten wollte. Der Alleinunternehmer kann daher die Änderung als unzumutbar verweigern. Auch daneben gebietet die geringere Schwelle der Zumutbarkeit gegenüber § 275 Abs. 3 BGB, dass das unternehmerische Interesse hoch zu gewichten ist.

Um allerdings Missbrauch zu verhindern, wird der Unternehmer den Fortschritt der anderweitigen Verhandlungen vorweisen müssen, sodass er nicht Verhandlungen „ins Blaue hinein" behaupten kann. Ausschlaggebend könnte sein, dass der Unternehmer sich schon in konkreten Vertragsverhandlungen im Sinne von § 311 Abs. 2 Nr. 1 BGB befinden muss. Im Einzelfall genügt vielleicht sogar schon die bloße Vertragsanbahnung (§ 311 Abs. 2 Nr. 2 BGB).

Auch können persönliche Gründe, wie der bevorstehende Jahresurlaub oder eine baldige (elektive) Heiloperation, die Änderung unter Berücksichtigung der Interessenlagen unzumutbar machen. Die Grenzen zur direkten Anwendung von § 275 Abs. 1, 3 BGB sind hier oft fließend, etwa wenn es um Erkrankungen des Unternehmers geht.[358]

bb. Zwischenergebnis

Die Zumutbarkeit wird im BGB nicht einheitlich beurteilt. Es gibt aber Fälle, die auf § 650b Abs. 1 S. 2, Abs. 2 S. 2 BGB übertragbar sind und die Bildung von Fallgruppen erlaubt:

Zum einen kann die Person des Bestellers eine wesentliche Rolle für die Zumutbarkeit spielen. Droht die Insolvenz, die Einstellung des Geschäftsbetriebs oder verhält der Besteller sich in der Vertragsabwicklung unbillig, kann dies zur Unzumutbarkeit führen, vor allem wenn dadurch die Leistungszeit (und damit die Gegenleistung – Vergütung bei Abnahme, § 640 Abs. 1 BGB) verzögert wird. Das Verhalten des Bestellers und seiner Erfüllungsgehilfen ist ausschlaggebend sowie auch die Fragen der Zurechenbarkeit und Verantwortlichkeit. Kategorisch sind dies *vertragsgefährdende Merkmale in der Person des Bestellers*.

358 Zum Umgang mit Erkrankungen im Rahmen von § 275 BGB: BeckOGK BGB/*Riehm*, § 275 BGB Rn. 103 f., 271.1.

Zum anderen kommen Fallgruppen infrage, die unter § 275 Abs. 3 BGB fallen, dessen Schwelle aber nicht überschreiten. Zu denken ist an anderweitige Geschäftsanbahnungen oder eine Urlaubsreise des Unternehmers, die mit der Dauer der Änderungsleistung zeitlich kollidieren.[359] Kategorisch sind dies *Rücksicht gebietende Merkmale in der Person des Unternehmers.*

Der Vergleich mit anderen Normen des Schuldrechts zeigt jedenfalls, dass die Zumutbarkeit einen über die Beispiele im Gesetzentwurf und die allgemeinen Grundsätze der Leistungsverweigerung (§ 275 BGB) hinausgehenden Anwendungsbereich besitzt und von eigenständiger Relevanz sein wird.[360]

cc. Weitere Fälle der Unzumutbarkeit

Der Gesetzentwurf führt die technische Möglichkeit sowie die Ausstattung und Qualifikation des Bauunternehmers als Gründe für die Unzumutbarkeit auf.[361] Ist dem Unternehmer die Ausführung der Änderung technisch nicht möglich, ist sie allerdings oft schon subjektiv unmöglich gem. § 275 Abs. 1 Alt. 1 BGB oder nach § 275 Abs. 2 BGB unzumutbar. Fehlt dem Unternehmer die Ausstattung oder Qualifikation, gilt häufig das gleiche.[362]

Geboten ist indessen stets eine differenzierte Betrachtung der Vertragsstrukturen, so vor allem bei der Beauftragung eines Generalunternehmers oder -übernehmers. Der General*unter*nehmer wird zwar meist einen Teil der Leistungen selbst ausführen, alle anderen Leistungen aber im Rahmen separater Bauverträge an Nachunternehmer vergeben.[363] Der General*über*nehmer wird überhaupt nicht im eigenen Betrieb tätig, er vergibt in der Regel alle Leistungen an Dritte.[364] In beiden Unternehmereinsatzformen hat der Besteller nur einen Vertragspartner; die Nachunternehmer sind ihm gegenüber nicht verpflichtet.

Alle diese Verträge sind also so gestaltet, dass Leistungen an andere Fachunternehmen vergeben werden. Den Unternehmern ist die technische Ausführung *im eigenen Betrieb* in den betroffenen Leistungsabschnitten von vornherein nicht möglich, weil es regelmäßig an Ausstattung und Qualifikation fehlt.

---

359 *Joussen*, BauR 2018, 151, 156 lässt die Frage, ob Urlaub zur Unzumutbarkeit führt, offen.

360 A.A. *Englert/Englert*, NZBau 2017, 579, 581, die statt dem Begriff der Zumutbarkeit einen Verweis auf § 242 BGB wünschen.

361 Vgl. Gesetzentwurf BReg, BR-Drs. 123/16, S. 57.

362 Ebenso *Englert/Englert*, NZBau 2017, 579, 582.

363 MüKoBGB/*Busche*, § 631 BGB Rn. 118.

364 Kapellmann/Messerschmidt/*Thierau*, Anhang Rn. 9.

Hier besteht bei einer Leistungsänderung jedoch weder Unmöglichkeit noch Unzumutbarkeit. Denn der vereinbarte Erfolg enthält gerade die Erbringung des Werks *unter Einschaltung* von Dritten.[365] Die Änderung ist daher in diesen Fällen in der Regel möglich und zumutbar. Zu betrachten sind dann aber die Kapazitäten der Nachunternehmer.[366] Eine Ausnahme besteht nämlich, wenn alle dem Unternehmer als zuverlässig bekannten Nachunternehmer verhindert sind und er auf neue ihm unbekannte zurückgreifen müsste. Deren Zuverlässigkeit und Expertise kann der Unternehmer nicht einschätzen, sodass deren Beauftragung nur im Ausnahmefall zumutbar sein wird, schon allein, weil er für deren Leistung gegenüber dem Besteller gem. § 278 BGB einstehen muss.[367]

Für ein Einzelgewerk ist die Frage anders zu beantworten. So ist etwa für ein auf Holzarbeiten spezialisiertes Fachunternehmen die Änderung des Bestellers, statt der ursprünglichen Holzvertäfelung die Leistung mittels Keramikfliesen zu erbringen, im eigenen Betrieb nicht machbar. Infrage kommen unterschiedliche Begründungsansätze, weshalb der Unternehmer die Änderung jedenfalls im Ergebnis nicht ausführen muss: Erstens kann angenommen werden, dass der Tatbestand des § 650b BGB verlassen wird, weil der Werkerfolg das Einzelgewerk der Holzvertäfelung ist und das Kacheln mit anderem Material eine andere Identität besitzt als das ursprüngliche Werk.[368] Zweitens kann die Ausführung subjektiv unmöglich sein, wenn der Begriff der Unmöglichkeit (§ 275 BGB) hier so verstanden wird, dass die Leistung im eigenen Betrieb und mit eigener Mannschaft erbracht wird. Denn die Leistung ist grundsätzlich im eigenen Betrieb auszuführen, was Ausfluss des besonderen Vertrauensverhältnisses ist, vgl. § 4 Abs. 8 Nr. 1 S. 1 VOB/B.[369] Schließlich kann die Pflicht, sich eines Nachunternehmers zu bedienen, für den Hauptunternehmer als unzumutbar angesehen werden. Ihn träfe nämlich das Risiko der Insolvenz des Bestellers sowie der Insolvenz des Nachunternehmers gegenüber dem jeweils anderen. Zudem wäre er zur Gewährleistung von Leistungen verpflichtet, die ihm fachfremd sind. Ihn als Intermediär zwischen Besteller und Nachunternehmer zu installieren, entspricht nicht dem Zweck des Änderungsrechts, einfach und flexibel Änderungen vorzunehmen. Auch ist der Besteller nicht schutzbedürftig. Er könnte sich

---

365 Vgl. auch BeckOGK BGB/*Riehm*, § 275 BGB Rn. 128.1.

366 MüKoBGB/*Busche*, § 650b BGB Rn. 11.

367 So auch BeckOGK BGB/*Mundt*, § 650b BGB Rn. 123 f.

368 Zu der Fragen, dass die äußerste Grenze der Änderung die Identität des Werks ist: S. 107.

369 Beck'scher VOB-Komm/*Junghenn*, § 4 Abs. 8 VOB/B Rn. 2.

nämlich der (Nachunternehmer-)Leistungen selbst bedienen, weil sie am Markt verfügbar sind.[370]

Wie auch immer der konkrete Fall zu entscheiden ist: Der Unternehmer muss die Leistungen nicht ausführen. Er ist aber verpflichtet, über die Nichtausführung Auskunft zu erteilen. Die Verletzung dieser Pflicht kann zu Schadensersatzansprüchen führen.[371] Wann und wie der Unternehmer verweigert, ist seinem Geschick überlassen. Gut beraten wäre er, sich schon dann auf die Unzumutbarkeit zu berufen, wenn absehbar ist, dass nicht er die Unzumutbarkeit, sondern der Besteller die Zumutbarkeit beweisen muss. Das wird bei in der Sphäre des Unternehmers liegenden Gründen nicht oft der Fall sein.[372]

e. Betriebsinterne Vorgänge

Das Gesetz selbst nennt als möglichen Grund für die Unzumutbarkeit betriebsinterne Vorgänge des Unternehmers (§ 650b Abs. 1 S. 3 BGB). Diese sind *Rücksicht gebietende Merkmale in der Person des Unternehmers*, da sie in dessen Sphäre liegen.

Im Rahmen der beiderseitigen Interessenabwägung spielt für die Ermittlung, ob die Änderung aufgrund betriebsinterner Vorgänge zumutbar ist, eine Rolle, wie diese Vorgänge entstanden sind. § 650b Abs. 1 S. 3 BGB erläutert dies nicht, die Norm kehrt lediglich die Beweislast um. Es ist jedoch ein Unterschied, ob die betriebsinternen Vorgänge zufällig entstanden sind oder infolge mangelnder Sorgfalt oder sogar vorsätzlich geschaffen wurden, um Änderungen abzuwehren.

Sind die betriebsinternen Vorgänge *zufällig* entstanden, wird der Unternehmer die Ausführung wohl stets verweigern können. Beruht die behauptete Unzumutbarkeit jedoch auf der *Außerachtlassung der gebotenen Sorgfalt*, kann der Sachverhalt schon anders bewertet werden. Hat etwa der Unternehmer den Beginn seiner Betriebsferien nach Vertragsschluss auf den Tag gelegt, der auf den Fertigstellungstermin folgt, ist dies fahrlässig, wenn von vornherein absehbar ist oder gar feststeht, dass es sich um ein änderungsanfälliges, weil prestigeträchtiges, Werk handelt. Erfolgt eine Anordnung, die mittelbar den Fertigstellungstermin nach hinten verschiebt und ist der Unternehmer auch weiterhin zur Leistung in der Lage (etwa, weil nicht alle Mitarbeiter verreist sind), kann es sein, dass die Leistung nicht unzumutbar ist, nur weil eigentlich zu der Zeit Betriebsurlaub ist.

---

370 Zum ähnlichen Ergebnis gelangt die verfassungskonforme Auslegung bei § 650b Abs. 1 S. 1 Nr. 2 BGB, S. 156 ff.

371 Dazu sogleich unter S. 114 f.

372 Insoweit offen auch der Gesetzentwurf BReg, BT-Drs. 18/8486, S. 54.

Denn auch die Interessen des Bestellers sind in der Abwägung zu berücksichtigen und es dient ihnen, wenn derselbe Unternehmer die Leistung kurzfristig, wenn auch einen Tag später, fertigstellt, als dass ein Dritter zunächst mit dem Werk vertraut gemacht werden muss, um dann die Änderungen fachgerecht auszuführen.

Schwerer noch wiegt für die Interessenabwägung die *vorsätzliche* Herbeiführung betriebsinterner Vorgänge. Doch streitet die Interessenabwägung für den Besteller nur dann, wenn der Unternehmer sich lediglich auf die Unzumutbarkeit berufen will. Befinden sich nämlich die Maschinen des oben erwähnten Spezialtiefbauers mit exklusiv patentierter Baumethode gerade in (nicht zwingend notwendigen) Reparatur, kann die Änderung in diesem Zeitraum nicht vom Unternehmer und auch von keinem Dritten ausgeführt werden und die Änderungsleistung ist für den Zeitraum der Reparatur unmöglich im Sinne von § 275 Abs. 1 Alt. 2 BGB. Auch dies kann allerdings Folgen haben.[373]

f. Geltendmachung und Beweislast

Was aber geschieht, wenn der Unternehmer sich nicht innerhalb der 30-Tage-Frist auf die bestehende Unzumutbarkeit beruft, die Arbeiten aber nicht ausführt?

Aus der Formulierung des § 650b Abs. 1 S. 2 BGB ergibt sich *e contrario*, dass der Unternehmer nicht verpflichtet ist, ein Änderungsangebot bei Unzumutbarkeit zu erstellen. Nicht ist dort eine Erhebung dieser Einrede Voraussetzung, wie dies etwa in § 214 Abs. 1 BGB der Fall ist. Daher erbringt der Unternehmer im Falle der Nichterstellung des Angebots schlichtweg eine nicht geschuldete Leistung nicht. Die Zumutbarkeit ist also Teil des Tatbestands.[374] Daher kann der Unternehmer sich auch später im Gerichtsverfahren noch auf die Unzumutbarkeit berufen.

Leitlinie des Bauvertrags ist jedoch der Grundsatz ständiger Rücksichtnahme und Kooperation.[375] Der Unternehmer ist dementsprechend verpflichtet, keine Information vorzuenthalten, deren Offenbarung möglich ist. Die Verletzung dieses Grundsatzes berechtigt zur Kündigung und zu Schadensersatzansprüchen aus §§ 280 Abs. 1, 241 Abs. 2 BGB.[376] Macht er demnach die Unzumutbarkeit nicht während der 30-Tage-Frist geltend, obgleich dies möglich ist, so

---

373 Dazu S. 115 ff.

374 So auch LBD-L, BauV/*Langen*, § 650b BGB Rn. 101; Palandt/*Sprau*, § 650b BGB Rn. 6.

375 BGH, VII ZR 393/98 = NJW 2000, 807 [808].

376 Vgl. auch BGH, VII ZR 393/98 = NJW 2000, 807 [808].

hat er dadurch entstehende Schäden zu ersetzen. Schadensersatzmindernd zu berücksichtigen sind allerdings Sowieso-Kosten: Ist der Verbau einer Betontreppe das Einzelgewerk und ordnet der Besteller eine zusätzliche baugleiche Treppe an, der Unternehmer hat dafür jedoch keine Kapazitäten, weil aufgrund der Auftragslage alle Mitarbeiter anderweitig gebunden sind, so wäre infolge der Unzumutbarkeit der Änderung ohnehin notwendig, dass ein Dritter beauftragt wird. Das muss zur Entlastung des Unternehmers berücksichtigt werden. Wohl aber sind Schäden zu ersetzen, die gerade infolge der Verzögerung und fehlenden Mitwirkung entstehen. Die Berufung auf die Unzumutbarkeit ist mithin als *Pflicht* ausgestaltet und nicht bloß als eine Obliegenheit, da Verletzungshandlungen Ansprüche des Bestellers begründen.

Entsprechend ist auch die repetitiv erscheinende Formulierung in § 650b Abs. 2 S. 2 BGB zu verstehen, die zwar fast wortgleich ist zu § 650b Abs. 1 S. 3 BGB, aber erst auf Anordnungsebene nach Ablauf der 30-Tage-Frist eine Rolle spielt. Die Berufung auf die Unzumutbarkeit unterliegt mithin nicht der Präklusion, sondern wirkt unbeschränkt. Ist die Änderung für den Unternehmer unzumutbar, läuft die Anordnung schlicht ins Leere.

Grundsätzlich ist der Besteller beweisbelastet, wenn der Unternehmer die Unzumutbarkeit behauptet.[377] Bei betriebsinternen Vorgängen kehrt sich die Beweislast jedoch um, § 650b Abs. 1 S. 3 BGB. Der Unternehmer soll sich nicht mit dem pauschalen Hinweis auf die Unzumutbarkeit der Änderung entziehen und somit jedes Änderungsbegehren konterkarieren.

g. Eingrenzung durch die Möglichkeit

Wenngleich der Gesetzentwurf lediglich § 275 Abs. 2, 3 BGB erwähnt,[378] gelten auch die Regeln zur objektiven und subjektiven Unmöglichkeit gem. § 275 Abs. 1 BGB. Die Leistung ist objektiv unmöglich, wenn sie von niemandem aus tatsächlichen oder rechtlichen Gründen erbracht werden kann.[379] Subjektive Unmöglichkeit liegt vor, wenn der Schuldner die Leistung nicht selbst erbringen kann.[380]

Durchaus sind Fälle denkbar, in denen die Änderung von niemandem erbracht werden kann, etwa, wenn sie naturgesetzlich nicht möglich oder aus

377 Gesetzentwurf BReg, BR-Drs. 123/16, S. 57.

378 Gesetzentwurf BReg, BR-Drs. 123/16, S. 57.

379 Gesetzentwurf, BT-Drs. 14/6040, S. 129, mit Verweis auf BAG, 9 AZR 384/92 = NJW 1995, 1774 [1775].

380 MüKoBGB/Ernst, § 275 BGB Rn. 55.

bauordnungsrechtlichen Gründen nicht erlaubt ist. Subjektive Unmöglichkeit wird auf der Baustelle wohl eher selten vorliegen. Die meisten Änderungsleistungen können auch von Dritten (womöglich mit einer anderen als der ursprünglichen Art der Ausführung) erbracht werden, da es sich in der Regel nicht um höchstpersönliche Leistungspflichten handelt.[381] Die Frage, ob der Unternehmer diese beauftragen muss oder sich verweigern kann, ist allerdings eine Frage der Leistungserschwerung gem. § 275 Abs. 2 BGB bzw. der Zumutbarkeit im Sinne von § 650b Abs. 1 S. 2 BGB.

h. Keine weitere Eingrenzung

Anders als in anderen Rechtsordnungen ist für die Ausübung des Änderungsrechts die Höhe des Werts der Änderung unbedeutend.[382] Die Änderung kann einen Gesamtwert von fünf, aber auch von 50 Millionen EUR betragen. Ebenso ist die Ausübung der Anordnung quantitativ nicht begrenzt.[383] Das gilt sowohl für die Änderung der konkreten Leistungsposition (etwa die Farbe des Anstrichs), als auch für das Gesamtwerk (anderes Dach, außerdem andere Fenster). Grenze ist hier die Treuwidrigkeit, die dogmatisch nicht abstrakt mittels § 242 BGB gilt,[384] sondern für die *gewillkürte* Änderung konkret auf der Ebene der Zumutbarkeit Berücksichtigung findet.

3. Definition des Werkerfolgs

Angesichts der vorstehenden negativen Abgrenzung, was alles nicht Teil des vereinbarten Werkerfolgs gem. § 650b Abs. 1 S. 1 Nr. 1 BGB wird, kann dieser nun definiert werden:

Der Werkerfolg ist das Ergebnis der Verhandlungen. Er erfasst zum einen alles, was die Parteien vertraglich zum Werkerfolg ernannt haben, zum anderen sowohl die Summe und den Inhalt der zugrundeliegenden Bauleistungen als auch deren Art der Ausführung. Der Werkerfolg ist damit nicht ausschließlich ergebnisorientiert, sondern bestimmte Verfahrensschritte, *in concreto* die Art der Ausführung, sind ein Teil davon und somit veränderlich.[385] Die Änderung

---

381 Vgl. BeckOGK BGB/Riehm, § 275 BGB Rn. 128, 130.

382 Ibr-Baurecht/*von Rintelen*, § 650b BGB Rn. 39.

383 Ebenso ibr-Baurecht/*von Rintelen*, § 650b BGB Rn. 39.

384 So für § 1 Abs. 3, 4 VOB/B seinerzeit *Rehbein*, Auftraggeberanordnung, 2007, S. 53 f.

385 Vgl. dazu die obigen Ausführungen m.w.N. S. 104.

kann die Qualität der Leistung und deren Funktion betreffen.[386] Die Anordnung darf nicht zu einem vertraglichen „Mehr" führen, sie ist nur als Austausch oder Änderung möglich, nicht jedoch darf sie zu einer vertraglich nicht erfassten Zusatzleistung führen. Ob es sich um eine *nicht* erfasste Zusatzleistung handelt, entscheidet sich nach der Identität des Vorhabens, oder genauer: dem Werkerfolg. Ist „ein Doppelhaus (§ 22 BauNVO) mit einer Garage" zu errichten, ist der Werkerfolg ein Wohngebäude mit Garagenfläche.[387] Ist dieser Werkerfolg Gegenstand der Änderung, so kann daraus auch ein „Doppelhaus mit zwei Garagen" werden. Denn der Identitätskern wird nicht geändert. Es bleibt weiterhin ein Bauwerk zum Zwecke des Bewohnens mit Parkmöglichkeiten. Auch können drei oder mehr Garagen angeordnet werden, solange der Wesenskern der „Wohnstätte" erhalten bleibt und das Bauwerk nicht zur „Parkfläche mit Wohnbebauung" wird.

Wird hingegen bei einem „Doppelhaus mit zwei Garagen" eine Garage aus dem Leistungsspektrum entfernt, so liegt eine Teilkündigung und keine Änderung vor, wenn es sich um einen abgrenzbaren Teil handelt, der ohne notwendige Änderung des restlichen Werks (etwa der Statik oder sonstigen Planung) gestrichen werden kann.[388] Dem Unternehmer steht dann die volle Vergütung (§ 648 S. 2 BGB) zu. Dies gilt sowohl bei einem Vertrag über ein „Doppelhaus mit zwei Garagen" als auch für ein anfängliches „Doppelhaus mit einer Garage", das mittels § 650b BGB um eine weitere Garage erweitert wurde, nun jedoch wieder nur eine Garage haben soll. Dass die Streichung einer Garage im letzteren Fall auch eine Teilkündigung sein soll, verwundert zunächst, da der *actus contrarius* zur Änderung in diesem Fall einen anderen Rechtscharakter, nämlich den einer Kündigung, hat. Dies ist allerdings dadurch gerechtfertigt, dass im Falle des Entzugs von Leistungsteilen der Gewinn des Unternehmers zur Disposition des Bestellers steht, was nicht interessengerecht ist. Daher muss der Unternehmer bei einem Wegfall einzelner Leistungsteile entschädigt werden, und zwar in angemessener Höhe, was bedeutet, dass ihm die gesamte Vergütung zusteht abzüglich ersparter Aufwendungen oder anderweitiger Verwendung seiner

386 Vgl. BeckOK BauvertragsR/*Leupertz*, § 650b BGB Rn. 41; BeckOGK BGB/*Mundt*, § 650b BGB Rn. 62.

387 Die Betrachtung bezieht sich nicht nur auf eine *funktionale* Sichtweise, sondern auch auf eine *detaillierte* Ausschreibung. Bei Letzterer kann der konkrete Werkerfolg durch Interpretation der einzelnen Leistungsteile ermittelt werden. Anschaulich dazu auch BeckOK BauvertragsR/*Leupertz*, § 650b BGB Rn. 24 ff.

388 Ebenso BeckOK BGB/*Voit*, § 650b BGB Rn. 3; ibr-Baurecht/*von Rintelen*, § 650b BGB Rn. 163 f.

Arbeitskraft. Dasselbe Ergebnis könnte man theoretisch über eine Lesart des §§ 650b, c BGB herbeiführen. Es wäre aber umständlicher, streitträchtiger und vor allem systematisch unstimmig, da die Teilkündigung in solchen Fällen eine *lex specialis* zur allgemeineren Änderung darstellt.

Der Begriff des Werkerfolgs ist also weit gefasst.[389] Er reicht bis an den Rand der Identität des Werks.[390] Er umfasst (auch) in der Variante der *gewillkürten* Änderung *zusätzliche* Leistungen, soweit sie vom Umfang des jeweiligen Werkerfolgs erfasst sind (etwa die zusätzliche Garage), auch wenn sie auf den ersten Blick auch dem Vertrag nicht zugehörig scheinen.[391]

Das Verhandlungsergebnis ergibt sich aus den gültigen Vereinbarungen. Neben dem Hauptvertrag können dies etwa Verhandlungsprotokolle, angenommene Nebenangebote oder mündliche Absprachen sein. Die Auslegungsreihenfolge des § 1 Abs. 2 VOB/B gilt für den BGB-Bauvertrag nicht.

Das gewillkürte Änderungsrecht wird mitsamt der Kostenfolge des § 650c BGB für den Besteller in strategischer Hinsicht interessant sein in den Fällen, in denen Einzelteilleistungen in Einheitspreisverträgen ausgetauscht werden können. So ist denkbar, dass der Besteller im Leistungsverzeichnis eines Einheitspreisvertrags eine Einzelposition in der Menge zu gering kalkulierte, der Unternehmer hat diesen Fehler erkannt und den Einheitspreis der Position in der Urkalkulation seines Angebots daher höher als nötig angesetzt, um über die zwangsläufig höhere verbaute Menge den erhöhten Einheitspreis fortzuschreiben und zusätzlichen Gewinn zu generieren.[392] Ist die übersetzte Einzelposition jedoch dergestalt austauschbar, dass etwa innerhalb eines Generalunternehmervertrags über die Errichtung eines Einfamilienhauses die ursprünglich für die Dachdeckung vorgesehenen Biberschwanzziegel ohne Probleme durch Kronen-Pfannen ersetzt werden können, so ändert sich mit der Anordnung auch der Vergütungsmaßstab. Wären die Biberschwanzziegel womöglich nach der Fortschreibung der Urkalkulation abzurechnen, bemisst sich die Vergütung der Kronen-Pfannen in jedem Fall nach § 650c Abs. 1 BGB und damit nach den

389 Ebenso ibr-Baurecht/*von Rintelen*, § 650b BGB Rn. 36.

390 Ebenso MüKoBGB/*Busche*, § 650b BGB Rn. 4; *Kniffka*, Kompendium Baurecht, [5]2020, 4. Teil, Rn. 244; *Pioch*, AcP 219 (2019), 703 (718, Fn. 58); Palandt/*Sprau*, § 650b BGB Rn. 3.

391 Die Quantität der Leistung erfasst sieht auch BeckOGK BGB/*Mundt*, § 650b BGB Rn. 62.

392 Vgl. aber die sich wohl ändernde Rechtsprechung für diese Methodik, S. 71 f.

tatsächlichen Kosten.[393] So kann der Besteller übersetzte Einzelpositionen auch nach Vertragsschluss noch torpedieren, wenn ihm sein kalkulatorischer Fehler vor Ausführung der Position auffällt.

II. Notwendige Änderung, § 650b Abs. 1 S. 1 Nr. 2 BGB

§ 650b Abs. 1 S. 1 Nr. 2 BGB betrifft Änderungen, die zur Erreichung des vereinbarten Werkerfolgs notwendig sind.[394] Die Notwendigkeit der Änderung kann etwa auf eine veränderte Rechtslage zurückzuführen sein oder besteht, wenn die Baugenehmigung vom Werkerfolg abweicht und das Werk so wie vereinbart nicht errichtet werden darf.[395] Auch die Beseitigung von Mangelursachen im Vertrag selbst kann Gegenstand der Änderung sein. Ist die Leistungsbeschreibung des Bestellers fehlerhaft oder ändern sich während der Errichtung des Bauwerks die allgemein anerkannten Regeln der Technik für einzelne Leistungsteile, droht das Werk mangelhaft zu werden. Dem kann durch eine Änderungsanordnung begegnet werden.

Bei Nummer 2 ist möglich, auch *zusätzliche* Leistungen anzuordnen, die außerhalb des Identitätskerns des Werkerfolgs bei gewillkürten Änderungen liegen, wenn sie für die Erreichung des Werkerfolgs notwendig sind.[396] Positionen, die nicht im bisherigen Leistungsspektrum enthalten sind, etwa ein zusätzlicher Satz Vierkantschrauben, sind zwar keine buchstäbliche Änderung, sondern eine Zusatzleistung. Im wohlverstandenen Wortsinn sind aber auch diese Positionen tauglicher Gegenstand der Anordnung. Das ergibt sich schon aus dem Zweck der Vorschrift, ein mangelfreies Werk verlangen zu können, das nicht nur dann mangelhaft zu werden droht, wenn falsche oder überflüssige Leistungsteile explizit geschuldet sind, sondern auch dann, wenn bestimmte Positionen fehlen. Auch in der Gesetzesbegründung wird beispielhaft die *lücken*hafte, also unvollständige, Leistungsbeschreibung genannt, die erst durch Hinzutreten zusätzlicher Leistungspositionen lückenlos wird.[397]

---

393 Ist eine Urkalkulation vereinbarungsgemäß hinterlegt, kann der Unternehmer auch § 650c Abs. 2 BGB wählen. Bei einer krass überhöhten Einzelposition wird wohl die Widerlegung der Vermutung (§ 292 ZPO) leichter fallen.

394 In vielen Fällen wird von erforderlichen Änderungen gesprochen. Angesichts des Gesetzeswortlauts wird hier und im Folgenden „notwendig" verwandt.

395 Vgl. auch den Gesetzentwurf BReg, BR-Drs. 123/16, S. 56.

396 So auch BeckOK BGB/*Voit*, § 650b BGB Rn. 6.

397 Gesetzentwurf BReg, BR-Drs. 123/16, S. 56.

Bei der Konstruktion der notwendigen Änderung zeigen sich jedoch einige Ungereimtheiten im Hinblick auf die gesetzliche Systematik, auf die im Folgenden genauer eingegangen wird.

1. *Konflikt mit dem funktionalen Mangelbegriff?*

Im Bauvertragsrecht existiert die Lehre vom funktionalen Mangelbegriff. Danach ist eine Bauleistung mangelhaft, wenn der vom Besteller bezweckte Erfolg mit der vom Unternehmer erbrachten Leistung nicht erreicht werden kann.[398] Stets ist also ein zweckentsprechendes und funktionales Werk geschuldet. Angesichts dessen – so scheint es – bedarf es der *notwendigen* Änderung nicht, da diese nur infrage kommt, wenn der Werkerfolg auf die bisherige Art und Weise der Leistungsvereinbarung nicht erreicht werden kann.[399] Über den funktionalen Mangelbegriff wird aber sichergestellt, dass der Besteller ein funktionstüchtiges Bauwerk beanspruchen kann. Jede Änderung nach Nummer 2 könnte daher ein bloßes Abfordern bereits geschuldeter Leistungen sein.

Es verwirrt, dass die Gesetzesbegründung sich nicht mit dem funktionalen Mangelbegriff auseinandersetzt,[400] vor allem weil für die notwendige Änderung genau diejenigen Beispiele genannt werden, für die diese Rechtsprechung gilt – nämlich im Rahmen von lücken- oder fehlerhaften Leistungsbeschreibungen.[401] Das kann den Eindruck entstehen lassen, dass der Gesetzgeber die Lehre vom funktionalen Mangelbegriff verwirft, auch weil diese bis zum heutigen Tag keine Erwähnung im Gesetz gefunden hat. Da aber der Gesetzgeber mit dieser rechtlichen Praxis seit dessen Entstehung einverstanden ist,[402] dürfen die im Gesetzentwurf angeführten Beispiele nicht leichthin so verstanden werden, dass davon Abstand genommen werden soll.[403]

Stehen verschiedene Änderungen zur Auswahl, um die Funktionalität herzustellen, so zeigt sich die Relevanz der Norm. Denn dann kann der Besteller zwischen diesen unterschiedlichen Varianten wählen, etwa die ihm liebste, die kostengünstigste oder die sicherste. Die notwendige Änderung hat neben dem

398 Einführend S. 35 ff.

399 Ebenso *Lederer*, Funktionaler Werkerfolg, 2016, S. 175, 275; für § 650b BGB wirft *Pioch*, AcP 219 (2019), 703, 710 diese Frage auf.

400 Das monieren auch die Empfehlungen der Ausschüsse, BR-Drs. 123/1/16, S. 11.

401 Gesetzentwurf BReg, BR-Drs. 123/16, S. 56.

402 S.o. S. 27.

403 Zu diesem Ergebnis kommt mit anderer Lesart der Entstehungsgeschichte *Pioch*, AcP 219 (2019), 703, 713.

funktionalen Mangelbegriff also einen eigenständigen Anwendungsbereich. Allein deswegen kann nicht schon automatisch davon ausgegangen werden, dass der funktionale Mangelbegriff durch § 650b Abs. 1 S. 1 Nr. 2 BGB heimlich ersetzt und damit aufgehoben wurde.[404]

Konsequenz des funktionalen Mangelbegriffs ist, dass ein funktions*un*tüchtiges Werk mangelhaft ist. Dem kann der Unternehmer begegnen, indem er Bedenken äußert, worauf in aller Regel das (konkludente) Angebot des Bestellers auf Vertragsanpassung folgt. Beharrt jener jedoch auf der Ausführung der *ursprünglichen* Planung, ist das als Absenkung des Leistungssolls zu verstehen.[405] Dies ist dann eine *gewillkürte* Änderung, weil das Werk „zum Mangelhaften“ hin verändert wird.

Der Besteller hat also auch weiterhin einen Anspruch auf ein mangelfreies und funktionstaugliches Bauwerk, selbst wenn die Planung unzureichend war und der Unternehmer dieser entsprechend geleistet hat.[406] Rechtlich muss er nichts weiter tun, um in den Genuss eines mangelfreien Werks zu gelangen. Der Unternehmer muss quasi eigenmächtig „über die Planung hinaus“ funktionstüchtig leisten.[407]

2. Funktionaler Mangelbegriff und notwendiges Änderungsrecht

Dieses Nebeneinander von *Funktionsleistungspflicht* und Änderungs*recht* ist systematisch unstimmig, weil beide Erscheinungen sich rechtlich nicht ineinanderfügen, sondern Überlappungen erzeugen. Das ändert aber nichts daran, dass das notwendige Änderungsrecht *konstitutiv* ausgestaltet ist, was bedeutet, dass es sich um ein Instrument mit Rechtswirkung handelt, das neben dem funktionalen Mangelbegriff einen eigenen Anwendungsbereich hat. Dafür spricht die dezidierte Stellungnahme im Gesetzentwurf und die vorgestellten Beispiele, für welche Fälle § 650b Abs. 1 S. 1 Nr. 2 BGB anwendbar ist.[408]

---

404 So aber *Hödl*, Bauvertragsrecht, 2018, Rn. 144 f., 147 f.

405 Vgl. dazu auch *Kniffka/Retzlaff*, BauR 2017, 1747, 1785; einschränkend OLG Düsseldorf, I-22 U 71/17 = NZBau 2018, 607 [608 f.], wonach der Unternehmer nach § 242 BGB verweigern darf, wenn mit hoher Wahrscheinlichkeit ein erheblicher Schaden eintreten wird und der Besteller ihn nicht von der Gewährleistung freigestellt hat.

406 St. Rspr., BGH, VII ZR 131/93 = NJW-RR 1995, 472; VII ZR 87/11 = NJW 2011, 3780.

407 Zu berücksichtigen sind hier allerdings etwaige Sowieso-Kosten, die für den Besteller anfallen können.

408 Gesetzentwurf BReg, BR-Drs. 123/16, S. 56 f.

Anwendungsfälle sind denkbar: Zum einen kann durch die Anordnung Klarheit über die weiteren Leistungsabschnitte entstehen, woraus Sicherheit und Akzeptanz für die spätere Schlussrechnungssumme folgt. Durch das verpflichtende Angebot über die Mehr- oder Mindervergütung zeigt der Unternehmer dem Besteller an, mit was für Kosten dieser zu rechnen hat. Hat er das Angebot redlich und zutreffend berechnet, besteht für den Besteller eine tragfähige Grundlage, für entsprechende (Abschlags-)Zahlungsfähigkeit zu sorgen. Denn auch wenn den Besteller bezüglich der drohenden Mangelhaftigkeit kein Verschulden trifft, weil sich etwa im Fertigstellungszeitraum die anerkannten Regeln der Technik unvorhersehbar geändert haben – im Rahmen der „vorweggenommenen Mangelbeseitigung" durch Änderung fallen Sowieso-Kosten an, also Kosten, die auch entstanden wären, wenn der Unternehmer von vornherein funktional geleistet hätte. Diese hat der Besteller zu übernehmen. Die Kosten können im Nachhinein, d.h. auf der Ebene der Mangelgewährleistung, in Grund und Höhe heftig umstritten sein. Im Rahmen von §§ 650b f. BGB können Besteller und Unternehmer sich daher zunächst über die Kosten der Änderungsleistung einigen, denn der Unternehmer *muss* ein Vergütungsangebot erstellen, über das dann verhandelt werden kann (§ 650b Abs. 1 S. 2 BGB). Selbst bei Nichteinigung bemisst sich die Vergütung (und deren Abschlagszahlungen) nach § 650c BGB und ist einfacher zu berechnen.[409]

Zum anderen kann der Besteller im Fall mehrerer möglicher Ausführungsvarianten entscheiden, mit welcher von ihnen Abhilfe zu schaffen ist, und überlässt die Auswahl nicht dem Unternehmer.[410] So kann er wählen, ob der günstigste, schnellste oder der sicherste Weg eingeschlagen werden soll. Dies gelingt ihm dank § 650b BGB durch den Änderungsvertrag oder notfalls die Anordnung.

Überdies eröffnet die Anordnung noch eine weitere Option: Bestehen mehrere Möglichkeiten, die Funktionstüchtigkeit zu erreichen, und beginnt der Unternehmer mit der ihm favorisierten, kann der Besteller, will er eine andere Abhilfeleistung erreichen, die bisherigen Anstrengungen des Unternehmers in dieser Angelegenheit untersagen. Formalistisch betrachtet müsste der Besteller die Änderung nach Nummer 2 erst begehren, in dieser 30 Tage währenden Phase könnte der Unternehmer noch seiner Wahl gemäß leisten. Dies aber würde die vom Besteller gewünschte Leistungsalternative vereiteln oder zumindest Mehrkosten verursachen. Daher befugt ein Fall der notwendigen Änderung den Besteller implizit, die bisherigen Anstrengungen des Unternehmers zu stoppen.

---

409 Zum Vorstehenden *Kniffka/Retzlaff*, BauR 2017, 1747, 1788.

410 *Kniffka*, Kompendium Baurecht, ^{5}2020, 4. Teil, Rn. 237.

3. *Problem des Änderungsangebots*

Begehrt der Besteller eine Änderung, muss der Unternehmer gem. § 650b Abs. 1 S. 2 BGB ein Angebot über die Mehr- oder Mindervergütung erstellen. Hier entsteht für den Unternehmer der Anreiz, einen überhöhten Preis für die Änderungen zu fordern, weil er bei Nichtzustandekommen eines Änderungsvertrags ohnehin die angemessene Vergütung nach § 650c BGB erhält.[411] Dieses Problem wird vor allem im Rahmen von § 650b Abs. 1 S. 1 *Nr. 2* BGB relevant, weil der Besteller hier auf die Ausführung angewiesen ist. Von einer *gewillkürten* Änderung, die überhöht bepreist wird, kann und wird er hingegen eher Abstand nehmen.

Wie aber ist damit zu verfahren, wenn der Unternehmer mit einem Angebot auf einen sittenwidrigen oder anfechtbaren Änderungsvertrag spekuliert, das widerstrebend angenommen wird, weil die andernfalls drohenden Schäden infolge der zeitverzögerten Anordnung außer Verhältnis zu dem vorgeschlagenen Änderungspreis stünden?

a. *Preisbindung des Änderungsangebots*

Zunächst ist dafür zu bestimmen, ob der Unternehmer den Preis für die Änderungen überhaupt frei bestimmen kann oder nicht etwa in seiner Preisbildung gebunden ist. § 650b Abs. 1 S. 2 BGB spricht nur von einem Angebot über die Vergütung, nicht aber von bestimmten Parametern zur Berechnung. Solche aber nehmen Teile der Literatur an, wonach das Angebot nach Maßgabe von § 650c BGB oder sogar nach § 632 Abs. 2 BGB erstellt werden muss. Dafür spreche zum einen die Gesetzessystematik: Die Möglichkeit, den Preis frei zu bestimmen, führe andernfalls zu zwei verschiedenen Vergütungssystemen; der frei bestimmten Vergütung sowie der detailliert zu bestimmenden „kalkulierten" Vergütung nach § 650c Abs. 1, 2 BGB infolge einer Anordnung nach § 650b Abs. 2 BGB.[412] Diese Zweispaltung sei mit Blick auf das Telos nur schwer vereinbar.

Diese Ansicht beinhaltet jedoch sogar drei Vergütungssysteme: die freie Preisbildung des Änderungsangebots, die Abrechnung nach den tatsächlichen Kosten gem. § 650c Abs. 1 BGB und die Berechnung der Vergütung für den Nachtrag auf die Ansätze in einer vereinbarungsgemäß hinterlegten Urkalkulation gem. § 650c Abs. 2 BGB. Schon § 650c BGB legt allein zwei verschiedene Vergütungswege fest; eine Systematik lässt sich daher nicht erkennen.

---

411 S. dazu oben S. 90 ff.

412 *Langen*, BauR 2019, 303, 309 f.

Auch sei § 650b BGB in der Absicht entstanden, einvernehmliche Änderungen zu fördern und nur subsidiär Anordnungen zu gewähren. Die Einigungsbereitschaft sei höher, wenn eine Bindung des Angebots an § 650c BGB bestünde.[413] Der Besteller sei dann eher einigungsbereit, weil die Angebotsvergütung an den tatsächlich erforderlichen Kosten orientiert wäre.[414] Dies könne auch der Kooperationspflicht entnommen werden.[415]

Eine vollständige Übernahme der Maßgaben von § 650c BGB scheidet aus. Oft sind die tatsächlich erforderlichen Kosten zum Zeitpunkt der Angebotserstellung noch nicht bekannt.[416] Der Unternehmer kann diese nur überschlagen, weil Material- oder Personalkosten in der gebotenen Kürze der Angebotserstellung nicht vollständig erfasst werden können.

Auch teleologisch besteht kein Bedürfnis nach der Preisbindung. Zwar ist richtig, dass die gesetzliche Absicht des § 650b BGB dahin geht, eine Einigung herbeizuführen. Aber gerade aus diesem Grund ist die Einvernehmensphase der 30 Tage samt Pflicht zur Angebotserstellung konstituiert worden. Diese zeitliche Komponente kann schon zu einer Einigung führen, da „Zeit meist Geld" ist. Subsidiär besteht das Anordnungsrecht, das im Falle der Nichteinigung die Änderung einseitig erzwingen kann. Hier eine Bindung anzunehmen, würde das Angebot überflüssig machen, da so oder so die Änderung zum (nahezu) gleichen Preis erfolgte. Auch ist auf den Grundsatz abzustellen, dass etwas, was gesetzlich nicht geregelt ist, nicht einfach Geltung beanspruchen kann. Zu einer etwaigen Bindung gibt es keinerlei Vorgaben. Wäre diese gewollt, bedürfte es klarer Bezeichnung, denn dann stünde das Änderungsrecht dem Kontrahierungszwang sehr nahe.[417] Der Unternehmer könnte dann stets nur dieselben Preise nach § 650c BGB beanspruchen, sei es für die Verhandlungen infolge des Änderungsbegehrens, sei es infolge der Anordnung. Dass dies vom Gesetzgeber gerade *nicht* gewollt war, zeigt § 650c Abs. 3 S. 3 BGB. Denn bei Bindung des Angebots an die Parameter des § 650c BGB könnte keine rückzahlbare Überzahlung stattfinden, da der Unternehmer die Abschläge ja an den tatsächlichen Kosten ausgerichtet hätte. Auch der Verweis von § 650c Abs. 3 BGB stellt auf das nach § 650b Abs. 1 S. 2 BGB zu erstellende Angebot ab, ohne Bezug auf die Vergütungsanpassung nach § 650c Abs. 1 und Abs. 2 BGB zu nehmen.[418]

---

413 *Gartz*, BauR 2019, 1021, 2026.

414 *Oberhauser*, NZBau 2019, 3, 6 f.

415 *Langen*, BauR 2019, 303, 310.

416 BeckOK BGB/*Voit*, § 650b BGB Rn. 13.

417 Ibr-Baurecht/*von Rintelen*, § 650b BGB Rn. 99.

418 *Langen*, BauR 2019, 303, 309.

So wünschenswert die Bindungswirkung im Hinblick darauf, Missbrauch zu vermeiden, im Einzelfall auch sein kann; sie existiert nicht. Der Unternehmer kann das Angebot daher frei bepreisen.[419] Eingedenk der Kooperationspflicht muss das Angebot aber so gestaltet sein, dass die Einigung gefördert wird,[420] d.h. es darf nicht sitten- oder sonst wie treuwidrig sein.

b. *Sittenwidrigkeit bei Nachträgen im Bauvertrag*

Ob ein preislich überhöhtes Angebot zu einem sittenwidrigen Änderungsvertrag führt und damit gem. § 138 Abs. 1 BGB nichtig ist, setzt voraus, dass es gegen die guten Sitten verstößt. Ist der objektive Inhalt mit grundlegenden Wertungen der Rechts- oder Sittenordnung unvereinbar, lässt schon der Inhalt das Rechtsgeschäft nichtig werden.[421] Ein Rechtsgeschäft ist auch dann nichtig, wenn es nach seinem aus der Zusammenfassung von Inhalt, Beweggrund und Zweck zu entnehmenden Gesamtcharakter mit den guten Sitten nicht vereinbar ist.[422] Bei der Variante des Gesamtcharakters eines Rechtsgeschäfts muss ein subjektives Element hinzutreten; erst ein Zusammenspiel führt die Sittenwidrigkeit herbei.[423] Das Bewusstsein der Sittenwidrigkeit und eine Schädigungsabsicht sind nicht erforderlich, es genügt, wenn der Handelnde die Tatsachen kennt, aus denen sich die Sittenwidrigkeit ergibt, wobei dem gleichsteht, wenn sich jemand bewusst oder grob fahrlässig der Kenntnis erheblicher Tatsachen verschließt.[424]

Im Baurecht spielt § 138 Abs. 1 BGB eine Rolle bei der Behandlung von Nachträgen. In diesen Fällen sind im bestellerseits erstellten Leistungsverzeichnis einzelne Materialien oder Ausführungselemente in zu geringer Menge ausgeschrieben und notwendig für Leistungen im Rahmen von gewillkürten oder erforderlichen Änderungen, § 1 Abs. 3, 4 VOB/B, § 2 Abs. 3 Nr. 2, Abs. 5, 6 VOB/B.[425] Bei einem Einheitspreisvertrag könnte der Unternehmer diese Positionen besonders hoch

---

419 **Bindung**: *Gartz*, BauR 2019, 1021, 1023 ff.; *Langen*, BauR 2019, 303, 309; *Oberhauser*, NZBau 2019, 3, 6 f.; **freier Preis**: *Abel/Schönfeld*, BauR 2018, 1, 3; *Kniffka*, Kompendium Baurecht, [5]2020, 4. Teil, Rn. 258; BeckOK BauvertragsR/*Leupertz*, § 650b Rn. 60; BeckOGK BGB/*Mundt*, § 650b BGB Rn. 114; Palandt/*Sprau*, § 650b BGB Rn. 9; ibr-Baurecht/*von Rintelen*, § 650b BGB Rn. 96 ff.

420 So auch *Kniffka*, Kompendium Baurecht, [5]2020, 4. Teil, Rn. 258.

421 BGH, IVa ZR 138/83 = NJW 1985, 2405 [2406].

422 BGH, IX ZR 130/88 = NJW 1989, 1276 [1277].

423 Vgl. BGH, V ZR 74–96 = NJW-RR 1998, 590 [591].

424 BGH, V ZR 74–96 = NJW-RR 1998, 590 [591].

425 Für § 2 Abs. 3 Nr. 2, Abs. 5 VOB/B BGH, VII ZR 201/06 = NZBau 2009, 232; für § 2 Abs. 6 VOB/B BGH, VII ZR 68/10= NZBau 2013, 366.

bepreisen, um darauf zu spekulieren, dass die avisierte Menge nicht ausreicht. Der Einheitspreis, also der Preis pro Einheit, wird (spätestens) bei der Schlussrechnung mit der tatsächlich verbauten Anzahl multipliziert. Dieser überhöhte Einheitspreis der einen Position wird in der Regel ausgeglichen durch einen zu niedrigen Preis in anderen Positionen, sodass er im Gesamtpreis nicht (immer) erkennbar ist. Für den Besteller ist aber meist der Gesamtpreis entscheidend, sodass im Zeitpunkt des Zuschlags oder Vertragsschlusses die Bauleistungen als angemessen bepreist wirken. Im Rahmen der vorkalkulatorischen Preisfortschreibung der VOB/B, die lange Zeit Grundlage der Nachtragsvergütung gewesen ist,[426] konnte der Unternehmer durch die unveränderte Fortschreibung der überhöhten Einzelpositionen mit wenig Aufwand seinen Gewinn maximieren.

Die Fortschreibung des überhöht vereinbarten Einheitspreises – und nur diese – ist danach Gegenstand der Nichtigkeit gem. § 138 Abs. 1 BGB, denn jeder Positionspreis sowie die Vereinbarung, dass dieser vorkalkulatorisch fortgeschrieben wird, sind eigenständige Teile der Vergütungsabrede.[427] Sittenwidrigkeit liegt dann vor, wenn der für den Nachtrag geltende Preis in einem auffälligen wucherähnlichen Missverhältnis zur Bauleistung steht. Hinzutreten müssen für die Sittenwidrigkeit subjektive Umstände, etwa eine verwerfliche Gesinnung.[428] Diese subjektiven Umstände sind allerdings oft nicht dem Beweis zugänglich und werden daher aus den objektiven Umständen gefolgert; die objektiven Umstände können sogar eine Vermutung für das Vorliegen der subjektiven Umstände begründen.[429]

Regelmäßig beruht die Vereinbarung des Einheitspreises auf einem Angebot des Unternehmers, dem das Leistungsverzeichnis zum Zwecke der Bepreisung übergeben wurde.[430] Dann wird vermutet, dass der Unternehmer den überhöhten Positionspreis gebildet hat, um auf Nachträge und einen außerordentlichen Gewinn zu spekulieren. Solche Spekulationen sind sittenwidrig, weil das gesetzliche Leitbild auch für Nachträge einen fairen, von Treu und Glauben geprägten Leistungsaustausch bezweckt.[431]

Bei einer nahezu achtfachen Überschreitung des üblichen Preises ist ein auffälliges Missverhältnis angenommen worden, ebenso eine verwerfliche

---

426 Über die wahrscheinliche Abkehr des BGH von dieser Berechnungsmethode: S. 71 f.

427 BGH, VII ZR 201/06 = NZBau 2009, 232 [235, Rn. 29 f.].

428 BGH, VII ZR 201/06 = NZBau 2009, 232 [233, Rn. 11].

429 Vgl. BGH, XI ZR 226/02 = NJW 2003, 2230 [2231].

430 BGH, VII ZR 201/06 = NZBau 2009, 232 [233, Rn. 15].

431 Vgl. *Kniffka*, Kompendium Baurecht, [5]2020, 4. Teil, Rn. 210.

Gesinnung.[432] Für die Feststellung, dass dieses wucherähnlich ist, bedarf es der zusätzlichen Kontrolle, ob der überhöhte Preisanteil sowohl absolut gesehen als auch relativ zur Gesamtauftragssumme derart erheblich ist, dass dies von der Rechtsordnung nicht hingenommen werden kann. Denn die Vergütung muss insgesamt in nennenswerter Weise beeinflusst werden, damit eine wucherähnliche Auswirkung besteht.[433] Daher genügt nicht allein, dass die Höhe des Einheitspreises die übliche Höhe um ein Vielfaches übersteigt. Hinzukommen muss die signifikante Überschreitung des Gesamtpreises, wobei 22 % des ursprünglichen Angebotspreises in einem Fall genügten.[434]

Die unwirksame Vereinbarung des sittenwidrigen Einheitspreises wird dahingehend ersetzt, dass für die erbrachte Leistung lediglich die übliche Vergütung gem. § 632 Abs. 2 BGB verlangt werden kann.[435] Üblich ist der Einheitspreis, der zur Zeit des Vertragsschlusses für nach Art, Güte und Umfang gleiche Leistungen nach allgemeiner Auffassung der beteiligten Kreise am Ort der Werkleistung gewährt wird.[436] Damit wird jede Spekulation im Keim erstickt, weil dem Unternehmer kein (Rest-)Anteil des überhöhten Preises erhalten bleibt.

c. *Übertragbarkeit der Sittenwidrigkeitsmaßstäbe*

Fraglich ist, ob sich diese Maßstäbe zur Sittenwidrigkeit der Preisvereinbarung bei Mengenmehrungen oder Leistungsänderungen auch auf das zu erstellende Änderungsangebot nach § 650b Abs. 1 S. 2 BGB übertragen lassen.

Die Sachverhalte unterscheiden sich voneinander teils erheblich. So befindet sich die Vereinbarung zur Nachtragsvergütung im VOB/B-Vertrag schon zur Zeit des ursprünglichen Vertragsschlusses im Bauvertrag enthalten, während das Angebot nach § 650b Abs. 1 S. 2 BGB erst infolge des Änderungsbegehrens nachträglich ergeht. Auch unterscheiden sich die Modalitäten: So wird im VOB/B-Vertrag das Leistungsverzeichnis zur Grundlage des Nachtrags durch die Bezeichnung und voraussichtliche Mengenangabe der einzelnen Position; der Besteller nimmt das konkret bepreiste Angebot des Unternehmers als Ganzes an. Im Rahmen von § 650b BGB hingegen wird separat über die Änderung ein Angebot erstellt, das eigens angenommen werden muss. Die Sachverhalte unterscheiden sich also zeitlich und modal.

---

432 BGH, VII ZR 68/10 = NZBau 2013, 366 [369, Rn. 25].

433 Zum Vorstehenden BGH, VII ZR 68/10 = NZBau 2013, 366 [369, Rn. 25].

434 BGH, VII ZR 116/12 = NZBau 2013, 369 [371, Rn. 20].

435 BGH, VII ZR 201/06 = NZBau 2009, 232 [235 f., Rn. 32].

436 BGH, VII ZR 239/98 = NJW 2001, 151 [152].

Die Schutzbedürftigkeit des Bestellers ist jedoch in beiden Fällen ähnlich. So ist die Lage im Rahmen von Mengenmehrungen nach § 2 Abs. 3 Nr. 2 VOB/B und Änderungsleistungen gem. § 1 Abs. 4, § 2 Abs. 6 VOB/B mit derjenigen der notwendigen Änderungen nach § 650b BGB vergleichbar. In beiden Fällen bedarf es der Mehr- oder Änderungsmenge für den Erhalt eines vollständigen Bauwerks, ansonsten wären Zusatzleistungen erforderlich. Der Besteller ist auf die Leistungen angewiesen; insoweit besteht für ihn ein Sachzwang.

Die Tatsache, dass die Zeitebenen unterschiedlich sind, ändern das Vorliegen der Zwangslage nicht. Zwar kann der Besteller im Rahmen der VOB/B nicht mehr über die Bepreisung der Nachtragsposition bestimmen, da er dem Vergütungsmaßstab dafür schon zugestimmt hat. Allerdings hat auch die Ablehnung des Änderungsangebots nach § 650b Abs. 1 S. 2 BGB nicht unwesentliche Folgen. Denn der Unternehmer kann trotz der Ablehnung bei der Berechnung von Abschlagszahlungen 80 % der in seinem Angebot angesetzten Mehrvergütung ansetzen, wenn er die Änderungen ausführt und keine Einigung in der Höhe oder anderslautende Gerichtsentscheidung erfolgte, § 650c Abs. 3 S. 1 BGB. Das Angebot ist also während der Bauausführung Grundlage für die Berechnung der Abschlagszahlungen. Ob der Unternehmer die Abschlagszahlungen gerichtlich wird durchsetzen können, kann womöglich weniger wichtig sein als die Tatsache, dass er schon bei Nichtzahlung der Abschlagszahlungen (§ 632a Abs. 1 BGB) die Ausführung der Änderungen gem. § 320 Abs. 1 BGB einstellen kann.[437] Allein dies bedroht die Projektrealisierung und wird den Besteller unter Druck setzen.

d. Beispiel und Lösung

Beispiel: Der auf Brückenbau hochspezialisierte Unternehmer verpflichtet sich zu mechanisch innovativen Bauleistungen. Im Verlauf der Arbeiten offenbart sich, dass für die Statik der Brücke weitere nicht im Leistungsverzeichnis enthaltene Spezialstahlbetonpfeiler notwendig werden. Der Unternehmer bietet den sofortigen Bau zu einem Preis an, der dem 8-fachen des marktüblichen Einheitspreises entspricht sowie die Gesamtauftragssumme um rund ein weiteres Viertel erhöhen würde. Der Besteller stimmt zu, weil er angesichts drohender erheblicher Stillstandkosten auf die sofortige Leistung angewiesen ist. Die Änderungen werden ausgeführt.

Bei Übertragung der obigen Ausführungen auf diesen Sachverhalt würde das Angebot des Unternehmers zu einem sittenwidrigen Vertrag führen, weil ein absolutes und relatives auffälliges Missverhältnis besteht, das die Vermutung für

---

437 Vgl. BeckOK BGB/*Voit*, § 632a BGB Rn. 24.

das Vorliegen einer verwerflichen Gesinnung begründet. Die Vermutung basiert nicht auf der Annahme, der Unternehmer spekuliere auf Nachträge, sondern auf der Tatsache, dass der Besteller aus wirtschaftlichen Gründen auf die Leistung ohne jedwede Verzögerung angewiesen ist.

Es stellt sich die Frage, wie mit dem sittenwidrigen Angebot umzugehen ist, denn die Änderungsleistungen sind erbracht worden. Nachfolgend erfolgt die Auseinandersetzung mit infrage kommenden Lösungsmöglichkeiten.

aa. Umdeutung des sittenwidrigen Vertrags

Es ist zu untersuchen, ob der Änderungsvertrag bzw. die Annahmeerklärung des Bestellers umgedeutet werden kann in eine Anordnung nach § 650b Abs. 2 S. 1 BGB, die die Vergütung nach § 650c BGB zur Folge hätte. Nach § 140 BGB gilt: Entspricht ein nichtiges Rechtsgeschäft den Erfordernissen eines anderen Rechtsgeschäfts, gilt letzteres, wenn anzunehmen ist, dass dessen Geltung bei Kenntnis der Nichtigkeit gewollt sein würde.

Der nichtige Vertrag müsste also ein rechtliches „Mehr" zum Anordnungsrecht und seinen Folgen sein. Die Anordnung verpflichtet den Unternehmer zur Leistung – genau wie der Vertrag. Letztlich ändert sich also am Inhalt des Hauptauftrags nichts außer der Vergütung. Diese wird auf die tatsächlich erforderlichen Kosten inklusive angemessener Zuschläge reduziert. Das stellt ein zulässiges „Weniger" des umgedeuteten Rechtsgeschäfts dar.[438]

Die Folge muss weiterhin gewollt sein. Der Unternehmer will seinen Vergütungsanspruch irgendwie „retten". Bei ihm ist das voluntative Element daher in der Regel gegeben. Der Besteller will zwar das Ergebnis des Änderungsvertrags, nämlich die ausgeführte Änderung. Er wird auch damit rechnen, dass bei Mehraufwand eine höhere Vergütung zu zahlen ist. Allerdings könnte der Unternehmer auf diese Weise treuwidrig spekulieren und gleichwohl stets die Vergütung nach § 650c BGB, d.h. die tatsächlichen Kosten inklusive angemessener Zuschläge, beanspruchen. Er hätte kein Risiko nicht entlohnt zu werden, könnte aber, wenn der Besteller den sittenwidrigen Vertrag nicht gerichtlich angreift, sondern die Mehrvergütung leistet, diese auch faktisch behalten. Das erscheint angesichts der Verwerflichkeit des unternehmerischen Handelns nicht angemessen.

438 Vgl. zu dieser Voraussetzung BGH, XII ZR 30/92 = NJW 1994, 1785 [1787].

bb. Verwehrung der Mehrvergütung insgesamt

Möglich wäre, dem Unternehmer die Mehrvergütung insgesamt zu verwehren, d.h. die Änderungsleistung würde für den Besteller kostenlos erfolgen. Dies könnte dogmatisch in Anlehnung an die Entscheidungen des BGH zur Schwarzarbeit erfolgen.

Schwarzarbeit nach § 1 Abs. 2 SchwarzArbG leistet, wer Werkleistungen erbringt lässt, die gegen steuerliche, sozialrechtliche, gewerbe- oder handwerksordnungsrechtliche Pflichten verstoßen. § 1 Abs. 2 SchwarzArbG ist ein Verbotsgesetz im Sinne von § 134 BGB und das Verbot führt jedenfalls dann zur Nichtigkeit des Vertrags, wenn der Unternehmer vorsätzlich hiergegen verstößt und der Besteller den Verstoß kennt und bewusst zum eigenen Vorteil ausnutzt.[439] Im Fall des BGH hatten die Parteien einen Bauvertrag geschlossen mit der Nebenabrede, dass ein Teilbetrag in bar und ohne Rechnung gezahlt werden sollte.[440] Diesen Teilbetrag, der nicht einzelnen Teilleistungen zuzuordnen, sondern „Rabatt" vom gesamten Werklohn war, machte der Unternehmer gerichtlich geltend. Der BGH verneinte alle denkbaren Ansprüche. Der Bauvertrag sei insgesamt nichtig. Zudem verstoße nicht nur die Vereinbarung gegen ein gesetzliches Verbot, sondern auch die in Ausführung dieser Vereinbarung erfolgende Leistungserbringung. Durch die Annahme der Totalnichtigkeit könne der Steuerhinterziehung und der Wettbewerbsverzerrung wirksam begegnet werden und dem Schutz gesetzestreuer Parteien gedient werden.[441] Zwar käme grundsätzlich ein Anspruch aus Bereicherungsrecht gem. §§ 812 Abs. 1 S. 1 Alt. 1, 818 Abs. 2 BGB infrage. Dieser sei jedoch gem. § 817 S. 2 BGB ausgeschlossen. Danach ist die Rückforderung des Geleisteten ausgeschlossen, wenn der Leistende gegen ein gesetzliches Verbot oder die guten Sitten verstoßen hat.[442] Durch die Leistung ohne Rechnung habe der Unternehmer seine steuerlichen Pflichten umgehen wollen und damit verbotswidrig gehandelt.

Auch stünden die Grundsätze von Treu und Glauben nicht entgegen. Von der älteren Rechtsprechung, wonach die Anwendung § 817 S. 2 BGB in Fällen der Schwarzarbeit aus Billigkeitsgründen ausgeschlossen worden sei, um – unter anderem – dem durch die Vorleistung begünstigten und wirtschaftlich meist

---

439 BGH, VII ZR 6/13 = NJW 2013, 3167 [3168, Rn. 13]; VII ZR 197/16 = NJW 2017, 1808 [1809, Rn. 15].

440 BGH, VII ZR 241/13 = NJW 2014, 1805 [Rn. 12 ff.].

441 BGH, VII ZR 241/13 = NJW 2014, 1805 [1806, Rn. 19].

442 Ein Verstoß nur des Leistenden genügt, vgl. nur BGH, VII ZR 9/66 = NJW 1968, 1329 [1330].

stärkeren Besteller den durch nichts gerechtfertigten Vorteil der erbrachten Leistung unentgeltlich zu belassen,[443] nahm der BGH in seinen jüngeren Entscheidungen dezidiert Abstand.[444] So habe sich die Annahme, der Ausschluss vertraglicher Ansprüche verbunden mit der Gefahr der Strafverfolgung und der Nachzahlung von Steuern und Sozialabgaben entfalte bereits die vom Gesetzgeber gewünschte generalpräventive Wirkung, nicht bewahrheitet, was auch die Neufassung des Schwarzarbeitsbekämpfungsgesetz zur Folge gehabt hätte. Angesichts der Mitwirkung des Bestellers am Gesetzesverstoß müsse auch kein Wertausgleich untereinander erfolgen. Wer bewusst gegen das Schwarzarbeitsbekämpfungsgesetz verstoße, solle nach der Intention des Gesetzgebers schutzlos bleiben und veranlasst werden, das verbotene Geschäft nicht abzuschließen.[445]

Die Übertragung dieser Rechtsprechung auf Fälle des nichtigen Änderungsangebots nach § 650b Abs. 1 S. 2 BGB würde bewirken, dass überhaupt kein finanzieller Ausgleich zwischen den Parteien stattfindet. Hat der Unternehmer die Änderungen erbracht, könnte er weder Werklohn verlangen noch Wertersatz für die erbrachten Leistungen (§§ 812 Abs. 1 S. 1 Alt. 1, 818 Abs. 3 BGB), die regelmäßig nicht mehr *in natura* herausgefordert werden können, weil die Materialien infolge Verbindung ins Eigentum des Grundstücksinhabers übergegangen sind, §§ 946, 94 Abs. 2 BGB.[446]

Dann jedoch entgeht ihm nicht nur der Gewinn, d.h. der Angebotspreis abzüglich der Aufwendungen wie Einkaufspreis und Personalkosten, sondern er erleidet je nach Art der Vereinbarung und Wert der Baustoffe erhebliche Verluste, etwa, wenn er die Bauprodukte mitbringt, um sie zu verbauen. Würde es sich um teure oder eine große Anzahl Bauprodukte handeln, würde er nicht nur für seine Ausführung nicht bezahlt, sondern verlöre auch noch die Rechte an den Bauprodukten ohne finanzielle Gegenleistung.

Für diese strikte Lösung spricht, dass der Verstoß des Unternehmers umso schwerer wiegt, weil – anders als bei der Schwarzarbeit – dem Besteller kein Mitwirkungsbeitrag zur Last fällt, sondern dieser das Angebot in einer Zwangslage annimmt. Daher ist der Besteller auch nicht der wirtschaftlich stärkere, wie

443 BGH, VII ZR 336/89 = NJW 1990, 2542 [2543].

444 Vgl. BGH, VII ZR 241/13 = NJW 2014, 1805 [1806, Rn. 24 f.].

445 BGH, X ZR 134/90 = NJW 1992, 2557 [2560].

446 § 951 Abs. 1 S. 1 BGB verweist nur auf Eingriffskondiktionen und ist nicht anwendbar, da der Unternehmer an den Besteller leisten will (§ 812 Abs. 1 S. 1 Alt. 1 BGB); h.M., vgl. BeckOK BGB/*Kindl*, § 951 BGB Rn. 6.

dies im Rahmen der Schwarzgeldabreden gesetzgeberisch erwogen wurde.[447] Allein der Unternehmer verstößt hier gegen die guten Sitten. Zudem verstößt er durch das Schaffen oder Ausnutzen der Zwangslage des Bestellers gegen das Kooperationsprinzip.

Auch beeinflusst die nichtige Änderungsabrede grundsätzlich nicht die Wirksamkeit des restlichen Bauvertrags. Das Änderungsangebot betrifft nur den Nachtrag, der vom restlichen Vertrag zeitlich und räumlich eigenständig erfolgt.[448]

Je nach Art und Ausmaß könnte es auch sein, dass sich die „kostenfreie" Änderung in der Gesamtkalkulation nicht (erheblich) auswirkt, insbesondere, wenn nur eine andere Ausführungsart ohne Zusatzmaterial vereinbart wird. Die abschreckende Steuerungswirkung des § 817 S. 2 BGB könnte den Unternehmer davon abhalten, einem sittenwidrigen Änderungsvertrag den Weg zu bereiten.

Genau genommen ist die Bauleistung an sich aber sittlich neutral, lediglich der synallagmatisch damit verknüpfte Preis ist sittenwidrig zustande gekommen. Die Bauleistung darf zwar nicht außer Acht gelassen werden, da sie Maßstab und Verhältnis für die Festlegung sind, was preislich angemessen ist und welche Begleitumstände dem Besteller in die Notlage versetzen, das Angebot anzunehmen. Gleichwohl ist die Erbringung grundsätzlich erlaubt,[449] insbesondere verstößt der Unternehmer hier auch nicht gegen die Regeln der Schwarzarbeit. Sein Handeln ist nicht abstrakt-allgemein verbotswidrig, sondern individuell-konkret bezogen auf das Vertragsverhältnis sittenwidrig. Die Allgemeinheit ist daher nicht durch andernfalls stattfindende Wettbewerbsverzerrung und die Nichtleistung von Steuerschulden nicht bedroht.[450]

Die Rechtsprechung zur Schwarzarbeit ist nicht ohne die Besonderheiten des durch Schwarzarbeit entstehenden volkswirtschaftlichen Schadens zu

---

447 BGH, VII ZR 241/13 = NJW 2014, 1805 [1807 f., Rn. 28], unter Verweis auf die Gesetzesbegründung BT-Drs. 2/1111, 4.

448 Daher besteht keine Parallele zu den Fällen der Ohne-Rechnung-Abrede, bei denen der Gesamtvertrag ggf. nach § 139 BGB nichtig ist, vgl. BGH, VII ZR 42/07 = NJW-RR 2008, 1050 [Rn. 8 ff.]. BGH, VII ZR 197/16 = NJW 2017, 1808 [1809, Rn. 19] steht dem nicht entgegen, weil nicht der Bauvertrag insgesamt zu einem sittenwidrigen Vertrag geändert wird, sondern nur und alleinig der Nachtrag betroffen ist.

449 Vgl. auch die ebenso lautende Klarstellung des BGH, IV ZR 7/15 = BeckRS 2016, 109926, Rn. 49 zu Kaufgeschäften über Gesellschaftsanteile.

450 So ein Argument des BGH zum SchwArbG, vgl. VII ZR 241/13 = NJW 2014, 1805 [1806, Rn. 19].

verstehen.[451] Zudem ist die genaue Konstellation bei diesen Fällen zu berücksichtigen: Ein gegen § 1 Abs. 2 SchwarzArbG verstoßender Vertrag ist nicht nichtig, wenn nur eine der Parteien bewusst gegen das gesetzliche Verbot verstößt. Erst das beiderseitige Ausnutzen führt zur Nichtigkeit.[452]

Der BGH stellt an anderer Stelle klar, dass durch die Urteile zur Schwarzarbeit keine Abkehr von bisherigen Grundsätzen zur zivilrechtlichen Sanktionierung der Steuerhinterziehung erfolge. Die Rechtsfolge des § 817 S. 2 BGB folge allein aus den Besonderheiten des SchwarzArbG, mit dem das Ziel angestrebt werde, diese ganz zu verhindern.[453]

Das zeigt die Spezialität der Rechtsprechung, die nicht allgemeingültige Nichtigkeitslehren aufstellt. So erwähnt auch die Rechtsprechung und Literatur die nachträgliche Bepreisung von sittenwidrigen Nachtragsvereinbarungen im Rahmen der VOB/B die Judikatur zu Fällen der Schwarzarbeit mit keiner Silbe.[454] Vielmehr besteht ein Anspruch auf Vergütung des sittenwidrigen Nachtrags dort in der üblichen Höhe gem. § 632 Abs. 2 BGB.[455] Der Unternehmer wird also – auch nach Erbringung der Bauleistung – nicht rechtlos in Bezug auf die Vergütung gestellt, sondern kann immerhin die übliche Höhe verlangen.

Die Übertragung dieser Praxis auf die Fälle des BGB-Bauvertrags ergäbe, dass die übliche Vergütung sich in den meisten Fällen nach § 650c BGB richtet.[456] Das aber begegnet den gleichen Gerechtigkeitsbedenken wie die Ausführungen zur Umdeutung, da der Unternehmer risikolos spekulieren könnte. Gleichwohl soll er auch nicht des gesamten Anspruchs beraubt werden, da die Leistungen erbracht werden und dies den Unternehmer mangels finanzieller Rücklagen ggf. in die Insolvenz oder ähnliche Schwierigkeiten versetzen könnte.

cc. Eingeschränkte Anwendung des § 650c Abs. 1 BGB

Die Situation ist nach Berücksichtigung der Interessen daher wie folgt zu lösen: Die Nachtragsvergütung wird auf die tatsächlich erforderlichen Kosten

---

451 Zum weiterhin anhaltenden Trend der Schwarzarbeit *Voit*, NJW 2017, 3093 a.E. mit Verweis auf die Schadensstatistik.

452 So zur Nichteintragung in die Handwerksrolle, OLG Zweibrücken, 2 U 10/15 = BeckRS 2015, 126529 [Rn. 19 ff.]; BGH, VII ZR 188/15 = BeckRS 2018, 48790 (Nichtzulassungsbeschwerde zurückgewiesen).

453 BGH, IV ZR 7/15 = BeckRS 2016, 109926, Rn. 49

454 Vgl. nur *Kniffka*, Kompendium Baurecht, ^{5}2020, 4. Teil, Rn. 29 ff. zur Schwarzarbeit, Rn. 209 ff. zu sittenwidrigen Nachträgen.

455 Vgl. S. 127.

456 Vgl. S. 87 ff.

reduziert, *ohne* allerdings die in § 650c Abs. 1 S. 1 BGB genannten angemessenen Zuschläge für Wagnis und Gewinn einzubeziehen. Der Zuschlag für die Allgemeinen Geschäftskosten hingegen darf erhoben werden, da diese nicht der Gewinnmehrung, sondern der Amortisierung eigener Ausgaben dient. Der Unternehmer würde dann – auch als Sanktion für seine Spekulation – lediglich die bloßen Kosten (Material, Lohn, Baustellengemeinkosten, Allgemeine Geschäftskosten) an den Besteller weiterreichen können, ohne aber selbst Gewinn zu erwirtschaften.

Dies erfolgt rechtstechnisch in teleologisch reduzierter Anwendung der §§ 650b Abs. 2 S. 1, 650c Abs. 1 S. 1 BGB. Alternativ könnte der nichtige Änderungsvertrag zu angemessenen Bedingungen aufrechterhalten werden, etwa durch Teilnichtigkeit der überhöhten Nachtragspositionen und Reduktion auf die tatsächlich erforderlichen Kosten.[457] Nur dann besteht eine vertragliche Grundlage für die Nachtragsposition, was beiden Seiten Vorteile bietet (etwa die Mängelgewährleistung, §§ 634 ff. BGB).

Kurzum: Fordert der Unternehmer in seinem Angebot (§ 650b Abs. 1 S. 2 BGB) Preise in sittenwidriger Höhe, so kommt er nicht in den Genuss der *gewinn*erhaltenden Reduktion des § 650c Abs. 1 BGB. Vielmehr sollen ihm in diesem Fall nur die tatsächlich erforderlichen Kosten ohne die angemessenen Zuschläge aus Absatz 1 S. 1 zustehen.[458]

4. *Grenzen der notwendigen Anordnung*

Für das zur Erreichung des Werkerfolgs notwendige Begehren bildet die Zumutbarkeit *keine* Grenze. Hier gelten die allgemeinen Hürden des § 275 Abs. 2, 3 BGB.[459] Die Leistungspflicht entfällt im Fall des § 275 Abs. 2, 3 BGB nicht automatisch, sondern muss als rechtsgestaltende Einrede mit *ex tunc*-Wirkung geltend gemacht werden.[460] Das unterscheidet § 275 Abs. 2, 3 BGB prozedural von der Unzumutbarkeit des § 650b BGB. Auf letztere muss der Unternehmer sich

457 Dies proponiert für sittenwidrige Darlehensverträge *Bergmann*, Rechtsfolgen des ungerechten Vertrags, 2014, S. 50 f.

458 Dieses Problem ist keinesfalls nur akademisch relevant. Denn regelmäßig hat der Besteller die überhöhten Nachträge bereits (anteilig) vergütet und der Streit verlagert sich auf die Rückforderungsebene oder den Restwerklohnanspruch bei Aufrechnung oder Verweigerung der restlichen Zahlung.

459 Gesetzentwurf BReg, BT-Drs. 18/8486, S. 54.

460 BGH, VIII ZR 96/12 = NJW 2013, 1074 [1077]; BeckOGK BGB/*Riehm*, § 275 BGB Rn. 230.

nämlich nicht einredeweise berufen,[461] es genügt der Vortrag des Sachverhalts, der die Unzumutbarkeit beschreibt.

Auch die Einreden des § 275 BGB sind als rechtliche Handlungen der Auslegung zugänglich. Und so wird die Weigerung der Leistungsausführung (und wohl oftmals auch die einfache Untätigkeit) in der Regel als konkludente Geltendmachung zu verstehen sein. Unterlässt der Unternehmer die Leistung jedoch ohne zu reagieren, ohne dass in dieser Untätigkeit ein konkludentes Verweigern zu erkennen ist, und beruft er sich später erstmals auf § 275 BGB, kann dies eine Nebenpflichtverletzung darstellen, die zum Schadensersatz aus §§ 280 Abs. 1, 241 Abs. 2 BGB verpflichtet.

Gerade weil für § 650b Abs. 1 S. 1 Nr. 2 BGB die „weiche" objektive Grenze der *Unzumutbarkeit* nicht besteht, sind die weiteren Tatbestandsmerkmale eng auszulegen, um keinen zu großen Anwendungsbereich zu eröffnen. So liegt eine *notwendige* Änderung nur dann vor, wenn das Werk ansonsten mangelhaft ist, nicht aber, wenn die Änderung dem Werkerfolg „dienlich" ist, etwa wenn auf leichtere Bauprodukte zurückgegriffen würde anstatt auf die vereinbarten, die auch zu einer mangelfreien Leistung führen.[462]

III. Die Anordnung

Wird während der Einvernehmensphase keine Einigung erzielt, kann der Besteller die Änderung anordnen, § 650b Abs. 2 S. 1 BGB.[463] Der Unternehmer hat der Anordnung entsprechend zu leisten, wenn diese wirksam ist. Unwirksam ist die Anordnung etwa, wenn deren Ausführung unzumutbar ist.[464] Auch kann der Unternehmer die Ausführung verweigern, wenn der Besteller die Verantwortung für die Bauplanung trägt und die für die Änderung erforderliche Umplanung nicht erbracht oder zur Verfügung gestellt hat, § 650b Abs. 1 S. 4 BGB.

Zu beachten ist die Vertretungsbefugnis, wenn die Anordnung durch einen Bevollmächtigten des Bestellers erfolgt. Die Anordnung ist ein einseitiges Rechtsgeschäft und unwirksam, wenn der Unternehmer die Anordnung eines bauüberwachenden Architekten oder Bauleiters beanstandet, soweit diese keine

461 S. dazu oben S. 114.

462 Umfassend dazu, auch in Auseinandersetzung mit unterschiedlichen Begriffen im Gesetzgebungsverfahren: *Abel/Schönfeld*, BauR 2017, 2047, 2059; ebenso ibr-Baurecht/*von Rintelen*, § 650b BGB Rn. 58.

463 Zu spezifischen Fragen der 30-Tages-Frist s. unten S. 228 ff.

464 Vgl. für die Einordnung der Zumutbarkeit als Tatbestandsmerkmal oben S. 114.

Vollmachtsurkunde vorlegen, § 174 S. 1 BGB. Diese sind nämlich nicht schon kraft ihrer Stellung zur Vertretung des Bestellers befugt.[465]

IV. § 650c BGB – Vergütungsanpassung bei Änderungen

Für Anordnungen nach § 650b Abs. 2 BGB befindet § 650c BGB, welche Vergütung für die Änderungsleistung entsteht. Die Regelung ist *lex specialis* zu § 632 BGB[466] und bezweckt, spekulative Kalkulationen einzudämmen und einen Streit über die Preisanpassung möglichst zu vermeiden.[467] Dem Unternehmer stehen zwei unterschiedliche Berechnungswege zur Auswahl, die er nicht miteinander kombinieren darf.[468] Die Berechnungsmethode in Absatz 1 ist im Vergleich zu den bisherigen Regeln des § 2 Abs. 5, 6 VOB/B neu und eine dezidierte Abkehr von der vorkalkulatorischen Preisfortschreibung. In Absatz 2 wird diese Abkehr jedoch relativiert, indem der Unternehmer unter gewissen Voraussetzungen doch auf die Berechnung in der Urkalkulation zurückgreifen darf, freilich unter Berücksichtigung der tatsächlichen Kosten des Projekts.[469] Dem Besteller muss bei der Anordnung nicht bewusst sein, dass Mehr- oder Minderkosten entstehen.[470] § 650c BGB weist keine Erheblichkeitsschwelle auf, wonach Leistungen erst ab einer bestimmten Höhe vergütet wären – auch Änderungen von geringem Wert werden voll kompensiert.[471]

1. § 650c Abs. 1 BGB – Tatsächliche Kosten

Nach Absatz 1 S. 1 ist die Höhe des Vergütungsanspruchs für den veränderten Aufwand nach den tatsächlich erforderlichen Kosten mit angemessenen Zuschlägen für allgemeine Geschäftskosten, Wagnis und Gewinn zu ermitteln. Anzustellen ist eine Saldierung zwischen den tatsächlich anfallenden erforderlichen Kosten und den hypothetischen Ist-Kosten ohne Änderungsanordnung.[472] Denn die hypothetischen Ist-Kosten wären nur entstanden, wenn der

---

465 Vgl. etwa Staudinger/*Peters/Jacoby*, 2014, Vorb. §§ 631 ff. BGB Rn. 134.

466 Ibr-Baurecht/*von Rintelen*, § 650c BGB Rn. 2.

467 Gesetzentwurf BReg, BT-Drs. 18/8486, S. 55.

468 Gesetzentwurf BReg, BT-Drs. 18/8486, S. 56.

469 So prognostizieren viele, dass die vorkalkulatorische Preisfortschreibung nach § 650c Abs. 2 BGB zum Regelfall der Nachtragsberechnung wird, vgl. nur *Sindermann*, NZBau 2019, 284, 286 f.

470 LBD-L, BauV/*Langen*, § 650b BGB Rn. 91.

471 *Pause*, BauR 2018, 15, 21 f.

472 Gesetzentwurf BReg, BT-Drs. 18/8486, S. 56.

Unternehmer die ursprüngliche Leistung ausgeführt hätte.[473] Die durch die Änderung weggefallenen Leistungen bedeuten für ihn eine Ersparnis.

§ 650c Abs. 1 BGB stand der herrschenden Vergütungspraxis von § 2 Abs. 5, 6 VOB/B bis zum August 2019 diametral gegenüber, denn dort wurden die Nachtragsansprüche anhand der Urkalkulation der Einheitspreise fortgeschrieben und ermittelt.[474] § 650c Abs. 1 BGB soll verhindern, dass „der gute Preis gut und der schlechte schlecht bleibt", indem nachtragswahrscheinliche Positionen im Angebot von vornherein überpreist dargestellt werden, um über deren Fortschreibung Profit zu erwirtschaften.[475]

Außerdem darf der Unternehmer auch nicht zulasten des Bestellers mit tatsächlichen Leistungen Luxus treiben und mehr Kosten verursachen als für die Änderung maximal nötig. Begrenzt wird sein Vergütungsanspruch daher durch die *Erforderlichkeit*. Die Erforderlichkeit ist anders als in § 670 BGB nicht subjektiv-objektiv („erforderlich halten *darf*") zu bestimmen, sondern rein objektiv und zwar *ex post*.[476] Nur dasjenige, was tatsächlich für die Ausführung der Änderung aufgewendet werden musste, ist in Ansatz zu bringen, denn das „tatsächlich" bezieht sich als Adverb auf das Objekt „erforderlich" und nicht auf das Substantiv „Kosten".[477] Das versperrt den Anreiz zu Verzögerungen oder Verschleppung. Durch das Procedere der §§ 650b f. BGB ist die Position des Unternehmers in finanzieller Hinsicht ohnehin recht günstig.[478] Er soll darüber hinaus nicht auch noch einen missbrauchsanfälligen Einschätzungsspielraum

---

473 Für genaue Berechnungen instruktiv *Hödl*, Bauvertragsrecht, 2018, Rn. 164.

474 Jüngst entschied der BGH, dass für § 2 Abs. 3 Nr. 2 VOB/B die Änderung des Einheitspreises nach den tatsächlich erforderlichen Kosten zzgl. angemessener Zuschläge zu ermitteln ist. Dies gilt für die diesbezüglich sinngleichen § 2 Abs. 5, 6 VOB/B entsprechend. Daher besteht nun ein Gleichlauf bei der Berechnung der Vergütung von Nachträgen nach VOB/B und BGB. Vgl. BGH, VII ZR 34/18 = NZBau 2019, 706, ausführlich auf S. 71 f.

475 *Leinemann*, NJW 2017, 3113, 3116.

476 Ebenso *M. Lindner*, BauR 2018, 1038, 1039, 1043; a.A. ibr-Baurecht/*von Rintelen*, § 650c BGB Rn. 47 f., der die Erforderlichkeit zwar objektiv bestimmen will, aber aus *ex-ante*-Sicht eines verständigen Unternehmers.

477 A.A. ibr-Baurecht/*von Rintelen*, § 650c BGB Rn. 48. Bezöge sich „tatsächlich" auf die „Kosten", hätte es „die erforderlichen tatsächlichen Kosten" lauten müssen. Erst recht bedeutet „erforderlich" nicht üblich im Sinne des § 632 Abs. 2 BGB, so aber *Bötzkes*, IBR 2017, 1039.

478 Vgl. nur die Ausführungen zum überhöhten Änderungsangebot S. 90 ff.

erhalten, sondern wirklich nur solche Kosten abrechnen können, die entstehen durften.

2. § 650c Abs. 2 BGB – Fortschreibung der Urkalkulation

Der Unternehmer kann für die Vergütung auch die Urkalkulation heranziehen, § 650c Abs. 2 BGB. Es wird die Vermutung aufgestellt, dass die Fortschreibung der Positionspreise der Vergütung nach Absatz 1 entspricht, § 650c Abs. 2 S. 2 BGB. Dazu muss die Urkalkulation allerdings vereinbarungsgemäß hinterlegt bzw. vorab offenbart[479] und ausreichend aufgeschlüsselt werden, für den Besteller also nachvollziehbar gestaltet sein.[480] Absatz 2 wird mitunter so verstanden, dass diese Berechnungsmethode der vorkalkulatorischen Preisfortschreibung der § 2 Abs. 5, 6 VOB/B entsprechen soll.[481] Das ist angesichts des Wortlauts auch nicht auszuschließen, da § 650c Abs. 2 S. 1 BGB von der „Berechnung der Vergütung für den Nachtrag" spricht, was losgelöst von der Orientierung an den „tatsächlich erforderlichen Kosten", sondern vielmehr als eigene Alternative verstanden werden kann. Danach könnte der Unternehmer nachtragsanfällige Positionen bereits in der Urkalkulation mit überhöhten Preisen ansetzen und diese im Änderungsfall gem. § 650c Abs. 2 BGB fortschreiben.

Das ist allerdings nicht gemeint.[482] Vielmehr dürfen nach § 650c BGB stets nur die tatsächlich erforderlichen Kosten beansprucht werden. Absatz 2 bietet nur eine andere Methode für die Berechnung. Das ergibt sich systematisch aus Absatz 2 S. 2, der die widerlegliche Vermutung (§ 292 ZPO) aufstellt, dass beide Methoden gleichwertig sind.[483] Die Vermutung und die Möglichkeit der Widerlegung ergeben nur Sinn, wenn in Absatz 2 der Preis eben nicht konstitutiv fortgeschrieben wird; ansonsten bedürfte es ihrer nicht.

Zuzugeben ist der erstgenannten Ansicht jedoch, dass der Preis bei der Methode nach Absatz 2 vorkalkulatorisch fortgeschrieben wird, also nachtragsanfällige Positionen, die strategisch bewusst überhöht sind, zunächst (oder sogar dauerhaft) kostenträchtig extrapoliert werden. Für sie gilt die Vermutung des § 650c Abs. 2 S. 2 BGB, die der Besteller erst widerlegen muss. Nur dann wird die Vergütung auf die tatsächlich erforderlichen Kosten beschränkt. Wie

479 Streitig, vgl. BeckOK BGB/*Voit*, § 650c BGB Rn. 16.
480 Gesetzentwurf BReg, BT-Drs. 18/8486, S. 56.
481 *M. Lindner*, BauR 2018, 1038, 1047 f.; Schulze/*Scheuch*, § 650c BGB Rn. 2; tendenziell auch BeckOK BGB/*Voit*, § 650c BGB Rn. 17.
482 So auch Messerschmidt/Voit/*Leupertz*, § 650c BGB Rn. 29 f.
483 Ibr-Baurecht/*von Rintelen*, § 650c BGB Rn. 91, 95.

leicht die Widerlegung gelingt, ist Sache des Einzelfalls.[484] Obgleich die Preisfortschreibung effektiv und nicht aufwändig ist, besteht daher ein gewisses Missbrauchspotential.

3. § 650c Abs. 3 BGB – 80-Prozent-Regelung

Nach § 650c Abs. 3 BGB kann der Unternehmer für den Abschlagsanspruch 80 % der in seinem Änderungsangebot genannten Mehrvergütung ansetzen, wenn eine Anordnung erfolgt. Auf diese Weise kann er sich Liquidität verschaffen.[485] Für den Besteller ist diese Regelung bedenklich: Er muss die Abschlagszahlung in Höhe von 80 % des Angebots nach Absatz 1 S. 2 entrichten, obwohl dies nie Vertragsgegenstand wurde. Der Unternehmer hat kein Interesse, dass dieses Angebot auf die tatsächliche Kostenhöhe (100 %) lautet, da er diese Kosten bei Schlussrechnungszahlung ohnehin erhalten wird.[486] Schon allein deswegen besteht für ihn der Anreiz, das Angebot überhöht zu bepreisen. Das ist nicht einmal vertragsverletzend, wenn die stets individuelle Grenze der Sittenwidrigkeit nicht überschritten wird (von Beweisschwierigkeiten abgesehen). Verweigert der Besteller die Abschlagszahlung, kann der Unternehmer die Arbeiten einstellen (§ 320 Abs. 1 BGB) oder den Vertrag kündigen (§ 648a BGB).[487] Hier müsste der Besteller eine einstweilige Verfügung bemühen, um die überhöhte Abschlagszahlungssumme gerichtlich zu reduzieren.[488]

---

484 Zweifel äußert hier *Oberhauser*, Bauvertragsrecht, 2017, § 2 Rn. 130, da der Besteller oft keine Einsicht in die tatsächlichen Kosten des Unternehmers habe.

485 Gesetzentwurf BReg, BT-Drs. 18/8486, S. 56.

486 Dazu oben S. 78 ff.

487 Vgl. *Kniffka*, Kompendium Baurecht, ^{5}2020, 4. Teil, Rn. 658.

488 Ibr-Baurecht/*von Rintelen*, § 650c BGB Rn. 132 ff.

C. Verfassungsmäßigkeit des § 650b BGB

Die gesetzliche Konstruktion des Änderungsrechts beeinträchtigt die Privatautonomie des Unternehmers, indem dem Besteller ermöglicht wird, den Werkerfolg einseitig zu ändern oder sogar zusätzliche Leistungen anzuordnen. Der Unternehmer kann nur noch zu einem gewissen Grad darüber entscheiden, welche Änderungen er ausführen will, da wirksame Anordnungen verbindlich sind. Unterlässt er deren Ausführung, verhält er sich vertragsbrüchig. Dass § 650b BGB in seinen konkreten Rechtsfolgen sich nicht unmittelbar auf die Rechte des Unternehmers auswirkt, sondern diese erst durch das Verhalten des Bestellers herbeigeführt werden, versperrt die *un*mittelbare Prüfung der Norm an den Grundrechten des Unternehmers nicht.[489] Denn durch die Bereitstellung eines solchen Instruments für den Besteller wird der Unternehmer schon in seiner Vertragsfreiheit beschnitten. Der Gesetzgeber ist bei seiner Tätigkeit an Recht und Gesetz gebunden (Art. 1 Abs. 3 GG), daher ist eine unmittelbare Überprüfung möglich.

§ 650b BGB ist ein einfaches Gesetz und daher – wie alle unter dem Grundgesetz stehenden Vorschriften – an der Verfassung zu messen. Im Folgenden wird § 650b BGB auf seine Verfassungsmäßigkeit geprüft, insbesondere bezogen auf Art. 12 Abs. 1 GG und Art. 2 Abs. 1 GG.

Formelle Gesetzgebungsfehler, die sich aus einer Missachtung der Kompetenz oder des Verfahrens aus Art. 72 ff. GG ergeben, sind nicht ersichtlich,[490] sodass sich die Prüfung auf die materielle Verfassungsmäßigkeit beschränkt. Beide Varianten des § 650b BGB – das gewillkürte und das notwendige Änderungsrecht – sind zu begutachten und werden dort *einzeln* behandelt, wo dies erforderlich ist.

Auf den ersten Blick stellt sich daneben die Frage, ob aus der Interdependenz von Änderungsrecht und seiner Kostenfolge (§ 650c BGB) die Verfassungswidrigkeit folgen kann, das heißt, ob gerade die Konstellation der Vergütungsberechnung infolge der Änderung nach § 650b BGB nicht vielleicht im verfassungsrechtlichen Sinne unverhältnismäßig ist. Ohne dies weiter vertiefen zu müssen, zeigt sich allerdings schon, dass hier keine Gefahr droht. Denn bei der *hypothetischen* Verfassungswidrigkeit von § 650c BGB gölte § 632 BGB für die Vergütung der Nachträge. Über dessen Absatz 2 ließe sich diese berechnen,

---

489 Nicht etwa nur eine mittelbare Drittwirkung, klarstellend *Canaris*, AcP 184 (1984), 201, 222 et passim.

490 *Battis/Deppner*, Verfassungsmäßigkeit, 2016, S. 4 f.

wonach in den meisten Fällen nach der Üblichkeit berechnet würde. Schon auf den ersten Blick indessen erweist sich § 650c BGB im Vergleich zu § 632 BGB ohnehin für beide Parteien angemessener, weil spezieller und interessenausgleichender. Hinzutritt, dass in den meisten Fällen die Vorschriften auch inhaltlich deckungsgleich wären, weil die tatsächlich erforderlichen Kosten inklusive angemessener Zuschläge häufig die üblichen Kosten im Sinne des § 632 Abs. 2 BGB sind.[491]

I. Schutzbereich

§ 650b BGB könnte in beiden Varianten die allgemeine Handlungsfreiheit und als deren Unterfall die Vertragsfreiheit sowie die Berufsfreiheit des Unternehmers berühren. Die Vertragsfreiheit wird zwar nicht explizit im Grundgesetz genannt, findet sich jedoch als Verfassungsprinzip in der von Art. 2 Abs. 1 GG geschützten allgemeinen Handlungsfreiheit als Ausfluss der Privatautonomie wieder.[492] Sie umfasst die negative und positive Vertrags*abschluss*freiheit sowie die Vertrags*inhalts*freiheit. Durch § 650b BGB wird die Vertragsinhaltsfreiheit berührt, also das Recht, auf die inhaltliche Ausgestaltung des Schuldverhältnisses Einfluss zu nehmen.

Die Vertragsfreiheit kann jedoch auch ein Teil der Berufswahl und -ausübung sein. Als Grundlage der persönlichen und wirtschaftlichen Lebensführung schützt Art. 12 Abs. 1 S. 2 GG die Freiheit der Berufsausübung, d.h. hier die Möglichkeit der ändernden Einflussnahme auf Inhalte bereits geschlossener Verträge. Im Bereich der beruflichen Betätigung tritt die ansonsten „durch die allgemeine Handlungsfreiheit gem. Art. 2 Abs. 1 GG garantierte Vertragsfreiheit [...] gegenüber dem speziellen Schutz durch Art. 12 Abs. 1 GG zurück".[493]

Für diese Überlagerung durch Art. 12 Abs. 1 GG müsste der betroffene Bereich dem Beruf des Grundrechtsadressaten zugerechnet werden.[494] *Verfassungsrechtlich* wird der Beruf definiert als „jede Tätigkeit, für die er (gemeint ist der Grundrechtsträger, *Anm. d. Verf.*) sich geeignet glaubt, als ‚Beruf' zu ergreifen, das heißt, zur Grundlage seiner Lebensführung zu machen". Der Begriff ist demnach sehr weit zu verstehen.[495] Allein schon aufgrund der Investitionskosten

491 S. dazu ausführlicher S. 87 ff.

492 Vgl. st. Rspr. des BVerfG, zuletzt 1 BvR 48/94 = NJW 1997, 1975 [1976, III.1.a)].

493 St. Rspr. des BVerfG, 1 BvR 1015/15 = NJW-RR 2016, 1349 [1350, Rn. 49]; BeckOK GG/*Lang*, Art. 2 GG Rn. 5a.

494 Maunz/Dürig/*di Fabio*, Art. 2 GG Rn. 81.

495 St. Rspr. BVerfG, vgl. 1 BvR 697/77 = NJW 1981, 33; Maunz/Dürig/*Scholz*, Art. 12 GG Rn. 28 ff.

in Personal, Ausrüstung und Organisation ist im Regelfall davon auszugehen, dass der Unternehmer eines Bauvertrags sein Gewerk im Rahmen einer auf Dauer und zur Schaffung seiner Lebensgrundlage angelegten und gewerblichen Art und Weise ausführt und dies nicht nur einmalig aus sonstigen Gründen geschieht. Daher ist hinsichtlich staatlicher Eingriffe die Berufsfreiheit das einschlägige Grundrecht und damit die spezielle Ausprägung der Vertragsfreiheit. Der Schutz der Vertragsfreiheit im Rahmen der allgemeinen Handlungsfreiheit tritt als weniger spezieller Tatbestand in der verfassungsrechtlichen Prüfung zurück. Der *sachliche* Schutzbereich des Art. 12 Abs. 1 GG ist eröffnet.

Der *persönliche* Schutzbereich ist eröffnet, wenn der Unternehmer als natürliche oder juristische Person des Privatrechts auftritt, die ihren Sitz im Inland oder innerhalb der Europäischen Union hat.[496]

Nicht erforderlich ist, dass die zu prüfende Gesetzesvorschrift die berufliche Betätigung in ihrer Unmittelbarkeit erfasst, sie also einen bewusst berufsregelnden Zweck aufweisen muss, um an Art. 12 Abs. 1 GG gemessen zu werden, denn dann wäre dessen Schutz nur unvollkommen. Vielmehr sind auch Normen am Maßstab der Berufsfreiheit zu messen, die mittels ihrer tatsächlichen Auswirkungen die Freiheit mittelbar beeinträchtigen, also eine *objektiv berufsregelnde Tendenz* aufweisen.[497] Vorschriften haben eine objektiv berufsregelnde Tendenz, „wenn sie nach Entstehungsgeschichte und Inhalt im Schwerpunkt Tätigkeiten betreffen, die typischerweise beruflich ausgeübt werden“.[498] Das ist im Falle des Änderungsrechts meist der Fall.[499]

Die Vertragsfreiheit umfasst den Schutz vor nachträglichen Zugriffen der öffentlichen Gewalt auf bereits geschlossene Verträge und deren Inhalt.[500] Ein solcher staatlicher Zugriff ist die einfachgesetzliche Einräumung eines Änderungsrechts.

II. Eingriff

Der Eingriff muss nicht zwingend der klassischen Definition entsprechen, für die ein finaler, unmittelbarer und imperativer Rechtsakt der öffentlichen Gewalt erforderlich wäre.[501] Ein Eingriffsäquivalent liegt auch bei *mittelbaren*

---

496 *Sodan/Ziekow*, Öffentliches Recht, ^{9}2020, § 40 Rn. 21.
497 BVerfG, 1 BvR 833/59 = NJW 1961, 2299 [2299, B.I.1.], seitdem st. Rspr.
498 BVerfG, 1 BvF 1-91 = NJW 1998, 1627 [1628, B.II.1.b)].
499 Ebenso *Battis/Deppner*, Verfassungsmäßigkeit, 2016, S. 7.
500 BVerfG, 1 BvR 133/89 = NJW 1993, 2923 [2923, C.I.1.].
501 *Epping*, Grundrechte, ^{8}2019, Rn. 392.

Rechtsakten vor, wenn ihnen objektiv eine berufsregelnde Tendenz zukommt.[502] Die Beeinträchtigung muss dem Staat lediglich zugerechnet werden können.[503] Das Handeln des Dritten muss an das staatliche Handeln anknüpfen.[504] Das tut es, wenn der Besteller sich bei der Bedienung des Änderungsrechts an die Voraussetzungen des § 650b BGB hält. Der Gesetzgeber verleiht dem Besteller das Recht, das im Grundsatz verfassungsrechtlich durch die Vertragsbindung und Vertragsinhaltsfreiheit geschützte Schuldverhältnis nachträglich zu modifizieren und zu beeinträchtigen. Der Unternehmer ist verpflichtet, die Anordnung zu befolgen. Darin schon liegt ein Eingriff nach dem erweiterten Eingriffsbegriff vor.

Wie erwähnt kommt allerdings im Rahmen der Berufsfreiheit darüber hinaus einer Regelung eine eingriffsgleiche Funktion zu, die eine objektiv berufsregelnde Tendenz aufweist, also in ihren tatsächlichen Auswirkungen sich typischerweise auf die Berufsausübung bezieht oder dieser (partiell) einen rechtlichen Rahmen bereitet.[505] Auch das erfüllt die Vorschrift des § 650b BGB, indem sie bei vielen Bauverträgen dispositiv Anwendung findet, bei eventueller AGB-Widrigkeit der §§ 1, 2 VOB/B im Lichte der §§ 650b f. BGB wohl sogar bei einer überwiegend großen Anzahl.[506] An der Einstufung als Eingriff ändert sich nämlich nichts, wenn berücksichtigt wird, dass § 650b BGB kein *ius cogens* ist und daher wenigstens durch eine Individualvereinbarung abdingbar ist. Vereinbaren die Parteien nichts anderes und kommt auch eine Vertragsauslegung (§§ 133, 157 BGB) zu keinem anderen Ergebnis, gelten die §§ 650b ff. BGB als dispositives Recht, und das grundsätzlich vorrangig vor einer ergänzenden Vertragsauslegung, die den nicht zu ermittelnden Willen der Parteien gewissermaßen fortbildet.[507] Daher beschränkt die dispositive Ausgestaltung des § 650b BGB die Gestaltungsfreiheit der Parteien.[508] Dass der Unternehmer durch die erfolgte Anordnung automatisch einen Anspruch auf Vergütung erhält, der seine Aufwände wirtschaftlich voll kompensiert, ändert nichts an der Eingriffsqualität, sondern kann auf Ebene der Rechtfertigung eine Rolle spielen.

---

502 BVerfG, 1 BvF 1–91 = NJW 1998, 1627 [1628, B.II.1.b)].

503 BVerfG, 2 BvR 1160/83 = NJW 1984, 601 [602, C.2.b)].

504 Vgl. *Epping*, Grundrechte, ^{8}2019, Rn. 394.

505 St. Rspr, BVerfG, 1 BvR 833/59 = NJW 1961, 2299 [2299, B.I.1.]; sowie *Epping*, Grundrechte, ^{8}2019, Rn. 400.

506 Dazu mehr unter S. 226 ff.

507 Vgl. ausführlicher instruktiv *Riehm*, BGB AT, 2015, Rn. 208.

508 *Battis/Deppner*, Verfassungsmäßigkeit, 2016, S. 10; vertiefend *Möslein*, Dispositives Recht, 2011, S. 39 f.

III. Verfassungsrechtliche Rechtfertigung

Jeder Eingriff durch die öffentliche Gewalt in die Freiheitsrechte eines Grundrechtsträgers bedarf der verfassungsrechtlichen Rechtfertigung, um verfassungsgemäß zu sein. Maßstab dieser Rechtfertigung ist, sofern und soweit vorhanden, die spezifische Schrankenregelung des betroffenen Grundrechts. Im Falle der im Rahmen der Berufsfreiheit gewährten Vertragsfreiheit gilt die Schrankenregelung für Art. 12 Abs. 1 GG. Eine explizite Schranke der Berufsfreiheit besteht mit Art. 12 Abs. 1 S. 2 GG, wonach die Berufsausübung durch Gesetz oder auf Grund eines Gesetzes geregelt werden kann. Dieser einfache Gesetzesvorbehalt gilt über die Berufsausübung hinaus auch für die Berufswahl, da Art. 12 Abs. 1 GG ein einheitliches Grundrecht konstituiert, nämlich die Berufsfreiheit insgesamt, und die einzelnen Ausprägungen nicht voneinander losgelöst betrachtet werden können.[509] Über die Anforderungen an ausgestaltende gesetzliche Regelungen dieser Freiheit ist aufgrund der vom Bundesverfassungsgericht entwickelten und heute im Grundsatz weiterhin gültigen Theorie zwischen drei Stufen zu unterscheiden:[510]

Auf der *ersten* Stufe werden reine Berufs*ausübungs*regelungen angesiedelt, die keine Auswirkungen auf die Freiheit der Berufswahl haben, sondern nur die Modalitäten der Berufstätigkeit im Einzelnen betreffen. Verhältnismäßig ist ein Eingriff, wenn *hinreichende Gründe des Gemeinwohls* ein Tätigwerden des Gesetzgebers rechtfertigen, das gewählte Mittel zur Zweckerreichung geeignet und erforderlich ist und nach einer Gesamtabwägung zwischen der Schwere des Eingriffs und dem Gewicht der den Eingriff rechtfertigenden Gründe die Grenzen der Zumutbarkeit eingehalten sind.[511]

Die *zweite* Stufe erfasst *subjektive*, die dritte Stufe *objektive* Berufszulassungsvoraussetzungen, betreffen also die Berufswahl als solche. Die Kodifikation eines Änderungsrechts wirkt sich nicht auf die Berufswahl des Unternehmers aus, diese Stufen bleiben mithin unberührt.

Vielmehr wird ein Instrument geschaffen, das die Berufsausübung des Unternehmers beeinträchtigt, indem ihm die Möglichkeit genommen wird, Änderungen abzulehnen, soweit sie sich im Rahmen von § 650b BGB bewegen. Daher handelt es sich um eine Berufsausübungsregelung, die auf der ersten Stufe

509 Allg. M., BVerfG, 1 BvR 596/56 = NJW 1958, 1035 [1037, I.3.b)]; Maunz/Dürig/*Scholz*, Art. 12 GG Rn. 312.

510 Zu allem BVerfG, 1 BvR 596/56 = NJW 1958, 1035 [1038, I.3.d)].

511 BVerfG, 1 BvR 52, 665, 667, 754/66 = NJW 1971, 1255 [1256]; 1 BvL 4/78 = NJW 1983, 439 [440].

anzusiedeln ist.[512] Für die Verfassungsmäßigkeit des Eingriffs genügt schon, dass für die Einführung des Änderungsrechts hinreichende Gründe des Gemeinwohls streiten und die Ausgestaltung verhältnismäßig ist.

Darüber hinaus verletzt die Vorschrift des § 650b BGB nicht den Wesensgehalt der beruflichen Vertragsfreiheit des Unternehmers gem. Art. 19 Abs. 2 GG. Die Vertragsfreiheit des Unternehmers wird durch § 650b BGB zwar berührt, indem ihm die Möglichkeit genommen wird, bestimmte Änderungen zu verweigern. Trotz § 650b BGB ist es ihm allerdings nach wie vor möglich zu entscheiden, ob er überhaupt einen Vertrag schließen will. Auch die konkrete Ausgestaltung der Norm tastet nicht den Wesensgehalt der Vertragsfreiheit an. Die tatbestandsmäßige Verkürzung auf die Zumutbarkeit schränkt den Anwendungsbereich gewillkürter Änderungen ein. Die „erste" Stufe obligatorischer Einigung mitsamt konkreter Verhandlungspflichten zeigt den auf Konsens gerichteten Charakter der Vorschrift auf, erst subsidiär kann die Änderung angeordnet werden. Zudem zielt § 650c BGB betreffs der Gegenleistung auf einen gerechten Ausgleich für die beschnittene Vertragsfreiheit.[513]

Sodann stellt sich die Frage der Verhältnismäßigkeit: Verhältnismäßig und damit im Einklang mit der Verfassung ist § 650b BGB, wenn hinreichende Gründe des Gemeinwohls den staatlichen Eingriff rechtfertigen, also das gewählte Mittel zur Zweckerreichung geeignet und erforderlich ist und nach einer Gesamtabwägung zwischen der Schwere des Eingriffs und dem Gewicht der diesen rechtfertigenden Gründe die Grenzen der Zumutbarkeit eingehalten werden.[514]

1. Legitimer Zweck

Grundlage des Eingriffs ist ein legitimer Zweck, den der Gesetzgeber zu verwirklichen sucht. Dieser Zweck muss bei einer Berufsausübungsregelung den vernünftigen Erwägungen des Gemeinwohls dienen.[515] Wie die meisten Rechtsvorschriften gibt der Wortlaut des § 650b BGB keinen Aufschluss über den intendierten Normzweck. Normen beschränken sich meist auf Tatbestand und Rechtsfolge, sodass ihr Zweck durch Auslegung zu ermitteln ist.[516] Dazu sind vor

---

512 Ebenso *Abel/Schönfeld*, BauR 2017, 1901, 1910; *Battis/Deppner*, Verfassungsmäßigkeit, 2016, S. 12.

513 So auch *Battis/Deppner*, Verfassungsmäßigkeit, 2016, S. 14.

514 Vgl. BVerfG, 1 BvL 4/78 = NJW 1983, 439 [440, C.I.3.b)].

515 BVerfG, 1 BvR 596/56 = NJW 1958, 1035 [1038, I.3.d)].

516 *Epping*, Grundrechte, ^{8}2019, Rn. 50.

allem bei jüngeren Gesetzen die vorbereitenden Materialien und Umstände zu berücksichtigen.[517]

Im Gesetzentwurf wird angeführt, dass das bisherige Werkvertragsrecht ein Änderungsrecht nicht vorsah und dies dem auf längere Erfüllungszeit angelegten Bauvertrag und dem komplexen Baugeschehen häufig nicht gerecht geworden sei.[518] Diese Formulierung des Zwecks lässt zunächst nicht vermuten, dass es sich bei § 650b BGB um die zentrale Vorschrift der Baurechtsnovelle handelt. Auch lässt der Wortlaut nicht darauf schließen, dass die Reform des Bauvertragsrechts dringend notwendig war, denn der Befund lautet schlichtweg, dass das Werkvertragsrecht dieses Instrument bisher nicht gekannt habe. Dass die Schaffung eines einseitigen Änderungsrechts hingegen eine fundamentale Abkehr von den römisch-rechtlichen Wurzeln der europäischen Schuldrechtsordnungen im Allgemeinen und vom verfassungsrechtlichen Prinzip *pacta sunt servanda* im Besonderen ist, wird nicht besonders ins Bewusstsein gerückt.[519]

Wer hingegen mit dem Diskurs zu § 1 Abs. 3, 4 und § 2 Abs. 5, 6 VOB/B sowie den langwierigen Vorbereitungen der Novelle vertraut ist, der weiß, wie streitträchtig das Änderungsrecht in wirtschaftlicher und rechtspolitischer Hinsicht ist. Zwar erwähnten die zur Überarbeitung des Schuldrechts 1981 und 1983 vom Bundesjustizministerium eingeholten Gutachten das Änderungsrecht nicht einmal und lehnten auch eine Übertragung von VOB/B-Vorschriften in Gesetzesrecht ab.[520] Doch immer wieder traten und treten Forderungen nach der Kodifikation des Änderungsrechts auf.[521] Das liegt nicht nur daran, dass eine beträchtliche Anzahl prominenter Stimmen aus verschiedenen Gründen von der AGB-Unwirksamkeit der VOB/B-Vorschriften überzeugt ist,[522] sondern auch daran, dass es mitnichten eine eindeutige obergerichtliche Rechtsprechung gibt.[523] Hinzu kommt, dass volkswirtschaftlich betrachtet seit Jahren ein „Markt

---

517 *Wank*, Auslegung, [6]2015, S. 34.

518 Gesetzentwurf BReg, BR-Drs. 123/16, S. 56.

519 Ebenso ibr- Baurecht/*von Rintelen*, § 650b BGB Rn. 4.

520 *Weyers*, Gutachten Schuldrecht II, 1981, S. 1115, 1121 ff.; *Keilholz*, Gutachten Schuldrecht III, 1983, S. 241, 324 ff.

521 Vgl. *Kraus/Vygen/Oppler*, BauR 1999, 964, 965, 968; ibr-Baurecht/*von Rintelen*, § 650b BGB Rn. 22 ff. m.w.N.

522 S. Aufführung oben Fn. 152.

523 **§ 1 Abs. 4 VOB/B** hat der BGH für AGB-wirksam erklärt, VII ZR 233/94 = NJW 1996, 1346 [1347, V.2.a)].

für Unternehmer" besteht, dass also die Nachfrage an Bauleistungen beständig höher ist als das am Markt zur Verfügung stehende Angebot.[524]

Die Vorschrift des § 650b BGB verfolgt nunmehr *drei legitime Zwecke*:

a. *Flexibilität*

Die Vorschrift beabsichtigt, dem Besteller während der Bauausführung Flexibilität zu verschaffen, da nicht mit Sicherheit feststeht, ob das Werk so wie geplant realisiert werden kann.[525] Ab Vertragsschluss ist der Besteller strukturell unterlegen, weil er bei entgegenstehendem Willen des Unternehmers grundsätzlich nicht mehr anders auf den Vertragsinhalt Einfluss nehmen kann als durch Beendigung mittels (freier) Kündigung. Der Vertragsschluss selbst ist punktuell, während die Leistungsausführung erst danach beginnt und von Anfang an in Inhalt und Ausgestaltung in Bewegung ist. So steht z.B. bei einem Einheitspreisvertrag (§ 4 Abs. 1 Nr. 1 VOB/A, § 2 Abs. 2 VOB/B) der Endpreis zu Beginn noch nicht fest und der Unternehmer bei äußeren Einwirkungen, etwa einem Wetterumschwung, die Ausführungszeiten entsprechend umplanen kann. Während des Leistungszeitraums wird das Bauprojekt erfahrungsgemäß mit unvorhergesehenen Umständen konfrontiert, auf die flexibel reagiert werden muss. Solche Reaktionsbefugnisse mussten vor 2018 vereinbart werden, in Ausnahmefällen flankiert durch privilegierte, aber im Einzelnen unklare Rechtspositionen (Kooperationspflicht, Anpassungsanspruch).

b. *Leitbild*

Weiterhin soll das Änderungsrecht, das in der überwiegenden Anzahl der gebräuchlichen Vertragsmuster wie der VOB/B eine Standardklausel darstellt, gesetzlichen Rückhalt erfahren, um ein Leitbild im Sinne von § 307 Abs. 2 Nr. 1 BGB für vertragliche Klauseln zu schaffen.[526] So kann der Gesetzgeber konturieren, wie ein Änderungsrecht im Privatvertrag aussehen darf und muss dies nicht den Gerichten überlassen.[527]

---

524 Vgl. nur https://www.destatis.de/DE/Presse/Pressemitteilungen/2019/03/PD19_110_441.html; allgemein https://www.destatis.de/DE/Themen/Wirtschaft/Konjunkturindikatoren/Baugewerbe/kae261.html für den Volumenindex des Auftragseingangs Bauhauptgewerbe (abgerufen am: 19.04.2021).

525 Gesetzentwurf BReg, BR-Drs. 123/16, S. 56.

526 Das impliziert auch der Gesetzentwurf BReg, BR-Drs. 123/16, S. 56, indem er explizit auf § 1 Abs. 3, 4 VOB/B verweist; ähnlich *Abel/Schönfeld*, BauR 2017, 1901, 1914.

527 Zum Leitbild des § 650b BGB S. 228 ff.

c. *Rechtssicherheit*

Letztlich ist in den Fällen, in denen zwar die Änderung der Umstände eine Anpassung erforderlich werden ließ, aber kein Änderungsrecht vereinbart worden war, ein solches zugestanden worden.[528] Das wurde damit begründet, dass das Äquivalenzverhältnis und allgemein das Gebot von Treu und Glauben mit Rücksicht auf die Verkehrssitte zu berücksichtigen ist, § 242 BGB.[529] Für diesen ausnahmsweisen Anpassungsanspruch eine generelle Regelung zu schaffen, stellt Rechtssicherheit für das Bauwesen her und verhindert, dass jeder Streitfall gerichtlich geklärt werden muss. Sind nämlich die Grenzen des Änderungsrechts klar, werden Änderungen auch eher akzeptiert.[530]

Diese drei Zwecke, insbesondere der der Rechtssicherheit, überzeugen für das *notwendige* Änderungsrecht und sind vernünftige Gründe des Gemeinwohls.[531]

Zwei der drei Zwecke betreffen auch die *gewillkürte* Änderung.[532] Nur der dritte Zweck gilt hier nicht, da die Änderungen nicht geboten sind im Sinne ansonsten drohender Mangelhaftigkeit und daher derartige Rechtsstreitigkeiten über die Reichweite und den Grund nicht auftreten. Wohl aber zeigen die beiden anderen Zwecke, welche notwendige Breitenwirkung die gesetzliche Regelung für die Parteien hat, die solche Klauseln vertraglich ohnehin zum Standard fast jeden (größeren) Bauprojekts machen. Auch hier wird ein legitimer Zweck verfolgt, für den vernünftige Erwägungen des Gemeinwohls streiten.

2. *Geeignetheit*

Das vom Gesetzgeber eingesetzte Mittel muss geeignet sein, den erstrebten Zweck zu erreichen. Das Mittel ist geeignet, wenn mit seiner Hilfe der gewünschte Erfolg gefördert werden kann.[533] § 650b BGB ist als Bundesnorm einfaches Gesetzesrecht, das jedenfalls für alle Verträge im Inland gilt, soweit keine vorrangigen vertraglichen Vereinbarungen getroffen werden. Dem Gesetzgeber steht bei der Wahl des Mittels ein Beurteilungsspielraum zu.[534]

---

528 *Obiter dictum*: BGH, VII ZR 233/94 = NJW 1996, 1346 [1347], sowie S. 00.

529 § 242 BGB fordert Fairness im Rechtsverkehr, MüKoBGB/*Schubert*, § 242 BGB Rn. 2 m.w.N.

530 Ähnlich auch *Battis/Deppner*, Verfassungsmäßigkeit, 2016, S. 16.

531 Im Ergebnis ebenso *Battis/Deppner*, Verfassungsmäßigkeit, 2016, S. 16.

532 A.A. *Battis/Deppner*, Verfassungsmäßigkeit, 2016, S. 16, die die Flexibilität des Bestellers als legitimes Ziel als sehr zweifelhaft einstufen.

533 Vgl. nur BVerfG, 1 BvR 52, 665, 667, 754/66 = NJW 1971, 1255 [1256, C.II.2.c)bb)].

534 Vgl. BVerfG, 1 BvR 52, 665, 667, 754/66 = NJW 1971, 1255 [1257, Zu bb)].

Es ist nicht erkennbar, dass dieser offensichtlich fehlerhaft außer Acht gelassen wurde.[535]

3. *Erforderlichkeit*

Erforderlich ist der Eingriff, wenn der verfolgte Zweck nicht durch gleich geeignete, aber mildere, das heißt grundrechtsschonendere, Mittel erreicht werden kann. Stets ist das bei gleicher Geeignetheit mildeste Mittel zu wählen.[536] Die Besonderheit der Drei-Stufen-Theorie wirkt sich erst auf der zweiten oder dritten Stufe aus. Ein auf der jeweiligen Stufe wirkender Eingriff ist nur dann erforderlich, wenn durch Maßnahmen einer geringeren Stufe der Erfolg nicht ebenso effektiv erreicht werden kann.[537] Das Änderungsrecht ist jedoch ein Eingriff in die Berufsausübung und damit auf der ersten Stufe anzusiedeln. Als weniger intensiver Grundrechtseingriff auf dieser ersten Stufe kommen gleichwohl mehrere Konstellationen infrage:

a. *Fakultatives gesetzliches Musterformular*

Zunächst kommt infrage, das Änderungsrecht nicht durch ein Gesetz zu konstituieren, sondern auf einer hierarchisch geringeren Stufe. Hierbei ist die Wesentlichkeitstheorie des Bundesverfassungsgerichts zu beachten, wonach die wesentlichen Entscheidungen vom Gesetzgeber selbst zu treffen sind und nicht untergeordneten Organen der Exekutive überlassen werden dürfen.[538] Daher kommt wohl eine Rechtsverordnung nach Art. 80 GG nicht in Betracht, die die Regierung oder ein Ministerium zum Erlass der Vorschrift berechtigen würde, da der mit der Änderung verbundene verfassungsrechtliche Eingriff in die Privatautonomie des Unternehmers grundrechtlich von gesteigerter Bedeutung ist und das Gleichgewicht der Parteiinteressen durch den Gesetzgeber von vornherein klar abgesteckt werden muss.

Möglich erscheint jedoch, die VOB/B oder ein ähnliches Klauselwerk gesetzlich zu legitimieren, das so als Vertragsmuster für Bauverträge fungieren könnte. Ähnlich § 310 Abs. 1 S. 3 BGB für die VOB/B könnte eine solche Konstruktion attraktiv sein. Eine solche Idee wurde – allerdings zusätzlich zum Anordnungsrecht in § 650b BGB-E und nicht stattdessen – in § 650c Abs. 4 BGB-E

535 BVerfG, 1 BvR 1086/82 u.a. = NJW 1988, 1195 [1196, C.III.2.].

536 *Epping*, Grundrechte, ⁸2019, Rn. 55.

537 *Epping*, Grundrechte, ⁸2019, Rn. 420 f.

538 St. Rspr., BVerfG, 1 BvL 1/75; 1 BvR 147/75 = NJW 1978, 807 [810, C.II.]; vgl. *Epping*, Grundrechte, ⁷2017, Rn. 405.

hinsichtlich einer geänderten Vergütungsvereinbarung aufgegriffen, setzte sich aber im Gesetzgebungsverfahren nicht durch.[539]

Die beschriebene Konstruktion wäre im verfassungsrechtlichen Sinne auch nicht gleich geeignet. Denn sie stellt nicht sicher, dass die Parteien auf die Vorschriften zurückgreifen, also die privilegierten Klauseln auch vereinbaren. Das aber ist Voraussetzung, damit subsidiär auch ein Recht zur Änderung besteht.

b. Beschränkung auf bestimmte Geschäftsfelder

Man könnte das Änderungsrecht auf bestimmte Geschäftsfelder beschränken. Durch die Einordnung in ein neu geschaffenes Bauvertragsrecht wurde § 650b BGB zwar der Anwendbarkeit auf andere Werkverträge entzogen.[540] Aber auch Bauverträge sind ganz unterschiedlich im Umfang, vom Einbau von Industrieküchen bis hin zur generalunternehmerischen Errichtung einer Veranstaltungshalle. Hier für einzelne Geschäftsfelder Bereichsausnahmen zu schaffen, wäre ein geringerer Eingriff.

Allerdings dürfte es schwierig sein, den Bereichsausnahmen sinnvolle Grenzen zu setzen. Bei Hoch-, Tief- und Anlagenbau ist das Gesamtwerk ausschlaggebend, selbst wenn die Gewerke einzeln vergeben werden. Hier auch nur ein Einzelgewerk von § 650b BGB auszunehmen, könnte das Gesamtergebnis verändern. Der Gesetzgeber hat sich sogar für die Einordnung von bestimmten Instandhaltungsarbeiten als Bauvertrag ausgesprochen (§ 650a Abs. 2 BGB). Es scheint ungeeignet, von Anfang an bestimmte Gewerke dem Anwendungsbereich des § 650b BGB zu entziehen, da die Zahl der Anwendungsfälle unüberschaubar ist. Hier ist zielführender, den Tatbestand weiträumig für alle Bauverträge zu eröffnen und den Einzelfall durch die Instrumente der Zumutbarkeit und der Unmöglichkeit zu beschränken.

c. Beschränkung durch bestimmte Tatbestandsvoraussetzungen

Eingriffsärmer wäre § 650b BGB, wenn engere Voraussetzungen für die Ausübung bestünden. Für die *gewillkürte* Änderung ist Voraussetzung, dass die Parteien nicht innerhalb von 30 Tagen einen Änderungsvertrag schließen, das Änderungsbegehren sich inhaltlich im Rahmen des Begriffs des Werkerfolgs bewegt und die Ausführung der Änderung zumutbar und möglich ist. Für die *notwendige* Änderung gilt das Kriterium der Zumutbarkeit nicht. Zunächst sind

539 Gesetzentwurf BReg, BT-Drs. 18/8486, S. 14.
540 Dazu S. 222 ff.

die bisherigen Voraussetzungen dahingehend zu analysieren, ob sich durch deren Verschärfung nicht ein milderer, aber gleich geeigneter Eingriff ergeben kann:

Der Begriff des Werkerfolgs ist Ausgangspunkt dessen, was alles angeordnet werden kann. Dass er ungestalt und daher auslegungsfähig ist,[541] ist zwar bedauerlich, aber unvermeidlich. Denn die Vielgestaltigkeit der einzelnen Werkerfolge verunmöglicht, eine stets passgenaue Definition gesetzlich zu konturieren. Dass essentielle Tatbestandsmerkmale einer weiträumigen Auslegung zugänglich sind, ist allerdings auch nicht bedenklich und im einfachgesetzlichen Recht vielerorts zu finden. Auch besteht kein Zweifel, dass der Werkerfolg auf wenigstens eine Weise so auslegbar ist, dass nicht alle denkbaren Auslegungsergebnisse zu einem verfassungswidrigen Eingriff führen. Ist eine verfassungskonforme Auslegung möglich, ist sie geboten.[542]

Das Einigungserfordernis ist während des Gesetzgebungsverfahrens Gegenstand größerer Änderungen gewesen. Der Referentenentwurf wollte ein „einstufiges" Anordnungsrecht ohne vorherige Einigung (§ 650b Abs. 1 BGB-E),[543] während der „finale" Gesetzentwurf das Nicht-einigen-Können als Tatbestandsvoraussetzung vorsah (§ 650b Abs. 2 S. 1 BGB-E).[544] Die Voraussetzung, dass die Parteien sich nicht einigen können, wäre zwar ein geringerer Freiheitseingriff als der Zeitablauf einer Frist, weil dem Unternehmer dadurch die Macht zukäme, die Verhandlungen über die Änderung nicht abbrechen zu lassen. Diese Ausgestaltung wäre jedoch nicht gleich geeignet, weil sie ein gewisses Missbrauchspotential sowie große Rechtsunsicherheit birgt. Denn die Verhandlungen könnten (willentlich wie ungewollt) künstlich in die Länge gezogen und dadurch rechtlich am Leben erhalten werden, ohne dass sie zum Ende kommen. Wann schließlich der Zeitpunkt des Nicht-einigen-Könnens erreicht wäre, müsste jeweils individuell (gerichtlich) festgestellt werden.

Ein weiteres Tatbestandsmerkmal ist die Zumutbarkeit der konkreten Änderung. Diese gilt nur bei *gewillkürten* Änderungen. Über die hier vertretene Auslegung gelangt man zu einer verfassungsrechtlich unbedenklichen Verwendung des Merkmals.[545] *Battis/Deppner* kritisieren in ihrem Gutachten auch nicht die Zumutbarkeit als solche, sondern die fehlende Möglichkeit der Übertragung auf § 650b Abs. 1 S. 1 Nr. 2 BGB, da auch dort eine Änderung stattfinde, die anders

---

541 Vgl. dazu S. 97 ff., mit dem Vorschlag einer Umgrenzung S. 116 ff.

542 Vgl. nur *Larenz/Canaris*, Methodenlehre, ^{3}1995, S. 160.

543 Referentenentwurf vom 28.09.15, S. 12.

544 Gesetzentwurf BReg, BT-Drs. 18/8486, S. 14.

545 Dazu oben S. 106 ff.

getroffene Vereinbarungen derogierte.[546] Das an sich vom Besteller zu tragende Risiko der Änderung von Umständen, die eine Anpassung notwendig machten, werde so auf den Unternehmer abgewälzt.[547]

Schon der Ausgangspunkt dieser Argumentation trifft allerdings nicht zu. Nach dem funktionalen Mangelbegriff muss der Unternehmer stets ein funktionstaugliches Bauwerk errichten.[548] Das ist nicht nur durch die vereinbarten Einzelleistungen zu erreichen, sondern ist das übergeordnete Ziel des Vertrags, aus dem folgt, dass der Unternehmer auch Leistungen schuldet, die nicht explizit festgehalten wurden, wenn nur durch diese Leistungen die Funktionstauglichkeit erreicht wird. Damit trägt der Unternehmer eben gerade das „Risiko der Änderung bauwerksbezogener Vorschriften".[549] Auch der funktionale Mangelbegriff selbst ist nicht verfassungswidrig.[550] Diese Klarstellung entzieht aber der Argumentation den Boden. Denn der Unternehmer schuldet ein funktionstaugliches Werk. Bestehen für dessen Realisierung mehrere Möglichkeiten, ist es ein Eingriff von nur geringer Intensität, entscheiden zu können, welche konkret zu verwirklichen ist. Auch die höhere Schwelle des § 275 BGB ist nun gerechtfertigt: Der Besteller hat aufgrund des funktionalen Mangelbegriffs ohnehin einen Anspruch auf ein mangelfreies Werk, der nur dann nicht besteht, wenn die Leistung unmöglich ist.

Ebenfalls verwundert die behauptete Konsequenz des Gutachtens, durch die Anwendung der Zumutbarkeit bei *notwendigen* Änderungen würde die Verhandlungsposition des Unternehmers gestärkt, was die Einigungsbereitschaft erhöhte und streitige Auseinandersetzungen vermeide.[551] Die Unmöglichkeit (§ 275 BGB) ist rechtlich und tatsächlich leichter festzustellen als die *in praxi* noch ungestalte Zumutbarkeit. Unzumutbarkeit könnte und würde in einigen Fällen behauptet werden, in denen der Unternehmer die Änderungen schlicht nicht ausführen will. Die Verständigung darüber, was noch zumutbar sei, würde wohl eher Streitigkeiten erzeugen als vermeiden.

Die Ausgangsfrage, ob erforderlich ist, die Zumutbarkeit *nur* für die *gewillkürte* Änderung gelten zu lassen, ist zu bejahen. Zweifellos wäre die Erstreckung

546 *Battis/Deppner*, Verfassungsmäßigkeit, 2016, S. 17.
547 *Dies.*, Verfassungsmäßigkeit, 2016, S. 19.
548 Dazu S. 35 ff.
549 *Battis/Deppner*, Verfassungsmäßigkeit, 2016, S. 19.
550 Und wurde – soweit ersichtlich – noch nie verfassungsrechtlich angegriffen.
551 *Battis/Deppner*, Verfassungsmäßigkeit, 2016, S. 19 f.

auf Nummer 2 ein geringerer Eingriff, jedoch nicht gleich geeignet, den Zweck zu erreichen.

Denkbar wäre schließlich, das Änderungsrecht in der Höhe zu begrenzen, also die Befugnis vom Wert der betroffenen Leistungen abhängig zu machen. So sehen es andere Rechtsordnungen vor.[552] Eine solche Begrenzung ist aber nicht *per se* ein geringerer Eingriff. Denn zum einen stellt sich die Frage, wo die Grenze verliefe, ob die Höhe absolut (Änderung bis 5.000 EUR) oder prozentual am Gesamtwert des Projekts oder Gewerks zu bemessen wäre. Zum anderen stellt sich der *wirtschaftliche* Eingriff für jeden Unternehmer anders dar, weil sich die Größe des Unternehmens und auch die Volumina der Aufträge unterscheiden. Die *rechtliche* Intensität des Eingriffs bliebe jedoch immer gleich, da stets die Vertragsfreiheit beschränkt würde. Daher wäre schon ein Eingriff nicht geringer als bei der jetzigen Ausgestaltung.

d. Anpassungsanspruch

Das Änderungsrecht könnte auch als Anpassungsanspruch konstruiert werden.[553] *Prima facie* erscheint eine Vertragsanpassung mittels Anspruchs und Einigung ein geringerer Eingriff in die Vertragsfreiheit des Unternehmers zu sein.[554] Das liegt daran, dass der neue Anspruch auf die geänderte Leistung konsensual durch Änderungsvertrag zustande käme. Es scheint, dem Unternehmer verbliebe hier ein größeres Maß an Freiheit als bei der einseitigen Gestaltung und der daraus folgenden *Unterworfenheit*.[555]

Das ist jedoch ein Trugschluss. Denn hier wie dort besteht in Wirklichkeit keine Wahl. Das Gestaltungsrecht berechtigt den Besteller dazu, einseitig Regelungen zu treffen, ohne dass der Unternehmer darauf Einfluss hat. Beim Zustimmungsmodell kann der Unternehmer zwar seine Zustimmung verweigern, der Änderungsvertrag kommt dann vorläufig nicht zustande. Der Besteller könnte jedoch auf Zustimmung klagen, wenn die Voraussetzungen für den Änderungsanspruch erfüllt wären (§ 894 ZPO). Dem Besteller stünde dann ein *Anpassungserzwingungsrecht* zu.[556] Dieser Weg käme zum gleichen Ziel wie das Gestaltungsrecht, wäre aber nicht milder.

---

552 Ibr-Baurecht/*von Rintelen*, § 650b BGB Rn. 39 m.w.N.

553 Zu den einzelnen Modalitäten und Unterschieden s. S. 238 ff.

554 So wohl auch Staudinger/*Peters*, 2019, § 650b BGB Rn. 3, der das Anordnungsrecht aus dem Grund für verfassungswidrig hält, dass ein Weisungsverhältnis zwischen Gleichrangigen gesetzlich nicht bestehen kann.

555 Begriff nach *Bötticher*, FS Dölle I, 1963, S. 41, 45 f.

556 Begriff nach *Hau*, Vertragsanpassung, 2003, S. 248 f.

e. *Schaffung von Anreizen*

Statt einer einseitigen Gestaltungsnorm könnte man schließlich ökonomische und rechtliche Anreize zur Einigungsbereitschaft schaffen. Das gelänge teilweise durch die explizite gesetzliche Anerkennung des funktionalen Mangelbegriffs.[557] Flankierte man diesen mit Pflichten wie in § 4 Abs. 3 VOB/B (Hinweispflicht des Unternehmers bei möglichen Mängeln) und Ansprüchen des Bestellers wie in § 4 Abs. 7 VOB/B (Gewährleistungsanspruch vor Abnahme, Schadensersatzanspruch und Kündigungsrecht), müsste der Unternehmer schon in der Erfüllungsphase Mängelrechte fürchten, was seine Einigungsbereitschaft wohl erhöhen würde.

Schon jetzt gelten aber nicht nur für VOB/B-Verträge, sondern für alle Bauverträge sowohl der funktionale Mangelbegriff als auch Hinweispflichten. Gleichwohl kann der Besteller aufgrund dessen nicht die bevorzugte Alternative wählen, um die drohende Mangelhaftigkeit abzuwenden. Er müsste sich vielmehr vertraglich auf die gewünschte Art und Weise verständigen. Obgleich eingriffsärmer, ist die Maßnahme der Anreizschaffung daher nicht gleich geeignet.

f. *Zwischenergebnis*

Ungeachtet der aufgezählten Alternativen hat der Gesetzgeber auch hinsichtlich der *Erforderlichkeit* der konkreten Maßnahme einen weiten Einschätzungs- und Prognosespielraum.[558] Nur selten kann *a priori* sichergestellt werden, ob die Maßnahme nicht in Einzelfällen eine Eingriffswirkung erzeugt, die durch alternative Maßnahmen *in jeder Hinsicht eindeutig nicht aufgetreten* wäre und andere Maßnahmen bei sachlicher Gleichwertigkeit milder wären.[559] Dass der Gesetzgeber im Rahmen von § 650b BGB diesen weiten Einschätzungsspielraum derart verkannt hat, ist nicht erkennbar. Es steht nicht fest, ob die aufgezählten milderen Maßnahmen für die Zweckerreichung gleich geeignet wären. Im Übrigen ist § 650b BGB dispositiv. Das allein ist ein milderes Mittel als die denkbare Alternative, die Norm als *ius cogens* zu erlassen.[560] § 650b BGB *de lege lata* ist daher im Rahmen der verfassungsrechtlichen Erforderlichkeit nicht zu beanstanden.

---

557 Vgl. S. 35 ff.; zur Forderung nach dessen Kodifikation nur *Voit*, jM 2015, 402, 405 f.

558 Nur BVerfG, 1 BvR 539/96 = NVwZ 2001, 790 [794, C.II.1.c)bb)(2)]; *Epping*, Grundrechte, ^{8}2019, Rn. 55.

559 Vgl. BVerfG, 2 BvR 305/93 = NJW 2002, 3009 [3011, C.II.2.c)].

560 Das gilt sogar für den Verbraucherbauvertrag, vgl. *e contrario* § 650o BGB.

4. *Angemessenheit*

§ 650b BGB – als dispositive Bundesnorm – verfolgt einen legitimen Zweck und ist dazu geeignet und erforderlich. Auf der Stufe der Berufsausübungsregelung ist eine Verhältnismäßigkeitsprüfung anzustellen. Der Eingriff in die unternehmerische Freiheit müsste also angemessen sein, um verfassungsrechtlich standzuhalten. Dazu erfolgt eine Gesamtabwägung zwischen der Schwere des Eingriffs und dem Gewicht des mit dem Eingriff verfolgten Zwecks.[561] Je schwerer dabei der Eingriff wiegt, desto gewichtiger muss der Zweck sein.[562]

a. *Angemessenheit der gewillkürten Änderung*

Mit § 650b Abs. 1 S. 1 Nr. 1 BGB werden zwei der drei legitimen Zwecke verfolgt, nämlich die Flexibilisierung während der Vertragsdurchführung und die Schaffung eines Leitbilds für vertragliche Änderungsklauseln.

Schon die Existenz von § 1 Abs. 3, 4 im Standardklauselwerk der VOB/B zeigt, dass von Klauseln zu Leistungsänderungen wohl häufig Gebrauch gemacht wird. Der Gesetzgeber hat die Vereinbarung der Parteien im Grunde zu respektieren, da hierin der übereinstimmende Wille eines sachgerechten Interessenausgleichs zum Ausdruck gebracht wird.[563] Weicht die bauvertragliche Kautelarpraxis jedoch dauerhaft und sachlich gerechtfertigt von der Gesetzeslage auch in Fragen ab, die an einem verfassungsrechtlichen Prinzip wie *pacta sunt servanda* rühren, kann durchaus legitim sein, wenn Gesetze an diesen Zustand der Realität angepasst werden. Denn dadurch wird das Regel-Ausnahme-Verhältnis der Änderungsbefugnis umgekehrt, das bisher in individuellen Fällen, in denen ansonsten die Änderung mangels Vereinbarung nicht möglich wäre, ein Ungleichgewicht schaffen könnte. Für diesen legitimen Zweck streiten nicht nur die Interessen der Gesamtheit der Besteller, da ein Änderungsrecht sie rechtlich begünstigt. Vielmehr zeigt sich durch die verbreitete Verwendung solcher Vertragsklauseln mindestens auch die Akzeptanz dieses Instruments durch die Gesamtheit der Unternehmer, wenn das Änderungsrecht klar konturiert ist. Beleg dieser unternehmerseitigen Akzeptanz ist etwa, dass der DVA zu einem großen Teil aus Vertretern der Baubranche besteht, die sich zum Ziel gesetzt haben, ein interessenausgleichendes Regelwerk zu erstellen.[564]

---

561 BVerfG, 2 BvL 43/92 = NJW 1994, 1577 [1579, C.I.1.].

562 *Epping*, Grundrechte, [8]2019, Rn. 57.

563 BVerfG, 1 BvR 80/95 = NJW 2005, 2376 [2378; C.I.1.a)].

564 Die Mitgliederliste ist zu finden unter https://www.bmi.bund.de/DE/themen/bauen-wohnen/bauen/bauwesen/bauauftragsvergabe/bauauftragsvergabe-artikel.html (abgerufen am: 19.04.2021).

Demgegenüber stehen die auf Unternehmerseite anzusiedelnden Interessen an grundsätzlicher vertraglicher Autonomie. Sie werden jedoch dadurch aufgeweicht, dass der Unternehmer sich seiner Vertragsfreiheit teilweise begibt, indem er der Vereinbarung der VOB/B oder ähnlicher Klauseln zustimmt.

Und auch das Interesse an der Flexibilisierung der Wünsche des Bestellers überwiegt in der Gesamtabwägung den Unternehmerinteressen. Zwar besteht auf Bestellerseite keine prinzipiell strukturelle Unterlegenheit, wie etwa in Teilen des Miet- oder Urheberrechts.[565] Aber für den Besteller besteht nach Vertragsschluss keine Möglichkeit mehr, auf den Vertragsinhalt einzuwirken. Das ist grundsätzlich zwar interessengerecht, wird jedoch häufig nicht der besonderen Struktur des Bauvertrags gerecht. Denn dieser erschöpft sich nicht mit reinem punktuellem Leistungsaustausch. Es handelt sich vielmehr um einen komplexen Langzeitvertrag,[566] in dem Anpassungen vorkommen können.

Zwar handelt es sich bei der Schaffung eines einseitigen Gestaltungsrechts um einen schwerwiegenden Eingriff in die Freiheit des Unternehmers.[567] Aber sowohl die Vergütungsregelung (§ 650c BGB) als auch die Voraussetzung der Zumutbarkeit formen § 650b Abs. 1 S. 1 Nr. 1 BGB zu einem *per se* verfassungsrechtlich austarierten Instrument, das den gegenläufigen Parteiinteressen entspricht.

Hinsichtlich der Willkürlichkeit einer Änderungsanordnung wird für die verfassungskonforme Auslegung gefordert, dass der Besteller ein berechtigtes Interesse aufweist.[568] Die Notwendigkeit, ein solches Interesse positiv festzustellen, besteht indessen nicht. Dies könnte auch die Grenzen zum *notwendigen* Änderungsrecht verwischen. Oft wird der Besteller ohnehin ein wirtschaftliches oder ideelles Interesse an der Änderung haben. Selten wohl wird die Änderung völlig grundlos und willkürlich begehrt. Und ist dies einmal der Fall, so besteht mit der Billigkeitskontrolle ein wirksamer Schutz, der zur Unzumutbarkeit der Änderung führt.

b. Angemessenheit der notwendigen Änderung

Der gesetzliche Eingriff bei der Alternative der notwendigen Änderung erscheint zunächst geringer, weil dessen Ziel lediglich der Erhalt eines mangelfreien

---

565 *Abel/Schönfeld*, BauR 2017, 1901, 1911 m.w.N.

566 Dazu S. 28 ff.

567 *Battis/Deppner*, Verfassungsmäßigkeit, 2016, S. 20.

568 *Abel/Schönfeld*, BauR 2017, 1901, 1919, das berechtigte Interesse wird allerdings nicht weiter vertieft.

Werkerfolgs ist. Auf die Bauentwicklung kann der Besteller bei drohenden Mängeln gestalterisch einwirken. Dies dient zunächst dem legitimen Zweck, die Rechte des Bestellers auch während der Bauausführung in gewissem Maße zu flexibilisieren.

Auch bislang bestanden allerdings ausgewogene Mängelrechte. Bei auftretenden wesentlichen Mängeln ist der Besteller nicht einmal zur Abnahme verpflichtet (§ 640 Abs. 1 S. 2 BGB) und auch der Vergütungsanspruch wird nicht fällig, § 641 Abs. 1 S. 1 BGB *e contrario*. Wenn der Besteller das Werk abnimmt, stehen ihm zahlreiche Rechte zur Verfügung, vgl. §§ 633 ff. BGB. Durch den funktionalen Mangelbegriff ist überdies gesichert, dass das Werk ungeachtet der konkreten Leistungsbeschreibung nur dann mangelfrei ist, wenn es dem vertraglichen Zweck entspricht. Rechtlich betrachtet ist damit ein gewisses Gleichgewicht hergestellt, sodass im Ergebnis keine Partei benachteiligt wird. Aus Gerechtigkeitserwägungen tut ein Änderungsrecht, das dem Besteller gestalterische Befugnisse schon auf Erfüllungsebene einräumt, nicht zwingend not. Denn soweit der Unternehmer die Möglichkeit zur Erfolgsverwirklichung sieht, muss er sie auch ergreifen.

Dies vorausgeschickt wiegt der gesetzgeberische Eingriff durch Bereitstellung eines Änderungsrechts allerdings nicht übermäßig schwer. Denn der Unternehmer genießt in dieser Frage ohnehin nur eine Freiheit in geringem Maße, da er die drohende Mangelhaftigkeit zu vertreten hat und verpflichtet ist, sie zu verhindern. Das verengt seine Leistungsfreiheit.

In einigen Fällen ist nur eine Variante möglich, wie mangelfrei geleistet werden kann. Hier ist an sich entbehrlich, sich über die Änderung zu einigen oder diese anzuordnen. Aber auch hier ist der kommunikative Weg zunächst in Form der Vereinbarung der bessere. Denn der Unternehmer kann auf diese Weise sicherstellen, dass der Besteller von der notwendigen Änderung erfährt und auch die Vergütung kann geregelt werden. Auch will der Besteller womöglich lieber Funktionseinschränkungen hinnehmen, als durch die (Sowieso-)Kosten der Änderungsleistung den Kostenrahmen zu überschreiten, sodass die Parteien einverständlich und explizit von der an sich notwendigen Änderungsleistung Abstand nehmen. Auch wenn sich mehrere Lösungen anbieten, die Funktionstauglichkeit zu erreichen, ist die kommunikative Lösung von Vorteil. Wirtschaftlich betrachtet wird der Besteller eine größere Bereitschaft zeigen, eine Vergütung für einen Nachtrag zu entrichten, den er wie gewünscht erhält und der ihm nicht „aufgedrängt“ wird. Der Unternehmer ist ohnehin zur mangelfreien Leistung verpflichtet.

Die Folge der Anordnung, den Unternehmer angemessen zu vergüten (§ 650c BGB), ist auch bei der *notwendigen* Änderung ein gerechter Ausgleich für den Eingriff in die Vertragsfreiheit.

Der zweite legitime Zweck, ein gesetzliches Leitbild zu schaffen, beruht auf der Erwägung, dass in vielen Fällen solche Klauseln ohnehin vertraglich vereinbart werden. Bei der Interessenabwägung treten jedoch dieselben konfligierenden Interessen auf wie auch beim dritten Zweck, sodass die Abwägung einheitlich erfolgen kann.

Der dritte legitime Zweck verfolgt die Eingrenzung und Konturierung, wann eine Änderung der bisherigen Leistungen notwendig wird. Hier handelt es sich nicht wie beim Zweck der Schaffung eines Leitbilds um eine *privatautonome* bilaterale Entscheidung, ein Änderungsrecht zu vereinbaren. Vielmehr entsteht die Befugnis zur Änderung aufgrund externer oder interner Notwendigkeiten und wird dem Schuldverhältnis als Ausprägung von Treu und Glauben entnommen.

In Einzelfällen, in denen die Billigkeit ein Änderungsrecht gebietet,[569] ist schon keine verfassungsrechtliche Verletzung der Unternehmerfreiheit zu befürchten. Denn hier unterstützt die Rechtsordnung selbst die Interessen des Bestellers, die sich als Verwirklichung seiner eigenen grundrechtlichen Freiheit ergeben. Denn auch im Privatverkehr sind die Grundrechte der Parteien miteinander in einen schonenden Ausgleich zu bringen. Sie haben nicht nur eine Abwehrfunktion gegenüber dem Staat, sondern bilden zudem eine objektive Werteordnung ab, die nicht nur,[570] aber auch durch die Generalklauseln des Zivilrechts effektuiert wird.[571] Daher müssen zivilrechtliche Vorschriften im Geist der Verfassung ausgelegt werden.[572] Bei schon anfänglich stark unausgeglichenen sowie ursprünglich ausgeglichenen, sich dann zulasten einer Partei verändernden, Interessenlagen einer privatrechtlichen Verbindung besteht ein Ungleichgewicht, das die Realisierung der Grundrechte der „unterlegenen" Parteien derart gefährdet, dass eine Korrektur verfassungsrechtlich geboten ist, um die objektive Werteordnung zu erhalten. Denn obgleich die Parteien stets die Herrschaft über ihre Vertragsbeziehungen haben (müssen), toleriert die Rechtsordnung krasse Missverhältnisse nicht.[573] Diese *mittelbare Drittwirkung der Grundrechte* im Zivilrecht führt in Einzelfällen, in denen die Vertragsfortführung für eine der Parteien schlicht

---

569 BGH, VII ZR 233/94 = NJW 1996, 1346 [1347, V.2.b); *obiter dictum*].
570 *Canaris*, AcP 184 (1984), 201, 222 f.
571 Schon BVerfG, 1 BvR 253/56 = NJW 1957, 297 [298, 2.c)].
572 *Epping*, Grundrechte, ^{8}2019, Rn. 348.
573 Nur BVerfG, = NJW 1994, 36 [38 f.].

unzumutbar ist im Hinblick auf die ursprüngliche Interessenparität, zu Anpassungsrechten, mittels derer der Vertrag korrigiert werden kann.

Aufgrund dieser verfassungsimmanenten Korrekturelemente ist zwar nicht zwingend geboten, wohl aber gerechtfertigt, wenn der Gesetzgeber ein einfachgesetzliches Vehikel schafft. Damit können betroffene Sachverhalte einem Rechtsstreit über Umfang und Grenzen eines solchen Rechts weitgehend entzogen und die parteiliche Auseinandersetzung in der Sache vielmehr auf den Zeitraum während der Ausführung verlagert werden.

Neben diesen wohlverstandenen Parteiinteressen dient die gesetzliche Klarstellung dem Schutz der Allgemeinheit. Denn so kann auch der unerfahrene Besteller seine Möglichkeiten im Ungefähren ausloten. Die Vorschrift ist nun Gesetzestext und damit öffentlich zugänglich. Außerdem wird durch die Bereitstellung eines notwendigen Änderungsrechts gesetzlich anerkannt, was dem Bauvertrag immanent ist: Die bauliche Vereinbarung wird stets unter der (nicht immer vertraglichen) Voraussetzung geschlossen, dass die zugrundeliegenden Tatsachen (Gutachten, Baugrund, äußere Einflüsse) allesamt zutreffen. Das muss aber nicht immer der Fall sein. Durch § 650b BGB wird nun Klarheit und Akzeptanz dafür geschaffen, dass die *vereinbarten* Leistungen oft nicht ausreichend sind. Diese vernünftigen Gründe des Gemeinwohls, also vor allem der Gesamtheit der Besteller, überwiegen das Interesse der Unternehmer an unbeeinflusster Vertragsausführung.

Verfassungsrechtlich problematisch ist allerdings folgender denkbarer Anwendungsfall: Ordnet der Besteller eine notwendige Änderung an, kann der Unternehmer nur verweigern, wenn ihm die Ausführung unmöglich ist. Diese Grenze ist aber dann zu hoch angesetzt, wenn der Besteller selbst die Ursache für die Notwendigkeit der Änderung gesetzt oder „zu vertreten hat", den Unternehmer hingegen keine Verantwortlichkeit trifft. Dann muss der Unternehmer die Ausführung bereits verweigern dürfen, wenn ihm die Ausführung *unzumutbar* ist, und nicht erst bei Unmöglichkeit. Im Beispiel: Der Besteller erstellt die Planung, die zum Teil *verschuldet* fehlerhaft ist und eine notwendige Änderung erfordert.[574] Der Unternehmer konnte diesen Planungsfehler nicht erkennen, weil es sich um einen peripheren Teilbereich handelt, den er typischerweise „miterledigt", ohne aber Spezialist zu sein. Sodann begehrt der Besteller für diesen Teilbereich eine Änderung. Der Unternehmer kann diese Leistung nicht

574 Nicht hingegen ausreichend ist, wenn sich nur „unverschuldet" die anerkannten Regeln der Technik ändern, da dem Besteller diese Entwicklung nicht derart schwer vorwerfbar ist wie eigenes Verschulden.

selbst erbringen, könnte aber einen am Markt verfügbaren Spezialisten als Nachunternehmer beauftragen. Die Auslegung könnte ergeben, dass der Unternehmer sich nicht auf § 275 BGB berufen kann, weil er die Änderung mithilfe des Nachunternehmers erbringen kann.

Dieses Ergebnis aber wäre unangemessen. Dieser wäre nämlich zu etwas verpflichtet, zu dem er sich nie bereit erklärt hatte und hätte, denn er kann die Änderung nicht *in persona* leisten. Würde er nun für die Änderung einen Nachunternehmer einsetzen, müsste er für dessen Leistung einstehen. Das mag in Fällen noch angemessen sein, in denen aus anderen Gründen eine Änderung notwendig ist (z.B. die Änderung der anerkannten Regeln der Technik), denn nach der grundsätzlichen Verteilung der Risiken hat der Unternehmer für den Erfolgseintritt einzustehen. Es ist aber dann nicht mehr angemessen im verfassungsrechtlichen Sinne, wenn der *Besteller selbst* die zum Mangel führende Ursache verantwortet und den Unternehmer nichts dazu beiträgt. Dadurch würde die Leistungspflicht des Unternehmers auf die „Erfolgserreichung unter allen Umständen, auch bei Mängelverschulden des Bestellers" überspannt. So gestaltet es sich zwar in der vertraglichen Abwicklung, auch im Rahmen des funktionalen Mangelbegriffs (nebst Anspruchsentstehung auf Sowieso-Kosten und ähnliche finanzielle Kompensationen). Nicht aber kann dieser Sachverhalt noch durch ein Anordnungsrecht gestützt werden.

Auch die Interessen des Bestellers stehen dem nicht entgegen. Dieser kann den Nachunternehmer auch selbst beauftragen, denn die Leistung ist für ihn am Markt genauso verfügbar wie für den Unternehmer. Den Unternehmer als Intermediär mit allen Haftungs- und Insolvenzrisiken (in beide Richtungen) dazwischen zu schalten, ist nicht geboten. Zudem verdienen die Interessen des Bestellers gerade keinen höheren Schutz, weil er für die fehlerhafte Planung gerade verantwortlich ist.

Für den Unternehmer ist die Beauftragung eines Nachunternehmers *unzumutbar*.[575] Die Unzumutbarkeit gilt aber im Rahmen der notwendigen Änderung nicht unmittelbar.[576] Daher ist – um § 650b BGB verfassungskonform

575 Diese Einschränkung gilt grundsätzlich nicht für Generalunternehmer oder andere „Intermediäre", die Leistungen nicht selbst, sondern stets durch Dritte erbringen. Sie stehen dem Besteller immer für die Arbeit Dritter ein, daher ist eine zusätzliche Drittbeauftragung nicht von vornherein unzumutbar.

576 Dahingehende Zweifel auch in der Stellungnahme des Deutschen Richterbundes zum Referentenentwurf eines Gesetzes zur Reform des Bauvertragsrechts, November 2015, Zu §§ 650c, 650d E-BGB.

auszulegen und anzuwenden – die Beauftragung eines Nachunternehmers für den Unternehmer in diesem Fall unmöglich im Sinne des § 275 BGB und nicht auszuführen.[577]

IV. Ergebnis

Insgesamt ist das Änderungsrecht des § 650b BGB verfassungsgemäß.[578] § 650b Abs. 1 S. 1 *Nr. 2* BGB ist allerdings verfassungskonform dahingehend auszulegen, dass in Fällen, in denen die Änderung *ohne Verschulden* des *Unternehmers*, sondern *infolge Vertretenmüssens* des *Bestellers* notwendig wird, die Ausführung dem Unternehmer unmöglich ist, wenn er die Änderungen nicht im eigenen Betrieb, sondern nur durch die Einschaltung Dritter erbringen kann.

577 Ähnlich *Abel/Schönfeld*, BauR 2017, 1901, 1918; zustimmend *Kniffka*, Kompendium Baurecht, 52020, 4. Teil, Rn. 241.

578 Ebenso *Göbel*, DZWIR 27 (2017), 10, 18 f.; *Reinelt*, ZAP 2016, 939; a.A. *Battis/Deppner*, Verfassungsmäßigkeit, 2016, S. 21; wohl auch Staudinger/*Peters*, 2019, § 650b BGB Rn. 3, der dies jedoch nur auf das Anordnungsrecht (§ 650b Abs. 2 BGB) bezieht.

§ 3 Die dogmatische Einfügung von § 650b BGB

Im Folgenden soll erörtert werden, wie sich § 650b BGB dogmatisch in das Bürgerliche Recht einfügt. Das Änderungsrecht wird zunächst von Rechtsinstrumenten abgegrenzt, die in ähnlichen Fällen wie § 650b BGB zur Anwendung kommen (A.). Anschließend wird die Rechtsnatur von § 650b Abs. 2 BGB ermittelt (B.I.) und die Norm mit ähnlichen Erscheinungsformen verglichen. So können Unterschiede aufgezeigt und die Erkenntnisse für die Anwendung und Einhegung des § 650b Abs. 2 BGB fruchtbar gemacht werden (B.II.-IV). Sodann werden die wesentlichen Grundgedanken des § 650b BGB aufgeführt, von denen durch AGB nicht abgewichen werden kann (C.). Zu schließen ist mit der Untersuchung, in welcher anderen Form die Regelung des § 650b BGB hätte erlassen werden können und welche Vor- und Nachteile dadurch entstünden (D.).

A. Abgrenzung von ähnlichen Erscheinungsformen

Um das Änderungsrecht konkret fassbar zu machen, ist die tatbestandliche Abgrenzung von den folgenden ähnlichen Erscheinungsformen sinnvoll.

I. Geschuldete Leistungen

Zunächst ist eine Anordnung tatbestandlich schon nicht einschlägig, wenn die Leistung bereits geschuldet ist. Dem konkreten Vertrag kann durch Auslegung entnommen werden, was alles bereits Teil der Leistung ist.[579] Aber auch neben der Auslegung des Einzelfalls existieren Grundsätze, was vom Leistungsumfang gedeckt ist.

1. Bloßes Abfordern

Grundsätzlich gilt für Vertragsleistungen:

Die konkret *vereinbarten* Leistungsumstände (Zeit, Ort, Art und Weise) sind grundsätzlich geschuldet. Ihr Einfordern ist Vertragsleistung und niemals Änderung.[580]

---

579 BGH, VII ZR 77/10 = BeckRS 2011, 01834 Rn. 2; VII ZR 129/91 = NJW-RR 1992, 1046.

580 Beck'scher VOB-Komm/*Jansen*, § 1 Abs. 3 VOB/B Rn. 48; das gilt auch für einen aktualisierten Bauzeitenplan, der als koordinatorische Maßnahme übersandt wird,

Dasjenige, was als stoffliche Bauleistung vereinbart ist, ist dann geschuldet und bloßes Abfordern der Leistung, *wenn* die vertraglichen Leistungen zum Gelingen eines *mangelfreien* Bauwerks führen.

Dasjenige allerdings, was als stoffliche Bauleistung vereinbart ist und *nicht* zu einem mangelfreien, sondern zu einem mangelhaften Werk führt, ist zwar Bausoll. Erfolgssoll und damit allein schuldbefreiend sind hingegen alle zu einer Mangelfreiheit des Werks führenden Tätigkeiten. Trotz anderslautender Vereinbarungen ist die zur Funktionalität führende *Andersleistung* schon jetzt Teil der Leistungspflicht.[581] Die eigentliche vertragliche Vereinbarung „steht zwar auf dem Papier", ist aber nicht geschuldet im Rahmen einer leistungsbefreienden Erfüllung. Das folgt aus dem funktionalen Mangelbegriff.[582] Das Beharren auf der *ursprünglichen* Leistung ist dementsprechend eine nachträgliche Absenkung des Leistungssolls.[583]

Daher ist der Fall des Abforderns einer Leistung, die zwar nicht vertraglich vereinbart, aber zur mangelfreien Errichtung des Werks notwendig ist, keine Leistungsänderung, sondern bereits Teil des zu erbringenden Leistungsprogramms. Das gilt aber *nur dann*, wenn es *nur eine einzige* Möglichkeit gibt, die Mangelfreiheit zu erreichen (Beispiel: Das geplante Kabelrohr ist zu eng für das geplante Kabel. Es kommt nur ein einziges (anderes) Kabel infrage).

Ist hingegen möglich, die Mangelfreiheit mit verschiedenen Alternativen zu gewährleisten, ist das Abfordern einer *bestimmten* Leistung eine Leistungsänderung (§ 1 Abs. 4 VOB/B, § 650b Abs. 1 S. 1 Nr. 2 BGB). Denn dem Unternehmer stehen hier mehrere Möglichkeiten der mangelfreien Erbringung zur Verfügung, deren Auswahlfreiheit durch die Aufforderung des Bestellers, das Werk auf *diese* Weise mangelfrei zu errichten, beeinträchtigt würde.

2. *Konkretisierung des Inhalts*

Bereits vom Leistungsumfang erfasst, mithin geschuldet und keine Änderung ist, was durch *inhaltskonkretisierende Anweisung* verlangt wird.[584] Diese Möglichkeit der inhaltlichen Konkretisierung muss aber im Vertrag vorbehalten sein; etwa, Farbe oder Material nachträglich auszuwählen.[585]

---

um bereits eingetretenen Verzögerungen auf der Baustelle gerecht zu werden, vgl. LG Berlin, 28 O 209/19, BauR 2020, 1038.

581 Beck'scher VOB-Komm/*ders.*, § 1 Abs. 3 VOB/B Rn. 59.

582 Dazu S. 35 ff., sowie zum Verhältnis zu § 650b Abs. 1 S. 1 Nr. 2 BGB S. 120 ff.

583 *Kniffka/Retzlaff*, BauR 2017, 1747, 1785.

584 MüKoBGB/*Busche*, § 650b BGB Rn. 3.

585 So etwa OLG Düsseldorf, 21 U 44/02 = NJW-RR 2003, 1324 [1325 f.].

3. *Mitbestellte Änderungen und Mengenänderungen*

Auch *mitbestellte Änderungen* bedürfen keiner einseitigen Leistungsänderung. Hierbei ist der Besteller nach dem Vertrag bereits berechtigt, eine schon konkrete Leistung nachträglich zu modifizieren; ihm ist also das Recht der Änderung schon vertraglich explizit eingeräumt.[586]

Haben die Parteien einen Einheitspreis- oder einen Detailpauschalvertrag geschlossen, sind die einzelnen Positionen in ihrer Art im Leistungsverzeichnis detailliert beschrieben und die voraussichtliche Anzahl in einem Vordersatz erfasst. Dieser Vordersatz ist jedoch für die Vertragsdurchführung und auch für die Vergütung unverbindlich.[587] *Mengenänderungen* führen nicht zu einer Abweichung des Leistungsinhalts, das Einfordern der benötigten Menge ist keine Änderung.[588]

Auch kommt es vor, dass der Unternehmer anbietet, anstelle von Grundpositionen, die grundsätzlich zur Ausführung kommen sollen (schwarze Schindeln), vielmehr Alternativen zu leisten (rote Schindeln).[589] Diese *Wahlpositionen* sind keine Änderungen, sondern eine vertragliche Ersetzungsbefugnis des Gläubigers. Im Unterschied zu den mitbestellten Änderungen handelt es sich nicht um den *beiderseitig* vertraglichen Vorbehalt von Andersleistungen, sondern das *einseitige* Angebot des Unternehmers, anstelle der Grund- die Wahlpositionen zu leisten.

II. Änderungsvertrag

Wenn die Parteien sich auf Änderungen einigen, ist dies keine *einseitige* Änderung. Das Ergebnis ist selbstverständlich, die Erscheinungsform jedoch nicht immer klar erkennbar. So ist etwa möglich, dass der Besteller eine Änderung wünscht und die Parteien sich über eine Andersvergütung einigen. Das entspräche dem gewünschten Procedere des § 650b Abs. 1 S. 1, 2 BGB.

Liegt die gewünschte Änderung aber außerhalb des Anordnungsfähigen von § 650b Abs. 1 S. 1 BGB (etwa aufgrund von Unzumutbarkeit der Änderung)

---

586 Vgl. ibr-Baurecht/*von Rintelen*, § 650b BGB Rn. 18.

587 Sie dienen im VOB/B-Vertrag z.B. als tragfähige Schätzung für die Einheitspreisneuberechnung, § 2 Abs. 3.

588 Allg. Meinung auch im BGB-Bauvertragsrecht, vgl. nur *Abel/Schönfeld*, BauR 2017, 2047, 2058 f.; *Leinemann/Kues*, § 650b BGB Rn. 28; *Werner/Pastor*, Bauprozess, [16]2018, Rn. 1456.

589 Vgl. BGH, VII ZR 10/01 = NZBau 2003, 376; ibr-Baurecht/*von Rintelen*, § 650b BGB Rn. 18.

und einigen sich die Parteien dennoch darauf, ist auch das ein wirksamer Änderungsvertrag. Gleiches gilt, wenn die Initiative vom Unternehmer ausgeht, dieser also statt des Begehrens durch den Besteller die Änderung von sich aus mitsamt Preis anbietet und der Besteller dem Angebot zustimmt.

Ordnet der Besteller die Änderung an, ohne ein Angebot oder die 30-Tage-Frist abzuwarten und entspricht der Unternehmer dieser „Anordnung", so liegt auch darin ein Änderungsvertrag.[590] Denn die „Anordnung" ist ein Antrag auf Abschluss eines Änderungsvertrags und durch die Leistungserbringung nimmt der Unternehmer diesen Antrag an (§§ 133, 157 BGB).[591] Weil die Anordnung als Antrag auf einen Änderungsvertrag ausgelegt wird, ist der Anwendungsbereich von § 650b BGB nicht eröffnet und es bedarf daher keiner Abbedingung der Norm.[592] Die Vergütung richtet sich in diesem Fall nach §§ 632 Abs. 2 i.V.m. 650c BGB.[593] Voraussetzung für das Zustandekommen dieses Vertrags ist allerdings, dass die Parteien nicht versucht haben, eine Vergütung festzusetzen, oder diese bewusst offengelassen haben. Haben sie sich hingegen explizit nicht auf die Gegenleistung einigen können, ist ein Vertrag aufgrund von Perplexität nicht zustande gekommen. § 632 BGB kann hier nicht zur Anwendung kommen, denn die Vorschrift ist kein *ius cogens* und wurde dadurch, dass die Parteien ausdrücklich bezüglich der Vergütung uneinig sind, konkludent abbedungen.[594] Führt der Unternehmer die Änderungsleistungen trotzdem aus, so stehen ihm lediglich gesetzliche Ansprüche zu bzw. bei Geltung der VOB/B ist § 2 Abs. 8 VOB/B zu beachten.

III. (Teil-)Kündigung (§ 648 BGB, § 8 VOB/B)

Der Besteller kann den Bauvertrag bis zur Vollendung jederzeit kündigen.[595] Das gilt für BGB-Vertrag (§ 648 BGB) wie VOB/B-Vertrag (§ 8 VOB/B). Die Kündigung ist grundsätzlich mit Wirkung *ex nunc* möglich und kann sich auf das gesamte Bauwerk oder einen Teil davon beziehen.[596] Ist eine Teilleistung bereits erbracht worden, kann die Kündigung sich maximal auf den noch ausstehenden

590 Dazu S. 80 ff.

591 *Weise*, NJW-Spezial 2017, 492.

592 Vgl. ibr-Baurecht/*von Rintelen*, § 650b BGB Rn. 123; so aber BeckOGK BGB/*Mundt*, § 650b BGB Rn. 165.

593 Dazu S. 74.

594 Vgl. Kapellmann/Messerschmidt/*Boldt*, § 632 BGB Rn. 25 m.w.N.

595 Althaus/Heindl/*Althaus*, 5. Bauleistung, Rn. 194.

596 Zur Teilkündigung MüKoBGB/*Busche*, § 648 BGB Rn. 13 m.w.N.

Teil beziehen. Die Teilkündigung ist schon dann möglich, wenn noch nicht mit der Errichtung des Werks begonnen wurde.

Ein *unberechtigtes Änderungsverlangen* ist grundsätzlich keine Kündigung.[597] Läuft das Änderungsbegehren leer, stellt es meistens einen Antrag auf Abschluss eines Änderungsvertrags dar. Eine Umdeutung (§ 140 BGB) in eine Kündigungserklärung ist nicht zulässig. Auch wenn durch die Änderung die Erbringung des bisherigen Solls beendet werden soll, entspricht das (nichtige) Änderungsbegehren nicht einer Kündigung. Zwar besteht das Änderungsrecht meist aus zwei Elementen, nämlich der Aufhebung der ursprünglichen Leistung und der Konstituierung einer zusätzlichen Andersleistung. Aber diese Elemente sind untrennbar miteinander verbunden. Denn der Besteller will regelmäßig den Leistungsteil *nur dann* aus dem Vertrag herausnehmen, wenn er ihn durch die Änderungsleistung ersetzen kann. Insofern wird auch die weitere Voraussetzung des § 140 BGB („wenn anzunehmen ist, dass dessen Geltung [des anderen Rechtsgeschäfts, *Anm. d. Verf.*] bei Kenntnis der Nichtigkeit gewollt sein würde") nicht erfüllt sein, da nur selten eine Beendigung gewollt ist. Die Kündigung müsste explizit, wenigstens hilfsweise, ausgesprochen werden.

Die Gefahr der ungewollten Umdeutung würde oft schon dadurch gebannt, dass das als Kündigung verstandene Änderungsbegehren formnichtig wäre. Denn die Anordnung nach § 650b Abs. 2 BGB bedarf der Textform (§ 126b BGB) und ist beim VOB/B-Vertrag sogar formlos möglich. Bei der Kündigung muss die Schriftform (§ 126 BGB) eingehalten werden, § 650h BGB, § 8 Abs. 6 VOB/B.

Eine Kündigung und keine Änderung ist es, wenn der Auftrag entzogen, also das Leistungsprogramm insgesamt aufgehoben wird.[598] Gleiches gilt, wenn der Werkerfolg derart umgestaltet wird, dass er eine andere Identität annimmt oder neu geplant werden muss.[599] Hier kann der Auftrag nur beendet, nicht aber der Unternehmer zur Änderung verpflichtet werden. Der Besteller ist auf die Bereitschaft des Unternehmers angewiesen.[600]

Die „Änderung" des Bestellers kann auch die Verringerung des Leistungsprogramms zum Gegenstand haben.[601] So kann erforderlich sein, eine Leistung zu entfernen, um das Bauwerk überhaupt errichten zu können (etwa die Herausnahme eines Geschosses aus statischen Gründen). Das könnte zwar als

597 Kapellmann/Messerschmidt/*von Rintelen*, § 1 VOB/B Rn. 118.

598 Beck'scher VOB-Komm/*Jansen*, § 1 Abs. 3 VOB/B Rn. 97.

599 *Duve/Rach*, BauR 2010, 1842, 1845 f.

600 *Abel/Schönfeld*, BauR 2017, 1901, 1904.

601 Dazu auch *Kniffka/Retzlaff*, BauR 2017, 1747, 1786.

notwendige Änderung eingestuft werden.[602] Aber dieser Sachverhalt beschreibt die ersatzlose Streichung einer abgrenzbaren Teilleistung, mithin den Musterfall der Teilkündigung. Zudem ist die Vergütung verschieden. Bei der Kündigung muss der Besteller die volle Vergütung zahlen abzüglich der ersparten Aufwendungen oder des böswillig unterlassenen Erwerbs des Unternehmers, § 648 S. 2 BGB. Für § 650b BGB gilt § 650c BGB. Das sind unterschiedliche Vergütungssysteme. Um zwischen Kündigung und Änderung trennscharf unterscheiden zu können, sind Fälle der Herausnahme abgrenzbarer Leistungsteile als Kündigung einzuordnen.[603] § 648 BGB ist dann *lex specialis* gegenüber § 650b BGB.[604] Nur wenn der herausfallende Leistungsteil durch etwas anderes ersetzt wird, ist darin also eine Änderung zu sehen.[605] Meistens stellt sich ein Abgrenzungsproblem aufgrund der unterschiedlichen prozeduralen Voraussetzungen schon nicht; so wäre die Anordnung erst nach Änderungsbegehren und 30-tägiger Wartezeit möglich, die Teilkündigung jedoch ohne Weiteres, solange die Schriftform beachtet wird.[606]

IV. Änderung, § 1 Abs. 3, 4 VOB/B

§ 650b BGB kommt nicht zur Anwendung, wenn die VOB/B und damit § 1 Abs. 3, 4 VOB/B *wirksam* vereinbart worden ist.[607] Die Voraussetzungen und Maßstäbe der AGB-Kontrolle unterscheiden sich je nach Konstellation, wie die VOB/B in den Vertrag einbezogen werden und welche der Parteien Verwender im Sinne des § 305 BGB ist.

---

602 *Pause*, ZfBR 2018, 731, 734 f. will die Unterscheidung zwischen § 650b BGB und der Teilkündigung schon anhand der formellen Voraussetzungen treffen, insbesondere den Formerfordernissen. Das

603 So auch für das VOB/B-Leistungsänderungsrecht, OLG Düsseldorf, 21 U 120/94 = NJW-RR 1995, 1170; OLG Oldenburg, 8 U 97/97 = NZBau 2000, 520 [521].

604 S. dazu schon S. 108; aufgrund der Spezialität der Kündigung steht dem Besteller auch kein Wahlrecht zu, wie BeckOGK BGB/*Mundt*, § 650b BGB Rn. 98; *Pause*, ZfBR 2018, 731, 734 f. für möglich halten.

605 LBD-L, BauV/*Langen*, § 650b BGB Rn. 12; Beck'scher VOB-Komm/*Jansen*, § 1 Abs. 3 VOB/B Rn. 98.

606 Ebenso *Pause*, ZfBR 2018, 731, 734 f.

607 Vgl. zu der Problematik, dass § 650b BGB ein neues gesetzliches Leitbild aufstellt S. 228 ff.

V. Selbstübernahme, § 2 Abs. 4 VOB/B

Der Besteller ist berechtigt, einzelne dem Unternehmer ursprünglich überantwortete Leistungen selbst (oder durch Dritte) zu übernehmen (§ 2 Abs. 4 VOB/B). Ob die Selbstübernahme ein eigenständiges Vorbehaltsrecht oder ein Unterfall der Teilkündigung ist,[608] kann dahinstehen, weil die Rechtsfolgen identisch sind, vgl. § 2 Abs. 4 a.E. VOB/B. Jedenfalls handelt es sich nicht um eine Änderung, da die betreffenden Teile bloß ersatzlos aus dem Leistungsprogramm entfernt werden.

VI. Aufholanweisung, § 5 Abs. 3 VOB/B

Bei (teilweiser) Vereinbarung der VOB/B ist dem Besteller möglich, den Unternehmer zur Einhaltung der Ausführungsfristen anzuhalten, § 5 Abs. 3 VOB/B. Erforderlich ist dazu, dass verbindliche Ausführungsfristen gem. § 5 Abs. 1 VOB/B vereinbart wurden und für den Besteller erkennbar wird,[609] dass diese Fristen mit dem vom Unternehmer gewählten Bauablauf nicht eingehalten werden können. Hat der Unternehmer sich auf ein bestimmtes Datum der (Zwischen-) Fertigstellung eingelassen, so muss er zu diesem Zeitpunkt liefern. Dahingehende Anordnungen des Bestellers sind keine Änderungen, sondern Aufholanweisungen.[610] Das gilt gleichermaßen für den BGB-Bauvertrag und selbst dann, wenn die Anweisung *expressis verbis* „Bau schneller!" lautet und nicht „Hol den Rückstand auf!".[611]

VII. Ausführungsanordnung, § 4 Abs. 1 Nr. 3, 4 VOB/B

§ 4 Abs. 1 Nr. 3, 4 VOB/B verleiht dem Auftraggeber die Befugnis, Anordnungen zu treffen. Bei einer solchen Anordnung wird der Leistungs*umfang* nicht geändert, was sich schon aus dem Wortlaut ergibt (Satz 1: „[...] die zur vertragsgemäßen Ausführung der Leistung notwendig sind."). Der durch den Bauentwurf und die Leistungsumschreibung abgesteckte Rahmen darf also nicht überschritten werden. Der Inhalt der Anordnung bezieht sich nur auf die *Art und Weise* der Ausführung.[612] Nur soweit sich innerhalb dieses Bereichs Zweifelsfragen

608 Ersteres Beck'scher VOB-Komm/*Jansen*, § 1 Abs. 3 VOB/B Rn. 99 f.; letzteres etwa *Werner/Pastor*, Bauprozess, ^{16}2018, Rn. 1472.

609 Jansen/Seibel/*Gartz*, § 5 VOB/B Rn. 23.

610 *Drittler*, Nachträge, ^{3}2017, Rn. 163 ff.

611 Vgl. *Drittler*, Nachträge, ^{3}2017, Rn. 141.

612 OLG Karlsruhe, 17 U 294/03 = BeckRS 2005, 33521 Rn. 24; Ingenstau/Korbion/*Oppler*, § 4 Abs. 1 VOB/B Rn. 77.

oder mehrere Möglichkeiten zur Durchführung ergeben, kann der Auftraggeber mit Weisungen eingreifen, die der Auftragnehmer befolgen muss, wenn sie nicht gegen gesetzliche oder behördliche Bestimmungen verstoßen und der Auftraggeber auf ihre Ausführung besteht, obwohl ein Bedenkenhinweis erging.[613] Der Sache nach handelt es sich um eine Konkretisierung der Ausführungsart, die vertraglich zur Erreichung des Leistungsziels geschuldet war.[614] Der Besteller fordert ab, was notwendig ist, um den Werkerfolg zu ermöglichen.

VIII. Einseitige Leistungsbestimmung, § 315 BGB

Zu unterscheiden ist § 650b Abs. 2 BGB von der Ausübung des Leistungsbestimmungsrechts nach § 315 BGB.[615] § 315 BGB und § 650b BGB schließen sich gegenseitig aus. Bei § 650b BGB wird ein bereits festgelegter Werkerfolg nachträglich einseitig geändert, während im Fall von § 315 BGB der Erfolg (bzw. die Leistung) noch nicht festgelegt ist und die Festlegung einer der Parteien obliegt.[616] Die Leistungsbestimmung ist somit die Konkretisierung einer bisher nur abstrakten Schuld,[617] außerdem verbindlich und unwiderruflich.[618]

Es bestehen Fälle, in denen der Unternehmer die Erbringung einzelner Leistungsteile bestimmen kann, etwa wenn er wählen kann, aus welchem Baustoff er eine Fassadenkonstruktion errichtet.[619] Hier unterscheiden sich die Tatbestände schon in der Person des Bestimmenden. Im Beispiel legt der Unternehmer die Leistung verbindlich fest. § 650b BGB gilt für den Besteller.

Auch kann der Besteller in ein Leistungsbestimmungsrecht des Unternehmers mittels der Anordnung eingreifen,[620] etwa, wenn dem Unternehmer vertraglich die Auswahl vorbehalten wurde, mit welchen Baumaterialien er die Leistung

---

613 Ingenstau/Korbion/Oppler, § 4 Abs. 1 VOB/B Rn. 93.

614 BGH, VII ZR 129/91 = NJW-RR 1992, 1046; Althaus/Heindl/*Althaus*, 5. Bauleistung Rn. 95.

615 Zum Vergleich der Vorschriften: S. 189 ff.

616 *Abel/Schönfeld*, BauR 2017, 1901, 1909 f.

617 BGH, IV ZR 124/93 = NJW 1995, 589.

618 Kapellmann/Messerschmidt/*von Rintelen*, § 1 VOB/B Rn. 55; BeckOK VOB/B/*Wieseler*, § 1 Abs. 3 VOB/B Rn. 4 für § 1 VOB/B.

619 Beispiel bei BeckOGK BGB/*Mundt*, § 650b BGB Rn. 91.1; das muss nicht zwingend eine Wahlschuld sein, also eine zu treffende Auswahl vorher festgelegter Alternativen, sondern kann auch offener gestaltet sein, sodass der Unternehmer freie Wahl bzgl. des Materials hat.

620 Vgl. *Abel/Schönfeld*, BauR 2017, 2047, 2066; BeckOGK BGB/*Mundt*, § 650b BGB Rn. 92 ff.

erbringt. Hier kann der Besteller die Änderung dahingehend begehren, dass mit einem bestimmten Material geleistet wird. Es macht keinen Unterschied, ob eine Leistung von beiden Parteien bei Vertragsschluss bereits ausgewählt und dann geändert wurde oder ob dem Unternehmer noch die Möglichkeit besteht, zwischen mehreren zu wählen. Das Interesse an der Gegenleistung wird durch § 650c BGB gewahrt.

IX. Störung der Geschäftsgrundlage, § 313 BGB

Kein Fall des Änderungsrechts liegt vor, wenn eine Störung der Geschäftsgrundlage eintritt, die einen Anpassungsanspruch verleiht. Bei § 313 Abs. 1 BGB haben sich Umstände, die zur Grundlage des Vertrags geworden sind, nach Vertragsschluss schwerwiegend verändert und die Parteien hätten den Vertrag nicht oder mit anderem Inhalt geschlossen, wenn sie diese Veränderung vorausgesehen hätten. § 313 Abs. 2 BGB setzt den veränderten Umständen wesentliche Vorstellungen der Parteien gleich, die zur Grundlage des Vertrags geworden sind und sich als falsch herausgestellt haben. Nach der Rechtsprechung wird die Geschäftsgrundlage gebildet „durch die nicht zum eigentlichen Vertragsinhalt gewordenen, bei Vertragsschluss aber zutage getretenen gemeinsamen Vorstellungen der Vertragsparteien oder die dem anderen Teil erkennbaren und von ihm nicht beanstandeten Vorstellungen der anderen Partei von dem Vorhandensein oder dem künftigen Eintritt bestimmter Umstände, auf denen sich der Geschäftswille der Parteien aufbaut“.[621]

Auf den Bauvertrag übertragen bedeutet das, dass etwa bei einem Pauschalvertrag aufgrund äußerer Umstände erheblich mehr zu verbauende Materialien erforderlich sind als im Leistungsverzeichnis avisiert wurden und die Parteien die avisierte Menge zur Geschäftsgrundlage gemacht haben.[622] Der zweite Fall, die falschen wesentlichen Vorstellungen gemäß Absatz 2, kann etwa vorliegen, wenn der Vertrag Abbrucharbeiten von ca. 3 cm dickem Estrich vorsieht, die Estrichschicht sich aber als doppelt so dick herausstellt.[623] In diesen Fällen sind die vertraglichen Bestimmungen anzupassen, soweit einer Partei unter Berücksichtigung aller Umstände des Einzelfalls, insbesondere der Risikoverteilung, das Festhalten am unveränderten Vertrag nicht zugemutet werden kann. Ist eine

621 Gesetzentwurf, BT-Drs. 14/6040, S. 174 mit Verweis auf die Rechtsprechung.
622 Grundsätzlich BGH, VII ZR 216/08 = NZBau 2011, 353 [Rn. 7 f.]; VII ZR 68/10 = NZBau 2013, 366 [368, Rn. 18].
623 BGH, VII ZR 13/10 = NZBau 2011, 553 [554 f., Rn. 18 ff.].

Anpassung unmöglich oder unzumutbar, so kann die benachteiligte Partei vom Vertrag zurücktreten, § 313 Abs. 3 S. 1 BGB.

Anders bei der Leistungsänderung: Bei der *gewillkürten* Änderung hat der Besteller einen Änderungswunsch; dieser ist auf *seine* Planvorstellung zurückzuführen. Die Änderung muss nichts mit den äußeren Umständen oder wesentlichen bilateralen Fehlvorstellungen einer der Parteien zu tun haben, etwa wenn der Besteller sich das vertragsgemäße Ergebnis der Arbeiten schlicht anders ausgemalt oder aber seine Meinung geändert hat. Äußere Umstände, etwa bauliche Veränderungen in der Umgebung des Grundstücks, können ihn auch zu der Änderung veranlassen, sie sind jedoch nicht zwingend für die Mangelfreiheit.

Fälle der *notwendigen* Änderung können auch von den äußeren Umständen betroffen sein, die im Rahmen von § 313 BGB eine Rolle spielen. Allerdings bezieht sich der Anpassungsanspruch nach § 313 BGB auf die (Vergütungs-) Leistung des Bestellers, während die Änderung nach § 650b Abs. 1 S. 1 Nr. 2 BGB die (Werk-)Leistung des Unternehmers betrifft.[624]

Schwer vorstellbar ist ein Sachverhalt, bei dem die Tatbestände beider Rechtsinstrumente vorliegen, da zum einen die formellen Voraussetzungen des § 650b BGB erfüllt sein müssten, zum anderen sowohl eine Änderung auf Leistungsseite als auch ein Anpassungsverlangen auf der Gegenleistungsseite vorliegen müssten. Das wäre wohl einzig denkbar bei einer Leistungsposition im Rahmen eines Detailpauschalvertrags, die in der internen Kalkulation des Unternehmers zu gering bepreist wurde und für den Werkerfolg in deutlich größerer Menge als im Vordersatz angeführt erforderlich wird und der Besteller entsprechend anordnet. Dann müsste der Unternehmer sowohl aufgrund der Anordnung als auch – wäre diese nicht erfolgt – infolge des funktionalen Mangelbegriffs die erforderlichen Leistungen erbringen und könnte im letzteren Fall unter hohen Voraussetzungen ggf. Mehrvergütung über § 313 Abs. 1 BGB verlangen.

Die Vergütung bei § 650b Abs. 2 BGB ergäbe sich aus § 650c BGB. Der Anpassungsanspruch (§ 313 Abs. 1 BGB) auf eine höhere Vergütung ergäbe sich unter Berücksichtigung der vertraglichen Risikoverteilung je nach Einzelfall unterschiedlich.[625] § 650b BGB könnte aber in diesen Fällen *lex specialis* sein. Dafür spricht schon die sachliche Nähe der Norm im Bauvertragsrecht, wohingegen

---

624 Dass zulasten des Bestellers eine Störung der Geschäftsgrundlage eintritt, ist schwer vorstellbar, allenfalls im Rahmen einer Hyperdeflation, wenn der numerische Wert der Vergütung zum Zeitpunkt der Abnahme also weitaus höher ist als zur Zeit des Vertragsschlusses.

625 BGH, VII ZR 80/94 = BeckRS 9998, 51571; MüKoBGB/*Finkenauer*, § 313 BGB Rn. 89.

§ 313 BGB im Allgemeinen Schuldrecht zu finden ist. Auch zeigt sich die Vergütung nach § 650c BGB sachgerechter. Denn infrage kommen zum einen Fälle, in denen äußere Umstände wie veränderte anerkannte Regeln der Technik die Änderungen erforderlich machen. Zum anderen ist eine Fehlplanung durch den Besteller denkbar. Hier dem Unternehmer die Vergütung nach § 650c BGB zuzubilligen ist interessengerecht, da ihm die tatsächlichen Kosten samt angemessener Zuschläge (die hinsichtlich Wagnisses und Gewinns dem Einzelfall entsprechend flexibel ermessen werden können) zustünden. Drittens, in Fällen unternehmerischer Fehlplanung und daher unzureichender Planung kommt es entweder zu keiner Vergütungspflicht oder aber dem Ersatz der Sowiesokosten durch den Besteller. In allen Fällen sind die Interessen beider Parteien gewahrt, vor allem auch eingedenk der Abschlagsregelung nach § 650c Abs. 3 BGB und des Eilrechtsschutzes (§ 650d BGB).[626]

X. Anweisung, § 645 BGB

Eine Anweisung nach § 645 Abs. 1 S. 1 BGB ist kein Fall der Anordnung.[627] Es handelt sich vielmehr um die Konkretisierung der vereinbarten Leistung. Die Legitimation einer solchen Anweisung kann nur vertraglicher Natur sein.[628] Die Befolgung ungerechtfertigter, nicht vereinbarter Weisungen löst jedoch ebenfalls die Rechtsfolgen des § 645 BGB aus.[629] Andernfalls hätte § 645 BGB einen unbedeutenden Anwendungsbereich. Außerdem ist nicht ersichtlich, wieso der Unternehmer schlechter gestellt werden sollte, wenn er die Anweisung freiwillig befolgt.

XI. Behinderung, § 6 VOB/B

Schließlich ist die Ausübung eines Änderungsrechts keine Behinderung im Sinne von § 6 VOB/B.[630] Glaubt sich der Auftragnehmer in der ordnungsgemäßen Ausführung der Leistung behindert, kann er, sofern die hindernden Umstände vom Auftraggeber zu vertreten sind, Schadensersatz gem. § 6 Abs. 6 S. 1 VOB/B

626 Vgl. auch BeckOGK BGB/*Mundt*, § 650b BGB Rn. 223 ff., der in diesen (und anderen von § 650b Abs. 1 S. 1 Nr. 2 BGB erfassten) Fällen eine Anordnungspflicht annimmt.

627 MüKoBGB/*Busche*, § 645 BGB Rn. 9.

628 Ibr-Baurecht/*Pause/Vogel*, § 645 BGB Rn. 12; Messerschmidt/Voit/*Merkens*, § 645 BGB Rn. 12.

629 Ibr-Baurecht/*Pause/Vogel*, § 645 BGB Rn. 12; BeckOK BGB/*Voit*, § 645 BGB Rn. 10; a.A. Messerschmidt/Voit/*Merkens*, § 645 BGB Rn. 12.

630 Grundlegend und prominent *Thode*, ZfBR 2004, 214 m.w.N.

verlangen. Eine Behinderung ist eine unerwartete Störung des Bauablaufs.[631] Stammt die Behinderung aus dem Verantwortungsbereich des Auftraggebers – etwa durch versperrte Zufahrtswege der Baustelle –, handelt es sich um einen vertrags*widrigen* Eingriff. Hier zeigt sich der Unterschied zur Änderung. Deren Anordnung ist ein vertrags*gemäßer* Eingriff, sie weist vertragliche (§ 1 Abs. 3, 4 VOB/B) oder gesetzliche (§ 650b Abs. 2 BGB) Legitimation auf. Die Ausübung legitimer Änderungsrechte kann begrifflich und teleologisch nicht vertragswidrig sein.[632]

631 Allg. M., nur Jansen/Seibel/*Sonntag*, § 6 VOB/B Rn. 11.

632 Ebenso Jansen/Seibel/*Sonntag*, § 6 VOB/B Rn. 130; *Thode*, ZfBR 2004, 214, 219, 225.

B. Ausgestaltung und Rechtscharakter

Nachfolgend wird die Ausgestaltung und der Rechtscharakter von § 650b Abs. 2 BGB untersucht. Der Schwerpunkt der Betrachtung liegt dabei auf dem Gestaltungsrecht. Dieses wird zunächst dogmatisch vorgestellt (I.). Sodann werden Gestaltungsrechte, die § 650b Abs. 2 BGB ähneln, analysiert und mit diesem verglichen (II.). Sonstige Erscheinungsformen, die zwar kein Gestaltungsrecht sind, wohl aber in der Rechtsfolge dem Änderungsrecht ähneln, werden unter III. beleuchtet. Aus den hieraus gewonnenen Erkenntnissen formuliert sich die Frage, inwieweit § 650b BGB eine systematische Neuerung des Zivilrechts darstellt und was daraus zu folgern ist. Daher sind die Auswirkungen der Norm zu untersuchen, insbesondere im Hinblick auf einen Vorbildcharakter oder gar als Grundlage analoger Anwendung bei anderen Vertragstypen (IV.).

I. § 650b Abs. 2 BGB – ein Gestaltungsrecht?

Die Mehrheit der wissenschaftlichen Auseinandersetzungen, die das Änderungsrecht überhaupt explizit phänomenologisch einordnen,[633] kategorisiert die Regelung des § 650b Abs. 2 BGB als Gestaltungsrecht.[634] Für die Frage, ob dies zutrifft, werden das Gestaltungsrecht und seine typischen Eigenschaften kurz vorgestellt und § 650b BGB versucht, dorthin einzuordnen.

1. Allgemeine Natur des Gestaltungsrechts

§ 311 Abs. 1 legt fest, dass rechtsgeschäftliche Schuldverhältnisse nur vertraglich begründet oder geändert werden können, „soweit nicht das Gesetz ein anderes vorschreibt“. Das Gestaltungsrecht ist ein solches anderes und erweitert die Privatautonomie zugunsten einer Partei gegenüber der anderen.[635] Der Berechtigte kann auf eine bestimmte Art und Weise das Rechtsverhältnis gestalten, es

633 Eine konkrete Einordnung lassen offen *Althaus*, BauR 2017, 412, 415 f.; *Kniffka/Retzlaff*, BauR 2017, 1783 ff., insb. 1793 f.; PWW/*Leupertz/Halfmeier*, § 650b BGB Rn. 16; Prozesse in Bausachen/*Seewald*, § 5 A. Rn. 233 ff., 249; *Schramke/Keilmann*, NZBau 2016, 333, 337.

634 Vgl. *Abel/Schönfeld*, BauR 2018, 1, 7 f.; MüKoBGB/*Busche*, § 650b BGB Rn. 14; LBD-L, BauV/*Langen*, § 650b BGB Rn. 88; BeckOK BauvertragsR/*Leupertz*, § 650b BGB Rn. 76; *Leinemann/Kues*, § 650b BGB Rn. 148; Palandt/*Sprau*, § 650b BGB Rn. 11; BeckOK BGB/*Voit*, § 650b BGB Rn. 23; Messerschmidt/Voit/*von Rintelen*, § 650b BGB Rn. 114.

635 Der Begriff des Gestaltungsrechts ist begründet worden von *Seckel*, FG Koch, 1903, S. 205, 210 f.

entweder begründen, ändern, rückgängig machen oder beenden. Das Gestaltungsrecht ist ein subjektives Recht, weil es dem Berechtigten die einseitige Befugnis gibt, ein Rechtsverhältnis eigenmächtig umzugestalten.[636] Es setzt in den weit überwiegenden Fällen ein Rechtsverhältnis voraus,[637] meist sogar einen bilateralen Schuldvertrag.[638] Denn für ein Schuldverhältnis bedarf es eines Vertragspartners, der zum Gestaltungsgegner wird.

a. Kategorisierung nach Erscheinungsformen

Eine abschließende Definition des Gestaltungsrechts ist angesichts der vielgestaltigen Erscheinungsformen im Einzelnen schwierig.[639] Vielmehr erfolgt eine Unterscheidung anhand der jeweiligen betrachteten Eigenschaften:

Eine Unterscheidung kann nach dem *Entstehungsgrund* erfolgen, das heißt, auf welcher Grundlage entsteht das Gestaltungsrecht. Das ist zum einen kraft Gesetzes; zum anderen kann ein Gestaltungsrecht auch vertraglich bedungen werden, wie etwa § 350 S. 1 BGB aufzeigt, der das Erlöschen des vertraglichen Rücktrittsrechts regelt und die Existenz vertraglicher Gestaltungsrechte voraussetzt.

Nicht zu verwechseln mit dem Entstehungsgrund ist die Differenzierung nach dem *Gestaltungsgrund*.[640] Der Gestaltungsgrund ist nicht die Grundlage, sondern die darin enthaltenen Voraussetzungen, die vorliegen müssen, um die Ausübung zu ermöglichen.[641] So bestehen einerseits *grundabhängige* oder kausale Gestaltungsrechte.[642] Zur Ausübung müssen gewisse Voraussetzungen

---

636 *Larenz*, FS Sontis, 1977, S. 129, 143; *Joussen*, AcP 203 (2003), 429, 441 ff., 449 f.

637 Ausnahme sind die sogenannten Zugriffsrechte, die lediglich die eigene Rechtssphäre des Gestaltenden berühren, etwa die Aneignung herrenloser Sachen, *Seckel*, FG Koch, S. 205, 213.

638 Außer in Schuldverträgen kann das Gestaltungsrecht – soweit ersichtlich – in Aneignungstatbeständen erscheinen, §§ 928 Abs. 2, 958 Abs. 2, 997 Abs. 1 BGB.

639 Beispiele für **gesetzliche** Gestaltungsrechte im BGB: **Aneignung**, §§ 928 Abs. 2, 958 Abs. 2, 997 Abs. 1; **Anfechtung**, §§ 119, 123; **Aufrechnung**, §§ 387 ff.; **Kündigung**, §§ 312h, 314, 489 f., 499 f., 543, 569, 573 ff., 575a, 580, 594e, 605, 608, 621 f., 626, 643, 648, 648a, 650r, 651l, 671, 675h, 712, 723 ff.; **Leistungsbestimmung**, §§ 315 ff., 1612 Abs. 2; **Minderung**, §§ 437 Nr. 2, 441, 634 Nr. 3, 638, 651m; **Rücknahmerecht**, § 376; Rücktritt, §§ 346, 323 f., 326 Abs. 5, 437 Nr. 2, 634 Nr. 3, 651g, 651h, 1299; **Wahlrecht**, §§ 262 ff.; **Widerruf**, §§ 355, 312g, 485, 495, 650l und §§ 530, 658, 671, 675j Abs. 2, 790 BGB.

640 Dazu auch *Scholz*, Gestaltungsrecht, 2010, S. 52 f.

641 Vgl. *Lent*, AcP 152 (1952), 401, 404.

642 Vgl. *Knütel*, NJW 1970, 121, 123.

erfüllt sein. Die Ausübung ohne Vorliegen der Voraussetzungen ist wirkungslos. Bestes Beispiel sind die Vertragsaufhebungsinstrumente wie die voraussetzungsgebundene Kündigung, die Anfechtung oder der Rücktritt. Andererseits können Gestaltungsrechte *grundunabhängig* oder abstrakt sein.[643] Grundunabhängige Rechte können ohne Weiteres erklärt werden und die Ausübung ist oft lediglich vom Belieben des Berechtigten abhängig. Hierzu gehört die freie Kündigung nach § 648 BGB oder die ordentliche Kündigung bei Dauerschuldverhältnissen.

Schließlich ist eine Kategorisierung anhand des *Gestaltungsobjekts* möglich.[644] Dabei wird das Objekt der Gestaltung betrachtet: Besteht das Gestaltungsrecht absolut, also losgelöst von jeglichen Rechtspositionen und unabhängig von einem Vertragsverhältnis, so handelt es sich um ein *selbständiges* Gestaltungsrecht. Beispiele dafür sind die Aneignungsrechte (§§ 937, 958 BGB) oder das Vorkaufsrecht (§§ 463 f. BGB) und das Wiederkaufsrecht (§ 456 BGB).

Daneben besteht das *unselbständige* Gestaltungsrecht, das wiederum in forderungsbezogene und vertragsbezogene Erscheinungsformen unterteilt wird. Es unterscheidet sich vom selbständigen durch seine Beziehung zu einem Schuldverhältnis im weiteren Sinne (meistens einem bilateralen Vertrag). Die *forderungsbezogenen Gestaltungsrechte* beziehen sich auf eine Forderung, in der Regel die Hauptforderung, und dienen deren Durchsetzung. Beispiele sind das Wahlrecht (§ 262 BGB) oder die Leistungsbestimmung nach §§ 315 ff. BGB.[645] *Vertragsbezogene* Gestaltungsrechte sind nicht auf eine einzelne Forderung, sondern auf den gesamten Vertrag gerichtet und bewirken oft seine Beendigung.[646] Hierzu gehören das Anfechtungsrecht (§ 142 BGB) oder der Rücktritt (§ 346 BGB).

Die Unterscheidung des Gestaltungsrechts in *selbständig* und *unselbständig* dient vor allem der Beantwortung der Frage, ob Gestaltungsrechte im Sinne von § 413 BGB isoliert übertragbar sind oder ob sie dem Vertragsverhältnis anhaften.[647] Wird bei selbständigen Gestaltungsrechten überwiegend eine isolierte Abtretbarkeit bejaht, ist bei unselbständigen zu differenzieren. Die vertragsbezogenen sind nach wohl herrschender Meinung eigenständig, das heißt ohne Bindung an die Hauptforderung, abtretbar.[648] Die forderungsbezogenen

643 *Hungerbühler*, Gestaltungsgründe, 1972, S. 25.

644 Unterscheidung von un- und selbständig begründet von *Seckel*, FG Koch, 1903, S. 205, 217.

645 Vgl. *Schürnbrand*, AcP 204 (2004), 177, 189–202.

646 Dazu *Schürnbrand*, AcP 204 (2004), 177, 202–206.

647 Umfassend *Schürnbrand*, AcP 204 (2004), 177, 180 ff.

648 MüKoBGB/Roth/*Kieninger*, § 413 BGB Rn. 12 m.w.N.

Gestaltungsrechte hingegen sind Hilfsrechte und gehen analog § 401 BGB bei Übertragung der Forderung auf den Zessionar über und sind darüber hinaus keiner isolierten Zession zugänglich.[649]

b. *Rechtsfolge der Ausübung*

Durch die Ausübung des Gestaltungsrechts wird die Rechtslage geändert. Der Gestaltende ist nicht auf die Mitwirkung seines Gestaltungsgegners angewiesen.[650] Er kann die gesetzlich oder vertraglich festgelegten Wirkungen einseitig herbeiführen. Der Gestaltungsgegner ist seinem Willen insoweit *unterworfen*,[651] als die Rechtsfolge des Gestaltungsrechts dies zulässt.

Oft entsteht durch die Ausübung ein anderer Anspruch, jedenfalls aber verändert sich der ursprüngliche, bis hin zum ersatzlosen Fortfall. Die Ausübung ist der *Schlüssel* zu Gestaltungsfolgeansprüchen.[652] Die Anfechtung bewirkt, dass das Rechtsgeschäft nichtig wird und unter Umständen entsteht ein Kondiktionsanspruch (§ 812 BGB). Der Rücktritt bewirkt, dass sich das Leistungsaustauschverhältnis zum Rückabwicklungsverhältnis wandelt (§§ 346 f. BGB). Anders hingegen bei der Kündigung: Dort führt die Ausübung nur möglicherweise zu einem Herausgabeanspruch, denkbar sind auch andere Folgen. Im Werkvertragsrecht etwa entsteht bei *freier* Kündigung anstelle des Vergütungsanspruchs (§ 631 Abs. 1 Alt. 2 BGB) ein Anspruch auf die vereinbarte Restvergütung (§ 648 S. 2 BGB). Schließlich bestehen Fälle, in denen durch das Gestaltungsrecht alle Ansprüche entfallen, etwa bei der Aufrechnung (§§ 387 ff. BGB). Dort erlischt meist einer der (Zahlungs-)Ansprüche, jedenfalls aber verringert er sich um die Höhe der Gegenforderung. Die Folgeansprüche, die auf die Ausübung des Gestaltungsrechts folgen, sind ihr nicht unmittelbar zugehörig, sondern ergeben sich aus dem Gesetz.[653]

Das Gestaltungsrecht ist eine Verfügung.[654] Eine Verfügung ist die Inhaltsänderung, Belastung, Übertragung oder Aufhebung eines Rechts.[655] Ein solches

---

649 BGH, V ZR 134/72 = NJW 1973, 1793 [1794] unter Berufung auf *Seckel*, FG Koch, 1903, S. 205, 220 f.

650 *Bötticher*, FS Dölle I, 1963, S. 41, 43 f.

651 *Bötticher*, FS Dölle I, 1963, S. 41, 46; *Bruns*, ZZP 1965, 264, 266.

652 *Gottgetreu*, Gestaltungsrechte, 2001, S. 38.

653 BGH, IV ZR 9/50 = NJW 1951, 645 [648]; *Seckel*, FG Koch, 1903, S. 205, 208.

654 Instruktiv BGH, IV ZR 9/50 = NJW 1951, 645 [646 f.]; *Seckel*, FG Koch, 1903, S. 205, 215, 237 f.

655 Schon RG, V 66/17 = RGZ 90, 395 [399 f.]; näher BGH, IV ZR 9/50 = NJW 1951, 645 [647].

der Verfügung zugängliches Recht kann auch ein schuldrechtlicher bilateraler Vertrag sein.[656] Ebenso ist die nur *einseitige* Änderung von Vertragsbedingungen eine Verfügung, wie das Reichsgericht entschieden hat.[657] Dort wurde mittels Abtretung die Anspruchsinhaberschaft übertragen, diese Zession stellt eine unmittelbar den Vertragsinhalt ändernde Verfügung dar.

c. *Korrekturfunktion*

Das Gestaltungsrecht hat in vielen Fällen eine korrigierende Funktion.[658] Das bedeutet, dass die Sachlage vom ursprünglichen Gleichgewicht der Interessen abweicht, und durch Einräumung des Gestaltungsrechts eine (größtmögliche) Äquivalenz erreicht oder das Rechtsverhältnis aufgelöst werden kann. Das kann durch die Minderung des Kaufpreises einer mangelhaften Sache erfolgen oder mittels Rücktritts vom gesamten Vertrag, wenn der Schuldner nach Fristablauf nicht leistet. Auch der Widerruf ist ein korrektives Instrument. Der Gesetzgeber geht in diesen abschließend gewährten Fällen von einem strukturellen Ungleichgewicht bei Verhandlungen und Vertragsschluss aus, sodass der unterlegenen Partei ein Lösungsinstrument zusteht.[659]

Vom sprachlichen Verständnis ist eine Korrektur die Berichtigung von etwas Falschem. Falsch ist der Sachverhalt streng genommen nur aus der Perspektive des Benachteiligten. Der durch das Ungleichverhältnis Begünstigte wünscht in der Regel keine Berichtigung. Bei dem in Schieflage geratenen Rechtsverhältnis ist jedoch eine im billigen und wohlverstandenen Interesse beider Parteien zum Zeitpunkt des Vertragsschlusses liegende Betrachtungsweise einzunehmen. Zu diesem Zeitpunkt haben beide vertragstreu leisten wollen. Die Funktion als korrigierend ist für beide Seiten also von diesem Standpunkt aus nicht zu leugnen.[660]

Hinsichtlich der Korrektur der vertraglichen Ausgewogenheit ist das Gestaltungsrecht von zwei ähnlichen subjektiven Rechten[661] und einem objektiven Gebot abzugrenzen:

---

656 Vgl. beispielhaft den Aufhebungsvertrag, MüKoBGB/*Emmerich*, § 311 BGB Rn. 19 a.E.

657 RG, VII 43/32 = RGZ 136, 395 [399 f.]; allgemein *Scholz*, Gestaltungsrecht, 2010, S. 125.

658 *Scholz*, Gestaltungsrecht, 2010, S. 50.

659 Dazu und allgemein zum Widerruf, *A. Fuchs*, AcP 196 (1996), 313, 328 ff. et passim; *Mankowski*, Beseitigungsrechte, 2003, S. 33 ff., 1168 f.

660 Das gilt nicht in Fällen, in denen der Gestaltungsgegner „seine Arglist in den Vertragsschluss einbrachte", etwa in Fällen des § 123 BGB. Dann ist er allerdings nicht schutzwürdig, sodass das gleiche Ergebnis gilt.

661 Zum weiten „Rahmenbegriff" des subjektiven Rechts, der neben vielen anderen auch die Gestaltungsrechte erfasst *Larenz*, FS Sontis, 1977, S. 129, 129 f., 139, 147 f.

Das Gestaltungsrecht ist kein *Anpassungsanspruch*. Durch Ausübung oder des ersteren tritt unmittelbar eine Rechtswirkung ein, die nicht durch die Mitwirkung der Gegenpartei bedingt ist.[662] Der Anpassungsanspruch berechtigt den Begünstigten, die Anpassung zu fordern. Die gegnerische Partei muss einwilligen, notfalls im Wege der Leistungsklage.[663] Zwar ist auch bei Gestaltungsrechten eine Leistungsklage nicht auszuschließen, nämlich dann, wenn der Berechtigte die Rechtslage umgestaltet hat, die veränderte Leistung aber nicht erbracht wird. Aber das Gestaltungsrecht trägt den Akt privater Zwangsvollstreckung bereits in sich.[664] Die Lage muss nicht mehr *rechtlich* angepasst werden, sondern *tatsächlich*, indem der Schuldner auf die bereits umgestaltete Pflicht leistet.

Von der *materiell-rechtlichen Einwendung* unterscheidet sich das Gestaltungsrecht dadurch, dass es nicht *ipso iure* gilt, sondern dem Gestaltungsrechtsinhaber überlassen bleibt, ob er durch Ausübung die Rechtsfolgen herbeiführt.[665] Nur selten besteht eine Ausübungspflicht, daher kann der Berechtigte frei entscheiden und die Folgen der Ausübung abwägen. Die Einwendung lässt keine Wahl; sie gilt unabhängig vom Willen der Parteien und ist *ex officio* zu beachten.[666]

Anders die *materiell-rechtliche Einrede*: Hier kann der Begünstigte wählen, ob er die Einrede geltend macht. Der Unterschied zum Gestaltungsrecht ist, dass die Einrede lediglich die Geltendmachung hemmt, teilweise dauerhaft wie bei der Verjährung (§ 214 Abs. 1 BGB).[667] Nicht aber wird in diesen Fällen die Rechtslage umgestaltet. Trotz Verjährung besteht der Anspruch weiterhin, kann also erfüllt, aber nicht durchgesetzt werden.[668]

---

662 *Bötticher*, FS Dölle I, 1963, S. 41, 43 f.; *Leverenz*, JURA 1996, 1, 4 f.

663 Eigentlich muss der Klageantrag auf Erteilung der Zustimmung lauten, sodass das Gericht die Zustimmung fingiert (§ 894 S. 1 ZPO). Das ist aber unökonomisch, daher ist die Leistung direkt klagbar. *Incidenter* wird der Anspruch geprüft, vgl. nur BGH, V ZR 119/83 = NJW 1985, 126 [127] und BT-Drs. 14/6040, 176 für § 313 BGB; die Klage nur auf Zustimmung ist unzulässig, *Bayreuther*, Vertragsanpassung, 2004, S. 48 ff., insb. 49 ff.

664 *Becker*, AcP 188 (1988), 24, 28.

665 *Ernst*, NJW 1986, 401, der hier gleichbedeutend von Nichtigkeitsgrund spricht.

666 Vgl. etwa BGH, I b ZR 101/63 = NJW 1966, 343 [345]; allgemein BeckOK BGB/*Sutschet*, § 242 BGB Rn. 176.

667 *Ernst*, NJW 1986, 401.

668 BGH, NJW 2010, 2422 [2424, Rn. 27]; BeckOK BGB/*Henrich*, § 214 BGB Rn. 4; a.A. *Thomale*, AcP 212 (2012), 920, insb. 933, wonach der Anspruch erloschen sein soll.

d. *Bedingungsfeindlichkeit*

Gestaltungsrechte sind bedingungsfeindlich.[669] Ein Rechtsgeschäft ist bedingt, wenn es nur dann gelten (oder nicht gelten) soll, wenn ein künftiges, objektiv für beide Parteien ungewisses Ereignis eintritt.[670] Die Bedingungsfeindlichkeit für die Aufrechnung ist explizit in § 388 S. 2 BGB geregelt. Der Gläubiger der Hauptforderung soll nicht im Ungewissen bleiben.[671] Auch die Befristung des Gestaltungsrechts wird aus ähnlichen Erwägungen abgelehnt.[672] Bei einem Gestaltungsrecht, das den Charakter der Selbstvollstreckung in sich trägt, soll keine zusätzliche Unsicherheit – sächlich wie zeitlich – das Rechtsverhältnis belasten. Die Gewährung eines solchen Rechtsinstruments ist eine Privilegierung. Dieses Privileg darf nicht auch noch völlig flexibel in der Ausübung sein, sonst führt dies zu einer unangemessenen Benachteiligung des Gestaltungsgegners. Die Ausübung unter Angabe einer Bedingung oder Befristung ist deshalb unwirksam und lässt die Rechtslage unverändert.[673] Die Ausführungen gelten nicht für alle „Bedingungen“, sondern es gibt Ausnahmen: Die Rechtsbedingung oder Potestativbedingung sind in der Regel zulässig.[674]

e. *Unwiderruflichkeit*

Die Frage, ob ein ausgeübtes Gestaltungsrecht widerrufen werden kann, ist Gegenstand langjähriger Diskussion und soll hier nicht weiter vertieft werden.[675] Sowohl das Gestaltungsrecht als Oberbegriff als auch die konkreten Erscheinungsformen wurden oft und eingehend beurteilt und überwiegend für unwiderruflich befunden.[676] Insbesondere für die Kündigung besteht eine ständige Rechtsprechung.[677]

---

669 BeckOK BGB/*Rövekamp*, § 158 BGB Rn. 18 m.w.N.

670 Zum Begriff schon RG, V 200/34 = RGZ 146, 234 [238 f.]; BayOblG, BReg. 1 a Z 32/66 = NJW 1967, 729; MüKoBGB/*Westermann*, § 158 BGB Rn. 8.

671 Vgl. *Mugdan*, Motive I, S. 108 (S. 59 im Dokument); Staudinger/*Bork*, 2015, Vorb. §§ 158 ff. BGB Rn. 38 ff.

672 BGH, XII ZR 112/02 = NJW 2004, 284 [284 f.]; *Seckel*, FG Koch, 1903, S. 205, 238.

673 *Scholz*, Gestaltungsrecht, 2010, S. 132 f.

674 Vgl. speziell für die Aufrechnung BeckOK BGB/*Dennhardt*, § 388 BGB Rn. 5, 8.

675 Umfassend *Hattenhauer*, Einseitige Rechtsgestaltung, 2011, S. 306 ff.

676 Etwa *Bötticher*, Gestaltungsrecht, 1964, S. 6; Palandt/*Ellenberger*, Überbl v § 104 Rn. 17; *Fenkart*, Gestaltungsrecht, 1925, S. 93; BGH, XI ZR 369/16 = NJW-RR 2018, 301 [303].

677 Vgl. BAG, 8 AZR 742/12 = NJW 2014, 1032 [1035].

Es mache keinen Unterschied, ob die Ausübung des Gestaltungsrechts einseitig oder einvernehmlich widerrufen werden soll. Das Gestaltungsrecht erlösche durch seine Ausübung. Es gebe nichts mehr, was widerruflich wäre.[678] Gegen die Widerruflichkeit spreche die Rechtsunsicherheit für den Gestaltungsgegner; andernfalls müsste dieser ständig mit einer Rücknahme rechnen.[679] Die Unwiderruflichkeit sei außerdem Ausgleich für das Privileg, dass durch bloße Willenserklärung einseitig Rechtswirkungen erzeugt werden können.[680]

Für die beiderseitige Rücknahme gelten diese Argumente jedenfalls aus dem Blickwinkel der Schutzbedürftigkeit des Gestaltungsgegners nicht. Dennoch wird die einvernehmliche Rücknahme überwiegend abgelehnt.[681] Stattdessen müssten die Parteien nach Ausübung des Gestaltungsrechts den alten Rechtszustand mittels Abschlusses eines neuen Vertrags mit dem Inhalt begründen, das Vertragsverhältnis rückwirkend und unter Beseitigung der Gestaltungswirkungen zu gleichen Bedingungen zu verlängern.[682]

f. Ausübungs- und Begründungspflicht

Es stellt sich die Frage, ob der Berechtigte dazu verpflichtet ist, das Gestaltungsrecht auszuüben. Das wäre bei voraussetzungslosen Gestaltungsrechten wie etwa der freien Kündigung unsinnig; daher betrifft diese Überlegung nur die *grundabhängigen* Erscheinungsformen.[683] Auch dort besteht grundsätzlich keine Ausübungspflicht.[684] Denn der Begünstigte soll im Unterschied zur Einwendung, auf deren Geltung er keinen Einfluss hat, gerade die Wahl haben, ob er sein subjektives Recht ausübt und damit Folgen herbeiführt, die womöglich nicht nur vorteilhaft sind. Durch Anfechtung etwa erlischt der Anspruch auf die Primärleistung. Diese Umgestaltungsmöglichkeit ist ein Ausgleich für die Verletzung des Vertrags auf der Primärebene durch die andere Partei.[685] Oft sind die

---

678 *Helmreich*, Gestaltungsrecht, 1965, S. 43.

679 *Fenkart*, Gestaltungsrecht, 1925, S. 93.

680 BAG, 2 AZR 159/93 = NJW 1994, 473 [474].

681 Für Rücktritt schon RG, V 6/07 = RGZ 66, 430 [432]; BGH, VIII ZR 304/77 = NJW 1979, 762 [762 f.]; Palandt/*Ellenberger*, Überbl v § 104 Rn. 17.

682 Palandt/*Grüneberg*, Überbl v § 362 Rn. 1 m.w.N.; BGH, V ZR 95/55 = NJW 1956, 1233; XII ZR 195–96 = NJW 1998, 2664 [2666]; a.A. für ein Wiederaufleben *Gröschler*, NJW 2000, 247, 248.

683 S. dazu oben S. 176.

684 *Seckel*, FG Koch, 1903, S. 205, 237; *Fenkart*, Gestaltungsrecht, 1925, S. 69; *Scholz*, Gestaltungsrecht, 2010, S. 130.

685 Jedenfalls, wenn es um die Vertragsaufhebungsrechte geht.

Gestaltungsrechte, die eine besonders einschneidende Wirkung haben – etwa die Anfechtung wegen Irrtums oder die Kündigung aus wichtigem Grund –, limitiert, indem sie nur unverzüglich (§ 121 Abs. 1 S. 1 BGB), fristgebunden (§ 626 Abs. 2 S. 1 BGB) oder unter Ausgleich des negativen Interesses (§ 122 Abs. 1 BGB) ausgeübt werden können.

Vertraglich kann der Berechtigte sich zur Ausübung verpflichten.[686] Auch der drohende Rechtsfrieden kann ihn im Ausnahmefall zur Ausübung drängen, wenn er nicht der Gestaltungswirkung verlustig gehen will. Die Rechtsprechung befindet, dass die Ausübung eines Gestaltungsrechts, dessen Voraussetzungen bereits vor Ende der letzten mündlichen Verhandlung der ersten Instanz vorgelegen haben, zwar noch möglich ist, die Gestaltungswirkung aber keine Berücksichtigung mehr findet. Die Ausübung nach diesem Zeitpunkt sei keine neue Tatsache im Sinne des § 767 Abs. 2 ZPO und das Gestaltungsrecht daher präkludiert.[687]

Einzig in Rechtsverhältnissen, in denen der Berechtigte durch Ausübung an der Entstehung der Schuld mitwirkt, wäre die Ausübungspflicht nicht unangemessen. Aber auch dort behilft sich das Gesetz auf andere Art und Weise als mit einer Verpflichtung. Bei der Wahlschuld geht das Wahlrecht nach Ablauf der Frist auf den Schuldner über, § 264 Abs. 2 BGB. Bei §§ 315 ff. BGB kann der Schuldner seine Leistung zurückhalten und gerät nicht in Verzug, weil der Gläubiger selbst im Annahmeverzug (§ 293, 295 S. 2 BGB) ist.[688] Will er dennoch leisten, kann er auf gerichtliche Bestimmung klagen (§ 315 Abs. 3 S. 2 BGB).[689]

Nach herrschender Meinung bedarf es keiner Begründung für die Ausübung der Gestaltungsrechte.[690] Bei voraussetzungslosen Gestaltungsrechten ist dies unbestritten.[691] Und auch diejenigen, die eine Begründung fordern, erkennen als Ausnahme an, wenn der Gestaltungsgegner bereits über die erheblichen Tatsachen und Gründe informiert ist, etwa beim Rücktritt infolge mangelhafter Leistung und wiederholter Nacherfüllungsversuche ohne Erfolg.[692]

---

686 *Leverenz*, JURA 1996, 1, 7.

687 Vgl. nur BGH, VIII ZR 60/03 = NJW 2004, 1252 [1253 f.].

688 BGH, VIII ZR 16/70 = BeckRS 1971, 31126232.

689 MüKoBGB/*Würdinger*, § 315 BGB Rn. 39; vgl. auch die Sonderregelung des § 375 Abs. 2 S. 1 Var. 1 HGB, wo die Möglichkeit der Bestimmung auf den Schuldner übergeht, wenn der Gläubiger damit in Verzug gerät.

690 *Becker*, AcP 188 (1988), 24, 35 f., 44, 67; *Schellhase*, Vertragsgestaltung, 2013, S. 257; MüKoBGB/*Würdinger*, § 315 BGB Rn. 38.

691 Vgl. *Büdenbender*, AcP 210 (2010), 611, 616.

692 *Büdenbender*, AcP 210 (2010), 611, 641, 652.

2. *Einordnung des § 650b Abs. 2 BGB*

Wie aber ist § 650b Abs. 2 BGB einzuordnen? Das Änderungsrecht zeigt sich nicht als *Anpassungserzwingungsanspruch*, also als Anspruch auf Erteilung der Zustimmung zu einer begehrten Änderung, der nötigenfalls als Klage auf die Abgabe einer Willenserklärung (§ 894 ZPO) lautet verbunden mit der Forderung der Änderungsleistung.[693] Ebenso wenig handelt es sich beim Änderungsrecht um einen *Anpassungsbestimmungsanspruch*.[694] Bei einem solchen kann der Anspruchsberechtigte einseitig Konditionen verändern, aber letztlich nicht erzwingen, weil dem Anspruchsgegner stets ein Vertragslösungsrecht zusteht.[695]

Das Vorliegen der Voraussetzungen des § 650b Abs. 1, 2 S. 1 BGB berechtigt den Besteller vielmehr zur Anordnung der Änderung gegenüber dem Unternehmer, der gem. § 650b Abs. 2 S. 2 BGB verpflichtet ist, der Anordnung nachzukommen. Er ist dem Willen des Bestellers unterworfen. Dieser kann entscheiden, ob und wann er die Anordnung ausspricht. Auch kann der Unternehmer sich nicht vom Vertrag lösen, wenn die Anordnung erfolgt. Er ist lediglich bei Unzumutbarkeit der gewillkürten Änderung von der Befolgung freigestellt, ohne dies einredeweise geltend machen zu müssen, § 650b Abs. 2 S. 2 BGB.

Das entspricht der Phänomenologie eines Gestaltungsrechts, dass durch den Berechtigten ein Rechtsverhältnis einseitig umgestaltet werden kann. Mit Recht kann § 650b Abs. 2 BGB daher als Gestaltungsrecht bezeichnet werden.[696] Einzuordnen ist das bauvertragliche Änderungsrecht als ein im Entstehungsgrund *gesetzliches* Recht, das – vom Gestaltungsobjekt aus betrachtet – *unselbständig* und *forderungsbezogen* ist.[697] Durch die Anordnung wird kein Rechtsverhältnis begründet, sie besteht also immer in Beziehung zu einem bereits geschlossenen Vertrag. Auch zielt die Änderung stets auf die Hauptforderung des Bestellers, was der Unternehmer zu bauen hat, und modifiziert nicht den Vertrag als solchen. Das Änderungsrecht ist insoweit *grundabhängig*, als im Fall der Nummer

---

693 Als Beispiel dient etwa der Gebrauchsüberlassungsanspruch an Dritte im Wohnraummietrecht (§ 553 BGB).

694 Differenzierung in Anpassungserzwingungsrechte und Anpassungsbestimmungsrechte nach *Hau*, Vertragsanpassung, 2003, S. 413 f.

695 Etwa die Mieterhöhung bis zur üblichen Vergleichsmiete (§ 558 BGB), bei deren Geltendmachung der Mieter kündigen kann (§ 561 BGB), oder die Gebrauchsüberlassung außerhalb der Wohnraummiete (§ 540 Abs. 1 BGB).

696 S. die Nachweise in Fn. 634. Zu denkbaren Alternativkonstruktionen des Leistungsänderungsrechts: S. 238 ff.

697 Vgl. oben S. 176 f.

1 modale Voraussetzungen erfüllt werden müssen und bei Nummer 2 zusätzlich die Mangelhaftigkeit der Bauleistung drohen muss.

a. Rechtsfolge der Ausübung

Zunächst ist auf die rechtsgestaltende Wirkungsweise abzustellen. Durch die Ausübung wird die Anordnung verbindlich und gestaltet den Inhalt des Bauvertrags um, sodass sich die Rechtslage ändert. Der Unternehmer hat darauf rechtlich keinen Einfluss und kann die Anordnung grundsätzlich nicht verweigern; er ist ihr *unterworfen.*[698] Er muss die Änderung ausführen, wenn er sich nicht vertragsbrüchig verhalten will, vgl. § 650b Abs. 2 S. 2 Hs. 1 BGB. Dogmatisch betrachtet verändert sich der ursprüngliche Leistungsanspruch des Bestellers auf die Herstellung des versprochenen Bauwerks, § 631 Abs. 1 Alt. 1 i. V. m. § 650b Abs. 2 S. 2 Hs. 1 BGB. Dem Unternehmer steht eine modifizierte Vergütung zu, § 650c Abs. 1, 2, § 631 Abs. 1 Alt. 2 BGB. Daher ist die Nichtbefolgung der Anordnung eine Verletzung der Hauptleistungspflicht und löst Gewährleistungsrechte aus, die sich auf diese beziehen (§§ 323, 280 Abs. 1, 3, §§ 281, 283 BGB oder nach Abnahme §§ 634 ff. BGB).

Das Anordnungsrecht modifiziert die Gesamtleistung nur zum Teil.[699] Bezöge sich die Anordnung nämlich auf das gesamte Bauwerk (Garage statt Einfamilienhaus), wäre dies ein Identitätswechsel und vom Änderungsrecht nicht umfasst.[700]

b. Korrekturfunktion

Korrekturfunktion hat jedenfalls das *notwendige* Änderungsrecht. § 650b Abs. 1 S. 1 Nr. 2 BGB berechtigt zur Anordnung, wenn die Änderung zur Erreichung des vereinbarten Werkerfolgs notwendig ist. Das kann sein, wenn sich der ursprüngliche Bauentwurf als fehlerhaft herausstellt, aber auch, wenn sich im Zeitraum zwischen Vertragsschluss und Abnahme die anerkannten Regeln der Technik ändern.[701] § 650b Abs. 2 BGB dient der vertraglichen Planerganzung.[702]

---

698 Bei ausfüllenden und ändernden Gestaltungsrechten passt „Bindung" sprachlich besser als „Unterworfenheit", vgl. *Bruns*, ZZP 1965, 264, 267.

699 Die teilweise Gestaltungswirkung wird grundsätzlich nur in den gesetzlich normierten Fällen oder bei vertraglicher Einräumung für zulässig erklärt, zur Teilkündigung nur *Scholz*, Gestaltungsrecht, 2010, S. 153 f. m.w.N.

700 Vgl. ibr-Baurecht/*von Rintelen*, § 650b BGB Rn. 41.

701 Zu Letzterem BGH, VII ZR 65/14 = NJW 2018, 391 [393, Rn. 25 f.]

702 Vgl. auch Gesetzentwurf BReg, BT-Drs. 18/8486, S. 53.

Das *gewillkürte* Änderungsrecht hingegen bezweckt keine objektive Korrektur des Bauvertrags. Diese Variante dient allein der subjektiven Planveränderung des Bestellers, ohne dass äußere Umstände die Ausübung erforderten. Das ist eine beachtliche Abkehr von der bisherigen Rechtslage, innerhalb derer zwar ohne weiteres vertragliche Rechte zur Vertragsänderung vereinbart werden durften, nicht aber gesetzlich manifestiert waren.

c. *Bedingungsfeindlichkeit*

Es kann vorkommen, dass klimatische Gegebenheiten eine für die Errichtung des Bauwerks maßgebliche Rolle spielen. So würde dem Besteller eine bedingte Anordnung gelegen kommen, wenn Bauleistungen an einem von möglichen Unwettern betroffenen Offshore-Tripod nach Wetterlage unter einer Bedingung angeordnet werden könnten.

Allerdings finden auch hier die Erwägungen zur Bedingungs- und Befristungsfeindlichkeit Niederschlag, die allgemein für Gestaltungsrechte angeführt werden, etwa der dem Gestaltungsgegner unzumutbare Schwebezustand angesichts des ungewissen Bedingungseintritts. Andernfalls würden dem Unternehmer die Risiken der Kalkulation und des Bedingungseintritts überantwortet werden. Der Unternehmer müsste dann Vorkehrungen treffen, um in allen Fällen leistungsbereit zu sein. Außerdem könnte sich der Besteller – eingedenk der Besonderheit, Änderungen nach Belieben zu gestalten – auf diese Weise Alternativpositionen verschaffen, die vertraglich nicht vereinbart waren.[703] Das aber würde zu einem Ungleichgewicht der äquivalenten Leistungspflichten führen. Und das für das Interesse des Bestellers streitende Argument, auf äußere Umstände wie etwa die Witterung flexibel schon im Vorhinein überhaupt reagieren zu können, kommt im Falle des *notwendigen* Änderungsrechts nicht zum Tragen. Denn der Unternehmer hat ein mangelfreies Werk zu errichten, sodass mängelbegründende äußere Umstände ohnehin zu beachten sind; sogar dann, wenn zwar *realiter* alles gleichbleibt, sich aber die äußeren Bewertungsmaßstäbe verändern.[704]

Eine auflösend bedingte Anordnung gem. § 158 Abs. 2 BGB ist schon rechtstechnisch unmöglich, weil sie nichts anderes darstellt als eine Anordnung, die erneut „umangeordnet“ wird, was aber die Einhaltung des Procederes von § 650b Abs. 1 BGB erfordert.

---

703 Vgl. zu Alternativpositionen BGH, VII ZR 10/01 = NZBau 2003, 376; oder oben S. 165.

704 BGH, VII ZR 65/14 = NJW 2018, 391 [393, Rn. 25 f.].

Das gesetzliche Änderungsrecht ist daher im Sinne der §§ 158 ff. BGB, also bezüglich ungewisser künftiger Ereignisse, *bedingungs-* und *befristungsfeindlich.*[705] Schutzlos ist der Besteller trotz allem nicht: In der Regel ist Abhilfe durch (Nach-)Verhandlungen über die Ursprungsleistung möglich, bei Misserfolg ist dies über die Teilkündigung und Anordnung möglich.

d. Unwiderruflichkeit

Die Widerruflichkeit einer Anordnung nach § 650b Abs. 2 BGB würde zu einem Widerspruch mit dessen Procedere führen. Zur Verdeutlichung: Vereinbart ist ein Bauwerk (n + A, wobei A der von der Änderung betroffene Leistungsteil ist und n der Restauftrag). Durch die Anordnung ist die Schuld nunmehr n + B. Widerriefe der Besteller nun, würde der Unternehmer wieder n + A schulden. Auf diese Weise erhielte der Besteller alternative Leistungen, da er von n + B durch Widerruf abrücken könnte. Der Unternehmer allerdings befände sich bis zum Ablauf der Widerrufsfrist, wie auch immer diese aussieht, in einem Schwebezustand der Unsicherheit und müsste doppelte Leistungsbereitschaft vorhalten.

Das Änderungsrecht ist daher grundsätzlich unwiderruflich.[706] Den Interessen des Bestellers ist auch ohne die Möglichkeit des Widerrufs gedient. Denn die Änderung kann teilgekündigt werden. Läuft die Restleistung n (ohne B) Gefahr, mangelhaft zu werden, hilft der funktionale Mangelbegriff. Außerdem kommt durch Einhaltung des Procederes eine zur Erreichung des vereinbarten Werks notwendige Anordnung in Betracht, die den durch Teilleistungsfortfall unvollständigen Bauentwurf korrigiert.

e. Ausübungs- und Begründungspflicht

Für das Änderungsrecht besteht keine Ausübungspflicht.[707] Das folgt nicht nur generell aus dem Wortlaut des § 650b Abs. 2 S. 1 Hs. 2 BGB („kann"), sondern für die *gewillkürte* Anordnung auch daraus, dass sie voraussetzungslos möglich ist und im Belieben des Bestellers steht. Für die *notwendige* Anordnung gilt, dass der Besteller entweder schon über den funktionalen Mangelbegriff ausreichend geschützt ist oder er die mangelhafte Leistung auch akzeptieren kann, vorbehaltlich bauordnungsrechtlicher Unbedenklichkeit. Im ersteren Fall erhielte der Unternehmer für seine Zusatzleistungen ggf. eine ausreichende

---

705 So auch ibr-Baurecht/*von Rintelen*, § 650b BGB Rn. 76.

706 Ebenso Jauernig/*Mansel*, § 650b BGB Rn. 10.

707 Ebenso *Abel/Schönfeld*, BauR 2017, 2047, 2052.

Kompensation;[708] damit ist seinen Interessen hinreichend gedient, sodass der Besteller nicht aus dem Gesichtspunkt des Interessenschutzes zur Ausübung zu zwingen ist.[709]

Einer Begründung bedarf es beim *gewillkürten* Änderungsrecht nicht, weil die subjektiven Beweggründe, die den Besteller zur Anordnung veranlassen, für deren rechtliche Entstehung nicht Maß geben. Die Beweggründe darzulegen ist allerdings oft von Vorteil, weil der fachkundige Unternehmer womöglich eine bessere Lösung anbieten kann als die Anordnung vorsieht. Die wesentlichen Informationen zur Änderung erhält der Unternehmer ohnehin schon über das obligatorische Änderungsbegehren (§ 650b Abs. 1 S. 1 BGB). Auch die *notwendige* Anordnung bedarf keiner Begründung, weil für den fachkundigen Unternehmer regelmäßig aus den Umständen klar wird, warum die Änderung nottut.

II. Unterschiede zu ähnlichen Gestaltungsrechten

Die meisten Gestaltungrechte heben oder lösen ein Rechtsverhältnis auf oder begründen es erst.[710] Daneben bestehen inhaltsändernde Gestaltungsrechte, die den Primäranspruch modifizieren. § 650b Abs. 2 BGB ist ein solches inhaltsänderndes Recht. Ähnliche inhaltsändernde Gestaltungsrechte in den Blick zu nehmen und diesem gegenüberzustellen ermöglicht, Gemeinsamkeiten und Unterschiede der Vorschriften aufzuzeigen. Dadurch lässt sich herausarbeiten, ob Spezifika der Anwendung, Rechtsgedanken oder Besonderheiten des jeweiligen Procedere auch für die Anwendung, Auslegung und Eingrenzung von § 650b BGB fruchtbar gemacht werden können. Wo tatbestandliche Überschneidungen bestehen, stellt sich überdies die Frage, ob eine subsidiäre oder parallele Anwendbarkeit besteht.

Die folgenden Gestaltungsrechte befinden sich sowohl im BGB als auch in anderen Gesetzen, beziehen sich jedoch allesamt auf Verträge zwischen Privaten. Viele weisen eine Korrekturfunktion auf und sollen dem Inhaber ermöglichen, die vertragliche Äquivalenz wiederherzustellen. Daher sind die meisten in ihrer Rechtsfolge dergestalt beschränkt, dass sie nur soweit reichen, als dadurch die Äquivalenz erreicht wird. Betrachtet werden sowohl Rechte, die erstmals zur

---

708 Dazu oben S. 43.

709 A.A. BeckOGK BGB/*Mundt*, § 650b BGB Rn. 223 ff., der allerdings wohl davon ausgeht, dass dem Unternehmer im Falle des funktionalen Mangels keine Vergütung zusteht und nur über eine Anordnung ein Vergütungsanspruch entsteht.

710 Vgl. Übersicht in Fn. 639.

Entstehung einer konkreten Schuld führen, als auch solche, die bereits festgelegte Vertragsinhalte nachträglich verändern können.

Nicht zu berücksichtigen in der folgenden Abhandlung werden Gestaltungsrechte, die aufgrund einer Gesellschafterstellung verliehen werden, da sie aufgrund ihrer Eigentümlichkeiten im gesellschaftsrechtlichen Kontext meist nicht vergleichbar sind. Rechte in diesem Bereich bestehen nur, weil die Parteien sich unter Erweis gegenseitigen Vertrauens zur Erreichung eines gemeinsamen Zwecks zusammengeschlossen haben. Dies begründet eine besondere Nähebeziehung, die in anderen Verträgen fehlt – trotz der Kooperationspflichten im Bauvertrag. Außer Acht bleiben sollen auch die Gestaltungsrechte anderer Rechtsgebiete, insbesondere des Verwaltungsrechts, da sie nicht immer von vergleichbaren Grundsätzen ausgehen.[711]

1. *Leistungsbestimmungsrecht, § 315 BGB*

Das Recht der Leistungsbestimmung durch eine der Parteien findet § 315 BGB Erwähnung und Einschränkung und besteht bereits seit der ersten Fassung des BGB.[712] Davon zu unterscheiden ist die Leistungsbestimmung durch einen Dritten (§§ 317–319 BGB), die hier keine Rolle spielt.

a. *Allgemeines*

Damit der unmittelbare Anwendungsbereich von § 315 BGB eröffnet ist, muss mindestens konkludent vereinbart werden, dass ein oder mehrere Leistungsteile durch eine der Parteien einseitig bestimmt wird.[713] Die Bestimmung des offenen Vertragsmerkmals unterliegt dann dem Willen des Berechtigten; der Gestaltungsgegner ist insoweit unterworfen. Sodann regelt § 315 Abs. 1 BGB, dass die Bestimmung *im Zweifel* nach billigem Ermessen zu treffen ist. Findet diese Zweifelsregelung mangels vorrangiger Parteiabrede Anwendung, ist die Bestimmung für den anderen Teil nur verbindlich, wenn sie der Billigkeit entspricht, § 315 Abs. 3 S. 1 BGB. Ist sie unbillig oder wird sie verzögert, kann das zuständige Gericht die Bestimmung durch Urteil treffen, Satz 2. Der Berechtigte hat sein Gestaltungsrecht zu diesem Zeitpunkt bereits verbraucht oder verwirkt, das Gericht darf die unbillige Bestimmung nicht geltungserhaltend reduzieren, sondern muss sie ersetzen.[714]

711 Dazu konzis *Bötticher*, Gestaltungsrecht, 1964, S. 8.

712 Im Entwurf eines bürgerlichen Gesetzbuches für das deutsche Reich (1888) noch unter § 353 BGB zu finden.

713 Etwa MüKoBGB/*Würdinger*, § 315 BGB Rn. 2, 12.

714 *Gernhuber*, Das Schuldverhältnis, 1989, S. 289 f. m.w.N.

Es kann auch vereinbart werden, dass die einseitige Leistungsbestimmung *nachträglich*, also nach bereits erfolgter Festlegung der Leistungen, möglich ist.[715] Nach herrschender Meinung sind in diesem Fall die §§ 315 f. BGB analog anwendbar, weil sie interessengerechte Regelungen bieten und die „normative" Lücke schließen.[716] Gegen die Analogiefähigkeit spricht, dass es sich bei der Vorschrift nicht um eine klassisch-dispositive Norm handelt, die wesentliche Grundgedanken der Rechtsordnung enthält, sondern um eine Auslegungsregel,[717] die nur in Zweifelsfällen gilt.

Durch Auslegung des Vertrags kann sich ergeben, dass ein Bestimmungsrecht konkludent vereinbart wurde.[718] Diese Auslegung kann allerdings schnell den Verdacht entstehen lassen, dass aus (unzulässigen) Gerechtigkeitserwägungen einer Partei einseitige Eingriffsbefugnisse verliehen werden bzw. die Ausübung dieser Befugnisse gerichtliche Bestätigung erfährt,[719] obwohl die Parteien sich bei Vertragsschluss in Wirklichkeit dazu keine Gedanken gemacht haben. Das Leistungsbestimmungsrecht „offenbarte" sich danach als von Anfang an konkludent für die später problematischen Punkte vereinbart. Die bezeichneten Urteile sind mit Vorsicht zu genießen, auch weil sie beide spezifisch die Gültigkeitsdauer von Telefonkarten behandeln.[720] Auf andere Fälle sind die Erwägungen nicht ohne Weiteres übertragbar. Aber auch dort galt: Ein *nachträgliches* Leistungsbestimmungsrecht wurde *nicht* konstruiert, es war nach Ansicht der Gerichte schon von Anfang an vereinbart gewesen.

§§ 315 f. BGB kommen (auch analog) nicht zur Anwendung, wenn die Parteien *nicht* vereinbart haben, dass die Leistung *nachträglich* geändert werden kann. Alles andere wäre ein Verstoß gegen den Grundsatz *pacta sunt servanda.* Die *direkte* Anwendung scheitert schon am Wortlaut, der als äußerste Grenze der Auslegung ein derartiges Verständnis nicht zulässt.[721] Für die *analoge*

---

715 BGH, VIII ZR 153/83 = BeckRS 9998, 101106; *Horn*, Gutachten Schuldrecht II, 1981, S. 551, 580 f.

716 *Schellhase*, Vertragsgestaltung, 2013, S. 187 Fn. 656 m.w.N.; a.A. *Hau*, Vertragsanpassung, 2003, S. 376 ff.

717 H.M., dass § 315 BGB eine Auslegungsregel darstellt, etwa *Kronke*, AcP 183 (1983), 113, 317 f.; Soergel (1990)/*Wolf*, § 315 BGB Rn. 1; a.A. *Schellhase*, Vertragsgestaltungsrechte, 2013, S. 197.

718 Soergel (1990)/*Wolf*, § 315 BGB Rn. 5.

719 Ein Richter darf keine „Vertragshilfe" leisten, vgl. *Horn*, NJW 1985, 1118, 1125.

720 Vgl. kasuistisch BGH, III ZR 79/07 = NJW-RR 2008, 562 [563]; III ZR 178/09 = NJW 2010, 1956 [1956 f.].

721 Vgl. dazu nur BVerfG, 1 BvR 1053/82 = NJW 1986, 1671 [1672].

Anwendung fehlt es an einer Regelungslücke. Denn mit § 313 BGB besteht für den Fall der gestörten Geschäftsgrundlage ein gesetzlicher Vertragsanpassungsanspruch, der unter engen Voraussetzungen in solchen Fällen zur Verfügung steht und andernfalls keine Anwendung fände. Auch nach Gerechtigkeitserwägungen ist keine andere Lösung geboten: Der Inhalt des Vertrags und dessen zugrunde liegende Risiko- und Lastenverteilung ist bis zur Grenze der Sitten- und Gesetzwidrigkeit Sache der Parteien und damit Ausdruck der privatautonomen Entscheidung. Der Gesetzgeber darf diese keiner pauschalen Gerechtigkeitsprüfung unterziehen und mit der Gewährung einseitiger Bestimmungsrechte den Gerechtigkeitsgehalt austarieren.[722]

Die Tatsache, dass die einseitige Leistungsbestimmung nur dann möglich ist, wenn sie *im Vorhinein* für erstmalige, zwischenzeitliche und nachträgliche Bestimmungen vereinbart worden ist, unterscheidet die Vorschrift vom Änderungsrecht des § 650b Abs. 2 BGB. Denn bei letzterem ist die Änderung nur nachträglich möglich.

b. Gemeinsamkeiten, Unterschiede und Anleihen

§ 315 BGB ist die Norm des Schuldrechts, die mit § 650b BGB die meisten Schnittmengen aufweist. Daher lohnt die Prüfung, inwieweit sich Wertungen des § 315 BGB auf § 650b Abs. 2 BGB übertragen lassen.

aa. Unmittelbare Tatbestandsmerkmale

Bestimmungsvorbehalte, die unter § 315 BGB fallen, können Leistungsmodalitäten betreffen, insbesondere auch in zeitlicher Hinsicht.[723] So kann selbst die Festlegung der Leistungszeit vorbehalten sein.[724] Das bringt aber keine weitere Erkenntnis darüber, ob auch § 650b Abs. 1 BGB Modalitäten eines Vertrags erfasst. Denn die Modalitäten eines Vertrags sind – wie alle anderen Leistungsmerkmale auch – nur dann eine Leistung im Sinne des § 315 Abs. 1 BGB, wenn dies vereinbart wurde. Einer spezifischen Vereinbarung bedarf es für die Anwendung von § 650b BGB hingegen nicht. Zudem spricht § 650b BGB von der „Änderung des Werkerfolgs", § 315 Abs. 1 BGB schlicht von „Leistung". Schon hier ergeben sich Probleme für unmittelbare Anleihen an Auslegung und Umfang, vor allem eingedenk der bauspezifischen Regelungsmaterie des § 650b BGB.

---

722 Vgl. auch Staudinger/*Rieble*, 2017, § 315 BGB Rn. 46 ff.

723 *Gernhuber*, Das Schuldverhältnis, 1989, S. 278; Staudinger/*Rieble*, 2017, § 315 BGB Rn. 125.

724 Schon RG, II 540/16 = RGZ 90, 27 [29 f.].

bb. Übertragung der Billigkeit auf § 650b BGB

Findet die Zweifelsregelung von § 315 Abs. 1 BGB Anwendung, so ist die einseitige Leistungsbestimmung für den anderen nur verbindlich, wenn sie der Billigkeit entspricht. Billigkeit bedeutet Einzelfallgerechtigkeit. Alle Umstände müssen angemessen berücksichtigt werden, auch die Interessen des Gestaltungsgegners.[725] Es stellt sich die Frage, ob nicht vielleicht der Maßstab der Billigkeit auch im Rahmen von § 650b BGB unmittelbar oder in Zweifelsfällen Eingang findet.[726]

Bei *unmittelbarer* Anwendung wäre jede Änderung auf die Ausgewogenheit der Interessen beider Parteien zu überprüfen. Bei der Anwendung *in Zweifelsfällen* wäre eine Billigkeitskontrolle nur anzustellen, wenn die Parteien keine vorrangigen Abreden getroffen haben. Inhaltlich würde die Änderung dann am Maßstab der beiderseitigen Interessen im Einzelfall gemessen werden. Relevanz hat dies etwa, wenn der Besteller eine *gewillkürte* Änderung mit Baustoff „A" anordnet, diese aber nur unter größerer Anstrengung zu bewerkstelligen wäre. Könnte mit dem Baustoff „B" das gleiche Ergebnis erzielt werden, entspräche es der Billigkeit, wenn die Leistung auf diese Weise erfolgen könnte.

Für die Übertragung dieser Wertungen spricht systematisch, dass sich § 315 BGB im Allgemeinen Teil für Schuldverhältnisse (Buch 2) befindet und für die besonderen Schuldverhältnisse (Abschnitt 8) eine Vorbild- und Emanationswirkung entfalten kann. Wo sich neben den spezifischen Voraussetzungen des § 650b BGB eine Lücke ergibt, wäre denkbar, § 315 BGB subsidiär anzuwenden. Eine *lex generalis* ist allerdings nur dann anwendbar, wenn keine speziellere Norm existiert, die ihr inhaltlich widerspricht oder durch ihre Zweckrichtung die Berücksichtigung verbietet.[727] Die Anwendbarkeit von § 315 Abs. 1 BGB schlicht mit einem Verweis auf die Spezifika des Bauvertragsrechts zu verneinen, ist nicht tragfähig. Denn insbesondere die vertragliche Anordnung (§ 1 Abs. 3, 4 VOB/B) wird durch § 315 BGB flankiert.[728] Bei § 1 VOB/B handelt es sich um eine *vereinbarte* nachträgliche Änderungsbefugnis, die von § 315 BGB erfasst sein kann.[729]

---

725 BGH, GSZ 1/55 = BeckRS 1955, 30402368; Staudinger/*Rieble*, 2017, § 315 BGB Rn. 324.

726 Etwa im Wege der Gesamtanalogie, vgl. *Larenz/Canaris*, Methodenlehre, ^{3}1995, S. 204, weil viele Leistungsbestimmungsrechte durch billiges Ermessen begrenzt sind.

727 Vgl. nur *Puppe*, Juristisches Denken, ^{3}2014, S. 125.

728 H. M., vgl. nur Messerschmidt/Kapellmann/*von Rintelen*, § 1 VOB/B Rn. 104 m.w.N.

729 Vgl. Fn. 715.

Allerdings ist § 315 BGB nicht Einfallstor für eine allgemeine Gerechtigkeitskontrolle von Verträgen.[730] Es handelt sich nicht um einen allgemeinen Rechtsgedanken, der das gesamte Rechtssystem durchwirkt. Die Übertragbarkeit der Wertungen ist für den Einzelfall zu prüfen und nicht durch Hinweise auf die allgemeine Gültigkeit erleichtert. Zwar ist wie oben skizziert ein Anwendungsbereich denkbar. § 650b BGB begrenzt jedoch selbst abschließend das gewährte Änderungsrecht. Untergrenze der Änderungsbefugnis ist stets die Unmöglichkeit, § 275 BGB. Für die *gewillkürte* Änderung gilt zusätzlich die Voraussetzung, dass sie dem Unternehmer zumutbar ist (§ 650b Abs. 2 S. 2 BGB). Das Erfordernis der Zumutbarkeit begrenzt den Tatbestand.[731] Hier offenbart sich ein gesetzgeberisch intentionales System, den Anwendungsbereich von § 650b BGB zu limitieren, das für eine weitere, allgemeinere Beschränkung in Form der Billigkeitskontrolle nicht offensteht. Ein anderslautender Hinweis wäre erforderlich, um das Gegenteil zu begründen, wie etwa „§ 315 BGB bleibt unberührt".[732]

Auch auf der Vergütungsseite findet sich ein Gegenargument. Bei der Leistungsbestimmung im Rahmen von § 315 BGB ist regelmäßig nur eine Leistung unbestimmt. Sie wird durch eine der Parteien ausgefüllt, ohne dass sich der Vertrag ansonsten verändert. Die gestaltende Partei muss die Interessen der anderen daher in die Bestimmung aufnehmen, um die vertragliche Ausgewogenheit nicht zu überspannen.[733] § 650c BGB hingegen legt fest, dass bei einer Anordnung dem Unternehmer eine zusätzliche Vergütung zusteht. Die akzessorische Vergütungspflicht des Bestellers schafft einen Ausgleich aufseiten der Gegenleistung, sodass es keiner Berücksichtigung der billigen Interessen auf der Leistungsseite bedarf. Es ist mithin dem Besteller nicht möglich, den Unternehmer zu übervorteilen, da im Falle einer „unbilligen" Anordnung der finanzielle Ausgleich dementsprechend erfolgt. Insoweit befasst sich § 650c BGB mit der „Billigkeit" des Bauvertrags, und zwar in finanzieller Hinsicht. In Konsequenz dazu darf § 315 BGB daher *keine* Anwendung neben § 650b Abs. 2 BGB finden.

2. *Wahlschuld, § 262 BGB*

In Verträgen findet sich nicht immer die Leistungsbeziehung „A für B". Auch kann einer Partei eingeräumt werden, die Leistung unter mehreren auszuwählen.

730 Staudinger/*Rieble*, 2017, § 315 BGB Rn. 50 ff. m.w.N.

731 Vgl. oben S. 106 ff.

732 Das ist nicht unüblich, vgl. jeweils §§ 17 Abs. 1 S. 3 GasGVV, StromGVV und §§ 23 Abs. 1 S. 3 NAV, NDAV.

733 Näher Staudinger/*Rieble*, 2017, § 315 BGB Rn. 325 ff.

Das ist teilweise in §§ 262-265 BGB erfasst, auch wenn die Ausgestaltung dieser Normen breit kritisiert werden.[734]

Werden mehrere Leistungen in der Weise geschuldet, dass nur die eine oder die andere zu bewirken ist, bestimmt § 262 BGB, dass das Wahlrecht im Zweifel dem Schuldner zusteht. Danach schuldet der Schuldner zwei Leistungen, von denen er wahlweise eine leisten muss.[735] Das Wahlrecht bezieht sich nur auf Leistungen, also Ansprüche im Sinne von § 194 Abs. 1 BGB, nicht aber auf Gestaltungsrechte oder durch deren Ausübung entstandene Folgeansprüche.[736]

Ist der Wahlberechtigte nicht explizit benannt, ist dies durch Auslegung zu ermitteln. Führt auch diese zu keinem Ergebnis, steht dem Schuldner („im Zweifel") das Wahlrecht zu, § 262 Abs. 1 BGB. Diese Zweifelsregelung ist praxisfern, weil das Ergebnis einer Interessenabwägung meist das Gegenteil ergibt, also ein Wahlrecht des Gläubigers.[737] Diese gesetzliche Fehleinordnung erschwert zugleich die Vergleichbarkeit der Norm, da die Anwendung der Vorschriften seit jeher *im Geiste contra legem* erfolgt und die Praxis Neuheiten wie die Ersetzungsbefugnis oder die elektive Konkurrenz geschaffen hat.[738] Die Wahloption des Gläubigers wird überhaupt nur in § 264 Abs. 2 BGB am Rande erwähnt.

Die weitere Beobachtung beschränkt sich auf das Wahlrecht des *Gläubigers*:[739] Dieser kann eine der Alternativleistungen auswählen. Das erfolgt durch Erklärung gegenüber dem anderen Teil (§ 263 Abs. 1 BGB) und wird als Gestaltungsrecht qualifiziert.[740] Das Recht auszuwählen besteht einmalig; nach der Auswahl ist die gewählte Leistung die einzig erfüllungstaugliche und gilt als von Anfang an geschuldet, § 263 Abs. 2 BGB.

a. Gemeinsamkeiten und Anleihen

Das Änderungsrecht und Wahlrecht haben gemein, dass die Anordnung des Bestellers und die Auswahl des Gläubigers den Vertrag verbindlich und einseitig ändern. Neben *vertraglichen* Wahlrechten eines Gläubigers bestehen

---

734 Vgl. Soergel, Bd. 3/2/*Forster*, § 262 BGB Rn. 2; MüKoBGB/*Krüger*, § 262 BGB Rn. 1; *Ziegler*, AcP 171 (1971), 193, 216 f.

735 OLG Köln, 19 U 163/90 = BeckRS 1991, 31146923.

736 Vgl. *Büdenbender*, AcP 205 (2005), 386, 398.

737 *Pescatore*, Wahlschuld, 1905, S. 3 ff., 17 ff., 162 ff., 303 f.; *Ziegler*, AcP 171 (1971), 193 ff., 210 ff., 216.

738 Vgl. *Ziegler*, AcP 171 (1971), 193, 210; u.a. durch konkludente Abbedingung der §§ 262 ff., *ders.*, 212.

739 Beispiele bei Jauernig/*Stadler*, § 262 BGB Rn. 2.

740 BeckOK BGB/*Lorenz*, § 262 BGB Rn. 19.

auch gesetzliche Fälle, etwa bei verspäteter Rückgabe der Wohnung die Entschädigung des Vermieters, § 546a Abs. 1 BGB – der Anspruch kann entweder auf die vereinbarte oder die ortsübliche Miete lauten. Auch die Möglichkeit des Unternehmers zu entscheiden, wie die Vergütung infolge der Anordnung berechnet werden soll – nach den tatsächlich erforderlichen Kosten *oder* mittels Fortschreibung der Urkalkulation (§ 650c Abs. 1, 2 BGB) –, ist ein gesetzliches Wahlrecht. Der Gestaltungsgegner ist der Ausübung unterworfen. Aufgrund der gesetzlichen Legitimation hat er keine Möglichkeit, auf die Ausgestaltung und Begrenzung des Rechts einzuwirken.[741]

Das Wahlrecht weist einige Parallelen zum Änderungsrecht auf. Es lohnt sich daher, die Regelung des § 265 BGB zu betrachten und zu prüfen, ob Anleihen für § 650b Abs. 2 BGB bestehen. § 265 BGB regelt, dass, wenn „*eine der Leistungen von Anfang an unmöglich ist oder [...] später unmöglich [wird], [...] sich das Schuldverhältnis auf die übrigen Leistungen [beschränkt]. Die Beschränkung tritt nicht ein, wenn die Leistung infolge eines Umstands unmöglich wird, den der nicht wahlberechtigte Teil zu vertreten hat.*" Die Vorschrift, die abdingbar ist,[742] stellt im ersten Satz klar, dass grundsätzlich nur die Leistung gewählt werden kann, die auch möglich ist. Durch Satz 2 hingegen sanktioniert sie den Gestaltungsgegner, wenn dieser die Unmöglichkeit der Leistung zu vertreten hat. Der Wahlberechtigte soll dann in den Genuss der infolge der Unmöglichkeit entstehenden Ansprüche gelangen können. Aufgrund der teilweisen Parallelität ist die Übertragung folgender Wertungen zu überlegen:

Ist eine der Optionen *von Anfang an* unmöglich, sind Sekundäransprüche (etwa § 311a Abs. 2, § 284 BGB) möglich, sofern die anfängliche Unmöglichkeit in diesem Fall vom Schuldner zu vertreten ist. Bei der Wahlschuld ist dies möglich, § 265 S. 2 BGB.[743] Denn dort besteht trotz Unmöglichkeit der Primärleistung die Anspruchskonkurrenz zwischen der noch möglichen Leistung und der an die Stelle der unmöglichen Leistung tretenden Ersatzleistung.

Bei der Übertragung auf § 650b BGB ist zu differenzieren: Für Fälle der *gewillkürten* Änderung kann dies *niemals* gelten. Denn dem Besteller stehen unzählige Möglichkeiten zur Änderung zur Verfügung und damit ebenso viele Fälle der Unmöglichkeit. Eine derartige Haftung des Unternehmers wäre uferlos, weil der Besteller jederzeit eine Änderung begehren könnte, die der Unternehmer von

741 Ausnahme ist die ggf. mögliche Abbedingung der gesetzlichen Vorschriften.
742 MüKoBGB/*Krüger*, § 265 BGB Rn. 3.
743 MüKoBGB/*Krüger*, § 265 BGB Rn. 4.

Anfang an (verschuldet) nicht erbringen kann. Zudem ist die Änderungsleistung vor Ausübung noch nicht Vertragspflicht; das wird sie erst durch die Anordnung.

Bei der *notwendigen* Änderung hingegen können solche Sekundäransprüche infrage kommen. Denn dort enthält der Vertrag eine mangelhafte Leistung. Durch den funktionalen Mangelbegriff wird diese automatisch „nach oben" korrigiert. Der Besteller aber hat die Wahl, wenn mehrere Leistungen für die Mängelbeseitigung infrage kommen. Hat der Unternehmer eine dieser Alternativen, etwa die einfachste und günstigste, *von Anfang an* verunmöglicht und dies auch zu vertreten, könnte über einen Schadensersatzanspruch nachgedacht werden. Dieser würde sich dann auf die Differenz zwischen dem Wert der unmöglich gewordenen Leistung und der nächstteureren beziffern.[744] Dafür muss allerdings ein Schaden bestehen. Das ist wohl nur selten der Fall, da der Besteller in diesen Fällen eine höherwertige Änderungsleistung erhält. Das in diesem Zusammenhang angesprochene Problem der Wahlschuld, also der Umstand, dass es dem Gläubiger gerade auf die unmöglich gewordene Leistung ankommt und durch Unmöglichkeit nunmehr nur die andere geschuldet wird, obwohl daran womöglich kein Interesse besteht,[745] verfängt insbesondere für § 650b Abs. 1 S. 1 Nr. 2 BGB nicht. Denn sind mehrere den Werkerfolg sichernde Leistungen möglich, ist jede von ihnen bedeutsam und zielführend.

Die obigen Ausführungen gelten entsprechend, wenn die Auswahl *noch nicht* erfolgt ist (§ 265 S. 1 Alt. 2 BGB) oder der Vertrag eine mangelhafte Leistung enthält, die notwendige Änderung aber noch nicht angeordnet wurde und die Leistung *nachträglich* unmöglich geworden ist.[746]

Wird die Leistung erst *nach der Auswahl unmöglich*, gelten die allgemeinen Vorschriften. Sowohl bei der Wahlschuld als auch bei beiden Varianten des § 650b BGB ist die gewählte Leistung die geschuldete (§ 263 Abs. 2 BGB oder § 631 Abs. 1 BGB). Wird diese Primärleistung unmöglich, gelten §§ 275, 280 ff., 323 ff. BGB.[747]

---

744 Nicht aber die Differenz der unmöglichen Leistung zur tatsächlich gewählten. Andernfalls würde der Besteller durch die Schädigung bereichert. Auch ist der Besteller nicht auf die nächst teurere Leistung beschränkt, das würde sein Wahlrecht unzulässig einschränken. Nur auf der Abrechnungsebene wirkt sich dies aus.

745 MüKoBGB/*Krüger*, § 265 BGB Rn. 1; *Ziegler*, AcP 171 (1971), 193, 211.

746 Denkbar etwa, wenn sich im Verlauf der Vertragsdurchführung die anerkannten Regeln der Technik ändern.

747 MüKoBGB/*Krüger*, § 265 BGB Rn. 6.

b. Unterschiede

Die Vorschriften enthalten jedoch mehr Unterschiede als Gemeinsamkeiten. Zunächst kann das Wahlrecht nur ausgeübt werden, wenn eine konkrete Leistung noch nicht besteht. Deswegen greift es nicht nachträglich ein, sondern wirkt erstmalig ausfüllend. Das Wahlrecht ist begrenzt, einerseits in der Häufigkeit der Ausübung (einmalig), andererseits in seinen Möglichkeiten. Es ist regelmäßig auf bestimmte Alternativleistungen („entweder A oder B") beschränkt. Das Änderungsrecht demgegenüber ist mehrfach ausübbar. Auch kann der Besteller die Änderung im Falle des *gewillkürten* Änderungsrechts im Wesentlichen frei bestimmen, ohne auf bestehende Alternativen beschränkt zu sein. Beim Wahlrecht gilt die Änderung *ex tunc* (§ 263 Abs. 2 BGB), für Fälle des § 650b Abs. 2 BGB jedoch *ex nunc*. Zudem besteht bei der Wahlschuld durch den Gläubiger die Besonderheit, dass der Schuldner nur schwerlich wird leisten können, solange die Wahl nicht erfolgt ist.[748] Er kann dem Gläubiger eine Frist zur Auswahl setzen, *sobald* dieser sich im Annahmeverzug befindet.[749] Voraussetzung dafür ist, dass der Schuldner die Alternativleistungen in einer den Annahmeverzug begründenden Weise anbietet, §§ 293 ff. BGB. Läuft die Frist fruchtlos ab, kann er selbst auswählen und dementsprechend leisten. Beim Änderungsrecht dagegen ist die Änderungsleistung *stets* nur ein Teil der Gesamtleistung.[750] Dieser Leistungsteil steht nicht in einem Alternativverhältnis zu anderen Leistungen und kann bis zu seiner *rein tatsächlichen* Erbringung jederzeit erneut abgeändert werden. Außerdem besteht vor der Ausübung kein schuldrechtliches Vakuum. Geschuldet ist nämlich die ursprünglich vereinbarte Leistung.

3. Mieterhöhung wegen Modernisierung

Der Vermieter einer Wohnung kann gem. §§ 559 Abs. 1, 559b Abs. 2 S. 1 BGB eine höhere Miete fordern. Wurden Modernisierungsmaßnahmen im Sinne von § 555b Nrn. 1, 3 bis 6 BGB durchgeführt, darf der Vermieter die jährliche Miete grundsätzlich um bis zu 8 % der für die Wohnung aufgewendeten Kosten ohne Zustimmungserfordernis einseitig erhöhen. Der Mieter hat die Modernisierungsmaßnahmen in aller Regel zu dulden (§ 555d Abs. 1 BGB) und schuldet die erhöhte Miete mit Beginn des dritten Monats nach dem Zugang der Erklärung,

---

748 Zu denken wäre an den Fall doppelter Hinterlegung, beachte aber die Voraussetzungen von §§ 372 ff. BGB.

749 MüKoBGB/*Krüger*, § 264 BGB Rn. 10.

750 Die Änderung des gesamten Werks ist unzulässig, weil sie die Identität des Werkes aufhebt.

wenn die formellen Voraussetzungen beachtet wurden (§ 559b Abs. 2 S. 1 BGB). Das Gestaltungsrecht des Vermieters betrifft die synallagmatische Hauptleistung, die Miete (§ 535 Abs. 2 BGB), und ist eine nachträgliche Änderung. Dass es sich bei der Miete in aller Regel um eine Geldzahlung,[751] also die schuldrechtlich „typische Gegenleistung", und nicht um eine sonstige Sachleistung handelt, liegt in der Natur der Sache des Mietvertrags und versperrt nicht die Einordnung als einseitiges nachträgliches Gestaltungsrecht.[752] Phänomenologisch handelt es sich um ein kombiniert zunächst einbrechendes, sodann ausfüllendes Gestaltungsrecht.[753] Denn nachträglich wird das Vereinbarte aufgehoben und durch den bezweckten Inhalt ersetzt.

§ 559 Abs. 1 BGB unterscheidet sich von § 650b BGB in der Begrenzung der Rechtsfolge: Ist der Tatbestand des § 559 Abs. 1 BGB erfüllt, darf der Vermieter die jährliche Miete nur um bis zu 8 % der aufgewendeten Kosten erhöhen. § 559 Abs. 3a BGB schränkt die Befugnisse mit einer allgemeinen Kappungsgrenze weiter ein; der Quadratmeterpreis der Wohnfläche darf sich innerhalb von sechs Jahren grundsätzlich nicht um mehr als drei Euro erhöhen. Und auch die Absätze 4 und 5 beschneiden den Umfang des Gestaltungsrechts.

Die Vorschriften der §§ 559 ff. BGB bezwecken, dass der Vermieter das Wohnobjekt auch nach der Modernisierung weiterhin rentabel vermieten kann. Es bestehen jedoch eine relative sowie eine absolute Kappungsgrenze, was dazu führt, dass er nur einen geringen Teil der Investitionskosten sofort zurückerhält. Dennoch wird damit sichergestellt, dass infolge der Modernisierung, die dem Mieter durch ein nunmehr höherwertiges Wohnobjekt zugutekommt, auch das wirtschaftliche Interesse des Vermieters ausgewogen berücksichtigt ist.

§ 650b Abs. 1 S. 1 *Nr. 2* BGB ähnelt der Mieterhöhung des § 559 Abs. 1 BGB. Hier wie dort besteht eine absolute Obergrenze, bis zu deren Erreichen frei gestaltet werden kann. § 650b Abs. 1 S. 1 *Nr. 1* BGB hingegen gewährt eine in der Rechtsfolge gänzlich freie Gestaltung der Änderungsleistung. Hier gilt für den Unternehmer eher „dulde und liquidiere". Übertragbare Ideen ergeben sich aus

---

751 Ausnahme: Mietvertrag mit atypischer Gegenleistung, vgl. MüKoBGB/*Häublein*, Vor § 535 BGB Rn. 23.

752 Vgl. auch MüKoBGB/*Artz*, § 559 BGB Rn. 1; Staudinger/*Emmerich*, 2014, § 559 BGB Rn. 3; kein einseitiges Gestaltungsrecht besteht in der Regelung der §§ 558 Abs. 1 S. 1, 558b Abs. 1, 2 BGB, da es dort zur Wirksamkeit der Mieterhöhung der Zustimmung des Mieters bedarf.

753 In Anlehnung an *Bötticher*, FS Dölle I, 1963, S. 41, 51 f. Fn. 20.

der Norm zum Mieterhöhungsverlangen vor allem wegen der stark sozialpolitischen Färbung nicht, die für das Baurecht nicht in diesem Maße gilt.

4. *Direktionsrecht des Arbeitgebers*

Im Arbeitsrecht steht dem Arbeitgeber ein Weisungsrecht gegenüber dem Arbeitnehmer zu (auch: Direktionsrecht). Es wird in §§ 611a BGB, 106 GewO deklaratorisch erwähnt. Ein Weisungsrecht gehört zum wesentlichen Inhalt eines Arbeitsverhältnisses und ist ohne besondere gesetzliche Ermächtigung schon ein notwendiger Bestandteil.[754]

Das Direktionsrecht ist *nur* dort anwendbar, wo Unbestimmtes noch auszugestalten ist. Bereits getroffene Vereinbarungen können nicht geändert werden.[755] Zudem befugt das Weisungsrecht nicht zur Konkretisierung des Synallagmas, also der Arbeitsdauer und dem Entgelt.[756] Weist der Arbeitgeber daher ein bestimmtes Verhalten an, ändert sich nicht das Arbeitsentgelt.

Der Zweck des Direktionsrechts ist, dass der Arbeitgeber sich bei grundsätzlicher Entscheidung zum Einsatz des Arbeitnehmers vorbehalten kann, inwieweit er diesem welche Arbeiten überträgt, die dem Betrieb bestmöglich dienen. Das Leistungsversprechen des Arbeitnehmers ist regelmäßig entsprechend pauschal gehalten.[757] Weisungen sind mehrfach möglich, wenn der Arbeitgeber eine vorherige Weisung durch eine anderslautende ersetzt.[758] Das Weisungsrecht ist allerdings vielfältig eingeschränkt, vor allem durch das zwingende billige Ermessen, das zu berücksichtigen ist, § 106 S. 1 GewO.[759] Daran zeigt sich auch der Charakter als *lex specialis* zu § 315 BGB, in dessen Rahmen das billige Ermessen nur im Zweifel als Maßgabe dient.[760]

Dogmatisch betrachtet ist das Direktionsrecht ein Gestaltungsrecht, denn der Arbeitgeber kann dadurch bewusst offen gehaltene Bereiche des

---

754 BAG, 2 AZR 506/78 = BeckRS 9998, 180266; ErfKoArbR/*Preis*, § 611a BGB Rn. 233.

755 Vgl. *Abel/Schönfeld*, BauR 2017, 1901, 1902; BeckOK ArbR/*Joussen*, § 611a BGB Rn. 363.

756 *Hromadka*, DB 1995, 2601; LAG Düsseldorf, 9 Sa 709/02 = NZA-RR 2003, 407 [408].

757 *Peters*, NZBau 2010, 211, 214.

758 Vgl. st. Rspr., BAG, 10 AZR 330/16 = NZA 2017, 1452 [1460, Rn. 71]; Staudinger/*Rieble*, 2017, § 315 BGB Rn. 289.

759 Dazu ausführlicher BeckOK ArbR/*Joussen*, § 611a BGB 22, Rn. 361 ff.

760 BeckOK ArbR/*Joussen*, § 611a BGB Rn. 15; differenzierend Staudinger/*Rieble*, 2017, § 315 BGB Rn. 185 ff.

Arbeitsverhältnisses einseitig und mit Wirkung für beide Parteien für die Zukunft verbindlich konkretisieren.[761]

Das Änderungsrecht des § 650b Abs. 2 BGB bezieht sich anders als das Weisungsrecht (hauptsächlich) auf die synallagmatische Hauptleistungspflicht des Unternehmers, nämlich auf Leistungen betreffend die Bauwerkserstellung. Das rechtfertigt auch, dass sich akzessorisch die Gegenleistung ändert, § 650c BGB. § 650b BGB ist zudem *erst und nur dann* anwendbar, wenn Leistungen bereits vereinbart wurden.

Die Vergleichbarkeit zu §§ 611a S. 2 BGB, 106 S. 1 GewO und damit deren Anleihefähigkeit scheitern schon an diesen Unterschieden. Weiterhin ist das Direktionsrecht spezifisch dem Arbeitsvertrag zugeordnet. Schon für den ähnlichen Dienstvertrag besteht kein Direktionsrecht.[762] Allenfalls das das Weisungsrecht limitierende billige Ermessen könnte Fälle aufwerfen, die im Rahmen der Zumutbarkeit auch bei § 650b Abs. 1 S. 1 Nr. 1, S. 2 BGB eine Rolle spielen können. Angesichts der obigen Analyse, die die gängigsten vertragsspezifischen Fallgestaltungen der Unzumutbarkeit aufführt, ist dies aber nicht weiter erkenntnisbringend.[763]

5. *Änderung der Arbeitszeit, § 8 Abs. 5 S. 4 TzBfG*

§ 8 Abs. 5 S. 4 TzBfG gewährt dem Arbeitgeber ein Leistungsänderungsrecht.[764] Die Norm unterscheidet sich vom Direktionsrecht (§ 106 GewO) dadurch, dass sie den Arbeitgeber zur Änderung befugt, *nachdem* bereits eine Vereinbarung getroffen wurde. Sie besteht also nachträglich und dient nicht der Leistungskonkretisierung.

In einem Unternehmen, das mehr als 15 Arbeitnehmer beschäftigt, kann der bereits sechs Monate oder länger schon beschäftigte Arbeitnehmer die Verringerung seiner Arbeitszeit sowie die Neuverteilung der verringerten Arbeitszeit beanspruchen, § 8 Abs. 1, 3, 7 TzBfG. Die Norm zur Förderung von Teilzeitarbeit wurde in Reaktion auf die vermehrte arbeitnehmerseitige Nachfrage nach

---

761 *Joussen*, Vertragsgestaltung, 2005, S. 202 ff.; BeckOK ArbR/*Tillmanns*, § 106 GewO Rn. 4.

762 Unterscheidungskriterium ist die persönliche Abhängigkeit des Dienste Leistenden, vgl. nur ErfKoArbR/*Preis*, § 611a BGB Rn. 32; zum fehlenden Weisungsrecht BAG, 5 AZR 610/02 = NJW 2004, 461 [462].

763 S. 106 ff.

764 Seit 1.1.2019 auch im Rahmen der zeitlich *begrenzten* Verringerung der Arbeitszeit, § 9a Abs. 3 TzBfG.

flexibleren Arbeitszeitmodellen, die moderne Gleichstellungspolitik und aus arbeitgeberseitigen Erwägungen zur Effizienzsteigerung geschaffen.[765] Ist die Verringerung und Einteilung der Arbeitszeit vom Arbeitgeber akzeptiert (Absatz 4 S. 1), gesetzlich fingiert (Absatz 5 S. 2, 3) oder gerichtlich durchgesetzt worden, kann dies später indessen Gegenstand einseitiger Änderung werden. Denn § 8 Abs. 5 S. 4 TzBfG berechtigt den Arbeitgeber, die nach § 8 Abs. 5 S. 3 oder Abs. 3 S. 2 TzBfG festgelegte *Verteilung* der Arbeitszeit zu ändern, wenn das betriebliche Interesse das Interesse des Arbeitnehmers an der Beibehaltung erheblich überwiegt und die Änderung spätestens einen Monat vor dem gewünschten Starttermin angekündigt wird.

§ 8 Abs. 5 S. 4 TzBfG ist ein *nachträgliches* Direktionsrecht und damit ein Gestaltungsrecht.[766] Es bezieht sich nur auf die *Lage* der Arbeitszeit (etwa: montags bis mittwochs statt mittwochs bis freitags), nicht auf ihren Umfang (15 statt 20 Stunden pro Woche). Der Arbeitgeber darf in eine bilaterale (oder fingierte) Vereinbarung *nachträglich* eingreifen und die Verteilung der Arbeitszeit gestalten. Ein betriebliches Interesse, das zur Änderung berechtigt, besteht etwa, wenn die Verringerung der Arbeitszeit die Organisation, den Arbeitsablauf oder die Sicherheit im Betrieb wesentlich beeinträchtigt oder unverhältnismäßige Kosten verursacht, § 8 Abs. 4 S. 2 TzBfG.[767] Das können die Änderung von Ladenöffnungszeiten, der Ausfall von Mitarbeitern und auch Arbeitszeitwünsche anderer Arbeitnehmer sein.[768] In jedem Fall sind die Interessen des Einzelfalls abzuwägen.

Die Unterschiede von § 8 Abs. 5 S. 4 TzBfG zu § 650b BGB liegen im betroffenen Vertragsmerkmal einerseits und der Korrekturfunktion andererseits.[769] Die Verteilung der Arbeitszeit ist kein wesentliches Vertragsmerkmal, sondern eine modale Nebenabrede, um die Hauptpflicht des Arbeitnehmers zu konkretisieren, während § 650b BGB den Werkerfolg, und damit die Hauptleistung des Unternehmers, betrifft. Das einseitige Änderungsrecht des Arbeitgebers ist außerdem ein Korrektiv.[770] Sozialpolitisch motivierte Gesetzgebung ermöglicht

765 Ausführlich, Gesetzentwurf BReg über Teilzeitarbeit und befristete Arbeitsverträge und zur Änderung und Aufhebung arbeitsrechtlicher Bestimmungen, BT-Drs. 14/4374, S. 11.

766 *Grobys/Bram*, NZA 2001, 1175, 1175 f.; MüKoBGB/*Müller-Glöge*, § 8 TzBfG Rn. 37; a.A. ErfKoArbR/*Preis*, § 8 TzBfG Rn. 44, der darin ein Teilkündigungsrecht sieht.

767 BeckOK ArbR/*Bayreuther*, § 8 TzBfG Rn. 76.

768 Beispiele aus Meinel/Heyn/Herms/*Heyn*, § 8 TzBfG Rn. 101.

769 Letzteres gilt nur für § 650b Abs. 1 S. 1 Nr. 1 BGB, da die notwendige Änderung Korrekturfunktion aufweist.

770 BeckOK ArbR/*Bayreuther*, § 8 TzBfG Rn. 75.

dem Arbeitnehmer, seine Arbeitszeit zu verringern und neu einzuteilen; dafür bedarf es keiner besonderen Gründe.[771] Der Arbeitgeber kann die Arbeitszeitänderung nur verhindern, wenn er erhebliche Gründe geltend macht. Bestehen solche nicht, muss er der Verringerung in gewünschtem Umfang und Maße zuzustimmen.[772] Treten sodann betriebliche Belange auf, die offenbaren, dass für diese Stelle in Anbetracht des Arbeitsaufwands ein Arbeitnehmer in Teilzeit nicht genügt, kann der Arbeitgeber einen weiteren einstellen. Ein solches Problem kann er auf diese Weise jedoch nicht lösen, wenn sich die Geschäftszeiten von montags bis mittwochs nunmehr in mittwochs bis freitags ändern, der beschäftigte Teilzeitarbeitnehmer aber nur für montags bis mittwochs eingeteilt ist. Stellte der Arbeitgeber hier eine neue Arbeitskraft ein, hätte er für die bereits beschäftigte keine Verwendung, da zu deren vereinbarten Geschäftszeiten kein Betrieb stattfindet. In diesem Fall kann er die Arbeitszeitlage einseitig verändern. Dafür muss er nicht nur ein erheblich überwiegendes betriebliches Interesse vorweisen können, sondern er hat die neue Arbeitszeit auch unter Beachtung des billigen Ermessens (§ 315 BGB) einzuteilen.[773]

Während sich hier Parallelen zum *notwendigen* Änderungsrecht zeigen, unterscheidet sich das *gewillkürte* dadurch, dass es voraussetzungslos gilt und insbesondere nicht der Korrektur einer vertraglichen Schieflage dient.

Ähnlichkeiten zur *gewillkürten* Anordnung bestehen eher beim Recht des Arbeitnehmers *auf Teilzeit*, das gleichsam voraussetzungslos und nur abhängig vom Wunsch des Arbeitnehmers besteht, und ebenfalls in § 8 TzBfG zu finden ist. Warum das Recht auf Teilzeit nicht auch als Gestaltungsrecht geschaffen wurde, sondern – bei Ablehnungsschreiben des Arbeitgebers, vgl. *e contrario* die Zustimmungsfiktion (§ 8 Abs. 5 S. 2 TzBfG) – als Anspruch auf Zustimmung (§ 8 Abs. 4 S. 1 TzBfG), wird vom Gesetzgeber nicht weiter begründet. Dem Arbeitnehmer soll wohl nicht zugemutet werden selbst einzuschätzen, ob sein Verringerungsbegehren möglich ist. Denn aufgrund betrieblicher Belange könnte der Arbeitgeber womöglich die Verringerung verweigern. Erbrächte der Arbeitnehmer trotzdem nur die „von ihm gestaltete" verringerte Arbeitsleistung, verhielte er sich vertragsbrüchig und müsste mit beträchtlichen Sanktionen

771 Ausführlich: Gesetzentwurf BReg über Teilzeitarbeit und befristete Arbeitsverträge und zur Änderung und Aufhebung arbeitsrechtlicher Bestimmungen, BT-Drs. 14/4374, S. 11, 16 f.

772 BAG, 9 AZR 542/02 = AP Nr. 4 zu § 8 TzBfG [Rn. 35]; ErfKoArbR/*Preis*, § 8 TzBfG Rn. 2.

773 Meinel/Heyn/Herms/*Heyn*, § 8 TzBfG Rn. 98 m.w.N.

rechnen, schlimmstenfalls der Kündigung. Wohl angesichts dieses individuellen Risikos entschied sich der Gesetzgeber dazu, das gesetzliche Muster des Teilzeitverlangens dergestalt zu fassen, dass der Arbeitnehmer das Arbeitsgericht anrufen muss, das den Fall für die Parteien klarstellt.

Anders § 650b BGB: Hier trägt der Besteller das volle Risiko der Wirksamkeit. Er kann nicht klageweise feststellen lassen, dass und inwieweit die Anordnung rechtmäßig erfolgte, sondern nur auf die der Anordnung entsprechende Leistung bzw. Sekundärleistungen klagen.

Beide Instrumente – obwohl sie zur einseitigen Änderung befugen und damit zum gleichen Ergebnis führen – sind eingedenk der wirtschaftlichen Hintergründe in ihrer Konstruktion überzeugend. Aus sozialpolitischen Gründen ist es ratsam, die (erstrittene) Zustimmung des Arbeitgebers als Voraussetzung zu schaffen, um den Arbeitnehmer nicht auf eigenes Risiko handeln zu lassen. Unterliegt das Verringerungsbegehren, bleibt der Arbeitsvertrag nämlich unverändert.

Klagt hingegen der Besteller auf die Änderungsleistung und stellt sich heraus, dass seine Anordnung unwirksam war, so wird seine Klage abgewiesen. In vielen Fällen ist dann weiterhin die ursprüngliche Leistung geschuldet.[774] Somit besteht in der Theorie ein geringes Risiko. Vielmehr bedeutete es andernfalls eine finanziell höhere Belastung, müsste der Besteller für jede Änderung die (verpflichtende) Zustimmung des Unternehmers einholen, nötigenfalls durch Klage.[775] Aufgrund der Bauprojekten immanenten Zeitknappheit wäre eine solche weitere Hürde für die schnelle und reibungslose Durchführung nicht sinnvoll.

6. *Vergütungsfestsetzung der Arbeitnehmererfindung*

a. *Tatbestand und Anleihen?*

Dass ein Leistungsbestimmungsrecht auch durch Gesetz eingeräumt werden kann, zeigt § 12 Abs. 3 ArbnErfG, der die Vergütung von Erfindungen im Rahmen des Arbeitsverhältnisses regelt. Will der Arbeitgeber eine Erfindung des Arbeitnehmers in Anspruch nehmen, gehen alle vermögenswerten Rechte an der Diensterfindung auf den Arbeitgeber über, § 7 Abs. 1 ArbnErfG. Die Erfindung muss aber angemessen vergütet werden (§ 9 ArbnErfG), wobei Art und Höhe vereinbart werden sollen. Gelingt die Vereinbarung nicht in angemessener Frist,

774 Das gilt dann nicht, wenn die Parteien bereits zerstritten sind und sich gegenseitig gekündigt oder ihre Geschäftsbeziehung auf andere Art und Weise beendet haben.

775 Zur Ausgestaltung des § 650b BGB als Anpassungsanspruch: S. 238 ff.

muss der Arbeitgeber die Vergütung spätestens drei Monate nach Erteilung eines Schutzrechts, etwa eines Patents oder Gebrauchsmusters, *einseitig* festsetzen und auszahlen. Widerspricht der Arbeitnehmer nicht (§ 12 Abs. 4 ArbnErfG), wird die Festsetzung verbindlich, soweit sie nicht in erheblichem Maße unbillig ist, § 23 Abs. 1 S. 2 ArbnErfG.

Die Vergütung von Arbeitnehmererfindungen erinnert zunächst an das Procedere des § 650b BGB, da auch dort ein zweistufiges Verfahren vorgesehen ist. Doch bestehen wesentliche Unterschiede:

Die Arbeitnehmererfindung – sei sie Sache, Recht oder Technologie – ist eine „stoffliche" Leistung. Die Vergütung erfolgt in Geld oder geldwert (etwa Tantieme, Anteile). Die Festsetzung der Vergütung hat also den Charakter einer Entlohnung. Die Anordnung nach § 650b Abs. 2 BGB hingegen modifiziert die Bauleistung und modifiziert den Bauinhalt. Die Vergütungsfestsetzung besteht akzessorisch zur Erfindung, während das Änderungsrecht der Willkür des Bestellers oder den Notwendigkeiten des Bauvertrags unterliegt.

Unterschiedlich ist auch die Eingriffsbefugnis: Bei § 650b BGB ändert der Besteller die Hauptleistung der *Gegen*partei. Bei § 12 Abs. 3 ArbnErfG setzt der Arbeitgeber seine *eigene* Vergütungsleistung fest. Daher kann der Arbeitnehmer auch widersprechen; erst nach zwei Monaten präkludiert sein Widerspruchsrecht und die Festsetzung wird endgültig verbindlich (§ 12 Abs. 4 ArbnErfG). Die Leistung des Arbeitnehmers – die Erfindung – ist zu diesem Zeitpunkt schon erbracht. Es geht nur noch um die Beteiligung am erfindungsbedingten Gewinn. Will der Arbeitnehmer beteiligt werden, hat er die Vergütung zu beanspruchen, soll sich mit dem Arbeitgeber einigen oder muss der einseitigen Festsetzung widersprechen – verlangt wird von ihm ein *Tätigwerden*. Dessen bedarf es bei § 650b Abs. 2 BGB nicht. Ist die Anordnung inhaltlich unzumutbar oder unmöglich, geht sie ins Leere und wird nicht nachträglich geheilt. Das liegt daran, dass der Unternehmer zu diesem Zeitpunkt die Änderungsleistung noch nicht erbracht hat. Diese wesentlichen Unterschiede verunmöglichen die Anleihefähigkeit für die Ausgestaltung von § 650b BGB.

b. Übertragung des Procedere?

Wohl aber könnte das Modell der Vergütungsfestsetzung *de lege ferenda* auch für das bauvertragliche Änderungsrecht erwogen werden. § 12 Abs. 1 ArbnErfG normiert, dass die Parteien die Art und Höhe der Vergütung durch eine Vereinbarung festlegen *sollen*. Gelingt das innerhalb einer *angemessenen Frist* nicht, muss der Arbeitgeber nach Fristablauf die Vergütung einseitig festsetzen.[776] Die Entstehung der Pflicht zur Festsetzung der Vergütung hängt allein vom fruchtlosen Ablauf der *angemessenen* Frist ab. Die Dreimonatsfrist des § 12 Abs. 3 S. 2 ArbnErfG beschreibt nur, dass eine Festsetzung *spätestens* zu diesem Zeitpunkt erfolgen *muss*.[777]

Das Abstellen auf die Angemessenheit einer Frist hat den gewichtigen Vorteil, den Interessen des Einzelfalls gerecht zu werden. Und auch wenn nicht klar ist, wann die Frist angemessen ist: Als äußerer Rahmen dient der Ablauf von drei Monaten nach Erteilung des Schutzrechts.

Im Rahmen von § 650b BGB bestehen bereits die Möglichkeit einer einvernehmlichen Lösung und die starre Frist als äußerer Rahmen. Dazwischen könnte eine *angemessene* Frist als Tatbestandsvoraussetzung eingeführt werden. Die Frist von 30 Tagen würde als äußerer Rahmen fortbestehen. Gerade bei kleinen Vorhaben ist die Wartezeit mit 30 Tagen unangemessen lang. Bei größeren Projekten, bei denen eine Frist von mehr als 30 Tagen angemessen wäre, müsste die starre Frist hingegen abbedungen werden; das gilt aber auch schon *de lege lata*. In den meisten Fällen haben die Parteien auch eine tragfähige Einschätzung, welche Frist für die Angebotslegung der Änderung angemessen ist. Wegen eines Irrtums um ein oder zwei Tage würde wohl keine der Parteien einen Vertragsbruch und Rechtsstreit riskieren.

Die Modifikation der starren Frist hin zur Maßgeblichkeit der Angemessenheit würde sich systematisch problemlos einfügen. Zwar würde neben der Zumutbarkeit und dem Werkerfolg ein weiterer unbestimmter Rechtsbegriff geschaffen, der zu unterschiedlichen Deutungen führen kann. Dem auf Kooperation und Kommunikation zielenden Bauvertragsrecht würde dies jedoch mehr Einzelfallgerechtigkeit verleihen.

7. *Klauselersetzungsbefugnis, §§ 164, 176, 203 VVG*

§§ 164, 176 und 203 Abs. 4 VVG gewähren einseitige Bedingungsanpassungen durch den Versicherer im Rahmen der Lebens-, Berufsunfähigkeits- und Privaten Krankenversicherung. Diese Gestaltungsrechte sind so ausgestaltet, dass nur Klauseln geändert werden können, die höchstrichterlich oder durch bestandskräftigen Verwaltungsakt für unwirksam erklärt wurden.[778] Die betroffene

776 Schwab ArbnErfR/*Schwab*, § 12 ArbNErfG Rn. 3 spricht insoweit vom zwingenden zweistufigen Verfahren.

777 Zu den Fristen BGH, I ZR 28/61 = GRUR 1963, 135 [136 f., III.].

778 Zur Einordnung als Gestaltungsrecht MüKoVVG/*Wandt*, § 164 VVG Rn. 1; MüKoVVG/*Boetius*, § 203 VVG Rn. 1100.

Allgemeine Versicherungsbedingung (AVB) kann dann ersetzt werden, wenn dies für die Vertragsfortführung notwendig ist und ein ersatzloser Wegfall unzumutbar wäre.[779] Die unwirksamen AVB betreffen mittelbar eine Vielzahl von Verträgen.[780] Die Ersetzung einer Klausel im Wege der Zustimmung durch alle beteiligten Versicherungsnehmer ist kaum durchführbar und würde die Rechtssicherheit und die nach § 138 Abs. 2 VAG (§ 11 Abs. 2 VAG a.F.) gebotene Gleichbehandlung der Versicherungsnehmer gefährden.[781]

Der Zweck der einseitigen Ersetzung ist daher die einheitliche, kosteneffiziente und zügige Wiederherstellung der Äquivalenz im engeren (bezüglich des einzelnen Versicherungsnehmers) wie im weiteren Sinne (bezüglich der überall einheitlichen Vertragsstruktur).

Die Ersetzungsberechtigung bezieht sich auf die AVB. Diese enthalten überwiegend *accidentalia negotii*, können aber auch *essentialia negotii* erfassen,[782] etwa die Auszahlungsmodalitäten oder den Vertragsbeginn. Jedenfalls nicht erfasst von §§ 164, 176, 203 Abs. 4 VVG sind die Hauptleistungspflichten, also die zu zahlende Prämie des Versicherungsnehmers (§ 1 S. 1 VVG) oder die vom Versicherer zu erbringende Hauptleistung, die einerseits in der Gefahrtragung des Schadenseintritts, andererseits in der durch Schadensfall aufschiebend bedingten Geldleistung gesehen wird.[783] Dabei handelt es sich in allen Fällen um individuell ausgehandelte Bedingungen, § 305 Abs. 1 S. 3 BGB.

Der Unterschied zu § 650b BGB liegt also in der betroffenen Leistungskategorie, denn das Änderungsrecht bezieht sich auf die Hauptleistung, den Werkerfolg. Zudem können nur Klauseln geändert werden, die einer unabhängigen Drittkontrolle nicht standhielten und für unwirksam befunden wurden. Hier besteht demnach infolge der Feststellung ein durch Dritte „entrückter" Vertrag, der vom Versicherer wieder ausgeglichen werden muss. Die Klauselersetzungsrechte weisen eine klare Korrekturfunktion auf. Sie ermöglichen nicht nur eine Kontrolle, die die Äquivalenz der Klauseln überprüft, sondern gewähren sogar dem sich einer unwirksamen Klauselverwendung schuldig gemachten Versicherer Befugnisse, mittels derer ein ausgewogenes Vertragsverhältnis

779 *Schellhase*, Vertragsgestaltung, 2013, S. 93 f.

780 Zwar besteht keine unmittelbare Wirkung mangels Rechtskrafterstreckung; durch Feststellung einer „höchsten Instanz" entsteht aber Indiz- und Quasi-Bindungswirkung für untere Instanzen.

781 BGH, IV ZR 162/03 = NJW 2005, 3559 [3561 f., Rn. 20].

782 MüKoVVG/*Armbrüster*, § 7 VVG Rn. 23.

783 Zur Prämie: MüKoVVG/*Looschelders*, § 1 VVG Rn. 51 m.w.N.; zur Versichererleistung: Beckmann/Matusche-Beckmann/*Lorenz*, § 1 Einführung Rn. 130 ff.

wiederhergestellt werden kann. Übertragbare Komponenten auf das *gewillkürte* Änderungsrecht finden sich aufgrund der unterschiedlichen Zielrichtungen der Rechte nicht.

8. Änderungen in Strom- & Gasverträgen

Im Energiesektor werden aufgrund der Rechtsform der Energieversorgungsunternehmen als juristische Personen des Privatrechts zivilrechtliche Verträge geschlossen. Die Grundversorgung mit Energie ist als Dauerlieferungs- oder Bezugsvertrag ausgestaltet, mithin ein Dauerschuldverhältnis.[784] Ist ein Unternehmen Grundversorger (§ 36 Abs. 2 EnWG), muss es mit jeder interessierten Partei einen Vertrag über Energieleistungen schließen; es besteht ein Kontrahierungszwang.[785] Zu trennen ist die Grundversorgung (§ 36 EnWG) von den frei wählbaren Tarifen anderer Energieversorgungsunternehmen, die Leistungen im selben Versorgungsgebiet anbieten. Diese Anbieter genießen unbeschränkte Vertragsabschlussfreiheit, für solche Verträge gelten die Ausführungen über Preis- und Bedingungsänderungen nicht, siehe jeweils § 1 Abs. 1 StromGVV, GasGVV (im Folgenden: GVV).

Die GVV finden ihre Ermächtigungsgrundlage in § 39 Abs. 2 EnWG und gelten unter anderem für die Belieferung von Haushaltskunden mit Energie im Rahmen der Grundversorgung.[786] § 5 Abs. 2 S. 1 GVV sieht für die Preis- und Bedingungsänderung im Rahmen von Strom- und Gasverträgen modale Voraussetzungen vor. Wie selbstverständlich gehen die Vorschriften und auch die Rechtsprechung und Literatur von einer Änderungsbefugnis seitens des Energieversorgungsunternehmens aus, wenngleich sich dies aus dem Wortlaut nicht ergibt; auch die Verordnungsbegründungen setzen sich nicht weiter damit auseinander.[787] Unterstellt also, den Energieversorgungsunternehmen stünde durch § 5 Abs. 2 S. 1 GVV ein Änderungsrecht zu, überrascht umso mehr, dass dieses nicht – anders als die Verträge im Versicherungswesen – an materielle Voraussetzungen geknüpft ist.[788] Es bedarf nicht erst einer Gesetzesänderung,

---

784 MüKoBGB/*Gaier*, § 314 BGB Rn. 8 m.w.N.

785 Theobald/Danner/*Heinlein*/*Weitenberg*, § 36 EnWG Rn. 7.

786 Zum Begriff des Haushaltskunden ausführlich Graf von Westfalen/Thüsing/*Schöne*, Stromlieferverträge Rn. 4.

787 Vgl. für § 5 GVV: BR-Drs. 306/06, S. 26; für die Vorgängerregelung § 4 Abs. 2 AVBEltV: BR-Drs. 76/79; 77/79, S. 34, 38; Rspr. nur BGH, VIII ZR 56/08 = NJW 2009, 2667 [2668, Rn. 18, 20].

788 So auch *Schellhase*, Vertragsgestaltung, 2013, S. 165.

der Unwirksamkeit von Abreden oder Änderungen der Verhältnisse, damit der Energieversorger eine Änderung einseitig vornehmen kann.

Für diese Änderungsrechte gelten die Einschränkungen des § 315 BGB.[789] Der BGH sieht die Billigkeitskontrolle (§ 315 Abs. 3 BGB) für alle Tarife von Unternehmen vor, die Leistungen der Daseinsvorsorge erbringen, und auf die der andere Vertragsteil angewiesen ist.[790] Das wird zum einen mit der Monopolstellung des Unternehmens, zum anderen mit dem möglichen Anschluss- und Benutzungszwang begründet.[791] Ein solches Leistungsbestimmungsrecht kann nur gesetzlich vorgeschrieben werden, wenn es verhältnismäßig ist.[792] Verhältnismäßig ist es nur, wenn die Änderung auf ihre Billigkeit kontrolliert wird, die verhindert, dass der Endkunde benachteiligt wird.[793]

Für die Unterscheidung zu § 650b BGB gilt das zu § 315 Abs. 1 BGB Gesagte entsprechend.[794] Auch hier wirkt § 315 BGB als Korrektiv. Darüber hinaus sind die Verträge im Rahmen der Daseinsvorsorge von besonderer Art, da sie bezüglich der Vertragsentscheidungsfreiheit die eine Partei in ihrer Privatautonomie einschränken. Die Einräumung einer einseitigen Änderungsbefugnis ist damit ein ausgleichendes Instrument, um den Kontrahierungspflichtigen vor ruinöser Vertragsabwicklung zu schützen. Viel gewonnen ist für ihn damit nicht, da der Kunde im Falle der Preis- oder Bedingungsanpassung ohne Einhaltung einer Frist kündigen kann, § 5 Abs. 3 GVV. Auch ist der Dauerschuldverhältnischarakter hinsichtlich einer langfristigen und planbaren Verpflichtung zugunsten des Endkunden stark aufgeweicht. Mit einer Frist von nur zwei Wochen kann der Grundversorgungsvertrag jederzeit gekündigt werden, § 20 Abs. 1 S. 1 GVV. Schon allein aufgrund dieser Spezialität von Abschlusszwang und Bindungswirkung besteht hier für einen tragfähigen Vergleich keine Grundlage.

III. Unterschiede zu sonstigen Erscheinungsformen

Neben den oben betrachteten Gestaltungsrechten bestehen weitere Instrumente, die in Rechtsfolge, Zweck oder Wirkungsweise dem § 650b BGB ähnlich

789 S. auch § 17 Abs. 1 S. 3 GVV, der § 315 BGB explizit unberührt lässt.

790 Schon BGH, VI ZR 43/77 = NJW 1979, 597; zu Strom und Gas BGH, VIII ZR 144/06 = NJW 2007, 1672 [1674, Rn. 17]; VIII ZR 36/06 = BeckRS 2007, 04943.

791 BGHVIII ZR 144/06 = NJW 2007, 1672 [1674, Rn. 17] m.w.N.

792 Vgl. Staudinger/*Rieble*, 2017, § 315 BGB Rn. 276.

793 BAG, 3 AZR 814/07 = NZA 2010, 568 [571, Rn. 33]; BSG, B 6 KA 86/00 B = BeckRS 2001, 30416846.

794 S. 189 ff.

sind und deren Untersuchung lohnt, um mögliche Anleihen zu finden oder Rechtsgedanken oder tatbestandliche Besonderheiten, die einer Übertragung zugänglich sind.

1. *Vertragsanpassungsanspruch, § 313 Abs. 1 BGB*

Im Schuldrecht findet sich mit § 313 Abs. 1 BGB ein Vertragsanpassungsanspruch für den Fall einer Störung der Geschäftsgrundlage.[795] Haben sich Umstände, die zur Grundlage des Vertrags geworden sind, nach Vertragsschluss schwerwiegend verändert und hätten die Parteien den Vertrag nicht oder mit anderem Inhalt geschlossen, wenn sie diese Veränderung vorausgesehen hätten, kann die Anpassung des Vertrags verlangt werden, soweit einem Teil unter Berücksichtigung aller Umstände des Einzelfalls, insbesondere der Risikoverteilung, das Festhalten am unveränderten Vertrag nicht zugemutet werden kann. Das gleiche gilt, wenn sich statt der veränderten Umstände wesentliche Vorstellungen, die zur Vertragsgrundlage wurden, als falsch herausstellen, § 313 Abs. 2 BGB.

Die Vorschrift ermöglicht, einen in eine unzumutbare Schieflage geratenen Vertrag zu erhalten. Nicht vorschnell darf § 313 BGB indes als Schützenhilfe für den Grundsatz *pacta sunt servanda* bewertet werden. Wenngleich der Vertrag durch den Anspruch erhalten bleibt, so erfolgt dies nicht zu den privatautonom vereinbarten, sondern zu Bedingungen, die dem Gericht als ausgewogen erscheinen.[796] § 313 BGB ist also eine Ausnahme von *pacta sunt servanda*.[797] Die Norm weist Korrekturfunktion auf und trägt die Beschränkung seines Umfangs in sich („soweit"). Der Anpassungsanspruch ist ein milderer Eingriff in das Vertragsgefüge als die Auflösung, die durch Rücktritt möglich ist, wenn eine Anpassung des Vertrags nicht möglich oder einem Teil nicht zumutbar ist, § 313 Abs. 3 BGB. Daher ist zwischen der Vertragsauflösung und der unveränderten Beibehaltung des ursprünglich Vereinbarten eine zweite Stufe vorgesehen; die Anpassung an die veränderten Umstände.[798]

Der Anpassungsanspruch ist schon auf Tatbestandsseite an hohe Voraussetzungen geknüpft.[799] Die Norm soll nur im äußersten Fall zur Anwendung

795 Zur tatbestandlichen Abgrenzung: S. 171 ff.

796 Zur Kritik MüKoBGB/*Finkenauer*, § 313 BGB Rn. 3 ff., 102.

797 Nur Schulze/*Schulze*, § 313 BGB Rn. 1.

798 Gesetzentwurf BReg, BT-Drs. 14/6040, S. 176; MüKoBGB/*Finkenauer*, § 313 BGB Rn. 101.

799 So ausdrücklich der Gesetzentwurf BT-Drs. 14/6040, 176; BeckOK BGB/*Lorenz*, § 313 Rn. 2, 3.

gelangen, um den Vertrag zu erhalten. So müssen sich Umstände „nach Vertragsschluss schwerwiegend verändert“ haben oder „wesentliche Vorstellungen, die zur Grundlage des Vertrags geworden sind, sich als falsch herausstellen“. § 650b Abs. 1 S. 1 Nr. 1 BGB hingegen gilt voraussetzungslos und eine Änderung der Bauleistungen steht im Belieben des Bestellers. Für Nummer 2 bedarf es drohender Mangelhaftigkeit. Diese Variante hat korrektiven Charakter. Mängeln wird und kann aber auch auf Ebene der Gewährleistung abgeholfen werden. § 650b BGB zielt also weniger auf die Vertragserhaltung unter allen Umständen,[800] sondern verleiht die Möglichkeit, während der Bauausführung Einfluss auf den Inhalt zu nehmen.

Bei einer Anordnung nach § 650b BGB verändert sich akzessorisch die Gegenleistung. Der Besteller muss die tatsächlich erforderlichen Mehrkosten tragen, der Unternehmer muss keine finanziellen Einbußen fürchten. Bei § 313 BGB hingegen erfolgt in der Regel eine einseitige Anpassung zugunsten der unzumutbar benachteiligten Partei.[801] Das Synallagma der Hauptleistungspflichten wird nur auf einer Seite verändert, um das materielle Gleichgewicht wiederherzustellen.[802] § 313 BGB ist daher ein Instrument, mit dem die vertraglich vereinbarte Risikoverteilung im Nachhinein korrigiert werden kann, während das Anordnungsrecht die vertragliche Risikoverteilung weithin unberührt lässt.

Zudem gestaltet sich infolge § 650b Abs. 2 BGB die Rechtslage unmittelbar um, während § 313 BGB nur einen Anspruch auf Anpassung gewährt. Dieser wird zwar im Wege der Klage auf die angepasste Leistung durchgesetzt,[803] erfordert aber im Weigerungsfall des Anspruchsgegners die prozessuale Durchsetzung, um *Rechts*wirkungen zu erzeugen.

Der entscheidende Unterschied der Normen besteht also plakativ darin, dass mittels § 313 BGB der Vertrag „hochgezogen“, bei § 650b BGB hingegen einzelnen Vertragsteilen ein „neuer Anstrich gegeben“ wird. Bei letzterem ist das vertragliche Gleichgewicht unerheblich; die gewillkürte Anordnung ist nahezu ohne inhaltliche Voraussetzungen möglich und gestaltet die Rechtslage auf beiden Seiten um. Die Rechte sind zu verschieden in Motivation und Konstruktion. § 313 BGB enthält insoweit keine für § 650b BGB sinnvollen Anleihen.

---

800 Wenngleich dem notwendigen Leistungsänderungsrecht der korrektive Charakter nicht abzusprechen ist.

801 St. Rspr. BGH, I ZR 265/95 = NJW 1997, 1702 [1704].

802 MüKoBGB/*Finkenauer*, § 313 Rn. 81; *Bergmann*, Ungerechter Vertrag, S. 2 ff., 62.

803 Gesetzentwurf BT-Drs. 14/6040, S. 176.

2. *Reisevertraglicher Änderungsvorbehalt, § 651f BGB*

Mit § 651f BGB besteht für den Reiseveranstalter bei einer Pauschalreise (§ 651a BGB) die Möglichkeit, Kosten, die sich nach Vertragsschluss erhöht haben, in gewissem Umfang auf den Reisenden umzulegen.[804] Der Reiseveranstalter kann nach Absatz 1 den Reisepreis um maximal 8 % erhöhen,[805] wenn er sich diese Möglichkeit vertraglich vorbehalten hat und die Erhöhung sich unmittelbar aus einer nach Vertragsschluss erfolgten Erhöhung der Beförderungskosten, Steuern oder Abgaben oder einer Änderung der Wechselkurse ergibt (Absatz 1 S. 1). Zudem muss er darauf hinweisen, dass er nach § 651f Abs. 4 S. 1 BGB zur Preissenkung verpflichtet ist, wenn sich die in Absatz 1 S. 1 Nr. 2 genannten Kosten für ihn verringert haben, sowie offenlegen, wie die Preisänderungen zu berechnen sind. Diese Informationen müssen unter Beachtung von Formvorschriften dem Reisenden zur Verfügung gestellt werden. Außerdem darf die Unterrichtung nicht später als 20 Tage vor Reisebeginn erfolgen, Absatz 1 S. 2.

Daneben ist der Reiseveranstalter berechtigt, andere *un*erhebliche Vertragsbedingungen zu ändern, wenn er sich dies vertraglich vorbehalten hat, § 651f Abs. 2 S. 1 BGB. Art. 250 § 3 Nr. 1 EGBGB gibt darüber Auskunft, welche Leistungen das sein können, etwa der Bestimmungsort, die Reiseroute oder die Mahlzeiten. Zum alten Recht hat der BGH entschieden, dass Änderungen dann nicht erheblich sind, wenn sie dem Reisenden zumutbar sind, also den Gesamtcharakter der Reise nicht verändern und aufgrund von Umständen notwendig werden, die nach Vertragsschluss eintreten, dem Reiseveranstalter bei Vertragsschluss nicht bekannt und bei ordnungsgemäßer Sorgfalt nicht erkennbar waren.[806]

Besonders an der einseitigen Preiserhöhung und Bedingungsänderung sind, dass sie *vorher* vereinbart werden müssen. Meist erfolgt dies durch die AGB des Reiseveranstalters. Daher handelt es sich um ein *vertragliches* Änderungsrecht. Die Ausübung erfolgt mittels rechts*gestaltender* und empfangsbedürftiger Willenserklärung.[807]

Auch hier sind die Unterschiede zwischen § 651f BGB und § 650b BGB größer als die Gemeinsamkeiten. Denn § 651f BGB begrenzt Änderungsklauseln des

---

804 In § 651a Abs. 4, 5 BGB a.F. war diese Befugnis noch ein wenig versteckt und weniger ausführlich geregelt.

805 Vgl. e contrario § 651g Abs. 1 S. 1 BGB, wonach eine Erhöhung über 8 % schon eine erhebliche Vertragsänderung bedeutet.

806 BGH, X ZR 44/17 = NJW 2018, 1534 [1536, Rn. 24].

807 Palandt/*Sprau*, § 651f BGB Rn. 17; BT-Drs. 18/10822, S. 73.

Reiseveranstalters, wohingegen § 650b BGB dem Besteller erst die Befugnis zur einseitigen Änderung verleiht. Auch kommt bei § 651f Abs. 1, 2 BGB die Korrekturfunktion erkennbar zum Vorschein, die für § 650b Abs. 1 S. 1 *Nr. 1* BGB nicht besteht. Denn Preis und Leistung der Reise können nur angepasst werden, wenn sich die vertragliche Äquivalenz ohne Einflussnahme des Reiseveranstalters für diesen verschlechtert hat. Das reisevertragliche Änderungsrecht ist auch in den Rechtsfolgen beschränkt, da der Reiseveranstalter den Preis nur um 8 % erhöhen kann oder eine andere Vertragsbedingung nur unerheblich ändern darf. Trotz der Tatsache, dass Bau- und Reisevertrag strukturelle Ähnlichkeiten aufweisen, was sich schon durch die Einordnung in Titel 9 „Werkvertrag und ähnliche Verträge" zeigt, lassen sich keine übertragbaren Wertungen erkennen.

3. *Auftragsrecht und Weisung, § 665 BGB*

Im Auftragsrecht ist mit § 665 BGB geregelt, dass der Beauftragte berechtigt ist, „von den Weisungen des Auftraggebers abzuweichen [...]". Schon begrifflich setzt dies ein Weisungsrecht des Auftraggebers voraus.[808] Dieses Recht gewährt jedoch nicht die Möglichkeit, den Vertrag einseitig willkürlich zu ändern. Die Weisung ist vielmehr nur verbindlich, wenn der vertragliche Rahmen eingehalten wird.[809] Daneben muss sie den bereits vereinbarten, aber noch unbestimmten Vertragsinhalt konkretisieren. Die Überschreitung der Grenzen führt zu einer unwirksamen Weisung und kann allenfalls als Antrag auf Abschluss eines Änderungsvertrags verstanden werden.[810] Die Weisung ist jederzeit widerruflich, was *a maiore ad minus* daraus folgt, dass der Auftrag zu jeder Zeit widerrufen werden kann, § 671 Abs. 1 Alt. 1 BGB.[811] Trotz des jederzeitigen Kündigungsrechts des Beauftragten (§ 671 Abs. 1 Alt. 2 BGB) ist dieser verpflichtet, die Weisung zu befolgen;[812] andernfalls wäre das Auftragsrecht ohne Sinn. Bedeutsam ist im Rahmen des Weisungsrechts, dass den Beauftragten sogar eine Weisungs*einholungs*pflicht treffen kann, wenn Rechtsgüter des Auftraggebers gefährdet sind oder die ordnungsgemäße Ausführung nicht möglich ist.[813] Dies folgt aus der Benachrichtigungspflicht (§ 666 Var. 1 BGB)[814] und wird

808 MüKoBGB/*Schäfer*, § 665 Rn. 1.

809 Vgl. schon *Mugdan*, Motive II, S. 535 (S. 299 im Dokument); Staudinger/*Martinek/Omlor*, 2017, § 665 BGB Rn. 6a.

810 Vgl. Erman/*Berger*, § 665 BGB Rn. 4; MüKoBGB/*Schäfer* BGB § 665 Rn. 11.

811 Staudinger/*Martinek/Omlor*, 2017, § 665 BGB Rn. 7 m.w.N.

812 Staudinger/*Martinek/Omlor*, 2017, § 665 BGB Rn. 1.

813 BGH, V ZB 4/94 = NJW 1996, 1216 [1217 f.].

814 MüKoBGB/*Schäfer*, § 665 Rn. 28.

damit begründet, dass das Auftragsverhältnis eine gewisse Vertrauensgrundlage erfordert, die während der Ausführung durch Kommunikation erhalten bleiben muss.[815] Der Bauvertrag bedarf ebenfalls einer Vertrauensgrundlage. Diese wird durch spezifische Kooperationspflichten flankiert,[816] wozu auch die ständige Kommunikation zählt.

Der im Auftragsrecht geregelte Fall der Weisungseinholungspflicht ähnelt im Ausgangspunkt dem Fall des § 650b Abs. 1 S. 1 Nr. 2 BGB. Hier kann der Beauftragte nicht ohne die Weisung den Auftrag ausführen; dort bedarf es der Anordnung, damit durch notwendige Leistungen verhindert wird, dass ein Bauwerk mangelhaft wird. Der Unternehmer wird durch seine Kooperationspflicht verpflichtet, den Besteller über die drohende Soll-Ist-Abweichung zu informieren.

Hier wie dort besteht also eine Pflicht zur Benachrichtigung, Information und Befolgung einer Weisung, wie die weitere Leistung erbracht werden soll. Besonderheiten und Parallelen in der Anwendung des einen Rechts können unter vergleichbaren Umständen im Einzelfall auf das andere übertragen werden. Vor allem gilt dies womöglich umgekehrt, nämlich vom wirtschaftlich relevanten Bauvertragsrecht (§ 650b BGB) auf das eher selten reine Auftragsrecht.[817] Der Rechtsgedanke des Auftragsrechts, dass der Beauftragte in bestimmten Zweifelsfällen verpflichtet ist, Weisungen des Auftraggebers einzuholen, ist daher auf den BGB-Bauvertrag übertragbar. Dort besteht auch die in der VOB/B geregelte Bedenkenhinweispflicht, wird jedoch Treu und Glauben entnommen. Die Anwendung von §§ 666 Var. 1, 665 S. 1 BGB hingegen ist sachnäher als § 242 BGB und daher vorrangig heranzuziehen.

4. *Beförderungsvertragliches Leistungsänderungsrecht*

Aus den Notwendigkeiten des täglichen Beförderungsverkehrs könnte folgen, dass dem Besteller dort ein gesetzliches Recht zur einseitigen nachträglichen Änderung des Zielorts zusteht. Es kommt nicht selten vor, dass der Fahrgast eines Taxis im Verlauf der Fahrt die ursprüngliche Route ändern will, um z.B. statt zum Hauptbahnhof nun zum Ostbahnhof befördert zu werden. Dabei kann die Notwendigkeit für die Änderung auf verschiedenen Gründen beruhen, etwa dass der Zug nur am Ostbahnhof erreicht werden kann oder ein Stau auf der ursprünglichen Strecke besteht.

---

815 MüKoBGB/*Schäfer*, § 666 Rn. 1.

816 Dazu S. 34 f.

817 Meist in Verbindung mit §§ 675 ff. BGB.

Der Beförderungsvertrag wird im Verhältnis zwischen den Parteien zwar als Werkvertrag verstanden.[818] Es bestehen aber zahlreiche Spezialregelungen, die die §§ 631 ff. BGB verdrängen,[819] und deren Missachtung zur Nichtigkeit des Vertrags führen kann.[820] Diese Besonderheiten gelten auch im Taxigewerbe, wonach gem. §§ 47, 22 PBefG, § 13 BOKraft eine Beförderungspflicht für den Unternehmer statuiert wird, wenn die Beförderungsbedingungen eingehalten werden, die Beförderung mit den regelmäßig eingesetzten Beförderungsmitteln möglich ist und nicht durch Umstände verhindert wird, die der Unternehmer nicht abwenden und denen er auch nicht abhelfen kann. Der Unternehmer unterliegt hier einem Kontrahierungszwang,[821] der sich damit erklären lässt, dass der öffentliche Personennahverkehr Teil der Daseinsvorsorge ist und aufgrund der Kontingentierung von Genehmigungen für den Taxenverkehr der Betrieb sicherzustellen ist.[822]

Dieser Kontrahierungszwang gilt im Pflichtfahrbereich gem. § 47 Abs. 4 PBefG, der durch den Geltungsbereich des nach § 51 verbindlichen Entgelttarifs bestimmt ist.[823] Außerhalb des Pflichtfahrbereichs gelten zwar die Beförderungspflicht und auch die festgelegten Entgelte nicht, wie sich § 47 Abs. 4 PBefG entnehmen lässt. Für diesen Bereich besitzt der Unternehmer jedoch keine Fahrerlaubnis zur Fahrgastbeförderung gem. §§ 2 Abs. 1 S. 1 Nr. 4 PBefG, 48 Abs. 1 FeV und darf dort keine Fahrten anbieten.[824]

Im Pflichtfahrbereich ist auch die unveränderliche Höhe der Gegenleistung behördlich festgelegt. Der Unternehmer darf keine freien Preise vereinbaren, sondern ist gem. §§ 47 Abs. 4, 51 Abs. 1 PBefG, § 37 Abs. 1 BOKraft an die festgesetzten Preise gebunden, die gem. § 28 BOKraft während der gesamten Fahrt auf einem Taxameter angezeigt werden müssen.

Ob daraus zu folgern ist, dass der Zielort während der Fahrt geändert werden kann, weil ein Fahrgast mithilfe freier Kündigung gem. § 648 S. 1 BGB und dem dann wiederum aus §§ 47, 22 PBefG, § 13 BOKraft folgenden Kontrahierungszwang das gleiche Ergebnis erreichen könnte, kann zwar wohl bejaht werden.

---

818 Vgl. nur MüKoBGB/*Busche*, § 631 BGB Rn. 136 m.w.N.; BGH, X ZR 97/14 = NJW 2016, 2404 [Rn. 14].

819 MüKoBGB/*Tonner*, Anh. § 651y BGB Rn. 1; Heinze/Fehling/Fiedler/*Heinze*, § 22 PBefG Rn. 8.

820 Heinze/Fehling/Fiedler/*Heinze*, § 22 PBefG Rn. 10.

821 Vgl. juris PK-BGB/*M. Otto*, § 145 BGB Rn. 33.

822 Vgl. Heinze/Fehling/Fiedler/*Heinze*, § 22 PBefG Rn. 1; *ders.*, § 47 PBefG Rn. 6.

823 Heinze/Fehling/Fiedler/*Heinze*, § 47 PBefG Rn. 10.

824 Heinze/Fehling/Fiedler/*Heinze*, § 47 PBefG Rn. 19.

Jedoch zeigt die strenge Regulierung durch Kontrahierungszwang, Preisbindung der Gegenleistung und weitere zwingende Beförderungsbedingungen, dass im Pflichtfahrbereich das Beförderungsrecht so stark durch die Ziele des daseinsvorsorgerechtlichen Teilhabeanspruchs durchwirkt und die freie unternehmerische Entfaltung so überwiegend behördlich reguliert ist, dass die Vergleichbarkeit zu § 650b BGB ausscheidet.

5. *Vertragliche Regelwerke*

Auf vertragliche Regelwerke kann für die Ausgestaltung und das Verständnis des § 650b BGB nicht unmittelbar Rückgriff genommen werden. Der Inhalt eines Vertrags wird durch Auslegung ermittelt. Hinzu tritt Gesetzesrecht an Stellen, an denen keine Vereinbarung besteht oder bestehen darf. Umgekehrt hat ein vertragliches Regelwerk aber keinen Einfluss auf die Auslegung einer Gesetzesnorm. Den Parteien fehlt die Legitimation, für die Allgemeinheit verbindliche Regeln zu treffen. Auch der DVA hat keine solche Kompetenz, wenngleich das Gremium sich paritätisch aus Vertretern der Auftragnehmer- wie Auftraggeberseite zusammensetzt, sich der Erarbeitung und Weiterentwicklung der Grundsätze für eine sachgerechte Abwicklung von Bauaufträgen verschrieben hat[825] und damit als Garant für die Ausgewogenheit des Vertragswerks stehen will.[826]

Die vom DVA entwickelte VOB/B erfährt zwar in § 310 Abs. 1 S. 3 BGB eine Privilegierung. Auch sind die §§ 650a ff. BGB zweifellos in Anlehnung an die VOB/B geschaffen worden. Aber das ist kein Grund, die rechtlichen Grundsätze umzukehren und Anleihen zu nehmen. Dogmatisch zulässig ist der umgekehrte Weg, nämlich das herrschende Auslegungsverständnis der VOB/B dem BGB-Bauvertragsrecht zu entnehmen und dieses der VOB/B als Leitlinien zu überantworten, sodass deren (bisheriges) Verständnis nun gesetzlichen Rückhalt findet. Unbenommen bleibt natürlich, die in VOB/B-Streitigkeiten aufgetretene Argumentation auf Sachverhalte der §§ 650a ff. BGB zu übertragen, soweit sie inhaltlich auch dort passt und überzeugt. Dafür besteht jedoch kein Automatismus.

Bei der Auslegung der VOB/B spielen die Vorschriften über AGB eine überragende Rolle. Für §§ 650a ff. BGB haben die §§ 307 ff. BGB keine Bedeutung. Gleichrangiges Recht kann nicht derogieren – es gilt nur *lex superior derogat legi inferiori*.[827] Die §§ 650a ff. BGB stellen die für Bauverträge spezifische

---

825 Satzung des DVA, § 2 S. 1 (Stand: November 2017).

826 https://www.bmi.bund.de/DE/themen/bauen-wohnen/bauen/bauwesen/bauauftragsvergabe/bauauftragsvergabe-artikel.html (abgerufen am: 19.04.2021).

827 Zu den folgenden Auslegungsgrundsätzen: *Larenz/Canaris*, Methodenlehre, [3]1995, S. 87 f.

Rechtsmaterie dar, sodass die Regelungen, die den §§ 307 ff. BGB widersprechen, vorrangig gelten. Das zeigt sich nicht nur systematisch (*lex specialis derogat legi generali*),[828] sondern wird auch durch § 307 Abs. 3 S. 1 BGB klargestellt. Außerdem ist das Bauvertragsrecht „jünger" als das AGB-Recht, sodass es sich grundsätzlich durchsetzt – *lex posterior derogat legi priori.* Im Lichte der §§ 307 ff. BGB und auch der Verfassung können die §§ 650a ff. BGB mithin bloß falsch verstanden und angewandt werden, nicht aber *sind* sie falsch, sofern und soweit eine verfassungskonforme Auslegung möglich ist.[829] Und selbst im Fall, dass ein Gericht oder Privater die Vorschriften für verfassungswidrig hält und sie nicht gelten lassen will, bedarf es dazu der Feststellung durch das Bundesverfassungsgericht, etwa im Wege einer Verfassungsbeschwerde oder konkreten Normenkontrolle.[830] Allein der Gesetzgeber kann Regeln aufstellen, die für alle unmittelbar gelten. Dies ist erfolgt und damit 2018 das Bauvertragsrecht geschaffen worden.

IV. Fazit und Folgen

Die Untersuchungen (S. 185-215) bringen folgende Ergebnisse:

1. Notwendiges Änderungsrecht

Das *notwendige* Änderungsrecht beinhaltet dogmatisch nicht viel Neues, da es auf ähnlichen Prinzipien beruht wie vergleichbare Gestaltungsrechte. Die Anordnung rechtfertigt sich durch ihre Korrekturfunktion, die ermöglicht, den Austausch oder die Berichtigung der Leistungsteile anzuordnen, die das Bauwerk mangelhaft werden lassen. Die gleiche Möglichkeit findet sich auch an anderen Stellen. Das notwendige Änderungsrecht unterscheidet sich allerdings dadurch, dass es *jederzeit* bei noch auftretenden und bereits existierenden Äquivalenzstörungen ausgeübt werden kann. §§ 164, 176, 203 Abs. 4 VVG oder § 8 Abs. 5 S. 4 TzBfG bestehen nur, wenn sich äußere Umstände *zeitlich nach* dem Vertragsschluss verschlechtert haben. § 650b Abs. 1 S. 1 Nr. 2 BGB dagegen ist auch dann möglich, wenn schon bei Vertragsschluss eine zu Mängeln führende Leistung vereinbart wurde, unabhängig davon, wer dies zu verantworten hat. Zu diesem Zeitpunkt hatte man sich auf eine konkret bezeichnete, wenngleich

828 Vgl. *Puppe*, Juristisches Denken, ^{3}2014, S. 125.

829 Dazu *Larenz/Canaris*, Methodenlehre, ^{3}1995, S. 160; dazu oben S. 140 ff.

830 Vgl. BeckOK GG/*Morgenthaler*, Art. 93 GG Rn. 51; BeckOK GG/*ders.*, Art. 100 GG Rn. 23.

mangelhafte Leistung verbindlich geeinigt. Diese *Verbindlichkeit* ist wiederum ein Unterschied zu den ausfüllenden Gestaltungsrechten in §§ 315 Abs. 1, 262 BGB und § 106 S. 1 GewO, für deren Ausübung zum Zeitpunkt des Vertragsschlusses keine konkrete Leistung Bestand haben darf.

Das notwendige Änderungsrecht ist wohl in erster Linie aufgrund *ökonomischer* und nicht rechtlicher Erwägungen geschaffen worden. Infolge der Lehre vom funktionalen Mangelbegriff wird der Mangel (auch) funktionsorientiert definiert und der Besteller kann bei Mangelhaftigkeit entweder die Abnahme des Bauwerks verweigern (§ 640 Abs. 1 S. 1 BGB) oder Mängelrechte (§§ 634 ff. BGB) geltend machen. Auf diese Weise erhält er jedoch nur nachträglich die gewünschte Leistung. Dabei können unnötige Kosten entstehen, etwa durch die für die mangelhaften Komponenten verwandten, nun nutzlosen Baumaterialien oder durch überflüssige Transaktionskosten. Durch ein Änderungsrecht kann diesen Problemen nun begegnet werden.

Die Rechtslage bei § 650b Abs. 1 S. 1 Nr. 2 BGB unterscheidet sich jedoch in einem bedeutenden Punkt von den meisten Gestaltungsrechten mit Korrekturfunktion. Wird bei jenen eine Seite des Vertrags für die Wiederherstellung der anfänglichen Risikoverteilung einseitig in der Regel „hochgezogen", gilt für das notwendige Änderungsrecht, dass sich auch die Gegenleistung, die Vergütung, ändert. Der Gestaltungsrechtsinhaber kann das Vertragsverhältnis nur mit beidseitiger Wirkung verändern, nicht jedoch nur seine Leistungsseite bei ansonsten gleichen Bedingungen anders gestalten, wie etwa im Rahmen von § 8 Abs. 5 S. 4 TzBfG.

§ 650b Abs. 1 S. 1 Nr. 2 BGB lässt keinen Missbrauch in dem Fall zu, dass der Besteller versucht, den Mangel taktisch geltend zu machen. Denkbar wäre andernfalls, dass der Besteller die Änderung nicht anordnet, sondern die Leistung mithilfe der Nacherfüllung in einen vertragsgemäßen Zustand korrigieren wollen würde (wenngleich unter Inkaufnahme aller damit verbundenen Unannehmlichkeiten). Dadurch könnte er sich finanzielle Vorteile erhoffen, weil der Unternehmer die Nacherfüllung auf eigene Kosten erbringen müsste. Der Vergütungs- bzw. Vorschussanspruch des Unternehmers entsteht allerdings in beiden Fällen, also bei Anordnung und bei Nacherfüllung, in gleicher Höhe. Die Parteien dürfen im Rahmen der Anordnung finanziell nicht schlechter gestellt werden als im Rahmen der Nacherfüllung. Nähme der Besteller das mangelhafte Werk ab und behielte sich seine Mängelrechte vor (§ 640 Abs. 3 BGB), könnte er gem. § 635 Abs. 1, 2 BGB Nacherfüllung verlangen. Die finanziellen Aufwendungen müsste an sich der Unternehmer tragen. Ihn könnten jedoch zwei Umstände entlasten: Er könnte Sowiesokosten geltend machen, die ebenso entstanden wären, wenn von Anfang an mangelfrei geleistet worden wäre.[831] Es entstünde für ihn also ein Zahlungsanspruch. Zweitens könnte sich der Umfang des Nacherfüllungsanspruchs verringern, wenn die Mangelhaftigkeit aufgrund einer Verletzung von notwendigen Mitwirkungshandlungen entstanden wäre, etwa infolge Fehlplanung des Bestellers oder seines Architekten. Bedient der Besteller sich zur Planung eines Architekten, hat er für dessen Fehlplanung und die darauf beruhenden Mängel nach §§ 254, 278 BGB (mit-)einzustehen.[832] Zwar gilt § 254 BGB unmittelbar nur für die Leistung von Schadensersatz. Als Ausprägung eines allgemeinen Rechtsgedankens ist die Vorschrift aber nach Treu und Glauben (§ 242 BGB) auch auf die bauliche Nachbesserung anzuwenden. Insoweit muss sich der Besteller den Umständen nach angemessen an den Mängelbeseitigungskosten beteiligen.[833] Der Nacherfüllungsanspruch würde zur Berechnung geldwert beziffert und gemindert, was wiederum einen Zahlungsanspruch des Unternehmers begründet. Im Wege eines Vorschussanspruchs auf Geldzahlung oder der doppelten Zug-um-Zug-Verurteilung, nämlich auf Erbringung der Nacherfüllung durch den Unternehmer und Vorschusszahlung durch den Besteller, könnte der Unternehmer diese mindernden Umstände dann zur Geltung bringen.[834]

Das gleiche finanzielle Ergebnis tritt im Rahmen des Änderungsrechts auf. Dort kann, kommt es zur Anordnung, der Unternehmer verlangen, dass entweder die tatsächlich erforderlichen Kosten bezahlt oder die Preise aus der Urkalkulation fortgeschrieben werden. Unabhängig davon besteht ein möglicher Anspruch auf die Sowiesokosten, da es sich dabei um ein losgelöstes schadensrechtliches Prinzip handelt. Ein Mitverschulden des Bestellers hingegen tritt in umgekehrter Konstellation auf. Nicht der Besteller fordert die Nacherfüllung und der Unternehmer hält mit einem Vorschussanspruch in Höhe des quotalen Mitverschuldens dagegen. Bei § 650b Abs. 2 BGB erbringt der Unternehmer die notwendige Änderungsleistung und erhält die volle Vergütung. Der Besteller ist hier an der Reihe, das anteilige Mitverschulden des Unternehmers an der Entstehung der Mangelhaftigkeit wegen fehlender Bedenkenhinweise geltend zu machen. Dies kann durch Aufrechnung des Schadensersatzanspruchs (§§ 280

831 Dazu BGH, VII ZR 169/82 = NJW 1984, 2457 [2458, II.1.b)]; sowie BeckOK BGB/*Voit*, § 635 BGB Rn. 20 f.

832 BGH, VII ZR 101/70 = NJW 1972, 447 [447 f.].

833 BGH, VII ZR 50/82 = NJW 1984, 1676 [1677, II.1.]; VII ZR 182/09 = NJW 2010, 2571 [2572, Rn. 18].

834 Dazu OLG Düsseldorf, I-22 U 14/17 = NJW 2018, 627 [632, Rn. 121].

Abs. 1, 241 Abs. 2 BGB) gegen den (Änderungs-)Werklohnanspruch des Unternehmers erfolgen.

Beide Rechte, das Änderungsrecht und das Nacherfüllungsverlangen, führen zum gleichen Ergebnis. Damit ist für den Besteller der Anreiz gemindert, den Streit über Mängel auf die Gewährleistungsebene zu verlagern oder die Abnahme zu verweigern. Erkennbar wird dadurch aber auch, dass die Existenz eines *notwendigen* Änderungsrechts *rechtlich* nicht zwingend erforderlich ist, da der Besteller über das Gewährleistungsrecht ausreichend geschützt ist. Die Schaffung des Rechts erfolgte daher aus wirtschaftlichen Gründen, um drohende Fehler schon vor oder bei der Entstehung auszubessern und spätere Konfrontationen zu verhindern.

In seinen Rechtsfolgen ist das *notwendige* Änderungsrecht streng begrenzt. Es gilt nur soweit dies zur Mangelbeseitigung erforderlich ist. Bedarf es etwa der Installation eines weiteren Heizkörpers, um die erforderliche Raumwärme herzustellen, kann der Besteller anordnen, dass der Unternehmer einen weiteren installiert oder dass statt zwei kleinerer Heizkörper ein größerer, ausreichend dimensionierter verbaut wird. Nicht hingegen kann er nach Nummer 2 die Platzierung des Heizkörpers ändern, wenn dies für die Mangelfreiheit nicht erforderlich ist (wohl aber nach Nummer 1). Auch kann er keinen dritten Heizkörper verlangen, wenn zwei ausreichen, um die Normtemperatur zu erreichen. Dass ihm allerdings diese Freiheit gewährt wird – im Beispiel: zwei kleine oder ein ausreichend großer Heizkörper –, ist wiederum Ausdruck ökonomischer Erwägungen, weil der Besteller von den für die Ergänzung infrage kommenden Leistungen die präferierte auswählen kann und diese dann auch akzeptieren wird. Kommt es zum Streit, sollte nach Möglichkeit nicht ein Gericht darüber entscheiden, sondern der Besteller, mit welcher von zwei Vorgehensweisen die Normtemperatur erreicht werden kann; allein schon, weil die Vertragsparteien oft eine höhere Sachkompetenz aufweisen als das Gericht.[835]

2. Gewillkürtes Änderungsrecht

Es gibt Schuldverhältnisse, die durch einseitige Festlegung erstmals hinreichend konkretisiert werden, sodass sie überhaupt erfüllbar werden. Sie besitzen eine gewisse unfertige Offenheit und bedürfen der Regelung und Komplettierung durch eine Partei – etwa im Rahmen von §§ 315 f. oder § 262 BGB.[836] Daneben

835 So auch *Schäfer/Ott*, Ökonomische Analyse, ^{5}2012, S. 688 f.

836 Vgl. *Meesmann*, Gestaltungsrechte, 1968, S. 83.

bestehen Verträge, die als „fertig“ geschlossen werden und „nur noch ihrer Durchführung harren“, durch plötzliche Umstände allerdings verändert und anpassungsbedürftig werden; die Anpassung kann auch durch Gestaltungsrecht erfolgen.

Hat *Seckel* in den Ausführungen seiner „juristischen Entdeckung“[837] noch konkrete Beispiele für *inhaltsändernde Gestaltungsrechte* genannt, sind die Ausführungen Anderer dazu rar.[838] Aber auch die von *Seckel* genannten Beispiele sind nicht inhaltsändernd im Sinne *nachträglicher* und *freier* Gestaltung.[839] Das angeführte Wahlrecht im Rahmen von § 262 BGB befähigt nur zur Auswahl einer von mehreren alternativen Leistungen, ist also nicht *frei in seiner Gestaltung.* Das Leistungsbestimmungsrecht im Rahmen von §§ 315 f. BGB berechtigt nicht dazu, die Leistung *nachträglich zu ändern*, sondern sie erstmalig *konkret festzulegen.* Solche Erscheinungsformen nennt *Bötticher* deswegen *ausfüllende* Gestaltungsrechte, da sie nicht auf ein eindeutiges Ziel gerichtet sind, sondern den Vertrag mit Inhalt ausstatten.[840] Der schließlich von *Seckel* angeführte Übertritt vom Erfüllungs- auf den sekundären Schadensersatzanspruch und die Kündigung, die eine nicht fällige Forderung in eine fällige verwandelt, sind Sachverhalte, in denen der *gestaltete* Anspruch rechtlich betrachtet inhaltlich unverändert bleibt. Im ersten Fall erlischt er schlicht und stattdessen entsteht ein anderer, der fällig wird. Durch die Kündigung ändert sich lediglich die Fälligkeit der Forderung.

Das *gewillkürte* Änderungsrecht ist hingegen das erste echte inhaltsändernde Gestaltungsrecht, das nachträglich und frei von äußeren Umständen ausgeübt werden kann. Auch wenn viele Autoren eine konkrete Einordnung offen- oder unterlassen, wird es überwiegend als Gestaltungsrecht verstanden.[841] Diese Einordnung ist zutreffend, auch wenn sich das Anordnungsrecht von den betrachteten und weiteren Gestaltungsrechten in mindestens einem Punkt unterscheidet. Das Gestaltungsrecht ist lediglich ein Typus subjektiver Rechte, kein abschließender Begriff. Daher sind darunter auch Erscheinungen zu fassen, die sich zwar partiell voneinander unterscheiden, aber ins „Gesamtbild“ passen.[842]

---

837 Festvortrag von *Dölle*, Juristische Entdeckungen, 1958, S. 7 ff.

838 Bezeichnenderweise nennt *Becker*, AcP 188 (1988), 24, 28 keine Beispiele für *ändernde* Rechte, wohl aber für Leistungsbestimmungs- und Aufhebungsrechte; auch *Bötticher*, Gestaltungsrecht, 1964 schweigt zu Beispielen.

839 Vgl. *Seckel*, FG Koch, 1903, S. 205, 212 Fn. 2.

840 *Bötticher*, FS Dölle I, 1963, S. 41, 51 f.

841 Vgl. nur Aufzählung in Fn. 634.

842 Zur Unterscheidung Typus – Begriff s. *Larenz/Canaris*, Methodenlehre, ^{3}1995, S. 37 ff., insb. 42 f.

Die Eigenheit des § 650b Abs. 1 S. 1 Nr. 1 BGB ist, dass der Besteller *willkürlich* und *ohne*, dass *äußere Umstände* dies erfordern, Leistungsteile *nach Vertragsschluss* und *frei* ändern kann. Er hat hier „eine besonders starke, quasi autokratische Stellung"[843], solange er sich in den Grenzen der Tatbestandsvoraussetzungen bewegt und nicht missbräuchlich handelt. Es bedarf keiner weiteren Ermächtigung, es genügt, dass der Vertrag ein Bauvertrag (§ 650a BGB) ist.[844]

§ 315 BGB ist weder unmittelbar noch analog im Rahmen einer Leistungsänderung anwendbar, da durch die Tatbestandsvoraussetzung der Zumutbarkeit eine spezielle Einschränkung geschaffen ist, die das billige Ermessen, das ohnehin nur im Zweifel gilt, verdrängt.[845]

Was aber ist mit der Erkenntnis, dass das gewillkürte Änderungsrecht das erste seiner Art ist, anzufangen?

a. *Vorbildcharakter*

Zum einen müssen sich künftige Gestaltungsrechte, die § 650b Abs. 1 S. 1 Nr. 1 BGB in Struktur und Zweck ähneln, mit der Norm vergleichen lassen; sie hat nun einen gewissen *Vorbildcharakter*. Sollten weitere Rechte erlassen werden, sind zumindest die Wertungen und Beweggründe, die für § 650b BGB wesentlich waren, zu beachten und ggf. sogar zu übertragen. Es ist nicht unwahrscheinlich, dass für andere Vertragstypen in Zukunft ebenfalls Änderungsrechte konstituiert werden. So wird etwa eine Ausweitung des § 650b BGB auf alle Werkverträge gefordert.[846] Bei der Darbietung eines Theaterstücks mag dies fernliegend erscheinen. Aber einige Vertragsarten kommen durchaus in Betracht. Insbesondere für andere komplexe Langzeitverträge stellt sich die Frage, ob solche einseitigen Änderungen nicht auch dort sinnvoll oder gar notwendig wären.[847] Bei Langzeitverträgen entstehen nämlich nicht selten die gleichen Probleme. So ist die Zusammenarbeit der Parteien bei der Entwicklung einer individuellen Firmensoftware etwa wichtiger als bei bloßen Dachdeckungsarbeiten. Denn letztere kann jedes beliebige Dachdeckerunternehmen bewerkstelligen. Scheitert

843 *Adomeit*, Gestaltungsrechte, 1969, S. 15.

844 Bzw. ein Verbrauchervertrag (§ 650i BGB) oder ein Architekten- oder Ingenieurvertrag (§ 650q Abs. 1 BGB).

845 S. 191 ff.

846 *Illmer*, ZRP 2017, 122; Staudinger/*Peters*, 2019, § 650b BGB Rn. 15; BeckOK BGB/*Voit*, § 631 BGB Rn. 52.

847 Zum Langzeitvertrag S. 28 ff., 32 f.

jedoch die Erstellung der Individual-Software am Zerwürfnis der Parteien, gibt es womöglich aufgrund erforderlicher Spezialkenntnisse keinen anderen Marktteilnehmer, der die Leistung erbringen kann. Jedenfalls wird ein beauftragtes Drittunternehmen mit dem bereits erstellten Rudiment des vormaligen Entwicklers womöglich nichts anfangen können und wollen, sodass die Leistung vergeblich erbracht wurde. Hier kann hinsichtlich der Werksherstellung nicht darauf vertraut werden, dass die Parteien sich bei Uneinigkeit oder bei Änderungen der Zielvorstellungen marktwirtschaftlich sinnvoll und dem Werkerfolg zuträglich verhalten. Sollte einmal die Klausel zu Leistungsänderungen in einem komplexeren Software-Vertrag vergessen worden sein,[848] so hat der Auftragnehmer bei vom Kunden gewünschten und oftmals notwendigen Änderungen einen klaren Nachverhandlungsvorteil.[849] Denn der Auftraggeber hat einen Anspruch nur auf die versprochene Leistung und wird diese nicht mangelhaft erbracht, hat er neben dem Anspruch auf Erfüllung keine weiteren Rechte. Insbesondere gilt im Software-Recht auch nicht der funktionale Mangelbegriff, sondern allgemein § 633 BGB.[850] Damit besteht kein *ipso-iure*-Anspruch auf die nach Vertragsschluss entwickelten neueren, kundenseitig natürlich erwünschten technischen Eigenschaften, solange diese nicht vereinbart wurden. Erkennbar ist auch hier also eine gewisse Notwendigkeit für eine einseitige Änderungsbefugnis.

Ähnliche Problemlagen ergeben sich auch für andere komplexe Langzeitverträge, die typischerweise auf einen reibungslosen Projektablauf und ständige Aktualität angewiesen sind. Für Dienst-, Behandlungs- oder Reiseverträge sind solche Änderungsrechte soweit ersichtlich bislang nicht erforderlich, vergleichbare Probleme können aber auch hier auftreten.

b. Möglichkeiten analoger Anwendung?

Zum anderen stellt sich die Frage, inwieweit § 650b BGB schon jetzt eine *Ausstrahlungswirkung* für andere Vertragstypen aufweist. Eine *Einzelanalogie* wäre etwa bei komplexen Langzeitverträgen denkbar. Dazu bedarf es einer vergleichbaren Interessenlage des betreffenden Sachverhalts sowie einer planwidrigen Regelungslücke.[851]

---

848 Änderungsklauseln gehören dort zum vertraglichen Standard, vgl. nur *Meents*, Beck'-sches Formularbuch, ^{4}2018, Q. 3. Fn. 2.

849 Zu den notwendigen Änderungen vgl. nur *Redeker*, IT-Recht, ^{6}2017, Rn. 422 ff.

850 Wenngleich im Softwarerecht ein weiter Mangelbegriff besteht, vgl. nur *Redeker*, IT-Recht, ^{6}2017, Rn. 333.

851 St. Rspr. BGH, V ZR 36/09 = NJW 2009, 3644 [3645 Rn. 9 f.]; XII ZR 118/08 = NJW 2010, 3087 [3087].

Für die Feststellung, ob im vorliegenden Fall eine Regelungslücke besteht, ist von geringer Bedeutung, ob man im Hinblick auf die Gesetzesauslegung Anhänger der subjektiven, objektiven oder einer differenzierenden Theorie ist.[852] Die subjektive Theorie der Gesetzesauslegung fragt nach dem Willen des Gesetzgebers, der das Gesetz erlassen hat. Maßgeblich ist, was zur Zeit der Verabschiedung der Gesetzeszweck war. Nach der objektiven Theorie sind Gesetze so auslegen, dass sie zum Auslegungszeitpunkt vernünftig anwendbar sind. Das gegenwärtige Verständnis kann sich also vom Willen des historischen Gesetzgebers lösen.[853] Drittens kann die Auslegung auch so erfolgen, dass der gegenwärtig maßgebliche Sinn des Gesetzes „unter Berücksichtigung [aber] auch der Regelungsabsichten und der konkreten Normvorstellungen des historischen Gesetzgebers"[854] verstanden wird. Solange ein Gesetz „jung" ist, wie das im Jahr 2018 in Kraft getretene Bauvertragsrecht, kann der gesetzgeberische Wille meist noch recht genau ermittelt werden. Eine Abweichung der tatsächlichen Umstände vom gesetzgeberischen Willen innerhalb dieser kurzen Zeit ist unwahrscheinlich und nicht ersichtlich.

Die Planwidrigkeit kann nur Voraussetzung der Analogie sein, wenn die subjektive Theorie zur Auslegung herangezogen wird.[855] Nur dann spielt eine Rolle, dass ein Plan des Gesetzgebers vorlag, der unabsichtlich unvollständig blieb. Eine Lücke mag sich zwar bei anderen Langzeitverträgen ergeben, wenn dort keine Änderungsgestaltungsrechte bestehen. Planwidrig ist sie jedoch nicht. Der Gesetzgeber wollte ein Änderungsrecht nämlich dezidiert nur für Bauverträge schaffen. Das zeigt sich *gesetzessystematisch* daran, dass er innerhalb des Untertitels 1 „Werkverträge" ein eigenständiges Kapitel 2 nur für das Bauvertragsrecht geschaffen hat, auf dessen teilweise Anwendung ausnahmsweise verwiesen §§ 650q Abs. 1, 650u Abs. 2 BGB.

Die historische Auslegung führt zur Analogie*un*fähigkeit des § 650b BGB.[856] Auch die bewusste Teilung der Baurechtsnovelle zwischen Bau- und allgemeinem Werkvertragsrecht wird erkennbar: Die Gesetzesbegründung setzt sich mit der Verortung der Kündigung aus wichtigem Grund gem. § 648a BGB im Werkvertragsrecht der §§ 631–650 BGB auseinander.[857] Leitbild dafür war die

852 Dazu nur *Wank*, Auslegung, [6]2015, S. 30 ff.

853 Konzis *Puppe*, Juristisches Denken, [3]2014, S. 143.

854 *Larenz/Canaris*, Methodenlehre, [3]1995, S. 139.

855 Klarstellend *Puppe*, Juristisches Denken, [3]2014, S. 175 f.

856 Im Ergebnis offen, wohl aber in dieselbe Richtung gehend: *Illmer*, ZRP 2017, 122, 123.

857 Gesetzentwurf BReg, BT-Drs. 18/8486, S. 49 ff.

Kündigung eines Bauvertrags. „Aufgrund einer vergleichbaren Interessenlage kann aber auch bei anderen Werkverträgen ein Bedürfnis für ein Recht zur außerordentlichen Kündigung bestehen."[858] Die Novelle 2018 bezweckte also nicht ausschließlich die Schaffung eines Bauvertragsrechts. Auch das allgemeine Werkvertragsrecht ist in Teilen reformiert und damit sind mögliche Interdependenzen in den Blick genommen worden.

Auch systematisch sprechen Gründe gegen die Analogiefähigkeit. An dem Bestreben des § 650b BGB, „möglichst auf ein Einvernehmen der Vertragsparteien hinzuwirken" und der Verleihung des Anordnungsrechts erst nach Fristablauf,[859] zeigt sich der gesetzgeberische Wille nach vorzugsweise vertraglichem Konsens der Parteien. Nur wenn diese dem Wunsch keine Folge leisten, ist eine Anordnung möglich. Und auch dann wird der Umfang durch die Zumutbarkeit und die allgemeinen Grenzen des § 275 BGB beschränkt. In diesen differenzierten Tatbestandsabstufungen zeigt sich das Bewusstsein des Gesetzgebers um den Ausnahmecharakter der Vorschrift. Der Ausnahmecharakter erhöht die Anforderungen für eine grundsätzliche Analogiefähigkeit,[860] für deren Möglichkeit keine Anhaltspunkte bestehen.

Eine planwidrige Lücke ist *gegenwärtig* nicht erkennbar. Auch wenn eine Einzelanalogie in einigen Fällen angesichts der vergleichbaren Interessenlagen, etwa bei Parteien eines Softwareentwicklungsvertrags wünschenswert wäre, kann § 650b BGB nicht analog angewandt werden; das gilt sowohl für die komplexen Langzeitverträge als auch für allgemeine Werkverträge oder andere strukturähnliche Verträge.

Auch eine *Gesamtanalogie* ist nicht möglich. Führen verschiedene Normbestimmungen in ähnlichen Sachverhalten stets zur gleichen Rechtsfolge, kann ihnen ein allgemeiner Rechtsgrundsatz entnommen werden, der sich trotz fehlender Regelung auf einen anderen, aber wertungsmäßig gleichen, Tatbestand übertragen lässt, sodass die Rechtsfolge auch dort gilt.[861] Eine Gesamtanalogie des § 650b BGB kommt für andere Werkverträge jedoch nicht infrage, weil bislang keine anderen einseitigen Anordnungsrechte vergleichbarer Art existieren, die einen allgemeinen Rechtsgrundsatz begründen. Die oben betrachteten

858 Gesetzentwurf BReg, BT-Drs. 18/8486, S. 50 a.E.

859 Gesetzentwurf BReg, BT-Drs. 18/8486, S. 53.

860 Dass Ausnahmevorschriften jedoch niemals analogiefähig seien, ist ein verbreiteter Irrglaube, vgl. nur *Canaris*, Lücken im Gesetz, ²1983, S. 181.

861 Vgl. *Larenz/Canaris*, Methodenlehre, ³1995, S. 204 mit dem Beispiel der Kündigung aus wichtigem Grund in allen Dauerschuldverhältnissen.

Änderungsrechte bilden keine Vergleichsgrundlage, da sie der Vertragskorrektur dienen, erstmalig die Leistungspflicht festlegen oder keine uneingeschränkte Änderungsfreiheit gewähren.

c. Ergebnis

Muss also der Analogiefähigkeit des § 650b BGB eine Absage erteilt werden, hat die Norm jedoch einen gewissen Vorbildcharakter für künftige Änderungsrechte. Wie diese Vorbildfunktion sich im Einzelnen auswirken wird, ist noch unklar und zeigt sich erst im Vergleich. Jedenfalls sind Parteien komplexer Langzeitverträge und anderer Werkverträge derzeit gut beraten, Änderungsrechte auch weiterhin vertraglich zu regeln.

Immerhin gilt kehrseitig zu der festgestellten Analogie*un*fähigkeit des § 650b BGB, dass die Norm sich auf vertragliche Regelungen zu Leistungsänderungen *anderer Verträge* als Bauverträge in keiner Weise auswirkt, auch nicht als Leitbild im Sinne von § 307 BGB. Das ist Konsequenz der Spezialität des § 650b BGB, der positiv wie negativ nur für Bauverträge gilt.

C. Wesentliche Grundgedanken des § 650b BGB

Neben dem Vorbildcharakter für künftige Änderungsrechte in anderen Rechtsgebieten ist durch § 650b BGB schon jetzt teilweise ein neues Leitbild entstanden, das Einfluss auf die vertragliche Vereinbarung eines Änderungsrechts hat.

Im Prinzip können die Parteien einen freien und ganz nach ihren Vorstellungen gestalteten Vertrag schließen und sich zu jedem möglichen Tun oder Unterlassen verpflichten. Den Gesetzgeber trifft aber die Pflicht, durch Rechtsnormen in gewissem Maße regelnd Einfluss auch auf Privatverträge zu nehmen, um die Verwirklichung von Grundrechten zu ermöglichen und deren Beeinträchtigung zu verhindern. Die Rechtsnormen sind von unterschiedlicher Eingriffsintensität und sollen die Rechtsverhältnisse Privater ermöglichen, beeinflussen oder beschränken.

Zum einen existiert das zwingende Recht (*ius cogens*), von dessen Regelungsinhalt in Privatverträgen niemals abgewichen werden darf. Die Gründe, die für den Erlass als zwingendes Recht sprechen, sind etwa der Schutz der Interessen Dritter sowie des strukturell unterlegenen Vertragspartners, aber auch der Schutz von Vertrauen und vor Übereilung, die Sicherung möglicher Beweise, die Ordnung und Sicherheit des Rechtsverkehrs, die Vermeidung grober Ungerechtigkeiten, die öffentliche Ordnung und schließlich der Institutionenschutz.[862] Prominente Beispiele finden sich vor allem im Recht der Wohnraummiete.[863] Aber auch das in vielen Vertragstypen wirkende Verbraucherschutzrecht enthält etliche zwingende Normen.[864]

Daneben bestehen Normen, die als abdingbares Recht (*ius dispositivum*) bezeichnet werden. Eine gesetzliche Definition existiert nicht, lediglich eine Erwähnung in § 40 BGB („Nachgiebige Vorschriften").[865] Ob eine Rechtsvorschrift abdingbar ist, ist daher nicht immer sofort erkennbar, sondern durch Auslegung anhand der klassischen Kategorien zu ermitteln.[866] Eine Norm ist abdingbar, wenn ihr Adressat die Anwendbarkeit ausschließen kann, ohne dass sie dadurch ihre Geltung verliert.[867] Denn Private können der Geltung der

862 Vgl. zusammenfassend *Bechtold*, Zwingendes Vertragsrecht, 2010, S. 118.

863 Vgl. *Oetker/Maultzsch*, Vertragliche Schuldverhältnisse, ^{5}2018, § 5 Rn. 5, 149 ff.; der jeweils letzte Absatz vieler Normen erklärt für den Mieter nachteilige Änderungen für unwirksam.

864 Wegen Art. 169 AEUV wird die EU hier oft tätig, vgl. etwa die Verbrauchsgüterkauf-Richtlinie (1999/44/EG).

865 *Möslein*, Dispositives Recht, 2011, S. 175.

866 *Möslein*, Dispositives Recht, 2011, S. 175 ff.

867 *Kähler*, Abdingbares Recht, 2012, S. 21.

Norm im Allgemeinen nicht derogieren, wohl aber die Anwendung im Einzelfall ausschließen. Die Möglichkeit der Abbedingung von Rechtsnormen ist im deutschen Vertragsrecht häufiger anzutreffen als das Vorkommen zwingender Rechtssätze.[868]

Man ist sich zu Recht einig, dass die §§ 650b ff. BGB *kein* zwingendes Recht sind, auch nicht in Verbraucherbauverträgen (*e contrario* § 650o BGB, der §§ 650b ff. BGB nicht erwähnt).[869] Das Änderungsrecht darf also individualvertraglich vollständig abbedungen werden. Das ist folgerichtig, weil die Parteien nicht *per se* ungleiche Verhandlungspositionen besitzen, deren Einfluss und Gleichgewicht strukturell außer Verhältnis stehen. Auch bei Abbedingung käme im Einzelfall dennoch ein Anpassungsanspruch aus Treu und Glauben infrage.

Wichtig ist daher vielmehr die Frage, welche Teile von § 650b BGB als so wesentlich anzusehen sind, dass durch formularvertragliche Regelungen nicht davon abgewichen werden darf. Dieses *gesetzliche Leitbild* sind die „wesentlichen Grundgedanken der gesetzlichen Regelung" gem. § 307 Abs. 2 Nr. 1 BGB. Die wesentlichen Grundgedanken der Vorschrift bilden daher den Rumpf dessen, was der Gesetzgeber als derart wesensprägend und allgemein interessenausgleichend eingestuft hat, dass davon höchstens infolge sachlicher Auseinandersetzung und individueller Verhandlung abgewichen werden darf.

Dass vertragliche Änderungsrechte durch AGB grundsätzlich vereinbart werden dürfen, beweist § 308 Nr. 4 BGB, wonach die Vereinbarung eines Änderungs- oder Abweichungsrechts des Verwenders unwirksam ist, wenn nicht die Vereinbarung der Änderung oder Abweichung unter Berücksichtigung der Interessen des Verwenders für den anderen Vertragsteil zumutbar ist. Im Umkehrschluss sind Änderungsrechte also dann wirksam, wenn sie für den anderen Teil zumutbar sind.

Das Änderungsrecht nach § 650b BGB kann durch AGB nicht vollständig abbedungen werden, denn das widerspricht den wesentlichen Grundgedanken der gesetzlichen Regelung.[870] Das Werkvertragsrecht vor der Reform wurde dem

868 *Tiefenbacher*, Zwingendes Recht, 2016, S. 15; dispositives Recht ist deshalb auch das typische Regelungsmodell des materiellen Privatrechts, vgl. *Möslein*, Dispositives Recht, 2011, S. 18.

869 LBD-L/*Langen*, § 650b BGB Rn. 103; *Leinemann/Kues*, § 650b BGB Rn. 233; BeckOK BauvertragsR/*Leupertz*, § 650b BGB Rn. 81; BeckOGK BGB/*Mundt*, § 650b BGB Rn. 232.

870 So auch die ganz h.M., vgl. nur BeckOK BauvertragsR/*Leupertz*, § 650b BGB Rn. 88; sowie in der Rspr. OLG Frankfurt a.M., 29 U 146/19 = BeckRS 2020, 29650 Rn. 71, wonach schon das Erwecken des Anscheins, es gebe kein gesetzliches Anordnungsrecht, zur Unwirksamkeit einer Klausel führen kann.

auf eine längere Erfüllungszeit angelegten Bauvertrag und dem komplexen Baugeschehen häufig nicht gerecht, vor allem dann, wenn während der Bauausführung Veränderungen auftraten. Um dieser zeitlichen Dimension des Bauvertrags zu entsprechen, ist § 650b BGB eingeführt worden.

Die Klärung der Frage, inwieweit § 650b BGB mittels AGB nicht abdingbar ist, besitzt für vier Tatbestandsmerkmale besonders große Relevanz. Das betrifft zum einen die klar formulierten Tatbestandsmerkmale der obligatorischen Einvernehmensphase (1), der Zumutbarkeit im Rahmen von § 650b Abs. 1 S. 1 Nr. 1 BGB (2) und die in § 650b Abs. 2 S. 1 BGB erwähnte Textform (3). Zum anderen stellt sich die Frage, was alles unter dem vereinbartem Werkerfolg (4) zu verstehen ist und inwieweit davon abgewichen werden kann.

I. Phase des Strebens nach Einvernehmen

Nach dem Änderungsbegehren des Bestellers streben die Parteien Einvernehmen über die Änderung und die Andersvergütung an. Erzielen sie binnen 30 Tagen nach Zugang des Änderungsbegehrens beim Unternehmer keine Einigung, kann der Besteller die Änderung anordnen.

Die Einvernehmensphase begründet keine Pflicht zur tatsächlichen Aufnahme von Verhandlungen über die Änderungen.[871] Um herauszufinden, ob es sich bei dieser Phase um einen wesentlichen Grundgedanken handelt, von dem eine Abweichung im Zweifel unangemessen und unwirksam ist (§ 307 Abs. 2 Nr. 1 BGB), müssen die Tatbestandsmerkmale betrachtet werden.

1. 30 Tage – starre Frist?

Auffällig ist, dass es sich um eine starre Frist von 30 Tagen handelt. Das schafft zwar Klarheit, ist in vielen Fällen aber auch problematisch.[872] So sind 30 Tage bei einem insgesamt zwei Monate dauernden Vorhaben unangemessen lang.[873]

Wie aber kam es zu den 30 Tagen? Der ursprüngliche Gesetzentwurf erwähnte keinerlei Frist.[874] Dort reichte die nicht erzielte Einigung für die Befugnis zur Anordnung (§ 650b Abs. 2 S. 1 BGB-E). Erst in den Empfehlungen der

---

871 Dazu S. 79 ff.

872 Dies kritisieren etwa *Abel/Schönfeld*, BauR 2018, 1, 6; *Diehr*, ZfBR 2017, 762, 769; *Ehrl*, DStR 2017, 2395, 2397; *Eschenbruch*, Bauvertragsmanagement, 2017, Teil 7 Rn. 61; *Kniffka/Retzlaff*, BauR 1747, 1795; *Kues*, NJW 2019, 3197, 3199.

873 Zum unerwünschten Charakter der Frist als Druckmittel: S. 123 ff.

874 Gesetzentwurf BReg, BR-Drs. 123/16, S. 9.

Ausschüsse des Bundesrates wurde vorgeschlagen, eine Einigungsfrist in § 650b Abs. 2 S. 2 BGB-E einzufügen.[875] Diese war zunächst „weich" formuliert („*spätestens* 30 Tage nach Zugang des Angebots") und ihr Ablauf fingierte, dass die Parteien keine Einigung erzielen konnten. Erst dann sollte der Besteller anordnen können. Im Rechtsausschuss wurde die Frist zwar übernommen, jedoch ohne besondere Begründung in „binnen 30 Tagen" umformuliert.[876] Diese Änderung wurde dann in den Gesetzentwurf übernommen und verabschiedet. Diese Vorgehensweise und insbesondere die angeführten Argumente des Ausschusses (S. 41), die mit den Empfehlungen der Ausschüsse des Bundesrats (S. 16) wortgleich übereinstimmen, legen den Schluss nahe, dass lediglich eine redaktionell achtlose Umformulierung von „spätestens" in „binnen" 30 Tagen erfolgte. Das Verschwinden der „weichen" Frist dürfte nicht beabsichtigt gewesen und ein Redaktionsversehen sein.

Das Zustandekommen unter diesen Umständen legt nahe, dass es sich nicht um eine starre Frist handelt, sondern Ausnahmen und der Einfluss allgemeiner Rechtsgedanken möglich sind. Das Telos der Norm lässt zu, dass die Dauer der Frist nicht unumstößlich zu verstehen ist, sondern vornehmlich empfehlenden Charakter hat und für das individuelle Projekt angepasst werden kann. Die Dauer der Frist von exakt 30 Tagen gehört daher nicht zu den wesentlichen Grundgedanken.[877]

Das Risiko, die Frist für das jeweilige Bauprojekt mittels AGB zu kurz zu bemessen, trägt der Besteller, falls er Verwender der AGB ist. Die formularvertragliche Fristverkürzung wird zwar mangels tatbestandlicher Einschlägigkeit nicht unmittelbar an § 308 Nrn. 1–4 BGB auf ihre Unwirksamkeit überprüft (allein schon, weil diese Tatbestände für Verträge zwischen Unternehmern gem. § 310 Abs. 1 S. 1 BGB teilweise nicht direkt gelten). Sie erlangen aber eingedenk

875 Stellungnahme BR, Beschluss-Drs. 123/1/16, S. 16 f.

876 Beschlussempfehlung und Bericht Ausschuss für Recht und Verbraucherschutz, BT-Drs. 18/11437, 15, 41.

877 *Abel/Schönfeld*, BauR 2018, 1, 13; *Kniffka*, Kompendium Baurecht, ^{5}2020, 4. Teil, Rn. 265; LBD-L/*Langen*, § 650b BGB Rn. 122; jurisPK-BGB/*Leicht*, § 650b BGB Rn. 65; *Leinemann/Kues*, § 650b BGB Rn. 234; *Kniffka/Retzlaff*, BauR 2017, 1747, 1795; *Putzier*, NZBau 2018, 131 ff.; BeckOK BGB/*Voit*, § 650b BGB Rn. 43; a.A. Staudinger/*Peters*, 2019, § 650b BGB Rn. 10 ohne Begründung; OLG Frankfurt a.M., 29 U 146/19 = BeckRS 2020, 29650 Rn. 110 für den Fall einer AGB-rechtlichen Fristverlängerung auf 42 Tage.

der zuweilen zugesprochenen Indizwirkung der §§ 308 f. BGB in der Auslegung von § 307 BGB besondere Berücksichtigung.[878]

2. *Fristlose Anordnung*

Des Weiteren stellt sich die Frage, ob die Anordnungsbefugnis ohne Frist vereinbart werden kann und wenn ja, ob dafür bestimmte Gründe bestehen müssen.

Im Rahmen von § 650b BGB ist möglich, ohne Ablauf der Frist eine Änderung anzuordnen, wenn der Unternehmer eine einvernehmliche Lösung *ernsthaft und endgültig* verweigert.[879] Das liegt daran, dass ein Abwarten eine bloße Formalie und zwecklos wäre, sowie daran, dass verallgemeinerbare Rechtsgedanken bei Interessengerechtigkeit auch auf andere Sachverhalte übertragen werden können. Dabei geht es um die Ausnahmen zum Fristsetzungserfordernis nach §§ 323 Abs. 2 Nr. 1, 281 Abs. 2 Alt. 1 BGB,[880] deren Regelungsinhalte auch schon vor ihrer Kodifikation galten.[881] Der zugrundeliegende Rechtsgedanke wirkt schon für den Fall, dass die Parteien keinerlei modifizierende Abrede über §§ 650b ff. BGB getroffen haben, die Regelung also dem dispositiven Recht überlassen. Ist die fristlose Anordnung aus diesem Grund jedoch schon außerhalb von AGB gesetzlich möglich, dann aber ist die Statuierung dieser Ausnahme durch AGB erst recht möglich, da es sich genau genommen nicht um eine Abweichung von Rechtsvorschriften handelt (§ 307 Abs. 3 S. 1 BGB). Denn die Entbehrlichkeit der Frist ist das Ergebnis der Gesetzesauslegung. Ein ähnliches Auslegungsergebnis der sofortigen Anordnungsbefugnis würde wohl bei *Gefahr im Verzug* zu erwarten sein, etwa wenn sich herausstellt, dass das Tragwerk des Bauwerks fehlerhaft geplant ist und statische Sicherheitsbedenken entstehen.[882]

Die sofortige Anordnung *grundlos* zu vereinbaren, ist mittels AGB hingegen schwieriger. Denn hierbei würde es sich um eine Abweichung von Rechtsvorschriften nach § 307 Abs. 3 S. 1 BGB handeln. Gegen die Möglichkeit grundloser Abbedingung spricht die implizite Abkehr von § 1 Abs. 3, 4 VOB/B. Der Gesetzgeber erließ das Bauvertragsrecht gerade in Kenntnis der VOB/B. Man hatte sich

---

878 Vgl. zu der Indizwirkung BGH, VIII ZR 141/06 = NJW 2007, 3774 [3775 Rn. 12]; sowie BeckOK BGB/*Becker*, § 310 BGB Rn. 2.

879 Ebenso *Franz*, IBR 2018, 5; *Kniffka/Retzlaff*, BauR 2017, 1747, 1790; *Putzier*, NZBau 2018, 131, 131 ff.; ibr-Baurecht/*von Rintelen*, § 650b BGB Rn. 14; noch extensiver *Kniffka*, IBB Baubetrieb, 2018, S. 1, 10 f.

880 *Orlowski*, BauR 2017, 1427, 1430.

881 Dazu nur MüKoBGB/*Ernst*, § 323 BGB Rn. 96 m.w.N.

882 Ebenso *Weise*, NJW-Spezial 2017, 492.

daher mit deren Wirkungsweise umfassend auseinandergesetzt.[883] Ein Erlass der §§ 650a ff. BGB, die von der VOB/B abweichen, könnte daher Indiz dafür sein, dass bewusst und dezidiert ein anderer Weg eingeschlagen werden sollte.

Diese Indizwirkung wird aber dadurch entkräftet, dass das Nebeneinander der §§ 650a ff. BGB und VOB/B eher disparat wirkt anstatt aufeinander abgestimmt. Das gilt schon in sprachlicher Hinsicht, wenn etwa in § 1 VOB/B von „*Bauentwurf*" und „nicht vereinbarte Leistungen, die zur Ausführung der vertraglichen Leistung *erforderlich* werden" die Rede ist und § 650b BGB stattdessen von „*vereinbartem Werkerfolg*" und „Änderungen, die zur Erreichung des vereinbarten Werkerfolgs *notwendig* sind" spricht, ohne dass damit ein unterschiedliches Verständnis der tatbestandlichen Regelungen vermittelt werden soll.[884] Auch sind die Bezeichnungen der Parteien mit „Auftraggeber" und „Auftragnehmer" sowie „Besteller" und „Unternehmer" ohne sachlichen Grund verschieden. Wirft man indessen einen Blick auf die Mitglieder des DVA, der für die Erstellung der VOB/B zuständig ist, stellt man fest, dass unter den gegenwärtig 87 Mitgliedern allein 36 Ministerien sind sowie etliche Berufsverbände und -kammern. Zwar erfahren diese Mitglieder nicht die gleiche demokratische Legitimation wie der Gesetzgeber. Doch ist davon auszugehen, dass dieses Gremium ausgewogene „Grundsätze für die sachgerechte […] Abwicklung von Bauaufträgen"[885] erarbeitet und weiterentwickelt. Dass der Gesetzgeber in allen Fragen, in denen die §§ 650a ff. BGB von der VOB/B abweichen, ein anderes gesetzliches Leitbild schaffen will, davon ist angesichts dessen nicht in Gänze auszugehen, sondern stets an der jeweiligen Norm zu prüfen.

Wenn der Gesetzgeber § 650b BGB eine Verhandlungsphase vorschaltet, bedeutet das nicht automatisch, dass vertragliche Änderungsrechte ebenso einer solchen Phase bedürften. So zeigt sich, dass Instrumente, die keine zeitlich befristete Einigungsphase aufweisen, der kaufmännischen Üblichkeit entsprechen, wie man an den Standardvertragsmustern anderer Rechtsordnungen erkennen kann.[886] Nicht nur die VOB/B, sondern auch die internationalen FIDIC-Vertragswerke (meist in Ziffer 13.1 „*right to vary*"), ebenso das Vereinigte

883 Schon im ersten Absatz des Gesetzentwurfs BR-Drs. 123/16, S. 56wird § 1 Abs. 3, 4 VOB/B erwähnt.

884 Die Begriffe Bauentwurf und vereinbarter Werkerfolg sind beide ungestalt und werden vom Gesetz auch nicht weiter präzisiert, sodass eine weite teleologische Auslegung möglich ist.

885 Satzung des DVA, § 2 S. 1 (Stand: November 2017).

886 Ebenso *von Rintelen*, FS Eschenbruch, 2019, S. 327, 340.

Königreich mit der Klausel 13 der JCT 98 UK[887] und Frankreich mit der Klausel 11.1 der Condition AFNOR[888] weisen Änderungsrechte auf, die ohne zeitlichen Fristlauf unmittelbar angeordnet werden können.[889] Vor allem anhand der FIDIC-Vertragswerke zeigt dies, dass sich im internationalen Bauwesen fristlose Änderungsrechte bewährt haben. Es ist daher und auch aufgrund der Tatsache, dass die meisten öffentlichen Bauprojekte europaweit auszuschreiben sind, nicht anzunehmen, dass der deutsche Gesetzgeber sich dieser Einstimmigkeit dezidiert entgegenstellen will.

Durch die Verhandlungsphase des § 650b BGB ist dem Unternehmer ein Druckmittel zur Verfügung gestellt worden, dass durch Abbedingung wegfiele. Die 30-Tage-Frist kann in den Änderungsverhandlungen für den Unternehmer ein „scharfes Schwert" darstellen.[890] So kann der Besteller aus Termingründen gezwungen sein, einen überhöhten Änderungsvertrag zeitnah zu schließen, anstatt 30 Tage warten zu müssen. Der Unternehmer könnte dies zu seinem Vorteil ausnutzen und sein Änderungsangebot entsprechend hoch kalkulieren. Gleichwohl hat der Gesetzgeber nirgends darauf hingewiesen, dass die 30-Tages-Frist auch als Druckmittel fungieren soll. Diese unbeabsichtigte Ungerechtigkeit könnte vermieden werden, wenn die Vereinbarung möglich ist, die Änderung grundlos ohne eine Frist anzuordnen.[891]

Letztlich wäre auch im Fall, dass ein sofortiges Anordnungsrecht vereinbart wurde, jederzeit möglich, die Änderungen bevorzugt bilateral zu beschließen, sei es aus wirtschaftlichen oder anderen Gründen, sei es aus Unsicherheit über die Entstehung oder Reichweite des vertraglichen Anordnungsrechts. Ein Besteller kann aber davon unabhängig und mittels AGB erklären, dass er im Regelfall nicht zu Verhandlungen bereit ist, wenn er eine Änderung anordnen will.

Die Phase des Strebens nach Einvernehmen gehört daher *nicht* zu den wesentlichen Grundgedanken der gesetzlichen Regelung im Sinne von § 307 Abs. 2 Nr. 1 BGB und kann mittels AGB ohne besondere Gründe abbedungen werden.[892]

---

887 *Hök*, Internationales Baurecht, ^{2}2012, S. 1220, 1222 § 50 Rn. 155.

888 *Hök*, Internationales Baurecht, ^{2}2012, S. 925, 929, § 36 Rn. 115.

889 S. dazu auch die Ausführungen bei ibr-Baurecht/*von Rintelen*, § 650b BGB Rn. 250.

890 Dazu ausführlich S. 79 ff.

891 Dass diese Folge unbeabsichtigt war, zeigt sich auch an der Entstehungsgeschichte der Starrheit dieser Frist.

892 So auch *Kapellmann*, NZBau 2017, 635, 638; *Kniffka/Retzlaff*, BauR 2017, 1747, 1796; *Putzier*, NZBau 2018, 131, 131 f.; *von Rintelen*, FS Eschenbruch, 2019, S. 327; **a.A.** BeckOGK BGB/*Mundt*, § 650b BGB Rn. 240; BeckOK BauvertragsR/*Leupertz*, § 650b BGB Rn. 92; *Oberhauser* NZBau 2019, 3, 9 f.

II. Zumutbarkeit

Die Zumutbarkeit grenzt die Reichweite der Änderungs- und Anordnungsbefugnis nur im Rahmen *gewillkürter* Änderungen ein. Nur was dem Unternehmer zumutbar ist, wird wirksam neuer Vertragsinhalt. Die Gesetzesbegründung führt an, dass der Unternehmer durch die Anordnung zwar zu Leistungen verpflichtet wird, die nicht der ursprünglichen Vereinbarung der Parteien entsprechen, indes zu berücksichtigen ist, dass die Parteien im Stadium der Vertragsabwicklung aneinandergebunden sind und ein Wechsel nicht selten nur schwer möglich und mit weiteren Kosten verbunden ist.[893]

Diesen korrektiven Charakter weist § 650b Abs. 1 S. 1 Nr. 1 BGB nicht auf. Der Eingriff in die Freiheit des Unternehmers erfolgt, weil der Besteller seine subjektive Planvorstellung ändert. Diese Planänderung ist allerdings kein dergestalt schutzwürdiger Grund, dass der Unternehmer die Änderung nur noch aufgrund § 275 BGB ablehnen kann. Vielmehr ist die Zumutbarkeit ein notwendiges Gegengewicht zu der Freiheit, Beliebigkeit und Reichweite des Änderungsrechts, das zu einem angemessenen Interessenausgleich schon auf Tatbestandsebene führt. Zwar wird die Zumutbarkeit in der Gesetzesbegründung nicht klar umschrieben. Doch bilden die ermittelten Fallgruppen denkbare Szenarien ab, in denen zwar kein Fall § 275 BGB vorliegt, wohl aber die Ausführung der Änderungen unzumutbar ist.[894]

Selbst wenn dies für die gesetzliche Auslegung nicht maßgeblich ist, so liest man auch in § 1 Abs. 3 VOB/B ein dementsprechend tatbestandskupierendes Element hinein, sodass auch dort nur zumutbare Änderungen ausgeführt werden müssen.[895] Das zeigt, dass die Notwendigkeit erkannt wurde, Änderungen *nur in gewissem Rahmen* zuzulassen. Diesen Interessenausgleich übernahm der Gesetzgeber bewusst in § 650b Abs. 1 S. 1 Nr. 1 BGB.

Eine Änderung (Absatz 1 S. 2 a.E.) bzw. Anordnung (Absatz 2 S. 2 a.E.) ist nur möglich, wenn jeweils zumutbar. Der Besteller hat die Zumutbarkeit grundsätzlich zu beweisen, da er den Vertrag ändern will. Anders aber in Absatz 1 S. 3 bzw. Absatz 2 S. 3: Hier wird die Beweislast umgekehrt und der Unternehmer muss darlegen, warum betriebsinterne Vorgänge die Unzumutbarkeit verursachen. Die Verteilung der Beweislast trägt den Verantwortungssphären der Parteien Rechnung.[896] Gleichzeitig zeigt diese Differenzierung auch, dass dem

893 Gesetzentwurf BR-Drs. 123/16, S. 57.
894 Ausführlich S. 100 f.
895 Vgl. nur Jansen/Seibel/*Funke*, § 1 VOB/B Rn. 122.
896 Gesetzentwurf BR-Drs. 123/16, S. 57.

Gesetzgeber wichtig war, einen Interessenausgleich zu ermöglichen. Das führt zu dem Schluss, dass die Zumutbarkeit kein wesentlicher Grundgedanke der gesetzlichen Regelung ist.[897]

Für § 650b Abs. 1 S. 1 *Nr. 2* BGB hingegen gilt: Die Zumutbarkeit ist kein Kriterium, denn die Änderungen sind notwendig zur Erreichung des Werkerfolgs. Angesichts dieser *ratio legis* ist daher nicht möglich, die Zumutbarkeit *formularvertraglich* als Tatbestandsbeschränkung für das notwendige Änderungsrecht zu vereinbaren.[898]

III. Textform

Die Änderung muss (mindestens) in Textform angeordnet werden. Bei der Textform muss eine lesbare Erklärung auf einem dauerhaften Datenträger abgegeben werden, in der die Person des Erklärenden genannt ist, § 126b S. 1 BGB. Eine Anordnung, die nicht wenigstens den Anforderungen des § 126b BGB entspricht, ist nach § 125 S. 1 BGB nichtig.[899] In einem solchen Fall wären weiterhin die ursprünglichen Leistungen geschuldet und eventuell bereits ausgeführte Änderungsleistungen rückgängig zu machen.[900] Der Besteller kann die Anordnung allerdings (in angemessenem zeitlichem Rahmen) gem. § 141 Abs. 1 BGB nachholen, indem er die Textform wahrt oder wenigstens die nichtige Anordnung in Textform bestätigt.[901]

Der Formzwang bezweckt die erleichterte Beweisbarkeit der Anordnung und schützt den Besteller davor, die Rechtslage voreilig umzugestalten.[902] Die Beweis- und Warnfunktion sind für Bauverträge besonders wichtig, da schon kleine Änderungen erhebliche Folgen haben können. Zwar besteht bei Gestaltungsrechten kein genereller Formzwang, sodass man nicht von einem wesentlichen Grundgedanken aller Gestaltungsrechte sprechen kann.[903] Wohl aber

897 Ebenso LBD-L/*Langen*, § 650b BGB Rn. 105; *Leinemann/Kues*, § 650b BGB Rn. 235; BeckOK BauvertragsR/*Leupertz*, § 650b BGB Rn. 85; ibr-Baurecht/*von Rintelen*, § 650b BGB Rn. 245.

898 Ebenso BeckOK BGB/*Voit*, § 650b BGB Rn. 44.

899 Beschlussempfehlung und Bericht des Ausschusses für Recht und Verbraucherschutz, BT-Drs. 18/11437, 41.

900 *Oberhauser*, Bauvertragsrecht, 2017, § 2 Rn. 83.

901 Zu letzterem vgl. BeckOK BGB/*Wendtland*, § 141 BGB Rn. 7 ff.

902 Vgl. Beschlussempfehlung und Bericht des Ausschusses für Recht und Verbraucherschutz, BT-Drs. 18/11437, 41.

903 Vgl. MüKoBGB/*Einsele*, § 125 BGB Rn. 19 sowie etwa § 143, § 314 oder § 355 BGB.

unterscheidet sich § 650b BGB von den meisten Gestaltungsrechten dadurch, dass es das Leistungsspektrum nicht aufhebt, sondern ändert oder erweitert. Ist die Folge der übereilten Ausübung einer Kündigung ein womöglich verpasstes gutes Geschäft, führt das Änderungsrecht stets zu einer Mehrverpflichtung auch des Bestellers. Daher ist § 650b BGB nicht an den Maßstäben der anderen Gestaltungsrechte zu messen. Die meisten der oben untersuchten *Änderungs*rechte weisen zwar keine Formbedürftigkeit auf. Die mit dem Formzwang bezweckten Funktionen (Schutz, Beweis und Kontrolle) werden allerdings oft auf andere Art und Weise erreicht.[904]

Um diese Funktionen des Schutzes vor übereilter Ausübung und der Beweisbarkeit ausgesprochener Anordnungen sicherzustellen, ist die Textform ein wesentlicher Grundgedanke der gesetzlichen Regelung, von dem formularvertraglich nicht abgewichen werden darf,[905] wenn dadurch die mit dem Formzwang bezweckten Funktionen vereitelt würden. Das wäre bei einer Vereinbarung einer formlosen Anordnung der Fall. Schon aus diesem Grunde ist das Änderungsrecht des § 1 Abs. 3, 4 VOB/B derzeit unwirksam.

Ein strengerer Formzwang, zumindest die Vereinbarung der Schriftform gem. § 126 BGB, ist bei Verträgen zwischen Unternehmern formularvertraglich möglich, weil hier ein gesteigertes Bedürfnis besteht, klare Rechtsverhältnisse zu schaffen.[906] Mit Blick auf § 309 Nr. 13 lit. b) BGB gilt dies allerdings nicht gegenüber Verbrauchern.[907]

IV. Werkerfolg

Der Werkerfolg ist oben definiert.[908] Fraglich ist, ob diese Definition ein gesetzliches Leitbild darstellt und formularvertragliche Abweichungen scheitern oder ob eine Erweiterung der Änderungsbefugnis möglich ist. Die Frage stellt sich vor allem für die Bauzeit, da die Art der Ausführung schon Teil des Werkerfolgs ist. Die folgenden Ausführungen gelten nur für § 650b Abs. 1 S. 1 Nr. 1 BGB, da im Falle des notwendigen Änderungsrechts der Werkerfolg nicht geändert wird, sondern nur Teile der Ausführung.

---

904 Etwa erfüllt die allgemeine Bekanntmachung im Rahmen der versicherungsrechtlichen Änderungsrechte die Warn- und Beweisfunktion, ebenso die Beteiligung des Betriebsrats im Rahmen von § 8 Abs. 5 S. 4 TzBfG, dazu ausführlich S. 205 ff.

905 Ebenso BeckOGK BGB/*Mundt*, § 650b BGB Rn. 244.

906 Vgl. MüKoBGB/*Wurmnest*, § 309 Nr. 13 BGB Rn. 11.

907 Vgl. BeckOGK BGB/*Mundt*, § 650b BGB Rn. 244.

908 S. dazu S. 107 ff.

1. Bauzeit

Im Rahmen des Werkerfolgs befinden sind *mittelbare* Bauzeitauswirkungen, also Verzögerungen oder Beschleunigungen *infolge* einer *inhaltlichen* Anordnung. Legt man das hier vertretene Verständnis zugrunde, dass die Bauzeit nicht Teil des vereinbarten Werkerfolgs ist,[909] kann sein, dass der Besteller versucht, die Änderungsbefugnis auf formularvertraglichen Weg auf die Bauzeit zu erstrecken.

Ist die Bauzeit aber nicht Teil des Werkerfolgs im Sinne von § 650b Abs. 1 S. 1 Nr. 1 BGB, folgt daraus, dass der Werkerfolg auch kein (entgegenstehendes) Leitbild sein kann. Schließlich stellt ein Leitbild im Sinne von § 307 Abs. 2 Nr. 1 BGB ein sicht- und wahrnehmbares Fundament an gesetzlicher Regelung dar, das nicht reduziert oder verändert werden kann. Es trifft aber in der Regel keine Aussage über Dinge, die es nicht enthält, grenzt also weitere Elemente nicht aus. So würde wohl auch nicht angenommen werden, dass das gesetzliche Rücktrittsrecht eine implizite Absage an oder Auswirkungen auf Vertragsstrafenregelungen enthält.

Vielmehr ist die Frage, ob die *unmittelbare* Bauzeitanordnung mittels AGB geregelt werden darf, am Telos der gesamten baugesetzlichen Regelungen zu prüfen, wobei § 650b BGB natürlich eine gewichtige Rolle spielt. Die Zulässigkeit der bauzeitlichen Anordnung ist aber nicht Teil der Auseinandersetzung dieses Abschnitts, da hier das Leitbild des vereinbarten Werkerfolgs erörtert wird.[910]

2. Funktionstüchtigkeit des Werks

Mittels AGB kann nicht davon abgewichen werden, dass der Unternehmer ein *funktionstüchtiges Werk* errichten muss. Der funktionale Mangelbegriff ist ein wesentlicher Grundgedanke der gesetzlichen Regelung. Das gilt auch, obwohl er gesetzlich nicht explizit aufgeführt ist; denn die ständige obergerichtliche Rechtsprechung verortet seinen gesetzlichen Rückhalt in § 633 Abs. 2 S. 1 BGB, was eine gesetzliche Regelung ist im Sinne von § 307 Abs. 2 Nr. 1 BGB. Derartige formularvertragliche Abweichungen von der Soll-Beschaffenheit des Werkerfolgs sind gegenüber einem Verbraucher-Besteller schon nach § 309 Nr. 8 lit. b) lit. aa) BGB unwirksam. Die Vorschrift gilt sinngemäß auch bei reinen Unternehmerverträgen.[911] Zwar behandelt § 309 Nr. 8 lit. b) lit. aa) BGB nur die Abbedingung

909 Dazu ausführlich S. 87 ff.

910 Mehr zur Frage der Bauzeitanordnung durch AGB bei ibr-Baurecht/*von Rintelen*, § 650b BGB Rn. 246 m.w.N.

911 BGH, VIII ZR 165/92 = NJW 1994, 1060 [1066, Rn. XI.]; MüKoBGB/*Wurmnest*, § 309 Abs. 8 BGB Rn. 33.

der Mängel*rechte*. Aber die Abbedingung des funktionalen Mangelbegriffs beschränkt, was ein Mangel im Sinne von § 633 BGB ist und versperrt gerade dadurch den Zugang zu Mängelrechten für diese Fälle,[912] da die Funktionsuntüchtigkeit des Bauwerks nicht mehr gerügt werden könnte.

912 Denkbar wäre die Formulierung: „Mängel des Bauwerks, die aus anderen Gründen entstehen als durch Befolgung der Angaben in der Leistungsbeschreibung, dem -verzeichnis und den Plänen, sind keine Mängel im Sinne des § 633 BGB." Hingegen wäre die folgende Formulierung direkt unter § 309 Nr. 8 lit. b) lit. aa) BGB einzuordnen: „Befolgt der Unternehmer für die Bauleistung die Angaben in Leistungsbeschreibung, -verzeichnis und Plänen, sind anderweitige Mängelrechte ausgeschlossen."

D. Alternative Konstruktionen?

Warum aber hat der Gesetzgeber sich für ein einseitiges Gestaltungsrecht entschieden?[913] Diese Frage kann zwar nicht abschließend beantwortet werden, da die Gesetzesmaterialien keinen Hinweis darauf geben, weswegen die Vorschrift gerade mit Gestaltungscharakter formuliert wurde. Jedoch können die Vor- und Nachteile des Gestaltungsrechts gegenüber alternativen Konstruktionen illustriert werden. Infrage kämen ein Anspruch auf Vertragsanpassung, ein Leistungsbestimmungsrecht nach § 315 BGB oder eine Gestaltungsklage.[914]

I. Anpassungsanspruch

Das Änderungsrecht hätte als Anpassungsanspruch ausgestaltet werden können (im Folgenden: *Zustimmungsmodell*).[915] Diese Konstruktion ist dem Gesetz bekannt, wie § 313 Abs. 1 oder §§ 558 ff. BGB zeigen. Der Besteller müsste seinen Änderungswunsch in Art und Umfang konkret bezeichnen und der Unternehmer könnte sich vorbehaltlos darauf einlassen – dann Annahme und Abschluss eines Änderungsvertrags – oder über den Inhalt verhandeln. Der Anspruchsinhalt und die Vergütung der Änderungsleistungen müsste sich in einem Korridor zwischen den Folgen einer bestellerseitigen Kündigung (§ 648 BGB) und gleichzeitiger Neubeauftragung und der Fortschreibung der bisherigen Leistungspositionen bei „guten Preisen“ bewegen, um den Interessenausgleich zu bewahren.[916] Nur wenn die Parteien sich nicht über die Änderung einigen, könnte der Besteller auf die Befolgung des Anspruchs bestehen, da ihm die Zustimmung bei Tatbestandsmäßigkeit seines Änderungsbegehrens zustünde.

1. Vertragsanpassung als Kontrahierungszwang?

Phänomenologisch könnte es sich beim Anpassungsanspruch um Kontrahierungszwang handeln. Kontrahierungszwang ist „die auf Grund einer Norm der

913 Zur Einordnung S. 184 ff.

914 Generell bestehen für die Vertragsanpassung vier verschiedene Modi, *Hau*, Vertragsanpassung, 2003, S. 277 ff.: *ipso iure*, Vertrag, Gestaltungserklärung oder Gestaltungsurteil.

915 Auf S. 153 wurde bereits die verfassungsrechtliche Pflicht des Gesetzgebers, statt des Gestaltungsrechts einen Anpassungsanspruch zu konstruieren, mangels geringeren Eingriffs verneint. Wie eine einfachgesetzliche Konstruktion aussehen könnte und welche Unterschiede bestünden, wird hier behandelt.

916 Ähnlich *Voit*, FS Beuthien, 2009, S. 65, 70.

Rechtsordnung einem Rechtssubjekt ohne seine Willensbindung im Interesse eines Begünstigten auferlegte Verpflichtung, mit diesem einen Vertrag bestimmten oder von unparteiischer Seite zu bestimmenden Inhalts abzuschließen".[917] Diese Definition schränkt *Nipperdey* ein, indem Sachverhalte ausgenommen sind, in denen der nun Verpflichtete sich ursprünglich selbst gebunden habe, wohl wissend, dass es zu Anpassungsansprüchen kommen könnte, sodass der Zwang nur eine Folge der eigenen Bindung sei.[918] Wie ein hypothetischer Anpassungsanspruch auf eine bauvertragliche Änderung einzuordnen wäre, ist nicht ganz einfach. Zwar bestünde der gesetzliche Fall einer auferlegten Verpflichtung für den Unternehmer, einen Änderungsvertrag zu schließen, der inhaltlich den Wünschen des Bestellers entspricht. Allerdings hat der Unternehmer sich ursprünglich frei in das zugrunde liegende Vertragsverhältnis hineinbegeben. Dann aber, käme es zum Anpassungsanspruch, hätte der Unternehmer keinerlei Mitspracherecht, solange der Besteller mit seinem Begehren in den vorgesehenen Grenzen bliebe. Er wäre zur Zustimmung verpflichtet, und zwar zu einem Vertrag, dessen Inhalt ihm vom Besteller vorgegeben würde. Dass es sich dabei um einen Änderungsvertrag eines bereits bestehenden Grundvertrags handelt, ist kein großer Unterschied mehr im Vergleich dazu, dass es sich beim klassischen Kontrahierungszwang um die *erstmalige* Schließung eines Vertrags handelt. Diese Form des „diktierten" Inhalts[919] würde einen bauvertraglichen Änderungsanspruch auch von einem Anpassungsanspruch nach § 313 Abs. 1 BGB unterscheiden, dessen Inhalt vom Berechtigten zwar materiell benannt und gefordert werden kann, letztlich aber der Kontrolle und Stattgabe des Gerichts unterliegt. Im Falle eines (gewillkürten) Änderungsanspruchs könnte das Gericht den Anspruch hingegen entweder zusprechen oder abweisen, nicht aber selbst entscheiden, was angemessen ist, da entscheidungsleitende Maßgaben wie etwa die Wiederherstellung der ursprünglichen Vertragsäquivalenz nicht bestehen. Maßgeblich ist allein die Vorstellung des Bestellers. Will der Besteller zwei kurze Heizkörper à 1,50 m statt eines längeren à 2,70 m installieren lassen, kann das Gericht nicht darauf erkennen, dass der Anspruch auf einen Heizkörper von 2,20 m Länge besteht, weil dies nicht dem Willen des Bestellers entspräche.

Begrifflich wird der Kontrahierungszwang eher für Sachverhalte gebraucht, in denen bislang Unbeteiligte zum Vertragsschluss verpflichtet werden, weil sie eine

917 *Nipperdey*, Kontrahierungszwang, 1920, S. 7.

918 *Nipperdey*, Kontrahierungszwang, 1920, S. 15.

919 Nicht zu verwechseln mit dem „diktierten Vertrag", vgl. dazu *Busche*, Kontrahierungszwang, 1999, S. 116.

bestimmte Schlüsselstellung bekleiden (etwa die Grundversorgung, § 36 Abs. 1 S. 1 EnWG). Prominent ist die Bezeichnung für Märkte, in denen entweder ein strukturelles Ungleichgewicht besteht (Konsumgüter- und Arbeitsmärkte) oder die der grundlegenden Versorgung der Bevölkerung dienen (Energiemarkt) und sich letztlich in der Vertragsgestaltung mit dem einzelnen Kontrahenten kaum oder nicht unterscheiden.[920] Der Kontrahierungszwang erfüllt hier einen korrektiven Zweck,[921] der beim Änderungsrecht nicht immer besteht.

Wie auch immer man das Zustimmungsmodell dogmatisch bezeichnen will: Es würde dem Kontrahierungszwang ähneln, da der Unternehmer einem einseitig vordiktierten Änderungsvertrag zustimmen müsste.[922]

2. Praxiserwägungen

Ein Vergleich zwischen dem Anordnungs- und dem Zustimmungsmodell zeigt, welche der Varianten sich für den Fall gewünschter Änderungen im Bauvertragsrecht eignet.

Blendet man die Einvernehmensphase aus, wäre das Anordnungsmodell unilateral ausgestaltet. Das Zustimmungsmodell hingegen wäre bilateral, denn beide Parteien müssten bei der Entstehung der Rechtsänderung mitwirken. Das könnte aufseiten des Unternehmers explizit mit der Zustimmung zum Änderungsanspruch oder aber konkludent mit der Erbringung der Änderungsleistungen erfolgen. Auch bei einem Zustimmungsmodell würde wohl eine obligatorische Einigungsphase vorgeschaltet werden und die Möglichkeit bestehen, mittels Änderungsvertrags stets von der „einseitig beanspruchten" Änderung abzustehen. Daher könnte sich hier öfter die Frage stellen, wie die „Einigung" tatbestandlich einzuordnen wäre – als Ergebnis der 30-Tages-Einigung, als Befolgung der Zustimmungspflicht oder als Änderungsvertrag? Diese Unsicherheiten würden wohl nicht selten zu Problemen führen, auch und gerade über die Vergütung.

Im Bauwesen gilt zwar grundsätzlich: Je mehr Kooperation und Kommunikation erfolgt, desto besser ist das für das Gelingen des Projekts. Langfristig würde das Zustimmungsmodell indes wohl weniger Konsens schaffen. Denn

---

920 *Kilian*, AcP 180 (1980), 47, 74.

921 *Busche*, Kontrahierungszwang, 1999, S. 111; *Kilian*, AcP 180 (1980), 47, 52.

922 Ibr-Baurecht/*von Rintelen*, § 650b BGB Rn. 108 f. lehnt einen Kontrahierungszwang angesichts der Formulierung des § 650b Abs. 2 S. 2 BGB ab. Vgl. zur alten Rechtslage in Bezug auf Kontrahierungszwang *Matz*, Konkretisierung des Werks, 2012, S. 30 f.; zu § 1 Abs. 3, 4 VOB/B: *Kaufmann*, BauR 2005, 1806, 1808 f.

psychologisch betrachtet wird der Unternehmer dazu verleitet anzunehmen, er habe Einfluss auf die Änderung. Schließlich sei seine Zustimmung zur Vertragsänderung erforderlich. In Wirklichkeit aber wäre die Zustimmung im Fall, dass die Parteien sich nicht einigen, eine Formalie und deren Verweigerung eine Pflichtverletzung.[923] Im Baurecht können schon kleine Vertragsverletzungen folgenreich sein.[924] Verweigert der Unternehmer beim Zustimmungsmodell und irrt er dabei, kann den Besteller dies zur Kündigung nach § 648a BGB berechtigen. Außerdem ist die Verweigerung oder Verzögerung der Zustimmung eine Pflichtverletzung, die gem. § 280 Abs. 1 BGB zum Schadensersatz verpflichtet.[925]

Insoweit gleichen die Rechtsfolgen der unberechtigten Verweigerung beim Zustimmungsmodell denen des Anordnungsmodells. Leistet der Unternehmer dort auf die wirksame Anordnung nicht, kommt er seiner Hauptleistungspflicht nicht nach, was dem Besteller meist Sekundärrechte wie Schadensersatz oder Kündigung verleiht.[926]

Dass die Parteien nur der gesetzlichen Vorstellung nach und oftmals nicht *realiter* umfassend kooperativ zusammenarbeiten, zeigen schon ihre gegenläufigen Interessen. Es ist daher im wohlverstandenen Interesse beider Seiten, das Gesetz so klar wie möglich zu fassen, um nicht Raum für rechtliche Unsicherheiten zu schaffen, die zu Vertragsverletzungen verleiten. Der Unternehmer ist der Anordnung unterworfen. Wenn er sie missachtet, hat er dafür einzustehen. Ist die Anordnung rechtswidrig, verantwortet der Besteller die Folgen.

Beim Zustimmungsmodell ist die Gefahr höher, dass modale Probleme auftreten. Die Voraussetzungen der Anordnung einzuhalten ist vergleichsweise einfach. Einigen sich die Parteien nicht auf eine Änderung, ordnet der Besteller die Änderung nach 30 Tagen an und der Unternehmer muss dem entsprechen. Beim Zustimmungsmodell sollen die Parteien ebenfalls zunächst verhandeln.

---

923 BGH, V ZR 17/11 = NJW 2012, 373 [375, Rn. 27]; die Verweigerung der Zustimmung verhindert auch nicht die Legitimität der Änderungsleistung. Verweigert etwa der Mieter die Zustimmung zur rechtmäßigen Mieterhöhung, muss er nach Feststellung durch das Gericht die erhöhte Miete rückwirkend ab dem Zeitpunkt nachzahlen, ab dem er zur Zustimmung verpflichtet gewesen wäre, nur BeckOK MietR/*Theesfeld*, § 558 BGB Rn. 81.

924 Der Unternehmer kann etwa bei bloßem Ablauf einer angemessenen Frist im Rahmen der verlangten Bauhandwerkersicherung den gesamten Vertrag kündigen, § 650f Abs. 5 S. 1 BGB.

925 Für den Parallelfall des § 313 BGB, BGH, V ZR 17/11 = NJW 2012, 373 [376, Rn. 33]; ähnlich auch für den Vorvertrag: BGH, V ZR 97/05 = NJW 2006, 2843 [2845, Rn. 26].

926 Vgl. nur Messerschmidt/Voit/*Oberhauser*, § 648a BGB Rn. 4.

Einigen sie sich nicht, kann der Besteller die wunschgemäße Vertragsanpassung verlangen, der Unternehmer muss zustimmen und demgemäß leisten. Beim Anordnungsmodell ist für die Änderung eine, beim Zustimmungsmodell sind zwei Willenserklärungen erforderlich. Je mehr Erklärungen für ein Rechtsgeschäft erforderlich sind, desto fehleranfälliger wird der Sachverhalt angesichts der „klassischen" Probleme bei Willenserklärungen. Anfechtbar sind die Willenserklärungen in beiden Fällen, da die §§ 119 ff. BGB nicht zwischen verpflichtenden oder gestaltenden Erklärungen differenzieren.

Beim Zustimmungsmodell kommt der Änderungsvertrag im Streitfall nur durch das Gericht zustande, indem die Erklärung durch das Urteil ersetzt wird, § 894 S. 1 ZPO.[927] Eine Erklärung gilt danach erst als abgegeben, wenn das Urteil *formell* rechtskräftig ist, wie § 705 S. 1 ZPO zeigt. Dieser Zeitraum würde das Bauvorhaben um einen weiteren Monat (vgl. die Berufungsfrist, § 517 ZPO) und bei Einlegung eines Rechtsmittels mit Suspensiveffekt sogar noch weiter verzögern.

Die Ersetzung der Zustimmung des Unternehmers durch Urteil erfolgt auch, wenn der Besteller direkt auf Leistung klagt. Der Klageantrag muss nicht auf Zustimmung lauten, sondern kann direkt auf Erbringung der Leistung gerichtet sein.[928] Prozessökonomisch ist meist die Klage auf die angepasste Leistung, da der Gläubiger einen Vollstreckungstitel erhält. Der Besteller müsste beim Zustimmungsmodell daher Klage auf Erbringung der Änderungsleistung erheben.[929] Prozedural ergeben sich zwischen dem Anordnungs- und dem Zustimmungsmodell mithin keine Unterschiede, da beide Klagen auf Leistung lauten müssten.

Praktisch führen beide Modelle hinsichtlich der Frage, wie bei Uneinigkeit die Fertigstellung des Bauwerks erreicht werden kann, zum selben Ergebnis: Ob der Unternehmer die Änderungsleistung nicht erbringt, weil er ihr nicht zustimmt und daher geklagt werden muss, oder ob die Leistungsklage bloß auf die bereits Änderungsleistung gerichtet ist – beides belässt das Gewerk zunächst unbearbeitet und überantwortet dem Besteller die Klageinitiativlast.[930]

---

927 Vgl. BeckOK MietR/*Theesfeld*, § 558 BGB Rn. 81.

928 Für § 313 BGB BGH, V ZR 17/11 = NJW 2012, 373 [376, Rn. 34]; BeckOK BGB/*Lorenz*, § 313 BGB Rn. 84.

929 In Nachtragsvergütungsfällen nach § 2 VOB/B wird dies ebenso gehandhabt, vgl. nur Kapellmann/Messerschmidt/*Kapellmann*, § 2 VOB/B Rn. 260.

930 Für das Gestaltungsrecht allgemein *Becker*, AcP 188 (1988), 24, 65.

Die Konzeption als Anordnungsmodell verteilt jedoch die einzelnen Vertragsrisiken gerechter. Der durch das Änderungsrecht privilegierte Besteller trägt die Folgen einer unwirksamen Anordnung. Die Anordnung ist unwirksam, wenn der Tatbestand nicht erfüllt ist, und kann nicht geltungserhaltend reduziert werden (außer als Angebot auf einen Änderungsvertrag). Beim Anspruch auf Zustimmung ist jedoch denkbar, dass das Gericht zwar nicht auf den Anspruch insgesamt, wohl aber auf einen Teil davon erkennt oder der Besteller seinen Klageantrag entsprechend stellt oder umstellt. Ordnet der Besteller etwa drei weitere Laibungen für Fenster an, anordnungsfähig wären aber nur zwei, ist die gestaltende Anordnung insgesamt unwirksam. Beim Zustimmungsmodell hingegen ist denkbar, dass immerhin zwei Laibungen zugesprochen und nur die dritte versagt wird. Das würde den Unternehmer benachteiligen, da für ihn ein nicht überschaubares Prozessrisiko entsteht. Der Besteller könnte nämlich im Prozess je nach Umfang des Änderungsanspruchs größtenteils obsiegen oder gar in den Genuss des § 92 Abs. 2 ZPO gelangen, sodass dem Unternehmer die Prozesskosten zum Teil oder vollständig auferlegt werden.

Angesichts dieser Probleme des Zustimmungsmodells und der Tatsache, dass keine nennenswerten Vorteile entstünden, ist die jetzige Konstruktion als Gestaltungsrecht vorzugswürdig.

II. Zustimmungsfiktion

Denkbar ist auch die Konstruktion als Zustimmungsfiktion. Der Besteller muss in einem solchen Fall sein Änderungsbegehren äußern, der Unternehmer hat die Pflicht, ein Angebot über die Vergütung zu erstellen und vorzulegen. Einigen sich die Parteien innerhalb der Einigungsfrist nicht, „erwächst" das Änderungsbegehren zur Anordnung, auch weil der Unternehmer nicht genügend widersprochen hat (etwa mit dem Einwand der betrieblichen Unzumutbarkeit). Dogmatisch ist das ein Antrag auf Eingehung eines Änderungsvertrags, die Zustimmung wird ab einem bestimmten Punkt fingiert, ähnlich der §§ 108 Abs. 2 S. 2, 516 Abs. 2 S. 2 BGB.[931] Das Schweigen des Unternehmers hat dann Erklärungswert. Der Ablauf zu § 650b BGB *de lege lata* ist nahezu identisch, allerdings müsste der Besteller neben dem Änderungsbegehren keine zusätzliche Anordnung nach Absatz 2 mehr aussprechen. Auch die Rechtsfolgen bestimmten sich nach § 650c BGB.

---

931 Zu Fiktion *Wank*, Auslegung, [6]2015, S. 22.

Gewonnen ist mit einer derartigen Ausgestaltung wenig. Der Besteller sieht sich zwar nicht mehr den Gefahren ausgesetzt, die die Anordnung mit sich bringt. Doch ist die Konstruktion auch nicht in seinem Interesse. Denn er hat auf die Entwicklung des Begehrens hin zur verbindlichen Erklärung keinen weiteren Einfluss. Er muss, will er die Änderungen nach Ablauf der Frist nun doch nicht mehr, das Begehren aus der Welt räumen. Und auch dem Unternehmer ist mit der Zustimmungsfiktion nicht gedient. Denn für den Unternehmer ist unerheblich, ob der Besteller das Änderungsbegehren wie vor 30 Tagen geäußert nun zur verbindlichen Vertragsänderung erwachsen lässt oder aber der Besteller noch den weiteren Mitwirkungsakt der Anordnung tätigen muss, der inhaltlich nicht vom Änderungsbegehren abweichen darf. Vor allem ist diese Lösung nicht konsensualer, nur weil nun ein Vertrag vorliegt. Entstanden ist der Änderungsvertrag nämlich durch die nie abgegebene, sondern fingierte Zustimmung des Unternehmers.

III. Leistungsbestimmungsrecht

Alternativ kann die Änderung auch als Leistungsbestimmungsrecht (*Bestimmungsmodell*) konstruiert werden.[932] Eine solche Konstellation setzt schon sprachlich voraus, dass der Bauvertrag lediglich als Rahmenvertrag oder Grundvertrag geschlossen wird.[933] Bis auf den Leistungskern, der dem Vorhaben die Identität verleiht und unveränderlich ist, sind alle einer Änderung zugänglichen Leistungsteile unverbindlich gefasst und bedürfen sukzessive einer Bestimmung zum Bausoll.

Eine solche Konstellation von „Rumpfleistungen" zum Zeitpunkt des Vertragsschlusses widerspricht jedoch dem gängigen Verständnis von Verträgen, in denen die *essentialia negotii* nicht in so großer Anzahl der Bestimmung unterliegen sollen oder dürfen. Zwar ist die Bestimmung der gesamten Leistung oder einzelner Teile (§ 262 BGB) durchaus üblich, allerdings nicht in dem hier infrage kommenden Ausmaß. Insbesondere im Vergaberecht ist die Ausschreibung eines solchen Vorhabens nur schwer mit dem Gebot der erschöpfenden

932 Jauernig/*Mansel*, § 650b BGB Rn. 10 und BeckOGK BGB/*Mundt*, § 650b Rn. 185 verstehen § 650b Abs. 2 BGB *de lege lata* wohl sogar als Leistungsbestimmungsrecht i.S.v. § 315 BGB. Für § 315 BGB bleibt aber angesichts der Spezialität von § 650b BGB kein Raum, vgl. S. 191 ff.

933 Das nimmt *Matz*, Konkretisierung des Werks, 2012, S. 90 ff. *et passim* an; dass der Bauvertrag eine partielle rahmenvertragliche Prägung aufweist, ist nicht zu leugnen, s. S. 31 f.

Leistungsbeschreibung (§§ 7 Abs. 1 Nr. 1, 7b VOB/A) und dem Grundsatz der Transparenz (§ 97 Abs. 1 S. 1 Var. 2 GWB) vereinbar, denn die ausgeschriebenen Positionen gelten dann nur unverbindlich und könnten vom Besteller stets modifiziert werden.

Ein weiterer Nachteil des Bestimmungsmodells ist, dass der Abruf jeder Teilleistung eine gesonderte vertragsbegründende Annahme des Bestellers auf das (Gesamt-)Angebot des Unternehmers bezüglich der konkreten Position wäre. Die mit Willenserklärungen verbundenen Probleme würden hier häufiger auftreten im Vergleich zu den beiden Willenserklärungen, die für den einmaligen Vertragsschluss *de lege lata* erforderlich sind. Auch die Gegenleistung wäre zu Beginn des Projekts nur unverbindlich zu bestimmen, da die Vergütung sich synallagmatisch und reziprok zur erbrachten Leistung verhält. Dies schüfe ohne Not eine Unsicherheit für den Unternehmer bei der Kalkulation, da ihm zum Zeitpunkt des Rumpfvertragsschlusses unbekannt ist, in welcher Höhe er mit der Vergütung rechnen kann.

IV. Gestaltungsklage

Infrage kommt schließlich, die Änderung als Gestaltungsklage zu verfassen. Der Besteller kann in diesem Fall unabhängig vom Willen des Unternehmers die Rechtslage gestalten. Allerdings muss er, will er die Anordnung zu Recht werden lassen, ein Gericht anrufen, das durch Gestaltungsurteil die Wirkung herbeiführt.[934] Die gestaltende Privaterklärung sowie das Gestaltungsurteil sind jeweils Teiltatbestände, die nur *in summa* die Gestaltungswirkung erzeugen.[935] Die Notwendigkeit der gerichtlichen Anrufung führt aber dazu, dass die Wirkungsweise des Änderungsrechts aus zwei Gründen entwertet wird:

Zum einen wäre für ein Bauprojekt aufgrund seiner vielschichtigen Bearbeitung (Parallelplanung, viele Einzelgewerke) wesentlich, dass der vorgegebene Zeitplan so gut wie möglich eingehalten wird. Schon die Änderung kann das Vorhaben verzögern. Bedürfte es gerichtlicher Unterstützung, würde selbst bei einem eingeräumten einstweiligen Rechtsschutz das Verfahren noch weiter verzögert.

Zum anderen würde das Gestaltungsklagemodell zu einer Überlastung der Justiz führen, da jede Anordnung prozessual durchzusetzen wäre. Zwar wäre das Vorliegen einer Anordnung schon ein Indiz, dass die Parteien sich nicht einigen

---

934 Zur Abgrenzung *Bötticher*, FS Dölle I, 1963, S. 41, 54.

935 *Seckel*, FG Koch, 1903, S. 205, 239, 241.

können. Wohl aber ist davon auszugehen, dass eine gewisse Anzahl Unternehmer sich der privatgestaltenden Anordnung unterordnen und keinen Prozess riskieren würden. Im Gestaltungsklagemodell müsste für die Rechtssicherheit hingegen stets das Gericht angerufen werden. Gestaltungsklagen sind auf Sachverhalte zugeschnitten, die erhebliche Rechtsfolgen bewirken und auf einmalige oder seltene Ausübung gerichtet sind.[936] Wenn aber schon bei einem kleineren Bauvorhaben bis zu 60 Einzeländerungen auftreten können,[937] zeigt sich, dass ein Modell mit gerichtlicher Durchsetzung ineffektiv wäre.

V. Fazit

Die Konzeption der Leistungsänderung als Gestaltungsrecht ist die richtige Entscheidung für die effektive und zügige Durchsetzung der Änderungswünsche, auch wenn in einigen Punkten nachgebessert werden muss. Neben zwei ineffektiven Alternativen – dem Leistungsbestimmungsrecht bei noch überwiegend unverbindlichem Vertragsinhalt und der Gestaltungsklage – verspricht auch ein Anpassungsanspruch nicht den gleichen Erfolg wie § 650b BGB *de lege lata*, denn die Hoffnung, durch diese teilweise „kooperativeren“ Instrumente auch tatsächlich mehr Zusammenarbeit zu schaffen, dürfte nicht erfüllt werden. Vielmehr würde Raum für viele Einzelprobleme bereitet, die durch die jetzige Ausgestaltung vermieden werden.

---

936 Etwa die Scheidungsklage, § 1564 BGB.
937 Vgl. nur BGH, VII ZR 101/95 = NJW-RR 1997, 403 [403 f.].

Zusammenfassung der wissenschaftlichen Erkenntnisse

Thesen zu § 2 – Die einseitige Änderung in Vertrag und Gesetz:

1. **Bis 2018** bestand für **BGB-Bauverträge** ein **gesetzliches Änderungsrecht nicht**. Es bestanden lediglich **vereinzelte Ausnahmen** aus Treu und Glauben. (S. 65)
2. Eine **unwirksame Änderungsanordnung**, die sich außerhalb des Tatbestands von § 1 Abs. 3, 4 VOB/B oder § 650b BGB befindet, **kann** als **Antrag** auf einen **Änderungsvertrag** ausgelegt werden. Die Vergütung bemisst sich nach § 632 BGB. (S. 66)
3. Es ist auffällig, dass in § 650b BGB zuerst die gewillkürte und erst dann die notwendige, sachlich eigentlich eher gerechtfertigte, Änderung aufgeführt wird. Das ist als **Nobilitierung der Interessen des Bestellers** zu verstehen. (S. 71)
4. Das Änderungsbegehren ist eine **rechtsgeschäftsähnliche** Handlung. (S. 73)
5. Begehrt der Besteller eine Änderung und wird sie befolgt, ohne dass über die Vergütung verhandelt wird, kommt konkludent ein **Änderungsvertrag** zustande. Die Vergütung bemisst sich nach **§§ 632 Abs. 2 BGB i. V. m. 650c Abs. 1, 2 BGB**. Diese Berechnung berücksichtigt den Einzelfall. (S. 74)
6. Der Merkspruch zur Nachtragsvergütung ist nicht mehr die Korbion'sche Formel, sondern lautet nunmehr eher: „**Aus schlechtem Preis** (Urkalkulation, § 650c Abs. 2 BGB) **mach guten Preis** (angemessene Vergütung, Absatz 1), **aus gutem Preis mach einen noch besseren** (Angebot, § 650b Abs. 1 S. 2 BGB)“. (S. 90)
7. Die Einvernehmensphase **ersetzt** die **Neuverhandlungspflicht**. (S. 84)
8. Die **Bauzeit** ist **nicht Bestandteil** des *vereinbarten Werkerfolgs* im Sinne von § 650b Abs. 1 S. 1 Nr. 1 (!) BGB. Ein Anpassungsrecht kann sich allenfalls aus Treu und Glauben ergeben (S. 93). Die **Art der Ausführung** hingegen **kann** unter genauer Beachtung der Zumutbarkeit **einseitig geändert** werden. (S. 94)
9. Der Werkerfolg des gewillkürten Änderungsrechts wird durch die **Zumutbarkeit begrenzt** (S. 106). Konkrete Beispiele können als **vertragsgefährdende Merkmale** in der **Person des Bestellers** oder als **Rücksicht gebietende**

Merkmale in der **Person des Unternehmers** auftreten, und führen zur Unzumutbarkeit der Änderung. (S. 100)

10. § 650b Abs. 1 S. 1 **Nr.1** BGB verleiht **nicht** die Befugnis eine Änderung anzuordnen, infolge der Einzelunternehmer **Nachunternehmer** für ihm **fachfremde Leistungen beauftragen** müsste. Der Unternehmer muss allerdings im Rahmen seiner Kooperationspflichten darüber informieren, dass er die Änderung nicht erbringen kann. (S. 113)
11. Die **Zumutbarkeit** ist ein **Tatbestandsmerkmal** und damit für die Anspruchsentstehung erforderlich. Dies folgt aus der Beweislastumkehr des § 650b Abs. 1 S. 3 BGB, wonach der Unternehmer nur ausnahmsweise die betriebsinternen Vorgänge darlegen muss. Die **Geltendmachung** der **Unzumutbarkeit** innerhalb der 30-Tage-Frist ist eine **Vertragspflicht**, deren Verletzung Schadensersatzansprüche begründen kann. (S. 114)
12. Der Werkerfolg im Sinne von § 650b Abs. 1 S. 1 Nr. 1 BGB ist das Ergebnis der Verhandlungen. Er erfasst, was die Parteien vertraglich **zum Werkerfolg erklärt** haben sowie sowohl **Summe und Inhalt der zugrundeliegenden Bauleistungen** als auch die **Art der Ausführung**. Der Werkerfolg ist nicht ausschließlich ergebnisorientiert, sondern beruht auch auf bestimmten Verfahrensschritten, d.h. der Art der Ausführung, und ist veränderlich. Die Änderungen müssen möglich und zumutbar sein. Sie dürfen **nicht** zu einem **vertraglichen „Mehr"** führen, sie sind als Austausch oder Änderung möglich, aber auch als „zusätzliche" Leistung, wenn sich die Änderung im Rahmen der Werkidentität bewegt. (S. 116)
13. Durch die gewillkürte Anordnung kann sich der Besteller **gegen strategisch überpreiste Einzelpositionen des Einheitspreisvertrags** wehren, wenn die betreffende Position ohne Not austauschbar ist und durch eine gleichwertige ersetzt werden kann. Die Vergütung infolge der Anordnung richtet sich nach § 650c BGB. (S. 109)
14. Die Alternative des notwendigen Änderungsrechts **verdrängt nicht** die jahrelange Figur des **funktionalen Mangelbegriffs**. Ein Nebeneinander ist denkbar. (S. 112)
15. Ist das vom Unternehmer auf ein Änderungsbegehren hin erstellte Angebot sittenwidrig und der Besteller dazu gezwungen, es anzunehmen, ist der **Änderungsvertrag nichtig**. Eine Umdeutung in eine Anordnung ist möglich mit der Besonderheit, dass dem Unternehmer zwar die tatsächlich erforderlichen Kosten samt AGK zustehen, **nicht** jedoch **Zuschläge für Wagnis und Gewinn**. (S. 123 ff., insb. S. 133)

16. Auch nach § 650c Abs. 2 BGB dürfen stets nur die tatsächlich erforderlichen Kosten beansprucht werden. Die vorkalkulatorische Preisfortschreibung findet nur eingeschränkte Anwendung. (S. 138 f.)
17. Das **Änderungsrecht** ist **verfassungsgemäß**. Eine einschränkende verfassungskonforme **Auslegung** ist jedoch dahingehend geboten, dass in Fällen, in denen die Änderung zum Erreichen des Werkerfolgs **notwendig** wird, den **Unternehmer** an dieser Situation aber **kein Verschulden** trifft, sondern vielmehr der **Besteller** dafür **verantwortlich** ist, die einseitige Anordnung nicht möglich ist, wenn der Unternehmer die Änderung **nicht im eigenen Betrieb**, sondern nur durch Dritte erbringen kann. (S. 140, 155)

Thesen zu § 3 – Die dogmatische Einfügung von § 650b BGB:

1. Einzuordnen ist das Änderungsrecht als ein im Entstehungsgrund **gesetzliches** Recht, das – vom Gestaltungsobjekt aus betrachtet – **unselbständig**, **forderungsbezogen** und **grundabhängig** ist. (S. 184)
2. Bei einem Vergleich des § 650b BGB mit **ähnlichen Gestaltungsinstrumenten** ist festzustellen, dass dort **kaum Anleihen** zu finden sind. Keine Erkenntnisse finden sich in den §§ 262 ff., 313 Abs. 1, 315, 559 ff., 651f Abs. 1, 2 BGB sowie § 106 S. 1 GewO, §§ 5 GVV und §§ 164, 203 VVG. (S. 185- 217)
3. Selbst wenn **Wertungen des § 315 BGB** auf § 650b BGB **übertragbar** wären, ist dies **nicht zulässig**. (S. 189)
4. In § 12 Abs. 3 ArbnErfG findet sich zwar keine Anleihe, aber das dortige **Einigungsmodell** sollte *de lege ferenda* auf § 650b BGB übertragen werden. (S. 203)
5. Der Rechtsgedanke des Auftragsrechts, in bestimmten Zweifelsfällen Weisungen des Auftraggebers einholen zu müssen, ist auf den **BGB-Bauvertrag** übertragbar. Dort besteht die auch in der VOB/B geregelte **Bedenkenhinweispflicht**, wird jedoch Treu und Glauben entnommen. Die Anwendung von **§ 665 S. 1 BGB** ist sachnäher als § 242 BGB und daher vorrangig heranzuziehen. (S. 212)
6. Die meisten korrektiven Gestaltungsrechte bewirken eine einseitige Angleichung an das vertragliche Äquivalenzverhältnis, das vor dem Eintritt der Störung bestand. Das **notwendige** Änderungsrecht ändert hingegen **beide Seiten** des Synallagmas. (S. 217)
7. Die Eigenheit des gewillkürten Änderungsrechts ist, dass der Besteller **willkürlich** und **ohne**, dass **äußere Umstände** dies erfordern, Leistungsteile **nach Vertragsschluss** und **frei** ändern kann. Durch diese vier Elemente

unterscheidet es sich von allen anderen betrachteten Gestaltungsinstrumenten. (S. 221)

8. Das **gewillkürte Änderungsrecht** hat **Vorbildcharakter** für etwaige folgende Gestaltungsrechte. Die Norm ist aber derzeit weder Grundlage für Einzelanalogien noch für eine Gesamtanalogie. Daher entfaltet die Norm auch kein Leitbild im Sinne von § 307 BGB für andere Verträge. (S. 222- 227)
9. Die **Phase des Strebens nach Einvernehmen** enthält keine wesentlichen Grundgedanken der gesetzlichen Regelung, **Abweichungen** mittels AGB sind **grundsätzlich möglich**. Das gilt für die **Flexibilisierung** der **30-Tage-Frist** sowie für die **Abbedingung** der Frist **ohne sachlichen Grund**. (S. 230 ff.)
10. Verweigert der Unternehmer die einvernehmliche Lösung **ernsthaft und endgültig**, braucht der Besteller nicht 30 Tage zuwarten, sondern **kann direkt anordnen**. Das ergibt sich aus der Entstehungsgeschichte der Vorschrift. (S. 230)
11. Das Tatbestandsmerkmal der **Zumutbarkeit** ist Teil des gesetzlichen Leitbilds und durch AGB **nicht abdingbar** (S. 236 f.). Die **Zumutbarkeit** auch auf **notwendige** Änderungen zu **übertragen**, ist formularvertraglich **nicht möglich**. (S. 237)
12. Die **Textform** ist **wesentlicher Grundgedanke der gesetzlichen Regelung**. Das führt dazu, dass § 1 Abs. 3, 4 VOB/B nicht wirksam ist. (S. 237)
13. Das hier vertretene Verständnis vom **Werkerfolg** führt dazu, dass der Begriff des Werkerfolgs selbst keinen Einfluss auf die formularvertragliche Vereinbarung hat, dem Besteller auch **unmittelbare Bauzeitanordnungen** einzuräumen. Die Änderungsbefugnis in Bezug auf die **Art der Ausführung** kann mittels AGB **grundsätzlich abbedungen** werden. **Nicht abgewichen** werden kann formularvertraglich hingegen vom **funktionalen Mangelbegriff**. (S. 239 f.)
14. Die **Konzeption** des Änderungsrechts als Gestaltungsrecht ist gegenüber den denkbaren Alternativen die **bestmögliche**. (S. 238)

Literaturverzeichnis

Gesetzesmaterialien, Verordnungen und VOB:

Gesetz zur Reform des Bauvertragsrechts, zur Änderung der kaufrechtlichen Mängelhaftung, zur Stärkung des zivilprozessualen Rechtsschutzes und zum maschinellen Siegel im Grundbuch- und Schiffsregisterverfahren vom 28. April 2017, BGBl. I S. 969

Gesetzentwurf der Bundesregierung für ein Gesetz zur Reform des Bauvertragsrechts und zur Änderung der kaufrechtlichen Mängelhaftung vom 11.03.2016 - BR-Drs. 123/16

Gesetzentwurf der Bundesregierung für ein Gesetz zur Reform des Bauvertragsrechts und zur Änderung der kaufrechtlichen Mängelhaftung vom 18.05.2016 - BT-Drs. 18/8486

Beschlussempfehlung und Bericht des Ausschusses für Recht und Verbraucherschutz (6. Ausschuss) zu dem Gesetzentwurf der Bundesregierung vom 08.03.2017 - BT-Drs. 18/11437

Stellungnahme des Bundesrates zum Entwurf eines Gesetzes zur Reform des Bauvertragsrechts und zur Änderung der kaufrechtlichen Mängelhaftung vom 22.04.2016 - Beschluss-Drs. 123/16

Stellungnahme des Deutschen Richterbundes zum Referentenentwurf eines Gesetzes zur Reform des Bauvertragsrechts und zur Änderung der kaufrechtlichen Mängelhaftung November 2015

Gesetzentwurf des Bundestages für ein Gesetz zur Modernisierung des Schuldrechts vom 14.05.2001 - BT-Drs. 14/6040

Vergabe- und Vertragsordnung für Bauleistungen Teil A: Allgemeine Bestimmungen für die Vergabe von Bauleistungen (DIN 1960), Fassung 2016 - Bekanntmachung vom 1. Juli 2016 (BAnz AT 01.07.2016 B4)

Vergabe- und Vertragsordnung für Bauleistungen Teil B: Allgemeine Vertragsbedingungen für die Ausführung von Bauleistungen (DIN 1961) - Fassung 2016 (Bekanntmachung vom 31.7.2009, BAnz. Nr. 155 vom 15.10.2009), geändert durch Bekanntmachung vom 26. Juni 2012 (BAnz AT 13.07.2012 B3), zuletzt geändert durch Bekanntmachung vom 7. Januar 2016 (BAnz AT 19.01.2016 B3) in der Fassung 2016 in Anwendung seit dem 18.4.2016 gem. § 2 Vergabeverordnung (Art. 1 der Verordnung vom 12.04.2016, BGBl. I S. 624) i.V.m. § 8a Abs. 1 VOB/A 2016

Vergabe- und Vertragsordnung für Bauleistungen Teil C: Allgemeine Technische Vertragsbedingungen für Bauleistungen (ATV) – Allgemeine Regelungen für Bauarbeiten jeder Art (DIN 18299)

Gesetzentwurf der Bundesregierung für ein Gesetz über Teilzeitarbeit und befristete Arbeitsverträge und zur Änderung und Aufhebung arbeitsrechtlicher Bestimmungen vom 24.10.2000, BT-Drs. 14/4374

Gesetz zur Ergänzung der Regelungen über die zulässige Miethöhe bei Mietbeginn und zur Anpassung der Regelungen über die Modernisierung der Mietsache (Mietrechtsanpassungsgesetz) vom 18.12.2018, BGBl. I S. 2648

Verordnung des Bundesministeriums für Wirtschaft und Technologie, 04.05.2006 – Verordnung zum Erlass von Regelungen für die Grundversorgung von Haushaltskunden und die Ersatzversorgung im Energiebereich, BR-Drs. 306/06

Verordnung des Bundesministeriums für Wirtschaft, 21.06.1979 – Verordnung über Allgemeine Bedingungen für die Elektrizitätsversorgung von Tarifkunden, BR-Drs. 76,79

Gesetzentwurf der Bundesregierung Entwurf eines Dritten Gesetzes zur Änderung reiserechtlicher Vorschriften vom 11.01.2017, BT-Drs. 18/10822

Literatur:

Abel, Wolfgang/Schönfeld, Thomas: Das Anordnungsrecht des Bestellers nach § 650b BGB – Teil 1, BauR 2017, S. 1901–1919.

— Das Anordnungsrecht des Bestellers nach § 650b BGB – Teil 2, BauR 2017, S. 2047–2070.

— Das Anordnungsrecht des Bestellers nach § 650b BGB – Teil 3, BauR 2018, S. 1–15.

Adomeit, Klaus: Gestaltungsrechte, Rechtsgeschäfte, Ansprüche – Zur Stellung der Rechtsautonomie im Rechtssystem, Berlin 1969 (zit. *Adomeit*, Gestaltungsrechte).

Althaus, Stefan: Änderung des Bauentwurfs und nicht vereinbarte Leistungen: Überlegungen zum Verhältnis von § 1 Nr. 3 und Nr. 4 Satz 1 VOB/B, ZfBR 2007, S. 411–415.

— Angemessene Zuschläge für Allgemeine Geschäftskosten, Wagnis und Gewinn nach § 650c I 1 BGB, NZBau 2019, S. 15–20.

Althaus, Stefan/Heindl, Christian (Hrsg.): Der öffentliche Bauauftrag – Vergabe und Ausführung von Bauleistungen nach VOB Teile A, B und C, 2. Aufl., München 2013 (zit. Althaus/Heindl/*Bearbeiter*).

Anker, Axel/Klingenfuß, Henning: Kann das praktisch Erforderliche stets wirksam vereinbart werden?, BauR 2005, S. 1377–1385.

Armbrüster, Christian/Bickert, Elmar: Unzulängliche Mitwirkung des Auftraggebers beim Bau- und Architektenvertrag, NZBau 2006, S. 153–160.

Bamberger, Georg/Roth, Herbert/Hau, Wolfgang/Poseck, Roman (Hrsg.): BeckOK BGB – Beck'scher Online-Kommentar, 57. Edition, München (zit. BeckOK BGB/*Bearbeiter*).

Battis, Ulrich/Deppner, Thorsten: Gutachten zur Vereinbarkeit des Gesetzentwurfs der Bundesregierung zur Reform des Bauvertragsrechts mit dem Grundgesetz 17.05.2016 (zit. *Battis/Deppner*, Verfassungsmäßigkeit).

Bayreuther, Frank: Die Durchsetzung des Anspruchs auf Vertragsanpassung beim Wegfall der Geschäftsgrundlage, Baden-Baden 2004 (zit. *Bayreuther*, Vertragsanpassung).

Bechtold, Stefan: Die Grenzen zwingenden Vertragsrechts – Ein rechtsökonomischer Beitrag zu einer Rechtsetzungslehre des Privatrechts, Tübingen 2010 (zit. *Bechtold*, Zwingendes Recht).

Becker, Michael: Gestaltungsrecht und Gestaltungsgrund, AcP 188 (1988), S. 24–68.

Beckmann, Roland Michael/Matusche-Beckmann, Annemarie (Hrsg.): Versicherungsrechts-Handbuch, 3. Aufl., München 2015 (zit. Beckmann/Matusche-Beckmann/*Bearbeiter*).

Beitzke, Günther: Nichtigkeit, Auflösung und Umgestaltung von Dauerrechtsverhältnissen, Bleckede 1948 (zit. *Beitzke*, Nichtigkeit).

Bergmann, Andreas: Die Rechtsfolgen des ungerechten Vertrages – Die Grundlegung einer Lehre der materiellen Vertragsgerechtigkeit, Tübingen 2014 (zit. *Bergmann*, Ungerechter Vertrag).

Berner, Fritz/Kochendörfer, Bernd/Schach, Rainer: Grundlagen der Baubetriebslehre 1 – Baubetriebswirtschaft, 2. Aufl., Wiesbaden 2013 (zit. *Berner/Kochendörfer/Schach*, Baubetriebslehre).

Bötticher, Eduard: Besinnung auf das Gestaltungsrecht und das Gestaltungsklagerecht, in: Caemmerer, Ernst von/Nickisch, Arthur/Zweigert, Konrad (Hrsg.), Vom Deutschen zum Europäischen Recht – Festschrift für Hans Dölle Band 1 – Deutsches Privat- und Zivilprozessrecht Rechtsvergleichung, Tübingen 1963, S. 41–77 (zit. *Bötticher*, FS Dölle I).

— Gestaltungsrecht und Unterwerfung im Privatrecht – Vortrag gehalten vor der Berliner Juristischen Gesellschaft am 8. November 1963, Berlin 1964 (zit. *Bötticher*, Gestaltungsrecht).

Bötzkes, Frank A.: Was sind tatsächlich erforderliche Kosten gem. § 650c BGB?, IBR 2017, S. 1039.

Bruns, Rudolf: „Funktionaler“ und „instrumentaler Gehalt der Gestaltungsrechte und Gestaltungsklagerechte, ZZP 1965, S. 264–286.

Bruns, Patrick: Schluss mit einseitigen Änderungen des Bauentwurfs nach § 1 Nr. 3 VOB/B?, ZfBR 2005, S. 525–528.

Büdenbender, Ulrich: Der Nacherfüllungsanspruch des Käufers – Wahlschuld oder elektive Konkurrenz?, AcP 205 (2005), S. 386–429.

— Begründung von Gestaltungsrechten als Wirksamkeitsvoraussetzung?, AcP 210 (2010), S. 611–653.

Burgi, Martin/Dreher, Meinrad (Hrsg.): Beck'scher Vergaberechtskommentar, 3. Aufl., München 2019 (zit. Beck'scher Vergaberechtskommentar/*Bearbeiter*).

Busche, Jan: Privatautonomie und Kontrahierungszwang, Tübingen 1999 (zit. *Busche*, Kontrahierungszwang).

Canaris, Claus-Wilhelm: Die Feststellung von Lücken im Gesetz – Eine methodologische Studie über Voraussetzungen und Grenzen der richterlichen Rechtsfortbildung praeter legem, 2. Aufl., Berlin 1983 (zit. *Canaris*, Lücken im Gesetz).

— Grundrechte und Privatrecht, AcP 184 (1984), S. 201–246.

Dauner-Lieb, Barbara/Langen, Werner (Hrsg.): Bürgerliches Gesetzbuch: Schuldrecht – Band 2, 4. Aufl., Baden-Baden 2021 (zit. D-L/L BGB/*Bearbeiter*).

Diehr, Uwe: VOB-Nachtragsmanagement – Auswirkungen der neuen gesetzlichen Leitbilder des GWB und BGB-E für das öffentliche Bauauftragswesen, ZfBR 2017, S. 762–771.

Dölle, Hans: Juristische Entdeckungen: Festvortrag, Tübingen 1958 (zit. *Dölle*, Juristische Entdeckungen).

Drittler, Matthias: Nachträge und Nachtragsprüfung beim Bau- und Anlagenbauvertrag – Lösungen zum Erkennen Sichern Begründen Nachweisen Prüfen von Ansprüchen aus Auftragnehmer- und Auftraggeberinteresse, 3. Aufl., Köln 2017 (zit. *Drittler*, Nachträge).

Duve, Helmuth/Rach, Anne: Die Abgrenzung einer Leistungsänderung nach § 1 Abs. 3, § 2 Abs. 5 VOB/B von einer freien Teilkündigung nach § 8 Abs. 1 VOB/B, BauR 2010, S. 1842–1851.

Eckelt, Matthias: Vertragsanpassungsrecht – Vertragliche Vereinbarungen zur Erleichterung einer Vertragsänderung, Berlin 2008 (zit. *Eckelt*, Vertragsanpassungsrecht)

Ehrl, Jennifer: Das neue Bauvertragsrecht im Überblick, DStR 2017, S. 2395–2401.

Ekkenga, Jens (Hrsg.): Soergel: Bürgerliches Gesetzbuch mit Einführungsgesetz und Nebengesetzen: BGB, 13. Aufl., Stuttgart 2014 (zit. Soergel, Bd. 3/2/*Bearbeiter*).

Enders, Christian: Existenz und Umfang eines Abänderungsrechtes des Bestellers beim BGB-Bauvertrag, BauR 1982, S. 535–538.

Engbers, Enno: Anmerkung zum Urteil des OLG Hamburg v. 19.2.2015 – 4 U 111/13 –, NZBau 2016, 34–35.

Englert, Klaus/Englert, Florian: Die „Zumutbarkeit" der Befolgung von Anordnungen nach dem neuen Bauvertragsrecht – Streitvermeidung oder Streitförderung?, NZBau 2017, S. 579–583.

Epping, Volker: Grundrechte, 8. Aufl., Berlin, Heidelberg 2019 (zit. *Epping*, Grundrechte).

Epping, Volker/Hillgruber, Christian (Hrsg.): BeckOK Grundgesetz, 46. Ed., München 2021 (zit. BeckOK GG/*Bearbeiter*).

Ernst, Wolfgang: Gestaltungsrechte im Vollstreckungsverfahren, NJW 1986, S. 401–405.

Eschenbruch, Klaus: Aktuelle Entwicklungstendenzen im deutschen Bauvertragsrecht, in: Kapellmann, Klaus Dieter/Franke, Horst/Grauvogl, Josef (Hrsg.), Geheimnisse des Baugrunds – Festschrift für Klaus Englert zum 65. Geburtstag, München 2014, S. 41–53 (zit. *Eschenbruch*, FS Englert).

— Bauvertragsmanagement – Gestaltung, Änderung und Abwicklung von Verträgen sowie Konfliktbewältigung bei Bauprojekten, Düsseldorf 2017 (zit. *Eschenbruch*, Bauvertragsmanagement).

Fenkart, Josef: Wesen und Ausübung der Gestaltungsrechte im schweizerischen Privatrecht, Bern 1925 (zit. *Fenkart*, Gestaltungsrecht).

Flume, Werner: Allgemeiner Teil des Bürgerlichen Rechts – Zweiter Band: Das Rechtsgeschäft, 4. Aufl., Berlin/Heidelberg 1992 (zit. *Flume*, Rechtsgeschäft).

Franke, Horst/Kemper, Ralf/Zanner, Christian/Grünhagen, Matthias (Hrsg.): VOB-Kommentar – Bauvergaberecht Bauvertragsrecht Bauprozessrecht, 7. Aufl., Köln 2019 (zit. F/K/Z/G/*Bearbeiter*).

Franz, Birgit: Anordnungsrecht besteht erst nach 30 Tagen!, IBR 2018, S. 5.

— Besteller kann eine Änderung des Werkerfolgs „begehren"!, IBR 2018, S. 4.

Fuchs, Andreas: Zur Disponibilität gesetzlicher Widerrufsrechte im Privatrecht, AcP 196 (1996), S. 313–394.

Fuchs, Heiko: Der Schürmannbau-Beschluss: Der Anfang vom Ende der Kooperationspflichten der Bauvertragsparteien?, NZBau 2004, S. 65–72.

—: Kooperationspflichten der Bauvertragsparteien, München/Unterschleißheim 2004 (zit. *Fuchs*, Kooperationspflichten).

— Der Dreiklang aus Werkerfolg, Leistungsbeschreibung und Mehrvergütungsanspruch, BauR 2009, S. 404–415.

— Kooperation und Kommunikation: Anforderungen an die Vertragspartner nach neuem Bauvertragsrecht, in: Schwerdtner, Patrick (Hrsg.), Vertragsänderungen und Vergütungsansprüche nach neuem Bauvertragsrecht – Beiträge zum Braunschweiger Baubetriebsseminar vom 16. Februar 2018, Braunschweig 2018, S. 37–47 (zit. *ders.*, IBB Baubetrieb).

Ganten, Hans/Jansen, Günther/Voit, Wolfgang (Hrsg.): Beck'scher VOB-Kommentar Vergabe- und Vertragsordnung für Bauleistungen, Teil B – Allgemeine Vertragsbedingungen für die Ausführung von Bauleistungen, 3. Aufl., München 2013 (zit. Beck'scher VOB-Komm/*Bearbeiter*).

Gartz, Benjamin: Das „Nachtragsangebot" des Unternehmers nach § 650b Abs. 1 Satz 2 BGB, BauR 2019, 1021–1027.

Gauch, Peter: Der Werkvertrag, 5. Aufl., Zürich 2011 (zit. *Gauch*, Werkvertrag).

Gernhuber, Joachim: Das Schuldverhältnis – Begründung und Änderung, Pflichten und Strukturen, Drittwirkungen, Tübingen 1989.

Glöckner, Jochen: Anordnung von Änderungen der Bauausführung und deren Vergütung, BauR 2008, S. 152–155.

— BGB-Novelle zur Reform des Bauvertragsrechts als Grundlage effektiven Verbraucherschutzes – Teil 1, VuR 2016, S. 123–132.

Glöckner, Jochen/Berg, Henning von (Hrsg.): Bau- und Architektenrecht, 2. Aufl., Köln 2015 (zit. Glöckner/v. Berg/*Bearbeiter*).

Göbel, Reinhard: Das Anordnungsrecht des Bestellers nach dem neuen Bauvertragsrecht, DZWIR 27 (2017), S. 10–22.

Gottgetreu, Stefan: Gestaltungsrechte als Vollstreckungsgegenstände – Möglichkeiten und rechtliche Grundlagen einer Zwangsvollstreckung in Gestaltungsrechte nach dem 8. Buch der Zivilprozeßordnung, Baden-Baden 2001 (zit. *Gottgetreu*, Gestaltungsrechte).

Grobys, Marcel/Bram, Rainer: Die prozessuale Durchsetzung des Teilzeitanspruchs, NZA 2001, S. 1175–1183.

Gröschler, Peter: Zur Frage der einvernehmlichen Fortsetzung erloschener Verbindlichkeiten: Wiederherstellung oder Neubegründung?, NJW 2000, S. 247–251.

Gsell, Beate/Krüger, Wolfgang/Lorenz, Stephan/Reymann, Christoph (Hrsg.): beck-online. GROSSKOMMENTAR, München 2021 (zit. BeckOGK BGB/*Bearbeiter*).

Hartung, Sven: Die Abnahme im Bauvertrag, NJW 2007, S. 1099–1106.

Hattenhauer, Christian: Einseitige private Rechtsgestaltung – Geschichte und Dogmatik, Tübingen 2011 (zit. *Hattenhauer*, Einseitige Rechtsgestaltung).

Hau, Wolfgang: Vertragsanpassung und Anpassungsvertrag, Tübingen 2003 (zit. *Hau*, Vertragsanpassung).

Heinrich, Christian: Formale Freiheit und materiale Gerechtigkeit – Die Grundlagen der Vertragsfreiheit und Vertragskontrolle am Beispiel ausgewählter Probleme des Arbeitsrechts, Tübingen 2000 (zit. *Heinrich*, Formale Freiheit).

Heinze, Christian/Fiedler, Lothar/Fehling, Michael (Hrsg.): Personenbeförderungsgesetz: PBefG, 2. Aufl., München 2014 (zit. Heinze/Fiedler/Fehling/*Bearbeiter*).

Helmreich, Harald: Das Selbsthilfeverbot des französischen Rechts und sein Einfluss auf Gestaltungs- und Gestaltungsklagrecht, München 1965 (zit. *Helmreich*, Gestaltungsrecht).

Herberger, Maximilian/Martinek, Michael/Rüßmann, Helmut/Weth, Stephan/Würdinger, Markus (Hrsg.): juris PraxisKommentar BGB, 9. Aufl., Saarbrücken 2020 (zit. juris PK-BGB/*Bearbeiter*).

Hödl, Marcus: Das neue Bauvertragsrecht, München 2018 (zit. *Hödl*, Bauvertragsrecht).

Hoffmann, Jan Felix: Zession und Rechtszuweisung, Tübingen 2012 (zit. *Hoffmann*, Rechtszuweisung, 2012).

Höfling, Wolfram: Vertragsfreiheit – Eine grundrechtsdogmatische Studie, Heidelberg 1991 (zit. *Höfling*, Vertragsfreiheit).

Hök, Götz-Sebastian: Handbuch des internationalen und ausländischen Baurechts, 2. Aufl., Berlin 2012 (zit. *Hök*, Internationales Baurecht)

Horn, Norbert: Neuverhandlungspflicht, AcP 1981 (181), S. 255–288.

— Vertragsdauer – Die Vertragsdauer als schuldrechtliches Regelungsproblem. Empfiehlt sich eine zusammenfassende Regelung der Sonderprobleme von Dauerschuldverhältnissen und langfristigen Verträgen?, in: Bundesministerium der Justiz (Hrsg.), Gutachten und Vorschläge zur Überarbeitung des Schuldrechts – Band II, Köln 1981, S. 551–645 (zit. *ders.*, Gutachten Schuldrecht II).

— Vertragsbindung unter veränderten Umständen – Zur Wirksamkeit von Anpassungsregelungen in langfristigen Verträgen, NJW 1985, S. 1118–1125.

Hromadka, Wolfgang: Das allgemeine Weisungsrecht, DB 1995, S. 2601–2606.

Hungerbühler, Rolf: Das Nachschieben von Gestaltungsgründen, Marburg 1972 (zit. *Hungerbühler*, Gestaltungsgründe).

Illmer, Martin: Warum nur Bauverträge?, ZRP 2017, S. 122–124.

Ingenstau, Heinz/Korbion, Hermann/Leupertz, Stefan/Wietersheim, Mark von (Hrsg.): VOB Teile A und B – Kommentar, 21. Aufl., Köln 2020 (zit. Ingenstau/Korbion/*Bearbeiter*).

Jansen, Günther/Seibel, Mark (Hrsg.): VOB Teil B – Vergabe- und Vertragsordnung für Bauleistungen: Kommentar. Auf dem Buchdeckel: „Nicklisch/

Weick/Jansen/Seibel: VOB/B“, 5. Aufl., München 2019 (zit. Jansen/Seibel/*Bearbeiter*).

Jauernig, Othmar/Stürner, Rolf (Hrsg.): Bürgerliches Gesetzbuch – Mit Rom-I- Rom-II- Rom-III-VO EG-UntVOHUntProt und EuErbVO ; Kommentar, 18. Aufl., München 2021 (zit. Jauernig/*Bearbeiter*).

Jhering, Rudolph von: Der Zweck im Recht – Erster Band, Leipzig 1877.

Jickeli, Joachim: Der langfristige Vertrag – Eine rechtswissenschaftliche Untersuchung auf institutionen-ökonomischer Grundlage, Baden-Baden 1996 (zit. *Jickeli*, Langfristiger Vertrag).

Joussen, Edgar: Bauzeitliche Anordnungen nach dem neuen Bauvertragsrecht, BauR 2018, S. 151–161.

Joussen, Jacob: Das Gestaltungsrecht des Dritten nach § 317 BGB, AcP 203 (2003), S. 429–463.

— Schlichtung als Leistungsbestimmung und Vertragsgestaltung durch einen Dritten, München 2005 (zit. *Joussen*, Vertragsgestaltung).

Jurgeleit, Andreas: 3. Teil – Die Abnahme der Bauleistung, in: Kniffka, Rolf/Koeble, Wolfgang/Jurgeleit, Andreas/Sacher, Dagmar, Kompendium des Baurechts – Privates Baurecht und Bauprozess, 5. Aufl., München 2020 (zit. *Jurgeleit.*, Kompendium Baurecht, ^{5}2020).

— 5. Teil – Die Haftung des Unternehmers für Mängel, in: Kniffka, Rolf/Koeble, Wolfgang/Jurgeleit, Andreas/Sacher, Dagmar, Kompendium des Baurechts – Privates Baurecht und Bauprozess, 5. Aufl., München 2020 (zit. *ders.*, Kompendium Baurecht, ^{5}2020).

Kähler, Lorenz: Begriff und Rechtfertigung abdingbaren Rechts, Tübingen 2012 (zit. *Kähler*, Abdingbares Recht).

Kapellmann, Klaus D.: Beschleunigungen, NZBau 2009, S. 538–541.

— Die AGB-Festigkeit von § 1 III, IV und § 2 V, VI VOB/B angesichts des neuen BGB-Bauvertragsrechts, NZBau 2017, S. 635–639.

Kapellmann, Klaus D./Langen, Werner: Einführung in die VOB/B – Basiswissen für die Praxis, 28. Aufl., Köln 2020 (zit. *Kapellmann/Langen*, Einführung VOB/B).

Kapellmann, Klaus D./Messerschmidt, Burkhard (Hrsg.): VOB Teile A und B – Vergabe- und Vertragsordnung für Bauleistungen mit Vergabeverordnung (VgV), 7. Aufl., München 2020 (zit. Kapellmann/Messerschmidt/*Bearbeiter*).

Kapellmann, Klaus D./Schiffers, Karl-Heinz/Markus, Jochen: Vergütung, Nachträge und Behinderungsfolgen beim Bauvertrag Band 1: Einheitspreisvertrag, 7. Aufl. 2017 (zit. *Kapellmann/Schiffers/Markus*, Band I).

Kapellmann, Klaus D./Schiffers, Karl-Heinz: Vergütung, Nachträge und Behinderungsfolgen beim Bauvertrag Band 2: Pauschalvertrag einschließlich Schlüsselfertigbau, 5. Aufl. 2011 (zit. *Kapellmann/Schiffers*, Band II, [5]2011).

Kapellmann, Klaus D./Schiffers, Karl-Heinz/Markus, Jochen: Vergütung, Nachträge und Behinderungsfolgen beim Bauvertrag Band 2: Pauschalvertrag einschließlich Schlüsselfertigbau, 6. Aufl. 2017 (zit. *Kapellmann/Schiffers*, Band II, [6]2017).

Kaufmann, Robert: Anmerkung zum Urteil des OLG Hamm v. 14. 4. 2005 - 21 U 133/04 –, zugleich zur „Kritischen Bestandsaufnahme" Thodes zu „Nachträgen wegen gestörten Bauablaufs im VOB/B-Vertrag" (ZfBR 2004, 214), BauR 2005, S. 1806–1812.

— Die Unwirksamkeit der Nachtragsklauseln der VOB/B nach §§ 305 ff. BGB, Jahrbuch Baurecht 2006, S. 35–56.

Keilholz, Kurt: Baurecht - Empfiehlt sich eine besondere Regelung der zivilrechtlichen Beziehungen zwischen den Beteiligten eines Bauvorhabens, soweit sie die Planung und Herstellung eines Bauwerks oder die Veräußerung eines für den Erwerber errichteten Bauwerks zum Gegenstand haben? Sollten baurechtliche Sonderentwicklungen des Zivilrechts außerhalb des BGB in die Kodifikation eingearbeitet werden?, in: Bundesministerium der Justiz (Hrsg.), Gutachten und Vorschläge zur Überarbeitung des Schuldrechts - Band III, Köln 1983, S. 241–334 (zit. *Keilholz*, Gutachten Schuldrecht III).

Keldungs, Karl-Heinz: Beschleunigungsvereinbarungen, Beschleunigungsanordnungen - Rechtsfolgen, BauR 2013, S. 1917–1923.

Keldungs, Karl-Heinz/Leinemann, Ralf/Messerschmidt, Burkhard: Empfiehlt sich eine gesetzliche Regelung für Nachträge?, BauR 2008, S. 1699–1712.

Kern, Hans-Günther: Ökonomische Theorie der Langzeitverträge, JuS 1992, S. 13–19.

Kilian, Wolfgang: Kontrahierungszwang und Zivilrechtssystem, AcP 180 (1980), S. 47–83.

Kimmich, Bernd: Beschleunigung von Bauabläufen und Anspruchsgrundlagen: Ist die Forderung nach Einhaltung der Vertragsfristen eine konkludente Beschleunigungsanordnung?, BauR 2008, S. 263–272.

Kimpel, Ralph: Der Entwurf des gesetzlichen Bauvertragsrechts aus Sicht des gewerblichen Unternehmers, NZBau 2016, S. 734–737.

Kleine-Möller, Nils: § 10. Einseitige Änderungen, in: Kleine-Möller, Nils/Merl, Heinrich/Glöckner, Jochen (Hrsg.), Handbuch des privaten Baurechts, 6. Aufl., München 2019 (zit. *Kleine-Möller*, Privates Baurecht).

Kniffka, Rolf (Hrsg.): ibr-online-Kommentar Bauvertragsrecht, 3. Aufl., 16.02.2021 (zit. ibr-Baurecht/*Bearbeiter*).

— Anordnungsrecht, Vergütungsanpassung und einstweilige Verfügung nach neuem Bauvertragsrecht, in: Schwerdtner, Patrick (Hrsg.), Vertragsänderungen und Vergütungsansprüche nach neuem Bauvertragsrecht - Beiträge zum Braunschweiger Baubetriebsseminar vom 16. Februar 2018, Braunschweig 2018, S. 1–21 (zit. *ders.*, IBB Baubetrieb).

— 4. Teil - Der Werklohnanspruch des Auftragnehmers, in: Kniffka, Rolf/Koeble, Wolfgang/Jurgeleit, Andreas/Sacher, Dagmar, Kompendium des Baurechts - Privates Baurecht und Bauprozess, 5. Aufl., München 2020 (zit. *ders.*, Kompendium Baurecht, ^{5}2020).

Kniffka, Rolf/Retzlaff, Björn: Das neue Recht nach dem Gesetz zur Reform des Bauvertragsrechts, zur Änderung der kaufrechtlichen Mängelhaftung und zur Stärkung des zivilprozessualen Rechtsschutzes (BauVG), BauR 2017, S. 1747–1900.

Knütel, Rolf: Die Begründungspflicht bei Kündigungen., NJW 1970, S. 121–125.

Koeble, Wolfgang: 11. Teil - Recht der Architekten und Ingenieure, in: Kniffka, Rolf/Koeble, Wolfgang/Jurgeleit, Andreas/Sacher, Dagmar, Kompendium des Baurechts - Privates Baurecht und Bauprozess, 5. Aufl., München 2020 (zit. *Koeble*, Kompendium Baurecht, ^{5}2020).

Kraus, Steffen/Vygen, Klaus/Oppler, Peter: Ergänzungsentwurf Kraus/Vygen/Oppler zum Entwurf eines Gesetzes zur Beschleunigung fälliger Zahlungen der Fraktionen der SPD und Bündnis 90/Die Grünen, BauR 1999, S. 964–970.

Kretschmann, Martin: Der Vergütungsanspruch des Unternehmers für im Vertrag nicht vorgesehene Werkleistungen und dessen Ankündigung gegenüber dem Besteller, München 2005 (zit. *Kretschmann*, Vergütungsanspruch).

Kronke, Herbert: Zu Funktion und Dogmatik der Leistungsbestimmung nach § 315 BGB, AcP 183 (1983), S. 113–144.

Kues, Jarl-Hendrik: Einigungsmodell und Anordnungsrecht des Bestellers nach dem BGB-Bauvertragsrecht, NJW 2019, 3197–3199.

Kuffer, Johann/Wirth, Axel (Hrsg.): Handbuch des Fachanwalts Bau- und Architektenrecht, 6. Aufl., Neuwied 2020 (zit. Kuffer/Wirth/*Bearbeiter*).

Langen, Werner: Änderung des Werkvertragsrechts und Einführung eines Bauvertragsrechts, NZBau 2015, S. 658–667.

— Das Anordnungsrecht gem. § 650b BGB, BauR 2019, S. 303–316.

— Das gesetzliche Leitbild der §§ 650b und c BGB, in: Kapellmann, Klaus D./Jansen, Günther/Merkens, Dieter/Thierau, Thomas (Hrsg.), Baurecht und Architektenrecht: Festschrift für Burkhard Messerschmidt zum 65. Geburtstag, München 2018, S. 145–158 (zit. *Langen*, FS Messerschmidt).

Langen, Werner/Berger, Andreas/Dauner-Lieb, Barbara (Hrsg.): Kommentar zum neuen Bauvertragsrecht, Köln 2018 (zit. LBD-L, BauV/*Bearbeiter*).

Langheid, Theo/Wandt, Manfred (Hrsg.): Münchener Kommentar zum Versicherungsvertragsgesetz, 2. Aufl., München 2017 (zit. MüKoVVG/*Bearbeiter*).

Larenz, Karl: Zur Struktur „subjektiver Rechte", in: Sontis, Johannes/Baur, Fritz/Larenz Karl/Wieacker, Franz (Hrsg.), Beiträge zur europäischen Rechtsgeschichte und zum geltenden Zivilrecht: Festgabe für Johannes Sontis, München 1977, S. 129–148 (zit. *Larenz*, FS Sontis).

Larenz, Karl/Canaris, Claus-Wilhelm: Methodenlehre der Rechtswissenschaft, 3. Aufl., Berlin/Heidelberg 1995 (zit. *Larenz/Canaris*, Methodenlehre).

Lederer, Marvin: Der funktionale Werkerfolg, Baden-Baden 2016 (zit. *Lederer*, Funktionaler Werkerfolg).

Leinemann, Ralf (Hrsg.): VOB/B Kommentar, 7. Aufl., Köln 2020 (zit. Leinemann/*Bearbeiter*).

— Das neue Bauvertragsrecht und seine praktischen Folgen, NJW 2017, S. 3113–3119.

Leinemann, Ralf/Kues, Jarl-Hendrik: Das neue Bauvertragsrecht – Kommentar, München 2018 (zit. *Leinemann/Kues*).

Lent, Friedrich: Die Notwendigkeit einer Begründung bei Ausübung von Gestaltungsrechten, AcP 152 (1952), S. 401–419.

Leupertz, Stefan: Rechtsgeschäftslehre vs. §§ 1 Nr. 4, 2 Nr. 6 VOB/B, BauR 2008, S. 577 (Editorial).

— Das neue gesetzliche Bauvertragsrecht, DRiZ 2017, S. 244–247.

Leupertz, Stefan/Jansen, Günther/Voit, Wolfgang/Oppler, Peter/Schmitz, Claus: Arbeitskreis I – Bauvertragsrecht – Empfiehlt sich die Entwicklung eines gesetzlichen Bauvertragsrechts?, BauR 2010, S. 1313–1344.

Leupertz, Stefan/Preussner, Mathias/Sienz, Christian (Hrsg.): BeckOK Bauvertragsrecht – mit Kommentierungen zum BGB, EGBGB, 2. Aufl., München 2021 (zit. BeckOK BauvertragsR/*Bearbeiter*).

Leverenz, Kent: Die Gestaltungsrechte des Bürgerlichen Rechts, JURA 1996, S. 1–9.

Lindner, Markus: Ist § 650c BGB eine sichere Grundlage für Nachträge?, BauR 2018, S. 1038–1049.

Lobinger, Thomas: Rechtsgeschäftliche Verpflichtung und autonome Bindung, Tübingen 1999 (zit. *Lobinger*, Autonome Bindung, 1999).

Lorenz, Stephan: Der Schutz vor dem unerwünschten Vertrag – Eine Untersuchung von Möglichkeiten und Grenzen der Abschlußkontrolle im geltenden Recht, München 1997 (zit. *Lorenz*, Unerwünschter Vertrag).

Mankowski, Peter: Beseitigungsrechte – Anfechtung, Widerruf und verwandte Institute, Tübingen 2003 (zit. *Mankowski*, Beseitigungsrechte).

Markus, Jochen: Die „berechtigte Funktionalitätserwartung des Bestellers”: eine Chimäre des 3. Deutschen Baugerichtstags, NZBau 2010, S. 604–611.

—: Der „Vereinbarte Werkerfolg“ im neuen § 650b BGB – Tautologie oder vereinbarte Funktionalitätserwartung?, NZBau 2016, S. 601–602.

Markus, Jochen/Kaiser, Stefan/Kapellmann, Susanne: AGB-Handbuch Bauvertragsklauseln, 4. Aufl., Köln 2014 (zit. *Markus/Kaiser/Kapellmann*, Bauvertragsklauseln, [4]2014).

Markus, Jochen/Kapellmann, Susanne/Pioch, Christian: AGB-Handbuch Bauvertragsklauseln, 5. Aufl., Köln 2018 (zit. *Markus/Kapellmann/Pioch*, Bauvertragsklauseln, [5]2018).

Martinek, Michael: Die Lehre von den Neuverhandlungspflichten – Bestandsaufnahme, Kritik … und Ablehnung, AcP 198 (1998), S. 329–400.

Matz, Christoph: Die Konkretisierung des Werks durch den Besteller, Tübingen 2012 (zit. *Matz*, Konkretisierung des Werks).

Maunz, Theodor/Dürig, Günter (Hrsg.): Grundgesetz – Loseblatt-Kommentar, 93. Aufl., München 2021 (zit. Maunz/Dürig/*Bearbeiter*).

Medicus, Dieter/Lorenz, Stephan: Schuldrecht I – Allgemeiner Teil ; ein Studienbuch, 21. Aufl., München 2015.

Meents, Jan Geert: Q. 3. Softwareerstellungs- und -anpassungsvertrag – Software Programming and Customizing Agreement, in: Walz, Robert (Hrsg.), Beck‘sches Formularbuch Zivil-, Wirtschafts- und Unternehmensrecht – Deutsch-Englisch, 4. Aufl., München 2018 (zit. *Meents*, Beck‘sches Formularbuch).

Meesmann, Gerwald: Regelungsvorbehalt und Rechtsbehelf : Versuch einer funktionalen Abgrenzung und Ordnung der ‚Gestaltungsrechte‘, Marburg 1968 (zit. *Meesmann*, Gestaltungsrechte).

Meinel, Gernod/Heyn, Judith/Herms, Sascha (Hrsg.): Teilzeit- und Befristungsgesetz – Kommentar, 5. Aufl., München 2015 (zit. Meinel/Heyn/Herms/*Bearbeiter*).

Messerschmidt, Burkhard/Voit, Wolfgang (Hrsg.): Privates Baurecht – Kommentar zu §§ 631 ff. BGB mit systematischen Darstellungen sowie Kurzkommentierungen zu VOB/B, HOAI und BauFordSiG, 3. Aufl., München 2018 (zit. Messerschmidt/Voit/*Bearbeiter*).

Miernik, Helmut: Die Willenserklärung des Auftraggebers im Bauvertragsrecht, BauR 2011, S. 1–14.

Möslein, Florian: Dispositives Recht – Zwecke, Strukturen und Methoden, Tübingen 2011 (zit. *Möslein*, Dispositives Recht).

Motzke, Gerd: Parameter für Zusatzvergütung bei zusätzlichen Leistungen – Eine Auseinandersetzung mit dem Urteil „Konsoltraggerüst" des BGH, NZBau 2002, S. 641–648.

– Die werkvertragliche Erfolgsverpflichtung – leistungserweiternde oder leistungsergänzende Funktion?, NZBau 2011, S. 705–713.

Motzke, Gerd/Bauer, Günter/Seewald, Thomas (Hrsg.): Prozesse in Bausachen – Privates Baurecht I Architektenrecht, 3. Aufl., Baden-Baden 2018 (zit. Prozesse in Bausachen/*Bearbeiter*).

Mugdan, Benno: Die gesammten Materialien zum Bürgerlichen Gesetzbuch für das Deutsche Reich, I. Band. Einführungsgesetz und Allgemeiner Theil., Berlin 1899 (zit. *Mugdan*, Motive I).

– Die gesammten Materialien zum Bürgerlichen Gesetzbuch für das Deutsche Reich, II. Band. Recht der Schuldverhältnisse., Berlin 1899 (zit. *Mugdan*, Motive II)

Müller-Glöge, Rudi/Preis, Ulrich/Schmidt, Ingrid (Hrsg.): Erfurter Kommentar zum Arbeitsrecht, Hrsg.: *Dieterich*, Thomas/*Hanau*, Peter/*Schaub*, Günter, 20. Aufl., München 2020 (zit. ErfKoArbR/*Bearbeiter*).

Mundt, Achim: Baumängel und der Mängelbegriff des BGB-Werkvertragsrechts nach dem Schuldrechtsmodernisierungsgesetz, NZBau 2003, 73–80.

Nicklisch, Fritz: Empfiehlt sich eine Neukonzeption des Werkvertragsrechts? – Unter besonderer Berücksichtigung komplexer Langzeitverträge, JZ 1984, S. 757–771.

— Rechtsfragen des Subunternehmervertrags bei Bau- und Anlagenprojekten im In- und Auslandsgeschäft, NJW 1985, S. 2361–2370.

— Rechtliche Erfassung von Projektabläufen und Projektstörungen bei komplexen Langzeitverträgen, in: Nicklisch, Fritz/Alvarado Velloso, Adolfo (Hrsg.), Der komplexe Langzeitvertrag – Strukturen und internationale Schiedsgerichtsbarkeit = The complex long-term contract, Heidelberg 1987, S. 365–375 (zit. *ders.*, Langzeitvertrag).

— Vorteile einer Dogmatik für komplexe Langzeitverträge, in: Nicklisch, Fritz/ Alvarado Velloso, Adolfo (Hrsg.), Der komplexe Langzeitvertrag – Strukturen und internationale Schiedsgerichtsbarkeit = The complex long-term contract, Heidelberg 1987, S. 17–28 (zit. *ders.*, Langzeitvertrag).

— Der Ingenieur als Schiedsgutachter und Quasi-Schiedsrichter bei internationalen Bau-und Anlagenprojekten – Idee und Wirklichkeit, in: Lindacher, Walter F./Pfaff, Dieter/Roth, Günter H./Wieser, Eberhard/Schlosser, Peter (Hrsg.), Festschrift für Walther J. Habscheid zum 65. Geburtstag 6. April 1989, Bielefeld 1989, S. 217–232 (zit. *ders.*, FS Habscheid).

— Vertragsgestaltung und Risikoverteilung bei neuen Technologien – am Beispiel des modernen Tunnelbaus -, in: Leßmann, Herbert (Hrsg.), Festschrift für Rudolf Lukes zum 65. Geburtstag, Köln 1989, S. 143–158 (zit. *ders.*, FS Lukes).

Nipperdey, Hans Carl: Kontrahierungszwang und diktierter Vertrag, Frankfurt am Main 1920 (zit. *Nipperdey*, Kontrahierungszwang).

Oberhauser, Iris: Was darf der Auftraggeber nach § 1 Nr. 3 VOB/B anordnen?, in: Jochem, Rudolf (Hrsg.), Rechtshandbuch des ganzheitlichen Bauens – Festschrift für Hans Ganten, Wiesbaden 2007, S. 189–201 (zit. *Oberhauser*, FS Ganten).

— § 2 Bauvertrag, in: Dammert, Bernd; Lenkeit, Olaf; Oberhauser, Iris; Pause, Hans-Egon (Hrsg.), Das neue Bauvertragsrecht, München 2017 (zit. *dies.*, Bauvertragsrecht).

— § 650b I BGB – Änderungen des Vertrags durch Einvernehmen der Parteien, NZBau 2019, S. 3–10.

Oetker, Hartmut: Das Dauerschuldverhältnis und seine Beendigung – Bestandsaufnahme und kritische Würdigung einer tradierten Figur der Schuldrechtsdogmatik, Tübingen 1994 (zit. *Oetker*, Dauerschuldverhältnis).

Oetker, Hartmut/Maultzsch, Felix: Vertragliche Schuldverhältnisse, 5. Aufl., Berlin, Heidelberg 2018.

Orlowski, Matthias: Das gesetzliche Bauvertragsrecht – Übersicht und Stellungnahme zum Gesetzesentwurf der Bundesregierung –, ZfBR 2016, S. 419–439.

— Das neue Anordnungsrecht des Bestellers, BauR 2017, S. 1427–1441.

Otto, Andreas: Teil C. Bauverträge – Inland, in: Roquette, Andreas J./Otto, Andreas (Hrsg.), Vertragsbuch Privates Baurecht – Kommentierte Vertragsmuster, 2. Aufl., München 2011 (zit. *Otto*, Vertragsbuch Baurecht).

Palandt, Otto/Brudermüller, Gerd/Ellenberger, Jürgen/Götz, Isabell/Grüneberg, Christian/Herrler, Sebastian/Sprau, Hartwig/Thorn, Karsten/Weidenkaff, Walter/Weidlich, Dietmar/Wicke, Hartmut (Hrsg.): Bürgerliches Gesetzbuch – Mit Nebengesetzen insbesondere mit Einführungsgesetz (Auszug) einschließlich Rom I-, Rom II- und Rom III-Verordnungen sowie Haager Unterhaltsprotokoll und EU-Erbrechtsverordnung, Allgemeines Gleichbehandlungsgesetz (Auszug), Wohn- und Betreuungsvertragsgesetz, BGB-Informationspflichten-Verordnung, Unterlassungsklagengesetz, Produkthaftungsgesetz, Erbbaurechtsgesetz, Wohnungseigentumsgesetz, Versorgungsausgleichsgesetz, Lebenspartnerschaftsgesetz, Gewaltschutzgesetz, 80. Aufl., München 2021 (zit. Palandt/*Bearbeiter*).

Pause, Felix: Ausgewählte Probleme zum neuen Architekten- und Ingenieurrecht aus der Praxis, BauR 2018, S. 15–22.

— Der Wegfall von vereinbarten Teilleistungen nach dem neuen Bauvertragsrecht: Teilkündigung oder Änderungsanordnung?, ZfBR 2018, S. 731–735.

— Strittige Nachträge und das Leistungsverweigerungsrecht bei BGB-Bauverträgen nach der Reform des Bauvertragsrechts, BauR 2018, S. 882–891.

Pescatore, Gustav: Die Wahlschuldverhältnisse, München 1905 (zit. *Pescatore*, Wahlschuld).

Peters, Frank: Die fehlerhafte Planung des Bestellers und ihre Folgen, NZBau 2008, S. 609–612

— Nachtragsforderungen am Bau, NJW 2008, S. 2949–2953.

— Regelungsbedarf im Baurecht, NZBau 2010, S. 211–215.

— Weisungen des Bestellers nach VOB/B und BGB, NZBau 2012, S. 615–619.

Pioch, Christian: Der „vereinbarte Werkerfolg" in § 650b BGB und der funktionale Mangelbegriff des BGH – Eine rechtsdogmatische Betrachtung, AcP 209 (2019), 704–734.

Popescu, Paul: Zehn Jahre Schuldrechtsreform – Ein Überblick über die Entwicklung in Rechtsprechung und Lehre zum Werkvertragsrecht als Zwischenbilanz, NZBau 2012, 137–142.

Preussner, Mathias/Kandel, Roland/Jansen, Günther (Hrsg.): BeckOK VOB/B – mit Ausführungen zum Bauvertragsrecht, 38. Ed. 2020 (zit. BeckOK VOB/B/*Bearbeiter*).

Prütting, Hanns/Wegen, Gerhard/Weinreich, Gerd (Hrsg.): BGB Kommentar, 15. Aufl. Köln 2020 (zit. PWW/*Bearbeiter*).

Puppe, Ingeborg: Kleine Schule des juristischen Denkens, 3. Aufl., Göttingen/Stuttgart 2014 (zit. *Puppe*, Juristisches Denken).

Putzier, Eckart: Sofortige Änderungsanordnung unter dem Bauvertragsrecht 2018, NZBau 2018, S. 131–134.

Quack, Friedrich: Theorien zur Rechtsnatur von § 1 Nr. 3 und 4 VOB/B und ihre Auswirkungen auf die Nachtragsproblematik, ZfBR 2004, S. 107–109.

— Methodische Überlegungen zum Gegenstand der Inhaltskontrolle der Nachtragstatbestände der VOB/B (§ 1 Nr. 3 und 4, § 2 Nr. 5 und 6 VOB/B), in: Jochem, Rudolf (Hrsg.), Rechtshandbuch des ganzheitlichen Bauens – Festschrift für Hans Ganten, Wiesbaden 2007, S. 211–217 (zit. *Quack*, FS Ganten).

Redeker, Helmut: IT-Recht, 6. Aufl., München 2017 (zit. *Redeker*, IT-Recht).

Rehbein, Georg: Auftraggeberanordnung und Risikoverteilung beim Bauwerkvertrag und VOB-Vertrag, Neuwied 2007 (zit. *Rehbein*, Auftraggeberanordnung).

Reichert, Stefan: Die heilige Kuh: Das Anordnungsrecht gem. § 1 Abs. 3 VOB/B und die Nachtragsvergütung gem. § 2 Abs. 5 VOB/B – AGB-rechtswidrig und unwirksam?, BauR 2015, S. 1549–1556.

Reinelt, Ekkehart: Verfassungswidrigkeit des Regierungsentwurfs zum Bauvertragsrecht?, ZAP 2016, S. 939–941.

Reiter, Harald: Das neue Bauvertragsrecht – Teil I: Allgemeines Werkvertragsrecht und Bauvertrag, JA 2018, S. 161–169.

Riehm, Thomas: Examinatorium BGB Allgemeiner Teil, München 2015 (zit. *Riehm*, BGB AT).

Riehm, Thomas: Rechtsgrund – Pflicht – Anspruch, in: *Auer/Marietta/Grigoleit, Hans Christoph/Hager, Johannes/Herresthal, Carsten/Hey, Felix/Koller, Ingo/Langenbucher, Katja/Neuner, Jörg/Petersen, Jens/Riehm, Thomas/Singer, Reinhard* (Hrsg.): Privatrechtsdogmatik im 21. Jahrhundert: Festschrift für Claus-Wilhelm Canaris zum 80. Geburtstag, Berlin 2017, S. 345–369 (zit. *Riehm*, FS Canaris II, 2017).

Rolfs, Christian/Giesen, Richard/Kreikebohm, Ralf/Udsching, Peter (Hrsg.): BeckOK Arbeitsrecht, 59. Ed. 2021 (zit. BeckOK ArbR/*Bearbeiter*).

Rustmeier, Horst G.: Reformbedarf des Bauvertragsrechts im Lichte der FIDIC-Bestimmungen, Baden-Baden 2018 (zit. *Rustmeier*, Bauvertrag).

Säcker, Franz Jürgen/Rixecker, Roland/Oetker, Hartmut/Limperg, Bettina (Hrsg.): Münchener Kommentar zum Bürgerlichen Gesetzbuch, 8. Aufl., München 2020 (zit. MüKoBGB/*Bearbeiter*).

Sass, Wolfgang: Das Funktionstauglichkeitsdogma in der „Blockheizkraftwerk"-Entscheidung, NZBau 2013, 132–142.

Schach, Klaus/Schultz, Michael/Schüller, Peter (Hrsg.): BeckOK Mietrecht, 19. Ed. 2020 (zit. BeckOK MietR/*Bearbeiter*).

Schäfer, Hans-Bernd/Ott, Claus: Lehrbuch der ökonomischen Analyse des Zivilrechts, 5. Aufl., Berlin Heidelberg 2012 (zit. *Schäfer/Ott*, Ökonomische Analyse).

Schanze, Erich: Symbiotic Contracts: Exploring Long-Term Agency Structures between Contract and Corporation, in: Joerges, Christian (Hrsg.), Franchising and the law: Theoretical and comparative approaches in Europe and the United States = Das Recht des Franchising; konzeptionelle, rechtsvergleichende und europarechtliche Analysen, Baden-Baden 1991, S. 67–103 (zit. *Schanze*, Franchising Law).

Schellhase, Hans-Martin: Gesetzliche Rechte zur einseitigen Vertragsgestaltung, Baden-Baden 2013 (zit. *Schellhase*, Vertragsgestaltung).

Schlotke, Helmut: Mitwirkungspflichten bei Langzeitverträgen, in: Nicklisch, Fritz/Alvarado Velloso, Adolfo (Hrsg.), Der komplexe Langzeitvertrag – Strukturen und internationale Schiedsgerichtsbarkeit = The complex long-term contract, Heidelberg 1987, S. 377–390 (zit. *Schlotke*, Langzeitvertrag).

Schmid, Kerstin: Die Natur des Bauvertrags – Der Prüfungsmaßstab bauvertraglicher Regelungsmechanismen, analysiert anhand nationaler und internationaler Regelwerke, Köln 2010 (zit. *Schmid*, Bauvertrag).

Schmidt, Karsten (Hrsg.): Münchener Kommentar zum Handelsgesetzbuch, 4. Aufl., München 2018 (zit. MüKoHGB/*Bearbeiter*).

Schneider, Angie: Vertragsanpassung im bipolaren Dauerschuldverhältnis, Tübingen 2016 (zit. *Schneider*, Dauerschuldverhältnis).

Scholz, Stephan: Gestaltungsrechte im Leistungsstörungsrecht, Berlin 2010 (zit. *Scholz*, Gestaltungsrecht).

Schramke, H.-Jürgen/Keilmann, Annette: Das Anordnungsrecht des Bestellers und der Streit um die Vergütung Eine kritische Auseinandersetzung mit §§ 650 b, 650 c BGB-E, NZBau 2016, S. 333–340.

Schulze, Reiner/Dörner, Heinrich/Ebert, Ina/Hoeren, Thomas/Kemper, Rainer/Saenger, Ingo/Scheuch, Alexander/Schreiber, Klaus/Schulte-Nölke, Hans/Staudinger, Ansgar/Wiese, Volker (Hrsg.): Bürgerliches Gesetzbuch – Handkommentar, 10. Aufl., Baden-Baden 2019 (zit. Schulze/*Bearbeiter*).

Schulze-Hagen, Alfons: Zur Anwendung der §§ 1 Nr. 3, 2 Nr. 5 VOB/B einerseits und §§ 1 Nr. 4, 2 Nr. 6 VOB/B andererseits, in: Maser, Axel (Hrsg.), Festschrift für Carl Soergel zum 70. Geburtstag, Stamsried 1993, S. 259–277 (zit. *Schulze-Hagen*, FS Soergel).

Schürnbrand, Jan: Gestaltungsrechte als Verfügungsgegenstand, AcP 204 (2004), S. 177–207.

Schwab, Brent (Hrsg.): Arbeitnehmererfindungsrecht – Arbeitnehmererfindungsgesetz, Arbeitnehmer-Urheberrecht, betriebliches Vorschlagswesen: Handkommentar, 4. Aufl., Baden-Baden 2018 (zit. Schwab ArbnErfR/*Bearbeiter*).

Seckel, Emil: Die Gestaltungsrechte des Bürgerlichen Rechts, in: Juristische Gesellschaft zu Berlin (Hrsg.), Festgabe der Juristischen Gesellschaft zu Berlin zum 50-jährigen Dienstjubiläum ihres Vorsitzenden, des wirklichen geheimen Rats Dr. Richard Koch; nebst einem Porträt des Jubilars, Berlin 1903, S. 205–253 (zit. *Seckel*, FG Koch).

Seibel, Mark: Abgrenzung der „allgemein anerkannten Regeln der Technik“ vom „Stand der Technik“, NJW 2013, S. 3000–3004.

Sindermann, Thomas: Die Urkalkulation in Zeiten tatsächlich erforderlicher Kosten, NZBau 2019, S. 284–289.

Sodan, Helge/Ziekow, Jan: Grundkurs Öffentliches Recht – Staats- und Verwaltungsrecht, 9. Aufl., München 2020 (zit. *Sodan/Ziekow*, Öffentliches Recht).

Soergel, Hans Theodor/Mertens, Hans-Joachim/Siebert, Wolfgang (Hrsg.): Schuldrecht 1: (§§ 241 – 432), 12. Aufl., Stuttgart 1990 (zit. Soergel (1990)/*Bearbeiter*).

Stadler, Astrid: Allgemeiner Teil des BGB, 19. Aufl., München 2017 (zit. *Stadler*, BGB AT).

Stathopoulos, Michael: Probleme der Vertragsbindung und Vertragslösung in rechtsvergleichender Betrachtung, AcP 194 (1994), S. 543–571.

Stöber, Michael: Rücktritt und großer Schadensersatz nach erklärter Minderung, NJW 2018, S. 2834–2837.

Stoffels, Markus: Gesetzlich nicht geregelte Schuldverträge – Rechtsfindung und Inhaltskontrolle, Tübingen 2001 (zit. *Stoffels*, Ungeregelte Schuldverträge).

Sundermeier, Matthias: Gestaltungsvorschläge einer ‚Neuen Vertragsordnung' für Bauleistungen – eine ingenieurökonomische Analyse des VOB/B-Bauvertragsrechts, 2009 (zit. *Sundermeier*, Neue Vertragsordnung).

Theobald, Christian/Danner, Wolfgang (Hrsg.): Energierecht – Energiewirtschaftsgesetz mit Verordnungen, EU-Richtlinien, Gesetzesmaterialien, Gesetze und Verordnungen zu Energieeinsparung und Umweltschutz sowie andere energiewirtschaftlich relevante Rechtsregelungen; Kommentar, 103. Aufl., München 2020 (zit. Theobald/Danner/*Bearbeiter*).

Thierau, Thomas: Anordnungen des Auftraggebers zur Bauzeit, in: Franke, Horst/Oppler, Peter (Hrsg.), Recht und Baurecht – ein Leben – Festschrift für Friedrich Quack zum 75. Geburtstag, Köln 2009, S. 247–258 (zit. *Thierau*, FS Quack).

Thode, Reinhold: Werkleistung und Erfüllung im Bau- und Architektenvertrag, ZfBR 1999, S. 116–124.

— Die wichtigsten Änderungen im BGB-Werkvertragsrecht: Schuldrechtsmodernisierungsgesetz und erste Probleme – Teil 1, NZBau 2002, 297–305.

— Nachträge wegen gestörten Bauablaufs im VOB/B-Vertrag* Eine kritische Bestandsaufnahme, ZfBR 2004, S. 214–225.

— Änderungsbefugnis des Bauherren in § 1 Nr. 3 VOB/B, BauR 2008, S. 155–159.

Thomale, Chris: Die Einrede als materielles Gestaltungsrecht, AcP 212 (2012), S. 920–970.

Tiefenbacher, Günter: Zwingendes Recht im Vertragsrecht – Eine allgemeine und rechtsökonomische Untersuchung unter besonderer Berücksichtigung der Sachmängelgewährleistung, Wien 2016 (zit. *Tiefenbacher*, Zwingendes Recht).

Ulbrich, Hans-Benno/Ulbrich, Sebastian: „Änderungen des Bauentwurfes" und andere „zusätzliche Leistungen", in: Jochem, Rudolf (Hrsg.), Rechtshandbuch des ganzheitlichen Bauens - Festschrift für Hans Ganten, Wiesbaden 2007, S. 227–242 (zit. *Ulbrich/Ulbrich*, FS Ganten).

van Venrooy, Gerd J.: „Kündigung" des Werkvertrags durch den Besteller nach § 649 Satz 1 BGB, JR 1991, S. 492–497.

Voit, Wolfgang: Erfolg, Leistungsbeschreibung und Vergütung im Bauvertrag, ZfIR 2007, S. 157–163.

— Gedanken zum gesetzlichen Leitbild des Bauvertrags bei der AGB-Kontrolle, in: Jochem, Rudolf (Hrsg.), Rechtshandbuch des ganzheitlichen Bauens - Festschrift für Hans Ganten, Wiesbaden 2007, S. 261–270 (zit. *Voit*, FS Ganten).

— Empfiehlt sich bei einer gesetzlichen Neuregelung des Bauvertragsrechts die Aufnahme eines Leistungsänderungsrechts für den Auftraggeber?, in: Schöpflin, Martin/Meik, Frank/Weber, Heinz-Otto/Bandte, Jürgen (Hrsg.), Von der Sache zum Recht - Festschrift für Volker Beuthien zum 75. Geburtstag, München 2009, S. 65–74 (zit. *Voit*, FS Beuthien).

— Brauchen wir ein Bauvertragsrecht im BGB?, jM 2015, S. 402–409.

— Keine Mängelansprüche bei Werkleistung in Schwarzarbeit, NJW 2017, 3093.

Voit, Wolfgang; Retzlaff, Björn (Arbeitskreisleiter): Arbeitskreis Ib - Bauvertragsrecht, BauR 2018, 13–26 (Beilage).

von Gierke, Otto: Dauernde Schuldverhältnisse, JherJB 64 (1914), S. 355–411.

von Minckwitz, Ursula: Zur AGB-Widrigkeit der §§ 1 Nr. 3 und 4 VOB/B im Lichte der Rechtsprechung zu § 315 BGB, BrBp 2005, 170–177.

von Rintelen, Claus: Die Preisfortschreibung nach § 2 V und VI VOB/B im Lichte des neuen Bauvertragsrechts, NZBau 2017, S. 315–325.

— Einseitige Anordnungsrechte als Steuerungsinstrument - Besinnung auf das Leitbild des § 650b BGB in: Langen, Werner/Leupertz, Stefan/Preuß, Norbert/von Rintelen, Claus (Hrsg.), Bauprojekte als interdisziplinäre Herausforderung, Festschrift für Klaus Eschenbruch, München 2019, S. 327–345 (zit. *von Rintelen*, FS Eschenbruch).

— Preisfortschreibung ade?, NZBau 2019, 696–699.

von Staudinger, Julius (Hrsg.): J. von Staudingers Kommentar zum Bürgerlichen Gesetzbuch mit Einführungsgesetz und Nebengesetzen, Berlin (zit. Staudinger/*Bearbeiter*).

Vygen, Klaus/Joussen, Edgar/Lang, Andreas/Rasch, Dirk: Bauverzögerung und Leistungsänderung - Rechtliche und baubetriebliche Probleme und ihre Lösungen, 7. Aufl., Köln 2015 (zit. *Vygen/Joussen/Lang/Rasch*, Bauverzögerung).

Walz, Christian: Das Ziel der Auslegung und die Rangfolge der Auslegungskriterien, ZJS 2010, S. 482–490.

Wank, Rolf: Die Auslegung von Gesetzen, 6. Aufl., München 2015 (zit. *Wank*, Auslegung).

Weise, Stefan: Die einseitige Anordnung im neuen Bauvertragsrecht, NJW-Spezial 2017, S. 492–493.

Wellensiek, Tobias: Der „neue" Bauvertrag als eigenständiger Vertragstyp, BauR 2018, S. 314–327.

Weller, Marc-Philippe: Die Vertragstreue – Vertragsbindung – Naturalerfüllungsgrundsatz – Leistungstreue, Tübingen 2009 (zit. *Weller*, Vertragstreue).

Werner, Ulrich/Pastor, Walter: Der Bauprozess – Prozessuale und materielle Probleme des zivilen Bauprozesses, 17. Aufl., Köln 2020 (zit. *Werner/Pastor*, Bauprozess).

Westermann, Harm Peter/Grunewald, Barbara/Maier-Reimer, Georg (Hrsg.): Erman BGB Kommentar, 16. Aufl., Köln 2020 (zit. Erman/*Bearbeiter*).

Westfalen, Friedrich Graf von/*Thüsing, Gregor* (Hrsg.): Vertragsrecht und AGB-Klauselwerke, 44. Aufl., München 2020 (zit. Graf von Westfalen/Thüsing/*Bearbeiter*).

Weyer, Friedhelm: Bauzeitverlängerungen aufgrund von Änderungen des Bauentwurfs durch den Auftraggeber, BauR 1990, 138–151.

Weyers, Hans-Leo: Werkvertrag – Welche Ergänzungen und Fortentwicklungen sind im Werkvertragsrecht im Hinblick auf die technischen, wirtschaftlichen und juristischen Weiterentwicklungen der Rechtswirklichkeit geboten?, in: Bundesministerium der Justiz (Hrsg.), Gutachten und Vorschläge zur Überarbeitung des Schuldrechts – Band II, Köln 1981, S. 1115–1207 (zit. *Weyers*, Gutachten Schuldrecht II).

— Typendifferenzierung im Werkvertragsrecht, AcP 182 (1982), S. 60–79.

Neuner, Jörg: Allgemeiner Teil des Bürgerlichen Rechts, 12. Aufl. 2020 (zit. *Neuner*, BGB AT).

Zanner, Christian/Keller, Natalie: Das einseitige Anordnungsrecht des Auftraggebers zu Bauzeit und Bauablauf und seine Vergütungsfolgen, NZBau 2004, S. 353–360.

Ziegler, Karl-Heinz: Die Wertlosigkeit der allgemeinen Regeln des BGB über die sog. Wahlschuld (§§ 262–265 BGB), AcP 171 (1971), S. 193–217.

www.ingramcontent.com/pod-product-compliance
Ingram Content Group UK Ltd.
Pitfield, Milton Keynes, MK11 3LW, UK
UKHW021843290926
8980IPUK00005B/624